KB061183

강해설교

갈라디아서
빌립보서

윤 석 희

기독교개혁신보사

지은이 | 윤석희

저자는 전통적인 유교와 불교 그리고 샤머니즘이 혼합된 시골 집안에서 태어났으나 어릴 때부터 4km떨어진 교회를 다녔다. 이 일로 집안에서 온갖 고통을 당했지만 오히려 모든 가족들을 전도해서 교회로 인도할 정도로 신앙과 열심을 가지고 있었다.
1980년 4월 20일 현재 담임하고 있는 천성교회를 개척, 오직 '하나님의 영광을 위하여' 그리고 '개혁교회를 세우겠다'는 생각으로 지금까지 목회에 전념해 오고 있다. "어떤 한 가지 방법론에 집착하는 것보다 목회자는 기본적인 것이 갖추어져 있어야 하며 목회는 종합예술과 같다"는 신념을 지금까지 잃지 않고 있다.
총신대(B.A.)와 합동신학대학원대학교(M.Div.)를 거쳐 Birmingham 신학대학원(D.Min.)에서 수학했다.
대한예수교장로회(합신) 총회장과 한국장로교총연합회 대표회장, 기독교개혁신보사 사장, 합동신학대학원대학교 이사를 역임했으며, 현재, 천성교회 담임목사로 교단과 교계를 위해 봉사하고 있다.

저서

- 창세기 강해 『창세기』(2008년, 서울: 기독교개혁신보사)
- 출애굽기 강해 『출애굽기』(2008년, 서울: 기독교개혁신보사)
- 민수기 강해 『민수기』(2009년, 서울: 기독교개혁신보사)
- 신명기 강해 『신명기』(2010년, 서울: 기독교개혁신보사)
- 여호수아 강해 『여호수아』(2012년, 서울: 기독교개혁신보사)
- 사사기 강해 『사사기』(2012년, 서울: 기독교개혁신보사)
- 사무엘상 강해 『사무엘상』(2015년, 서울: 기독교개혁신보사)
- 사무엘하 강해 『사무엘하』(2016년, 서울: 기독교개혁신보사)
- 열왕기상 강해 『열왕기상』(2017년, 서울: 기독교개혁신보사)
- 열왕기상 강해 『열왕기하』(2018년, 서울: 기독교개혁신보사)
- 마태복음 강해 I 『왕과 백성 그리고 하나님 나라』(2004년, 서울: 기독교개혁신보사)
- 마태복음 강해 II 『교회와 하나님 나라』(2005년, 서울: 기독교개혁신보사)
- 마가복음 강해 『마가복음』(2017년, 서울: 기독교개혁신보사)
- 누가복음 강해 『누가복음』(2011년, 서울: 기독교개혁신보사)
- 요한복음 강해 『요한복음』(2013년, 서울: 기독교개혁신보사)
- 사도행전 강해 『성령께서 인도하신 초대교회 역사』(2005년, 서울: 기독교개혁신보사)
- 로마서 강해 『로마서』(2014년, 서울: 기독교개혁신보사)
- 고린도전후서 강해 『하나님의 교회』(2006년, 서울: 기독교개혁신보사)
- 에베소서 강해 『에베소서』(2007년, 서울: 기독교개혁신보사)
- 공동서신 강해 『하늘가는 나그네』(2005년, 서울: 기독교개혁신보사)
- 요한계시록 강해 『그리스도의 재림과 하나님의 나라』(2004년, 서울: 기독교개혁신보사)
- 윤석희목사 사진집 『길에서 길을 만나다』(2012년, 서울: 기독교개혁신보사)
  저자는 시공간 앞에서 자신을 내려놓는 마음으로 사진을 대한다. 그래서 저자의 사진집에서는 눈이 시리도록 아프게 하는 서정적인 이야기들이 고스란히 드러난다. 이것은 창조주 하나님 앞에서 살아가는 목회자만이 가지는 또하나의 삶의 고백일 것이다.

강해설교

강해설교

갈라디아서 / 빌립보서

윤석희 지음

초판 인쇄 2018년 12월 19일
초판 발행 2018년 12월 28일

발행처 기독교개혁신보사출판부
발행인 황인곤

등록번호 제1-2489호
등록일자 1999년 5월 7일

편집 신명기
디자인 최성실

서울시 종로구 대학로 19 기독교연합회관 710호
전화 02-747-3600(대표) 팩스 02-747-3601
rpress@rpress.or.kr
www.rpress.or.kr

값은 표지에 있습니다.
ISBN 978-89-97241-30-9 03990

갈라디아서 강해설교

갈라디아서

기독교개혁신보사

머리말

갈라디아서는 '작은 로마서'와 '로마서의 개요서'라는 별명이 있다. 그 이유가 무엇일까? 왜 그런 별명이 있을까? 이는 로마서와 마찬가지로 믿음으로 의롭다함을 받는 이신득의(Justification by faith)의 원리를 기본 주제로 하고 있기 때문이다.

그러면 로마서와 갈라디아서의 차이점은 무엇일까? 이신득의의 원리를 진술하는 관점과 시각의 차이가 있다. 로마서가 이신득의 원리를 설명한다면, 갈라디아서는 율법을 지킴으로써 의인이 된다는 율법주의와 대조를 이루는 이신득의 원리의 진정성을 강조하고 있다. 또 한가지는 믿음으로 의인의 지위를 얻고 구원받은 그리스도인들이 갖게 되는 율법으로부터의 자유에 관한 진술이다.

갈라디아서는 이미 복음을 알고 있는 성도들을 상대로 기록하는데 복음을 버리고 율법으로 회귀하는 것에 대한 이신득의의 진정성을 강조하기 위해 기록한 변증서와 같다. 당시 갈라디아 지방에는 예수 그리스도를 믿는 믿음으로는 부족하며, 혹은 필요가 없고, 구약 율법을 온전히 준수하여 스스로 의인이 되어야 한다는 유대교적 율법주의자들의 획책이 있었다. 갈라디아서는 이런 시대적인 상황 속에서 기록된 책이다.

갈라디아 지방의 성도들은 거짓된 교사의 가르침과 그릇된 교사에게 미혹을 받게 되었다. 구약에서 신약으로 넘어오면서 과도기적으로 일어난 현상에서 발생한 문제이다. 구체적으로 말하면 구약의 율법과 신약의 복음에 대한 이해 부족으로 발생한 문제였다.

갈라디아 교회에 어떤 일이 발생했는가? 바울이 복음을 전한 지 몇 년이 지나지 않았는데 바른 복음의 진리를 떠나 '다른 복음'을 따르는 자들이 생겨났다. 다른 복음이란 예수 그리스도를 믿는 믿음으로는 구원을 받을 수 없고, 할례를 비롯하여 구약 율법을 준수해야만 구원을 받는다고 하는 유대 율법주의적인 가르침이다. 기독교를 떠나 유대교로 돌아가자는 이론과 같다.

특히 이런 사람들은 예수 그리스도를 믿는 것에 대하여 부정하지는 않지만 구원을 얻기 위해서는 예수 그리스도에 대한 믿음 이외에 할례 의식을 비롯하여 구약 율법도 반드시 지켜야 한다고 주장했다.

또 이런 사람들은 사도 바울은 다른 사도들보다 열등하거나 사도적 권위가 없다고 주장했다. 바울은 여기서 메신저의 권위가 흔들리면 메시지의 권위도 흔들리게 된다는 것을 알고 이신득의의 원리, 은혜의 복음이 율법주의자들의 가르침을 대신하고, 할례 대신 예수의 복음을 자랑하게 된 것이다.

거짓 교사들은 바울이 전한 은혜의 복음을 뿌리째 흔들었기 때문에 바울은 단호하게 은혜의 복음을 강조하게 되었다. 그러므로 갈라디아서는 예수 그리스도를 믿음으로 의롭게 된다는 복음의 진리를 수호하기 위해 기록된 서신서이다. 율법주의에 대한 강력하고도 전투적인 방법으로 변증하는 성격을 가지고 있다. 바울은 갈라디아 교인들이 보여준 사랑과 애정에 대하여 감사하지만 또한 안타까운 심정을 가지고 갈라디아 교인들조차도 단호하고 엄격한 책망을 하고 있는 것이다.

거짓 선생들의 주장과는 달리 사도 바울의 사도직과 은혜의 복음은 신적 기원을 가지고 있다. 사람에 의한 것도 아니고 사람들로 말미암아 된 일도 아니었기 때문이다. 거짓 선생들의 주장과 같이 모세의 율법을 따라 할례를 행함으로써 구원을 받는다면 갈라디아 교인들을 구원에 이르게 하는 것이 아니라 율법의 속박과 저주 아래 놓이게 만드는 일이었다.

바울의 강력한 주장은 사람이 의롭게 되는 것은 오직 예수 그리스도에 대한 믿음으로만 가능함을 주장했다. 복음을 붙들어 율법에서 자유하라. 그리고 예수 그리스도 안에서 그 자유를 누리라.

사도 바울은 그리스도인들이 예수 그리스도 안에서 누리게 된 자유를 첫째는 사랑으로 서로 섬기는 방향으로 사용해야 하고, 둘째는 육체의 소욕이 아닌 성령을 따라 사는 방향으로 사용할 것을 권면했다.

나는 천성교회를 38년 동안 섬기고 있는 부족한 목회자입니다. 나를 통해서 전달되는 하나님의 메시지를 듣고 있는 성도들을 볼 때마다 한없이 감사를 드립니다. 말과 행동의 실수와 삶의 모본이 되지 못하는 점도 많이 있는데 변함없이 기도하고 귀 기울여 말씀 듣는 모습이 사뭇 진지합니다.

이 책이 나오기까지 기도와 물질로 후원한 천성교회 성도들과 출판 위원회 임역원들, 교정 위원들, 편집을 위해 봉사하는 송영찬 목사님과 곁에서 웃음으로 봉사하는 아내 박사라에게 감사를 드립니다.

마지막으로 이 책을 읽는 모든 분들에게 하나님의 은총이 충만하기를 기도드립니다.

2018년 3월 1일
천성교회 복지관에서 삼일절 아침
윤 석 희 식

목 차

서문
갈라디아서 1장 1-5절

인사말

갈라디아서는 사도 바울이 갈라디아 교회에 편지형식으로 보낸 서신서입니다. 발신자와 수신자를 밝히고 있는데 이것은 바울 서신의 특징 중의 하나이지만 당시의 일반적인 편지형식이었습니다.

발신자와 수신자를 밝히면서 수신자에게 축복을 하는 것이 특징입니다. 바울은 하나님의 은혜와 평강이 성부와 성자로부터 임하기를 원했습니다. 그런데 상당히 강한 어조와 문장에 표현된 용어들이 전투적인 자세를 취하고 있는 바울의 모습을 엿보게 합니다.

왜 사랑이 많은 사도가 전투적인 용어를 사용했을까? 갈라디아 교회에 두 가지 큰 문제가 발생했기 때문입니다. 첫 번째는 바울의 사도권에 대한 문제요, 다른 하나는 바울이 전한 복음에 대한 문제를 제기했기 때문입니다.

1. 사도권의 문제

바울은 사도인가 아니면 사도가 아닌가? 바울은 사도입니다. 이방인의 사도입니다. 바울 스스로가 사도라고 주장했습니다. 그런데 갈라디아 교회 안에서 바울이 사도가 아니라는 주장이 제기되었습니다. 분명 문제는 문제입니다.

사도는 몇 가지 독특한 특징이 있습니다. 주님의 직접 부르심을 받은 사람입니다. 3년 동안을 주님과 같이 동행한 사람입니다. 그리고 주님의 십자가와 부활을 목격한 사람입니다. 성령을 받고 성경을 기록하거나 교회를 세운 사람들이 사도들이었습니다. 그런데 바울은 그러한 특징이 없는 사람이라는 것이지요.

바울이 사도가 된 것은 사람에 의해서 된 것이 아니었습니다. 그리스도로 말미암아 사도가 되었습니다. 하나님께서 이방인의 사도로 부르셨습니다. 교인들이 투표해서 당선된 사람이 아니었습니다. '사람들에게서 난 것도 아니요 사람으로 말미암은 것도 아니요' 라고 바울은 말했습니다. 예수 그리스도와 하나님으로 말미암아 사도가 되었습니다. 이 말은 자신이 사도가 된 것은 신적 기원을 갖는다는 뜻입니다. 여기에서 바울은 부드러운 문체를 사용하지 않고 전투적인, 매우 강한 문체를 사용하고 있습니다.

갈라디아 사람들도 고린도 교인들과 같이 바울의 사도권에 대하여 문제제기를 하였습니다. 그러면 바울이 왜 이렇게 사도권을 주장했을까요? 이유가 있습니다. 그리스도의 공로를 약화시키는 율법주의자들이 나타났기 때문이었습니다.

율법주의자들의 주장이 무엇입니까? 율법을 행함으로써 구원받는다는 이론입니다. 할례를 받음으로써 구원받는다는 이론입니다. 이것의 결과로 복음이 위협을 받고 있기 때문에 바울이 사도권을 주장한 것입니다. 바울은 사도권을 주장하여 자신을 통해 증거된 복음, 하나님의 은혜로 구원받게 되었음을 밝히고 있습니다.

사도직의 정당성을 강하게 부각시키고 있는데 신적기원을 밝히고 신적권위를 말하고 있습니다. '사람들에게서' 란 출처를 말합니다. 예수님의 제자들을 통해서 얻은 직분이 아님을 말하고 있습니다. 또 '사람으로 말미암은 것' 이란 경로를 말합니다. 사도권의 출처와 통로가 예수 그리스도와 하나님임을 밝히고 있습니다. 인간적인 노력에 의해서 얻어진 것이 아니라는 말입니다.

바울은 자신의 사도직이 예수 그리스도와 하나님으로부터 얻어진 것이기 때문에 거부하는 자들은 예수 그리스도와 하나님을 거부하는 것과 동일한 결과를 가져온다는 것을 말하고 있습니다. 바울을 대적하는 것은 예수님을 대적하거나 하나님을 대적하는 것이라는 말입니다. 그러니 강하게 말할 수밖에 없는 것이지요.

바울이 기록한 다른 서신에서는 축도가 있기도 하고 칭찬하는 말을 하기도 합니다. 그런데 갈라디아서에서는 칭찬의 말이 없습니다. 처음부터 그리스도에 의한 구원원리, 복음으로 구원받는 진리를 말하고 있습니다. 처음부터 율법주의를 배격했습니다. 할례를 거부했습니다.

여러분은 누가 인간을 구원하며 누가 하나님의 교회를 세운다고 믿습니까? 교회는 예수 그리스도와 하나님께서 세우시는 것입니다. 사람이 수고하고 노력하는 것은 사실이지만 하나님의 교회이고, 예수 그리스도의 몸입니다.

사도 바울을 중심으로 몇몇 사람들이 함께 수고하고 고생하고 있지만 주님의 인도와 지도하심을 따라 수고하는 일꾼들에 불과합니다. 우리 모두 겸손해서 하나님의 은혜로 구원받고 하나님께 영광을 돌리는 성도들이 되기를 바랍니다.

2. 갈라디아 교회

어떤 서신서이든지 그 교회를 향하여 기록합니다. 그러나 갈라디아서가 갈라디아 교회만을 위하여 기록되었다기보다는 같은 문제를 가진 모든 교회, 세상에 존재하는 모든 교회에 합당한 말씀이라고 보아야 합니다.

2절에 '갈라디아 여러 교회들' 이라고 밝히고 있습니다. 갈라디아 지방에 존재하는 여러 교회들이라고 말한 것이 특징입니다. 자신의 소개를 강하고 함축적으로 기록하는 이유는 율법주의자들을 상대로 기록하기 때문이라고 생각합니다.

그리고 '갈라디아 교회들' 이란 그 당시에는 서신을 받아볼 때 돌려보는 것이 일반적이었습니다. 회람서신입니다. 골로새서 4장 16절에 "이 편지를 너희에게서 읽은 후에 라오디게아인의 교회에서도 읽게 하고 또 라오디게아로부터 오는 편지를 너희도 읽으라"라고 했습니다. 지금 우리들도 이 서신들을 하나님의 말씀으로 받습니다.

3절에서 축복하는 바울의 심정을 생각해 봅시다. '은혜와 평강' 입니다. 하나님을 의지하는 성도들에게 임하는 축복입니다. '은혜' 란 십자가의 구속으로 얻는 하나님의 은총을 말합니다. '평강' 이란 예수 그리스도로 말미암아 죄 사함을 받고 마음에 얻는 내적인 평화를 말합니다.

바울이 전한 구원의 복음을 요약하면 은혜와 평강입니다. 구원은 하나님과의 평화, 인간과의 평화, 자신과의 내적인 평화, 화해의 성격을 가지고 있습니다. 은혜와 평강은 성부와 성자로부터 나오는 복입니다.

사실 교리적인 논쟁이나 이단적인 사상에 젖어버린 사람들, 은혜를 잃어버린 사람들에게 꼭 필요한 것은 '은혜' 와 '평강' 입니다. 십자가를 통한 하나님과의 화해를 위해, 그리고 죄 용서받은 내적인 평강이 인간에게 꼭 필요한 줄로 믿습니다.

3. 선교의 열정

자기 자신에 대하여 거부하고, 사도권을 부인하는 사람들을 향한 바울의 마음은 어떤 마음이었을까요? 자기를 싫어하고 반대하는 사람들을 향해 바울은 어떤 마음을 가졌습니까?

4절에 "그리스도께서 하나님 곧 우리 아버지의 뜻을 따라 이 악한 세대에서 우리를 건지시려고 우리 죄를 대속하기 위하여 자기 몸을 주셨으니"라고 말했습니다. 하나님의 구원계획과 그것을 이루시기 위한 성자 예수 그리스도의 희생을 말하고 있습니다. 바울의 마음은 그리스도를 소개하는 것으로 대신합니다.

유대주의자들은 율법의 행위만을 강조했습니다. 갈라디아 교회에게 유대주의자들의 주장이 자리를 잡게 되었습니다. 바울의 사도권과 은혜로 구원받는 축복을 잊어버리기 시작했습니다. 신약의 성도들은 예수 그리스도로 말미암지 않고는 하나님께 나아갈 수 없다고 주장하고 있습니다. 사실이 그렇습니다. 주님의 은혜가 아니면 어떻게 하나님께 나아갈 수 있겠습니까?

"이 악한 세대에서 우리를 건지시려고 우리 죄를 대속하기 위하여 자기 몸을 주셨으니"(4절)라고 했습니다. 주님이 왜 십자가를 지셨습니까? 그 이유를 밝히고 있습니다. 성육신하신 목적, 십자가를 지신 이유가 무엇입니까?

'이 악한 세대' 란 현재 존재하고 있는 이 악한 세대를 말합니다. 복음을 거부하는 악한 세대를 가리키는 말입니다. '건지다' 란 말은 '잡아 빼다, 구출하다' 라는 뜻입니다. 복음은 죄로부터 해방을 가져오는 능력이 있는 말씀입니다. 그리스도의 죽음의 특색은 우리의 죄를 위하여 죽으신 것입니다. 우리를 죄에서 건져내기 위해서 희생당하신 것입니다. 십자가에서 저주를 받으시고 죽으셨습니다.

주님은 악한 세대에서 우리를 구원하기 위하여, 회복해 주시기 위하여 죽으셨습니다. 마치 이스라엘이 애굽의 노예상태에서 구출되는 일(행7:34), 베드로 사도가 감옥과 헤롯왕의 손에서 구출되는 것(행12:11)과 다를 바가 없습니다. 바울이 성난 군중으로부터 구출된 일과 똑같은 표현입니다. 그리스도께서 악한 현세에서 우리를 구원하기 위하여 우리들의 죄를 위하여 자기 몸을 드리셨습니다.

그리스도를 본받는 바울입니다. 갈라디아 교인들이 방해하고 별말을 다해도 바울은 묵묵히 사명감에 불타는 사람이었습니다. 여러분은 조금만 어려우면 금방 넘어지는 사람이 아닙니까? 우리들도 어떠한 어려움이 있더라도 고난의 길을 걷는 사람들이 되기를 진심으로 바랍니다.

그리스도께서 행하신 일들은 하나님의 뜻에 따라 죽으신 것입니다. 하나님 우리 아버지의 뜻을 따라 행하신 일입니다. 십자가에서 하나님의 뜻과 아들의 뜻이 완전히 화합한 것입니다.

그리스도의 죽음의 성격이 죄에 대한 희생제물이며, 죽음의 목적이 이 악한 세대로부터의 우리의 구원이며 그 근원은 성부와 성자의 은혜로우신 뜻임을 가르쳐 줍니다. 그러므로 첫 번째 단계가 그리스도께서 이 악한 세대로부터 우리의 구원을 위해 죽으심이라면, 두 번째 단계는 다시 살아나신 그리스도를 증거하기 위한 바울의 사도직의 임명이고, 세 번째 단계는 그리스도께서 획득하셨고 바울이 증거한 복음으로 은혜와 평강이 임하는 것입니다.

'영광이 저에게 세세토록 있을지어다.' 하나님의 은혜로 이루어짐을 고백하는 말입니다. 갈라디아서의 중심내용이 무엇인지 깨닫게 됩니다. 사도권의 문제요, 인간의 구원은 오직 예수 그리스도에 의해서만 이루어진다는 것을 밝히려 하고 있습니다.

'아멘' 이란 '확언하다, 신뢰하다' 라는 뜻입니다. 구약시대에는 서약이나 선언을 할 때(민5:22; 신27:15-26), 신약에서는 예수님의 말씀의 진실성(마6:2,5; 요1:51)을 나타냅니다. 오늘날에는 기도의 화답형식으로 사용하고 있습니다(대상16:36).

제1강
갈라디아서 1장 1-5절

갈라디아서의 기본 이해

갈라디아서를 말할 때 별명이 있습니다. '작은 로마서'와 '로마서의 개요서'라고 합니다. 그 이유가 무엇일까요? 왜 작은 로마서 혹은 로마서의 개요라는 별명이 있을까요? 로마서와 마찬가지로 믿음으로 의롭다함을 받는 이신득의(Justification by faith, 以信得義)의 원리를 기본 주제로 하고 있기 때문입니다.

로마서와 갈라디아서의 차이점은 무엇일까요? 이신득의의 원리를 진술하는 관점과 시각의 차이가 있습니다. 로마서가 이신득의의 원리를 설명한다면, 갈라디아서는 율법을 지킴으로써 의인이 된다는 율법주의와 대조를 이루는 이신득의 원리의 진정성을 강조하고 있습니다. 또 한가지는 믿음으로 의인의 지위를 얻고 구원받은 그리스도인들의 율법으로부터의 자유에 관하여 진술하는 점입니다.

갈라디아서는 이미 복음을 알고 있는 성도들을 상대로 기록하는데 복음을 버리고 율법으로 회귀하는 것에 대한 이신득의의 진정성을 강조하기 위해 기록한 변증서와 같습니다. 당시 갈라디아 지방에는 예수 그리스도를 믿는 믿음으로는 부족하며, 혹은 필요가 없고, 구약 율법을 온전히 준수하여 스스로 의인이 되어야 한다는 유대교적 율법주의자들의 획책이 있었습니다. 갈라디아서는 이런 시대적인 상황 속에서 기록된 책입니다.

갈라디아 지방의 성도들은 거짓된 교사의 가르침과 그릇된 교사에게 미혹을 받게 되었습니다. 구약에서 신약으로 넘어오면서 과도기적으로 일어난 현상에서 발생한 문제였습니다. 구체적으로 말하면 구약의 율법과 신약의 복음에 대한 이해 부족으로 발생한 문제였습니다.

갈라디아서의 수신자는 1차적으로 남부 갈라디아 지방의 교회들이었습니다. 비시디아 안디옥, 이고니온, 루스드라, 더베 등입니다. 이 지방은 바울이 1차 전도 여행 때 바나바와 함께 고난을 무릅쓰고 세운 교회들입니다. 사도행전 14장 19절을 볼 때 바울과 바나바가 이 지역에 교회를 세울 때 박해를 받았는데, 돌에 맞기까지 했습니다.

다수의 이방인이 사도 바울이 전한 복음을 듣고 큰 기쁨과 성령의 충만을 경험하였습니다(행13:48,52). 하나님께서 바울의 손을 통하여 표적과 기사를 행하기도 했습니다. 그 결과 많은 제자들이 생겨났습니다(행14:21). 바울 사역의 첫 열매입니다.

그런데 갈라디아 교회에 어떤 일이 발생했습니까? 바울이 복음을 전한 지 몇 년이 지나지 않았는데 바른 복음의 진리를 떠나 '다른 복음'을 따르는 자들이 생겨났습니다. 기독교 역사를 보면 항상 그랬습니다. 그래서 예수님은 사람의 미혹을 받지 않도록 주의하라고 하셨습니다. 그래서 '... 도 아니고 ... 도 아니라' 라는 이중적인 부정으로 시작하고 있습니다. 이중적인 부정은 강한 부정의 의미입니다.

다른 복음이란 예수 그리스도를 믿는 믿음으로는 구원받을 수 없고, 할례를 비롯하여 구약 율법을 준수해야만 구원을 받는다고 하는 유대 율법주의적인 가르침입니다. 기독교를 떠나 유대교로 돌아가자는 이론과 같습니다.

그러면 다른 복음을 전한 사람들은 누구인가? 누가 갈라디아 교회를 혼란 가운데 빠뜨렸는가? 사도행전 21장 20절에서 유대인 중에 율법에 열심 있는 자들이 수만 명이라고 소개했습니다. 이런 사상을 가진 자들이 이방 지역에까지 가서 모세의 율법대로 할례를 받지 않으면 구원을 받을 수 없다고 주장하기에 이른 것입니다(행15:1). 수만 명의 유대인들 가운데 흩어진 사람들이나 여행자들이 오고가면서 그릇된 복음을 전한 것입니다.

특히 이런 사람들은 예수 그리스도를 믿는 것에 대하여 부정하지는 않지만 구원을 얻기 위해서는 예수 그리스도에 대한 믿음 이외에 할례 의식을 비롯하여 구약 율법도 반드시 지켜야 한다고 주장했습니다.

또 이런 사람들은 사도 바울은 다른 사도들보다 열등하거나 사도적 권위가 없다고 주장했습니다. 바울은 여기서 메신저의 권위가 흔들리면 메시지의 권위도 흔들리게 된다는 것을 알고 이신득의의 원리, 은혜의 복음이 율법주의자들의 가르침을 대신하고, 할례 대신 예수의 복음을 자랑하게 된 것입니다. 십자가를 자랑했습니다.

거짓 교사들은 바울이 전한 은혜의 복음을 뿌리째 흔들었기 때문에 바울은 단호하게 은혜의 복음을 강조하게 되었습니다. 그러므로 갈라디아서는 예수 그리스도를 믿음으로 의롭게 된다는 복음의 진리를 수호하기 위해 기록된 서신서입니다.

그래서 갈라디아서는 율법주의에 대한 강력하고도 전투적인 방법으로 변증하는 성격을 가지고 있습니다. 바울은 갈라디아 교인들이 보여준 사랑과 애정에 대하여 감사하지만 또한 안타까운 심정을 가지고 갈라디아 교인들조차도 단호하고 엄격한 책망을 하고 있는 것입니다.

거짓 선생들의 주장과는 달리 사도 바울의 사도직과 은혜의 복음은 신적 기원을 가지고 있습니다. 사람에 의한 것도 아니고 사람들로 말미암아 된 일도 아니었기 때문입니다. 거짓 선생들의 주장과 같이 모세의 율법을 따라 할례를 행함으로써 구원을 받는다면 갈라디아 교인들을 구원에 이르게 하는 것이 아니라 율법의 속박과 저주 아래 놓이게 만드는 일이었습니다.

바울의 강력한 주장은 사람이 의롭게 되는 것은 오직 예수 그리스도에 대한 믿음으로만 가능함을 주장했습니다. 복음을 붙들어 율법에서 자유하라. 그리고 예수 그리스도 안에서 그 자유를 누리라.

일반적으로 사람들은 구원을 얻기 위하여 무엇인가를 해야 한다고 생각합니다. 모든 인간들의 보편적인 성향입니다. 그렇기 때문에 믿음으로 의롭게 된다는 성경의 주장을 쉽게 인정하지 않습니다. 그러므로 우리 성도님들은 율법과 복음의 차이점을 이해해야 할 것입니다. 또 행위와 은혜의 차이점도 인정해야 합니다. 갈라디아 지방의 교인들처럼 많은 교인들이 방황하고 자유의 본질도 이해하지 못한 상태에서 그릇된 믿음을 소유할 수 있기 때문입니다.

그러면 갈라디아서의 구조는 어떤 내용인가?

갈라디아서 1장 1-5절은 도입부입니다. 1장 6절부터 6장 10절까지는 본론 부분입니다. 그리고 6장 11-18절까지는 종결부라고 말할 수 있습니다. 바울은 도입부에서 발신자, 수신자, 축도로 인사말과 속죄의 제물이 되신 예수 그리스도께 대한 송영을 다루고 있습니다. 그리고 종결부에서는 할례주의자들의 이중성과 십자가 절대 신앙에 대한 결론적 훈계와 마지막 당부 그리고 축도를 다루고 있습니다.

본론부인 1장 6절부터 6장 10절까지는 바울이 이미 전한 이신득의 복음을 변증하기 위한 서신으로, 크게 세 부분으로 구성되어 있습니다. 첫째 부분은 1장 6절부터 2장 21절까지로, 이신득의 복음 전파자로서의 자기 변호를 합니다. 둘째 부분은 갈라디아서 3장 1절부터 4장 마지막절까지 이신득의 원리에 대한 정당성을 변증합니다. 셋째 부분은 갈라디아서 5장 1절부터 6장 10절까지로 이신득의로 인한 자유의 바른 사용에 대하여 다룹니다.

조금 더 구체적으로 설명하자면 1장 6절부터 2장 21절까지는 바울 자신이 사도직의 진정성을 밝히고 있습니다. 사도직의 진정성을 통해서 바울이 전한 이신득의 복음의 진정성을 옹호하고자 주장했습니다. 바울이 이방인의 사도가 된 것과 자신이 전한 복음이 신적 기원을 가지고 있음을 밝히고 있습니다.

바울이 사도가 된 것은 사람이나 교회에 의해서 이루어진 일이 아니라 하나님의 소명에 의해서 이루어진 일입니다. 사도 바울은 이방인의 사도로서 조금도 부족함이 없었습니다. 또 바울이 전한 복음도 사람의 뜻이나 사람들에 의해 전수된 것이 아님을 밝혔습니다.

바울은 이방인의 사도가 되기까지의 경위와 회심, 그 이후의 행적에 대하여 제시했습니다. 바울은 이방인의 사도가 된 것이나 복음을 전한 내용에 대하여 유대 교회와 예루살렘 교회의 핵심 지도자들에게 공식적으로 인정받은 사실이 있음을 제시함으로써 자신의 사도권과 이신득의 복음의 정당성을 확보했던 것입니다.

갈라디아서 3장과 4장에서 바울은 이신득의 복음의 정당성에 대한 신학적 변증을 다루고 있습니다. 바울은 율법의 행위가 아닌 믿음으로 임하는 성령을 경험한 갈라디아인들의 경험을 상기시키고 있습니다.

아브라함의 전례를 통하여 유대인들의 조상인 아브라함 역시 율법의 행위가 아닌 믿음으로 의롭다고 인정되었다는 것과 아브라함의 복이 예수 그리스도의 속죄 사역을 통해 이방인을 포함한 모든 믿는 자들에게 전수된다는 것을 말합니다.

또 아브라함 언약과 모세 율법의 차이에 대하여 적절한 비교와 대조를 통해 믿음의 약속에 비해 율법은 한시적으로 주어진 것이며 율법으로는 누구도 의롭게 되지 못할 뿐 아니라 오히려 저주 아래 처하게 된다는 것을 논리적으로 변증합니다.

바울은 그리스도인들은 그리스도의 속죄 사역을 통해 종이 아닌 아들의 지위를 얻게 되었다고 주장하고, 자유자로서의 그리스도인의 신분을 강조했습니다.

마지막으로 5장부터 6장 10절까지는 이신득의로 인한 자유의 바른 사용에 대하여 다루고 있습니다. 바울은 그리스도인들이 율법에서 속량되었으므로 그리스도 안에서 자유(Freedoom in Christ)를 누릴 것을 권고합니다. 예수 그리스도 안에서의 자유가 육체의 소욕을 추구하는 방종을 의미하는 것은 아니며, 바울은 예수 그리스도께서 주신 자유를 어떻게 사용해야 하는지의 문제, 자유의 사용에 있어서 바른 방향 및 목적에 대하여 교훈했습니다.

사도 바울은 그리스도인들이 예수 그리스도 안에서 누리게 된 자유를 첫째는 사랑으로 서로 섬기는 방향으로 사용해야 하고, 둘째는 육체의 소욕이 아닌 성령을 따라 사는 방향으로 사용할 것을 권면했습니다. 그리고 모든 그리스도인들이 다른 사람 본위의 삶을 살 것에 대하여 추가적으로 권면했습니다.

제2강
갈라디아서 1장 1-5절

특별 포인트

개혁교회는 하나님의 은혜로 구원받고 하나님을 사랑하여 하나님의 법과 계명과 율례와 법도를 지킵니다. 율법주의자들은 하나님의 율법을 지킴으로써 구원받는다, 혹은 할례를 받음으로써 구원받는다는 사상을 가지고 있습니다. 그리고 반율법주의자들은 하나님의 은혜로 구원받았으니 하나님의 계명이나 율법은 필요없다고 주장합니다. 그러므로 세상에 잡다한 사상이 있음을 알고 하나님의 은혜 속에 강건하고 하나님을 사랑하여 계명을 지켜나가면 영육간에 하나님의 은총과 복이 넘칠 줄로 믿습니다.

갈라디아 성경은 갈라디아 교회에 널리 퍼진 율법주의(legalism)에 대항하여 오직 예수 그리스도를 믿음으로써 구원받는다는 이신득의의 복음을 수호하기 위하여 변론한 일종의 변증서라고 말할 수 있습니다. 율법주의가 끼치는 악한 결과는 무엇보다도 예수 그리스도의 은혜의 복음을 훼손시키고, 갈라디아 성도들의 믿음을 뿌리까지 흔들어 놓는 결과를 가져왔습니다.

바울의 로마서와 고린도전후서 그리고 갈라디아서는 바울의 4대 서신으로 불립니다. 그 이유가 무엇인가? 율법과 복음을 상호 비교하여 믿음의 우월성과 이신득의의 정당성을 변증하고, 갈라디아서가 가지는 중요성 때문에 그런 것입니다.

사도 바울은 갈라디아 교회가 겪고 있는 상황의 심각성을 인식하고 아주 단호하고 때로는 전투적인 어투를 사용하면서 이신득의 복음을 변증하고 있습니다. 바울은 갈라디아 교회에 침투한 율법주의를 무력화하고 이신득의 복음의 진리를 수호하고, 율법주의자들의 공격을 방어하는 차원에서 갈라디아서를 기록했습니다.

저자의 이런 목적 의식이 있기에 그런 의도와 방향을 정하고 도입부를 비롯하여 모든 성경 말씀을 통해 변증하고 있는 것입니다. 갈라디아서 1장과 2장에서 사도 바울은 율법주의자들의 공격을 방어하기 위하여 자신의 사도직과 자신이 전한 이신득의 복음의 진성성에 대하여 변호했습니다.

사도 바울이 갈라디아 교회를 떠난 다음에 율법주의자들이 교회에 침투하여 바울이 전한 복음의 진리를 허물기 시작했습니다. 무엇보다도 바울의 사도직(Apostleship)에 대하여 공격했습니다. 그래서 바울이 자신의 사도직에 관하여 밝히고 있습니다.

이런 맥락에서 1장 1-5절까지를 기록했습니다. 보통 서신서 형식에 따르면 도입부에 해당하는 부분입니다. 따뜻한 인사나 칭찬과 격려를 생략하고 수신자와 발신자를 밝히면서 자신의 사도권을 가지고 축도합니다. 그런 인사말로 시작한 바울은 속죄 제물이 되신 예수 그리스도에 대한 송영을 기록하고 있습니다.

왜 그랬을까? 아마도 갈라디아 교회 교인들이 유대 율법주의자들에게 미혹되어 복음을 버리고 율법주의로 회귀한 데 대하여 자신의 강경한 태도를 보여주기 위함일 것입니다. 바울은 서신의 발신자를 자신이라고 밝히면서 바울의 사도직이 예수 그리스도와 하나님께로부터 비롯되었음을 매우 강조하였습니다. 이것도 갈라디아 교회에서 자신의 사도직과 그가 전한 복음의 진정성이 의심받고 있었는 바, 그의 사도직과 그가 전한 복음의 신적 기원을 강조하기 위함이었습니다.

바울은 1장 6-10절에서 본격적으로 다른 복음을 좇는 갈라디아 교인들에 대한 질책을 했습니다. 갈라디아 교인들이 예수 그리스도 안에서 부르신 하나님의 은혜에서 속히 떠나 다른 복음을 좇은 데 대하여 책망했습니다. 여기 '속히' 라는 말의 의미는 다른 복음을 좇는 갈라디아 교인들에 대한 바울의 심정으로, 노여움보다는 놀라움일 것입니다. 사도 바울은 사람을 기쁘게 하거나 사람으로부터 기쁨을 구하지 않는 예수 그리스도의 종으로서의 자신의 자세를 밝히 증명했습니다.

이어서 1장 11-17절까지는 바울 복음의 신적 기원과 이방인의 사도가 된 과정의 신적 섭리에 대하여 언급하고 있습니다. 우선 복음의 기원과 관련하여 자신이 갈라디아인들에게 전한 복음은 사람의 뜻에 의해서 된 것이 아니고, 사람으로부터 전수받은 것도 아님을 말하고 있습니다. 그것은 오직 예수 그리스도의 계시로 말미암아 받은 것임을 밝히고 있습니다.

사도 바울은 회심한 이후에 혈육과 의논하지도 않았습니다. 또 자기보다도 먼저 사도 된 자들을 만나지도 않았습니다. 바울은 곧바로 아라비아로 갔습니다. 그 이유는 예수 그리스도의 계시로 받은 복음에 인간이 아무것도 더한 것이 없음을 강조하기 위함이었습니다.

그리고 1장 18절부터 2장 10절에서는 아라비아에서 돌아온 바울이 두 차례에 걸쳐 예루살렘을 방문한 사실을 말해 주고 있습니다. 1장 18절부터 24절까지는 회심한 바울이 삼 년 뒤에 예루살렘을 방문한 일이고, 2장 1절부터 10절은 예루살렘을 방문한 후 14년 뒤에 예루살렘 총회에 방문한 사실을 다루고 있습니다.

바울은 두 가지 측면에서 복음 및 사도직을 변호하고 있습니다. 한편 자기가 전한 복음의 내용에 먼저 사도 된 자들이 아무것도 첨가하거나 변경한 것이 없다는 것과 또 이방인을 위한 자신의 전도 활동과 사도직이 유대 교회와 지도자들로부터 공적으로 인정을 받았다는 것입니다.

즉 바울은 기존 사도들과의 관계를 통해서나 사도들이 전해 준 가르침 때문에 사도가 된 것이 아니라는 점과 기존 사도들과 교회로부터 자신의 사도직과 자신이 전하는 복음의 내용에 대해 공적으로 인정받았다는 것을 밝히고 있습니다. 바울은 사도직과 복음의 진정성에 대하여 강조하고 있는 것입니다.

특히 예루살렘 총회에 대동했던 헬라인 디도에게 할례를 받지 못하게 한 사건을 언급하고 있습니다. 디도의 할례 거부 사건은 갈라디아 교회에 퍼진 율법주의를 공격할 수 있는 중요한 근거가 될 수 있었습니다. 율법주의자들의 주장처럼 할례를 받아야만 구원을 받는다면 사도들을 포함해서 예루살렘 교회의 지도자들이 집결한 총회 당시의 상황에서 이방인 디도가 할례를 받지 않을 수 없었을 것입니다. 디도로 하여금 할례를 받지 못하게 한 것은 복음의 진리를 수호하기 위한 방법이었기 때문입니다.

물론 총회의 입장이 바울을 두둔하는 방향으로 결정되었습니다. 따라서 총회에서 할례 거부 사건은 율법주의에 대한 승리의 사건이고, 이방인들이 구원받기 위해서 할례를 받을 필요가 없다는 것을 입증하는 중요한 선례가 되었습니다. 바울은 오래 전의 일이지만 실례를 들어 설명하고 있는 것입니다.

바울은 2장 11절부터 14절까지에서 이방인과 식사를 하다가 할례받은 유대인들의 비난이 두려워서 자리를 떠난 베드로 사도에 대한 면책 사건을 회상하고 있습니다. 바울이 이 사건을 회상하는 이유는 유대인들의 관습을 이방인들에게 요구하는 율법주의의 부당성을 지적하기 위함이었으며, 다른 한편으로는 바울의 사도권을 공격하는 자들의 주장과 달리 바울의 사도권이 베드로의 권위와 별로 다를 바가 없다는 것이었습니다.

마지막으로 2장 15절부터 21절까지는 지금까지 사도권과 복음의 진정성을 주장하는 것을 근거로 이신득의의 진리를 선언하고, 갈라디아 교인들이 율법으로 회귀하려는 것에 대한 부당성을 지적하고 있습니다. 또 율법에 대하여 죽고 오직 예수 그리스도를 믿는 믿음 안에서 사는 자신의 확고한 신앙 자세를 피력함으로써 사도직 및 복음의 신적 기원에 대한 변론을 하고 있습니다.

현대 교인들은 어떨까요? 다른 복음을 좇지는 않을까요? 다른 복음을 따르면서 자기들 마음대로 생각하고 주장하는 자세를 취하지는 않을까요? 특히 종교 다원주의의 시대에 살면서 기독교 복음을 믿고 사랑하는 사람이 몇 명이나 될까요? 오직 예수 그리스도만 믿고 의지하고 말하면 완고한 사람, 폐쇄적인 사람, 율법적인 사람, 배타적인 사람으로 오해하지는 않습니까?

바울이 단호했던 것처럼 기독교는 단호한 종교입니다. 예수 그리스도만이 길이요 진리요 생명이십니다. 예수님을 믿는 자만이 하나님의 자녀가 되는 권세를 누릴 수 있습니다. 다른 이로서는 구원을 받을 수 있는 길이 없습니다. 바울은 단호하게 선언했습니다. 그것은 다른 복음이야! 자신은 신적 기원을 가진 사도요, 하나님의 계시에 의한 복음은 진정한 복음이라고 주장합니다.

구원은 타협이 아닙니다. 사람의 가르침도 아닙니다. 사람들에게서 전수된 유물도 아닙니다. 하나님의 아들에 대한 계시로 말미암아 주어진 것인데, 예수를 믿음으로써 구원을 받습니다. 믿음으로써 의인이 됩니다. 복음은 하나님으로부터 나온 것입니다. 그것이 기원이요 출처입니다.

다른 복음은 인간들이 무엇을 붙이는 것입니다. 상황에 맞게 바꾸는 것입니다. 그럴싸한 이유를 대면서 사람에게 기쁨을 주고자 합니다. 그러나 개혁교회는 하나님 중심입니다, 말씀 중심입니다, 교회 중심입니다. 이 진리는 어제나 오늘이나 영원토록 변함이 없습니다. 바꾸어지지 않습니다.

우리 모두 진리에 대한 확신을 가집시다. 자신이 구원받고 다른 사람을 바른 길로 인도할 수 있습니다. 생명과 기쁨이 충만할 수 있습니다. 세상에서 믿음으로 승리하면서 살 수 있습니다.

특별한 주장

갈라디아서는 로마서와 고린도전 · 후서와 함께 교리 서신입니다. 갈라디아 교회는 바울 사도가 제1차 선교 여행을 다닐 때 세운 교회입니다. 그런데 그 교회가 바울이 갈라디아 지방을 떠난 다음에 바울이 전한 복음인 이신칭의, 이신득의의 구원 진리를 망각하고 율법주의의 미혹을 받게 되어서 기록하게 된 책입니다.

갈라디아서는 도입부에서 인사말과 송영을 기록하지만 강한 어조로 자기 주장을 하고 있습니다. 수신자와 발신자를 밝히지만 사도권에 근거한 축도를 하면서 이신득의의 구원 원리를 위해 속죄 제물이 되신 예수 그리스도에 대하여 찬송하고 있습니다.

특히 바울이 발신자로서 자신을 소개하면서 사도권을 매우 강조했습니다. 이것은 사도권을 강조하는 데 목적이 있는 것이 아니라, 예수 그리스도의 죽음으로 말미암는 속죄의 공로를 약화시키는 율법주의의 약점을 드러내기 위함이었습니다.

또 수신자가 갈라디아 교회들입니다. 한 교회가 아니라 갈라디아 지방의 여러 교회가 믿음으로 구원 받는다는 은혜의 진리를 떠나 악행을 저지르고 있는 율법주의자들을 따르고 있었기에 그것을 염두에 두었을 것입니다.

그리고 다른 서신서와는 달리 칭찬은 없고 속죄 제물이 되신 그리스도에 대한 송영이 나옵니다. 바울의 심정은 율법주의를 배격하고 믿음으로 의롭게 되는 이신칭의, 이신득의의 구원을 강조하기 때문입니다.

특히 자기 주장이 죄의 근원이라면 사도 바울이 주장하는 것은 어떤 의미가 있는 것인가? 죄와 관련된 자기 주장일까 아니면 하나님의 뜻을 위하는 주장일까?

우리가 믿고 배워야 할 교훈이 무엇입니까? 첫째로, 하나님의 교회의 모든 직분은 하나님으로부터 나온 것입니다. 그것이 존귀해 보이든지 아니면 천해 보이든지 모든 직분은 하나님으로 말미암아 나온 직분이요 직책입니다.

바울은 예수 그리스도와 하나님 아버지로 말미암아 사도가 되었음을 선언했습니다. 사람의 뜻이나 계획이나 선출에 의해서 된 것이 아닙니다. 하나님의 섭리 가운데서 사도가 된 바울입니다. 그것도 이방인의 사도가 되었습니다. 이것을 주장하고 있습니다.

바울은 다메섹에서 예수 그리스도의 부르심을 받았습니다. 분명하고 확실한 소명의식이 있었습니다. 그러므로 많은 어려움과 대적자들이 있었지만 꿋꿋하게 직분을 끝까지 감당한 사도였습니다.

교회의 모든 직분이 그렇습니다. 하나님으로부터 나온 직분입니다. 교회가 투표를 하고 결정하는 것 같아도 하나님의 섭리 속에서 이루어진 일입니다. 이것을 확신하고 확실히 믿는 것이 중요합니다.

가룟 유다가 자살하여 사라졌을 때 초대 교회가 행한 일을 생각해 봅시다. 사도를 보충하여 뽑을 때 하나님께 기도합니다. 제비를 뽑는 방법을 선택했지만 하나님께서 선택한 사람이 있었습니다.

사도만이 아니라 일곱 집사를 선출하는 과정도 보십시오. 성령이 충만한 사람들입니다. 지혜와 믿음이 있는 사람들이었습니다. 모든 사람들에게 칭찬받는 사람들이었습니다. 그리고 맡겨진 일을 잘 감당해서 모든 어려운 문제들을 해결하는 능력이 있는 사람들이 세워졌습니다. 중요한 것은 사람들이 추천하고 사람들이 투표하고 사람들이 안수하여 세우는 것 같아도 하나님의 섭리가 있습니다. 이것이 교회의 직분입니다. 그러므로 충성하면 착하고 충성된 종이 되는 것이고 불충성하면 악하고 게으른 종으로서 책망과 형벌이 따라오는 것입니다.

바울과 같은 고백을 합시다. "나를 능하게 하신 그리스도 예수 우리 주께 내가 감사함은 나를 충성되이 여겨 내게 직분을 맡기심이니 ... 우리 주의 은혜가 그리스도 예수 안에 있는 믿음과 사랑과 함께 넘치도록 풍성하였도다"(딤전1:12-14)라고 했습니다.

"내가 나 된 것은 하나님의 은혜로 된 것이니 내게 주신 그의 은혜가 헛되지 아니하여 내가 모든 사도보다 더 많이 수고하였으나 내가 한 것이 아니요 오직 나와 함께하신 하나님의 은혜로라"(고전15:10)라고 말입니다.

고린도후서 6장 1-2절에서는 "우리가 하나님과 함께 일하는 자로서 너희를 권하노니 하나님의 은혜를 헛되이 받지 말라 ... 보라 지금은 은혜 받을 만한 때요 보라 지금은 구원의 날이로다"라고 했습니다. 바울은 하나님과 함께 일했습니다.

둘째로, 교회에서 나의 말과 행동은 나만의 말과 행동이 아닙니다. 함께하는 모든 성도들과 함께하는 말과 행동인 것입니다. 바울이 갈라디아서 1장 2-3절에서 무슨 내용을 언급했습니까?

"함께 있는 모든 형제와 더불어"라고 말했습니다. 함께 있는 모든 형제에게 은혜와 평강이 있기를 원했습니다. 우리의 관심은 '함께 있는 모든 형제' 입니다. 바울은 갈라디아서를 기록할 때 개인적인 서신으로 쓴 것이 아닙니다. 한 사람이나 혹은 몇 사람을 위해서 기록한 편지가 아닙니다. 함께 있는 모든 형제를 위하여 기록한 것입니다.

그런 의미에서 기독교는 개인주의를 인정하지 않습니다. 나의 말과 행동, 나의 믿음과 삶이 나의 유익만이 아니라 교회 전체와 관련되어 있는 말과 행동이요, 믿음과 삶인 것입니다.

교회와 관련된 직분은 자신만을 위하여 주신 직분이 아닙니다. 모든 사람들과 관련되고 연관되어 있는 직분입니다. 기독교는 한 사람의 말과 행동으로 끝나는 종교가 아닙니다. 연관되어 있고 관련되어 있고 함께 성장하고 함께 기뻐하고 즐거워하는 종교가 기독교입니다.

그래서 바울이 기록해 놓은 서신서를 연구해 보면 연결되어 있음을 강조해 놓았습니다. 고린도전서 12장 26-27절을 봅시다. "만일 한 지체가 고통을 받으면 모든 지체가 함께 고통을 받고 한 지체가 영광을 얻으면 모든 지체가 함께 즐거워하느니라 너희는 그리스도의 몸이요 지체의 각 부분이라"라고 했습니다.

사도와 선지자든지, 교사와 능력을 행하는 사람이든지 서로 돌보고 사랑하고 섬기는 지체로서 존재하는 사람들입니다. 왜냐하면 몸은 하나인데 많은 지체가 존재하고 있기 때문입니다.

에베소서 2장 21-22절에서 "그의 안에서 건물마다 서로 연결하여 주 안에서 성전이 되어 가고 너희도 성령 안에서 하나님이 거하실 처소가 되기 위하여 그리스도 예수 안에서 함께 지어져 가느니라"라고 지적했습니다. 그러므로 교회의 모든 직분은 하나님의 교회와 관련을 맺고 있는 직분입니다.

건물을 보십시오. 바닥과 벽이 다릅니다. 천정과 계단이 다릅니다. 그러나 한 건물로 지어져 있고 연결되어 있습니다. 떨어져 있는 벽돌은 벽돌일 뿐이지 건물의 일부도 아니고 연결의 관점에서 보면 돌덩이에 불과합니다. 생명관계가 그렇습니다. 하나의 건물로 생각하는 것, 이것이 교회관입니다.

셋째로, 은혜와 평강의 근원은 하나님입니다. 바울이 갈라디아서를 기록하면서 우리 하나님 아버지와 주 예수 그리스도로 좇아 은혜와 평강이 있기를 원했습니다. 왜 사도 바울은 문제가 된 갈라디아 교회의 은혜와 평강을 기도했을까요? 하나님 아버지와 예수 그리스도로부터 나오는 은혜와 평강을 기도한 목적이 있습니다. 그것이 무엇이겠습니까?

인간에게 절대적으로 필요한 은혜와 평강의 근원은 하나님 아버지입니다. 예수 그리스도입니다. 다른 곳에서 은혜가 임할 수 없고 평강의 복이 임할 곳도 없기 때문입니다.

하나님의 은혜는 한량없는 은혜이지만 제한적입니다. 그래서 칼빈의 5대 교리를 연구해 보면 '제한속죄'를 말하게 됩니다. 더군다나 사람들이 가지고 있는 것은 은혜와 평강에 비하면 아무것도 아닙니다. 자기가 많이 가졌다고 할 때 더 많이 가진 자 앞에는 적은 자입니다. 그런데 하나님께서 인간에게 주시는 은혜와 평강은 그렇지 않습니다. 누구에게나 만족한 은혜와 평강의 복입니다.

성경을 기록할 때마다 은혜와 평강을 축복했습니다. 부활하신 주님도 제자들에게 나타나셔서 평강이 있을지어다! 축복했습니다. 무너지거나 넘어지지 않는 은혜와 평강이 갈라디아 교인들에게 필요했듯이 이 시대에 하나님의 백성들에게도 은혜와 평강이 필요합니다.

바울은 로마 교인들에게도 이렇게 축복했습니다. "로마에서 하나님의 사랑하심을 받고 성도로 부르심을 받은 모든 자에게 하나님 우리 아버지와 주 예수 그리스도로부터 은혜와 평강이 있기를 원하노라"(롬1:7)라고 했습니다.

고린도 교회를 향해서도 "하나님 우리 아버지와 주 예수 그리스도로부터 은혜와 평강이 있기를 원하노라"(고전1:3)라고 했습니다. 에베소 교인들을 향해서도 같은 축복을 했습니다.

이 세상은 장망성입니다. 우리가 열심히 살다가 탈출해야 하는 곳입니다. 바울은 악한 세대라고 표현했습니다. '이 악한 세대'라고 표현했지요? 타락한 사람들이 살면서 수없이 하나님을 대적하는 사상과 말과 행동을 하는 세상입니다. 이 세상을 패역한 세대, 사악한 세상, 장망성, 하나님의 심판이 기다리는 세상이라고 부릅니다.

그래서 사랑이 많은 사도 요한은 사랑하는 성도들에게 세상을 사랑하지 말라고 했습니다. 세상의 정욕과 이생의 자랑과 물질의 유혹이 거룩한 성도를 타락하게 만듭니다. 천국 백성은 잠시잠깐 살다가 탈출을 시도해야 하는 하늘의 시민권자, 하나님의 아들과 딸들, 천국 시민입니다.

사악하고 패역한 세상을 사는 데 있어서 필요한 것이 무엇일까요? 하나님의 은혜와 평강입니다. 예수 그리스도로부터 오는 은혜와 평강이 필요한 것입니다. 노아의 여덟 식구처럼 하나님의 은혜로 의인이 되어야 합니다. 우리는 물질만 사랑했던 롯의 가정이 되지 말고 믿음으로 승리했던 아브라함의 가정이 됩시다.

제3강
갈라디아서 1장 6-10절

갈라디아서를 주신 이유가 무엇인가?

하나님께서 사도와 선지자를 통하여 성경을 우리에게 주신 목적이 무엇인가? 하나님께서 교회에 주신 최대의 선물이 성경일 것입니다. 여러 가지 목적이 있지만 세 가지만 생각해 봅시다.

첫째로, 하나님의 아들 예수 그리스도를 믿어 영생을 얻게 하심입니다. 사도 요한은 하나님께서 예수 그리스도가 하나님의 아들이심을 믿어 영생을 얻도록 하기 위하여 성경을 기록했다고 밝혔습니다(요20:31). 영원한 생명은 인간에게 있지 않고 하나님께만 있습니다.

둘째로, 성령충만을 받아 순종하는 자에게 하나님 나라의 은혜와 복을 주기 위함입니다. 베드로 사도는 성경을 주신 목적을 설명할 때 확실성을 말했습니다. 어두운 세상을 밝히는 말씀이기 때문입니다(벧후 1:19-21). 진리에 대하여 확실하기 때문입니다. 성경은 불확실한 것이 하나도 없습니다.

개혁교회에서는 말씀과 함께 성령이 임하는 것을 믿습니다. 말씀을 통로로 삼아 성령이 임합니다. 성령께서 기록한 말씀을 사랑할 때 성령의 충만을 받을 수 있습니다.

셋째로, 사도 바울은 성경말씀으로 말미암아 구원에 이르는 지혜를 줄 뿐만 아니라 하나님의 사람으로 온전하게 하며 선한 일을 행하기에 온전하게 하려고 주셨음을 말했습니다(딤후3:16-17). 사람이 사람답게 됩니다.

그렇다면 하나님께서 바울을 통해서 갈라디아서 성경은 왜 주신 것일까요?

1. 소극적인 이유가 있습니다

먼저 소극적인 이유가 있습니다. 갈라디아서 성경을 주신 소극적인 이유가 무엇일까요? 당시 갈라디아 교인들은 그리스도의 구속의 은혜를 저버리고 다른 복음을 따랐습니다. 진리를 떠나 쉽게 미혹을 받았습니다. 하나님의 은혜로 구원받고 예수 그리스도를 믿음으로써 구원받는다는 진리를 버리고 할례를 받음으로써 구원받는다는 주장을 했습니다. 심지어 율법주의로 흘러서 율법을 지켜야 구원받는다고 주장했습니다. 바울은 이렇게 잘못된 교리를 따르는 자들을 책망하고 있습니다. 이것이 소극적인 이유입니다.

6절에 "그리스도의 은혜로 너희를 부르신 이를 이같이 속히 떠나 다른 복음을 따르는 것을 내가 이상하게 여기노라"라고 했습니다. 구약시대는 율법으로 이스라엘을 부르셨습니다. 신약에는 하나님께서 그리스도 안에서 우리를 은혜로 부르셨습니다.

하나님께서 그리스도 안에서 갈라디아 교인들을 은혜로 불렀을 때 어떤 반응을 보였습니까? 처음에는 잘 따랐습니다. 잘 믿었습니다. 순종도 잘 했습니다. 그러나 세월의 흐름 속에 떠났습니다. 변해 버렸습니다. 은혜를 내동댕이쳤습니다. '이같이 속히 떠나 다른 복음 좇는 것을 내가 이상히 여기노라.' 바른 복음을 버리고 다른 복음을 따랐습니다. 올바른 진리를 버리고 그릇된 교리를 따랐습니다.

갈라디아 교회를 향한 바울의 심정은 책망뿐이었습니다. 처음부터 질책하고 있습니다. 왜 책망했습니까? 이유는 간단합니다. '다른 복음' 때문입니다. 다른 복음이란 이질적인 복음으로 바울을 분노하게 하는 이단적인 사상을 말합니다.

'속히 떠나다'란 '재빠르게 버리다'라는 뜻입니다. '이상히 여긴다'란 '실망스럽다'란 의미로 갈라디아 교인들의 어리석음을 책망하는 뜻입니다. 복음을 받은 사람들도 타락할 수 있습니다. 진리를 알고 있는 사람들도 죄를 지을 수 있습니다. 사단이 우는 사자와 같이 삼킬 자를 찾는 세상입니다. 할 수만 있으면 타락시키려고 노력하는 세상입니다. 베드로 사도는 베드로전서 5장 8절에서 "근신하라 깨어라 너희 대적 마귀가 우는 사자같이 두루 다니며 삼킬 자를 찾나니"라고 했습니다.

그래서 예수님께서 제자들에게 "사람의 미혹을 받지 않도록 주의하라"라고 하셨습니다. 심지어 성전에 앉아 자기가 하나님이라고 주장할 사람들도 있다고 했습니다.

이미 한국사회에서는 여러 번 나타난 사건들입니다. 자기가 하나님이라는 것입니다. 인간이 창조주라는 것입니다. 몇 년 전에 역곡동 지역의 조희성씨가 영생교를 운영했습니다. 그 사람도 자기가 하나님이라고 했습니다. 그런데 사람은 미혹하는 영을 받으면 별수 없는 존재입니다.

사랑하는 성도님들이여! 우리 모두 그릇된 사상이나 관념을 멀리하고 하나님의 말씀인 진리로 무장하여 마지막까지 승리하는 성도, 성령이 충만해서 악령을 물리치고 승리하는 그리스도인들이 다 되기 바랍니다.

2. 적극적인 이유도 있습니다

또 갈라디아서를 주신 적극적인 이유가 있습니다. 그 이유가 무엇입니까? 그리스도의 은혜로 구원받은 성도들은 믿음을 순수하게 지켜야 한다는 것을 강조합니다. 우리의 엄청난 죄악을 걸머메시고 십자가에서 대속의 죽음을 죽으신 예수님의 은혜와 사랑을 어찌 잊을 수 있겠습니까? 주님의 은혜를 기억하는 사람이라면 믿음의 지조와 절개를 지켜 나가는 것은 당연한 일입니다.

7-9절에 "다른 복음은 없나니 다만 어떤 사람들이 너희를 교란하여 그리스도의 복음을 변하게 하려 함이라 그러나 우리나 혹은 하늘로부터 온 천사라도 우리가 너희에게 전한 복음 외에 다른 복음을 전하면 저주를 받을지어다 우리가 전에 말하였거니와 내가 지금 다시 말하노니 만일 누구든지 너희가 받은 것 외에 다른 복음을 전하면 저주를 받을지어다"라고 했습니다.

바울을 통하여 주신 복음은 불변성과 유일성을 가지고 있습니다. 영원히 변할 수 없는 복음입니다. 세상에서 하나밖에 없는 유일한 복음입니다. 그러므로 다른 복음은 없습니다. 결단코 다른 복음은 없습니다.

'다른' 이란 말은 '비슷하지만 같지 않다' 는 말입니다. 비슷하지만 같지 않은 복음을 받아들인 결과가 무엇이겠습니까? 교회의 혼란입니다. 은혜의 삭감입니다. 갈팡질팡하는 것뿐입니다. 교회를 파괴하는 결과를 가져오게 됩니다. 교회는 진리의 기둥과 터이기 때문입니다(딤전 3:15).

다른 복음은 '그리스도의 복음을 변하려 함이라' 라고 했습니다. '변한다' 는 말은 '뒤집어 엎으려고 한다' 는 뜻입니다. 바울이 전한 유일한 복음을 뒤집어 엎어버리는 것이 다른 복음의 목적입니다. 유대주의자들의 주장은 단순한 교리적인 차원이 아닙니다. 복음을 뿌리째 흔들어 놓는 결과를 가져옵니다. 교회의 존폐위기로까지 몰고가기 때문에 바울이 다른 복음은 없다고 주장을 했습니다.

사단의 세력은 자신을 위장합니다. 광명한 천사로 둔갑합니다. 우리들을 위하는 척하다가 넘어뜨리는 작전에 능하지 않습니까? 복음을 전한다는 사람들도 많지만 사람들을 미혹하는 영을 받은 사람들도 있습니다. 하늘로부터 온 천사라 할지라도 외형만 그렇지 사람을 넘어뜨리려고 유혹을 합니다. 우리는 영원히 십자가를 사랑해야 합니다. 부활의 소망이 진정한 소망입니다. "진리를 알지니 진리가 너희를 자유롭게 하리라"(요8:32). 아멘!

바울은 무서운 저주를 선포했습니다. 다른 복음을 전한다면 하늘로부터 온 천사라 할지라도 저주가 임할지어다. 무서운 심판을 선언했습니다. '저주' 란 용어는 본래 '하나님께 바쳐진다' 는 뜻입니다. 이 뜻은 하나님께 바쳐진 것은 사람이 어떻게 할 수 없다는 의미로, 저주도 하나님으로부터 오기 때문에 어떻게 막을 길이 없다는 뜻입니다.

사랑하는 성도님들이여, 진리의 영이 함께하셔서 축복만 있기를 진심으로 바랍니다. 성령의 은혜가 충만해서 진리 가운데로 인도받기를 바랍니다.

3. 그리스도의 종이란 어떤 사람일까요?

그리스도의 종은 삶이 다릅니다. 인간적인 기준에 따라 사는 사람이 아닙니다. 하나님이 기뻐하는 삶을 사는 사람이 그리스도의 종입니다. 바울은 목회자로서 사람들을 기쁘게 하는 삶을 목표로 삼지 않았습니다. 하나님을 기쁘시게 하는 삶을 살려고 노력했습니다.

10절에 "이제 내가 사람들에게 좋게 하랴 하나님께 좋게 하랴 사람들에게 기쁨을 구하랴 내가 지금까지 사람들의 기쁨을 구하였다면 그리스도의 종이 아니니라"라고 했습니다. 갈라디아 성도들이 살아가야 할 방향을 제시하고 있습니다. 바울은 자신의 신분을 말할 때에 '그리스도의 일꾼, 그리스도의 종' 이라고 말했습니다. 그리스도의 일꾼과 종으로서의 삶을 살았습니다.

갈라디아 지방에 내려온 유대주의자들은 이렇게 말했습니다. 바울이 이방인들의 관심을 끌기 위해 그리스도를 믿음으로 구원받는다고 주장했다는 것이지요. 결과는 율법이 정한 규례들을 무시했다는 것입니다. 유대주의자들은 바울을 모함하기 시작했습니다.

바울이 그리스도의 종과 사람의 종을 왜 비교하고 있습니까? 자기가 율법을 주장했다면 존경받는 선생이 되었을 것입니다. 그러나 그 길은 사람을 기쁘게 하는 길이란 뜻입니다. 반대로 자신은 마음대로 할 수 없는, 주인의 뜻을 따를 수밖에 없는 종이기 때문에 그리스도를 전하다가 고난만 당한다는 말입니다.

진리의 사람만이 하나님을 기쁘시게 할 수 있습니다. 하나님의 영광을 위할 수 있습니다. 어떻게 하든지 하나님을 좋게 해야 합니다. 하나님을 기쁘시게 해야 합니다. 그렇지 않으면 사람의 종이 되고 맙니다. 가장 가치있는 것이 무엇이겠습니까? 하나님의 영광을 위하여 사는 일입니다.

사랑하는 여러분들은 누구를 위해서 살고 있습니까? 하나님의 영광을 위하여 살기를 바랍니다. 바울처럼 말입니다. 이 시대에 부름받은 종들로서 "먹든지 마시든지 무엇을 하든지 다 하나님의 영광을 위하여 하라"(고전10:31). 아멘.

제4강
갈라디아서 1장 6-10절

바른 복음-교회의 표지

개혁주의자들은 교회의 표지를 세 가지로 말했습니다. 하나님의 말씀을 올바르게 증거하는 교회, 성례를 정당하게 집행하는 교회가 바른 교회이며, 권징을 신실하게 준행하는 교회가 올바른 교회라고 했습니다.

갈라디아 교인들은 바울이 전해 준 복음을 속히 떠났습니다. 재빠르게 떠났습니다. 속히 돌아섰습니다. 충성의 대상을 바꾸었다는 뜻입니다. 마치 군인이 군대의 부름을 받아 훈련받고 병영생활을 하다가 탈영하는 것과 같습니다. 철학자나 정치인들이 자기 진영을 떠나 다른 것을 추구하는 변절자들이 되는 것과 같은 것입니다.

바울이 갈라디아 교인들을 책망하는 이유가 여기 있습니다. 종교적인 변절자이며 영적인 이탈자들이었기 때문입니다. 은혜로 부르시는 하나님의 은혜의 복음, 예수 그리스도를 믿음으로 구원받는 구원의 복음을 떠나버린 교인을 어찌 책망하지 않을 수 있겠습니까?

1.우리는 복음을 영화롭게 해야 합니다

우리는 흔히 '복음'을 영화롭게 하고 밝게 해야 할 책임이 있는데 반대로 복음을 가리거나 흐리게 만들면 하나님의 저주를 받게 됩니다. 저와 여러분은 하나님의 은혜로 구원받았습니다. 예수 그리스도를 믿음으로써 구원받았습니다. 우리들이 가지고 있는 어떤 조건으로 구원받은 것이 아닙니다.

1) 복음은 인간이 하나님 앞에서 얼마나 잘못된 존재인가를 깨닫게 합니다. 인간은 철저하게 죄인입니다. 의인은 없나니 하나도 없도다. 내가 의인을 부르러 온 것이 아니라 죄인을 불러 구원하고자 온 것이라고 하셨습니다. 인간이 하나님 앞에서 가져야 할 자세는 죄인의식과 철저하게 주님의 능력만 의지하는 것입니다.

복음은 인간이 얼마나 타락한 존재인가를 깨닫게 합니다. 교회는 사람의 죄악을 지적하여 회개하게 만드는 단체입니다. 인간은 만물보다 더 거짓되고 타락하고 부패한 존재입니다. 복음만이 나의 존재를 바로 인식하게 만듭니다. '빈 손 들고 앞에 가 십자가를 붙드네 의가 없는 자라도 도와주심 바라네'.

2) 복음이란 '하나님이 죄인을 위해 일하시는 것'을 말합니다. 구원은 오직 하나님께 달려 있습니다. 하나님께서 혼자서 일하시는 것을 구원이라고 말합니다. 여러분들이 구원받은 것은 전적인 하나님의 은혜인 줄로 믿습니다. 우리의 공로가 더해진 것이 있습니까? 없습니다. 전적으로 하나님의 은혜입니다. 찬송가 310장에 "아 하나님의 은혜로 이 쓸데없는 자 왜 구속하여 주는지 난 알 수 없도다"라고 했습니다.

구원도 그렇지만 무엇을 행한 후에도 하나님의 은혜라는 것을 인정해야 합니다. 바울이 대표적인 예입니다. "너희는 그 은혜에 의하여 믿음으로 말미암아 구원을 받았으니 이것은 너희에게서 난 것이 아니요 하나님의 선물이라 행위에서 난 것이 아니니 이는 누구든지 자랑하지 못하게 함이라"(엡2:8-9)라고 했습니다.

그리고 많은 일을 행한 후에도 "나는 사도 중에 가장 작은 자라 나는 하나님의 교회를 박해하였으므로 사도라 칭함 받기를 감당하지 못할 자니라 그러나 내가 나 된 것은 하나님의 은혜로 된 것이니 내게 주신 그의 은혜가 헛되지 아니하여 내가 모든 사도보다 더 많이 수고하였으나 내가 한 것이 아니요 오직 나와 함께하신 하나님의 은혜로라"(고전 15:9-10)라고 했습니다.

복음을 알고 있던 바울이 구원받은 것은 하나님의 은혜요, 다른 사도들보다 더 많이 수고한 것도 하나님의 은혜임을 고백했습니다. 하나님의 은혜를 말하지 않고 인간의 공로를 말하게 되면 하나님의 교회가 교란, 요란하게 됩니다. 선동하여 흔들린다는 말입니다. 파벌이 생기고 괴롭히는 결과를 가져온다는 뜻입니다. 거짓 선생들로 인해 교회가 흔들리게 됩니다. 그러므로 교회를 위해 봉사하는 최선책은 복음을 믿고 하나님의 은혜를 자랑하는 일입니다.

3) 인간은 의존적인 존재입니다. 독립적이지 않습니다. 피조물은 조물주에게 의탁된 존재입니다. 우리들은 오직 예수님만 의지해야 합니다. 예수님을 믿고 의지할 때 의인되는 축복이 임하는 것입니다. 세상의 다른 것을 의지하는 것은 헛된 일입니다. 의인으로 바꾸어 놓을 수 있는 길이 없습니다. 인간은 철저하게 하나님께 의존된 존재입니다.

인간이 성부 하나님과 성자 예수님 그리고 성령님만 의존할 때 영화로운 삶을 살게 됩니다. 여기에 복음의 영광이 있습니다. 복음은 우리 자신을 철저하게 포기하게 만들고 성삼위 하나님만 의지하게 만듭니다.

2. 교회의 표지가 무엇인가?

교회의 표지는 유형교회만 존재하는 말입니다. 참된 교회와 거짓 교회의 구별이 무엇인가? 개혁파 교회는 항상 세 가지를 말해 왔습니다. 말씀의 참된 전파와 성례의 정당한 집행 그리고 권징의 신실한 시행입니다. 그중에 말씀의 참된 전파가 첫 번째입니다.

요한복음 8장 31-32절에 "예수께서 자기를 믿은 유대인들에게 이르시되 너희가 내 말에 거하면 참으로 내 제자가 되고 진리를 알지니 진리가 너희를 자유롭게 하리라"라고 했고, 47절에서는 "하나님께 속한 자는 하나님의 말씀을 듣나니 너희가 듣지 아니함은 하나님께 속하지 아니하였음이로다"라고 했습니다.

요한복음 14장 23절에서 "예수께서 대답하여 이르시되 사람이 나를 사랑하면 내 말을 지키리니 내 아버지께서 그를 사랑하실 것이요 우리가 그에게 가서 거처를 그와 함께하리라"라고 했고, 요한이서 1장 9절에서는 "지나쳐 그리스도의 교훈 안에 거하지 아니하는 자는 다 하나님을 모시지 못하되 교훈 안에 거하는 그 사람은 아버지와 아들을 모시느니라"라고 했습니다.

하나님의 말씀에 철저하게 순종하는 교회가 지상에서 최상의 교회입니다. 하나님의 말씀을 전파하는 일에 절대적으로 순종해야 하고, 복종해야 합니다. 신앙과 행위에 절대적인 영향과 영적인 감화를 주어야 합니다.

교회에는 중요한 권세가 있습니다. 교훈권과 봉사권과 치리권입니다. 제일 중요한 것은 교훈권입니다. 복음을 맡은 단체입니다. 하나님의 말씀을 맡은 기관입니다. 복음을 믿고 자녀들에게 가르쳐야 할 책임이 교회에 있고, 다른 사람들에게 전해야 할 책임이 있습니다.

3. 유대인과 예수님의 다른 점이 무엇인가?

유대인들, 당시 백성들의 마음은 예수님의 마음과는 다른 점이 있었습니다. 백성들은 예수가 정치적인 메시야로 오셔서 로마로부터 해방시켜 주실 줄로 알았습니다. 어떤 이는 경제적인 가난으로부터도 해방시켜 주실 줄로 알았습니다.

예수님은 혁명적인 분으로 오신 것이 아니라 십자가에 죽기 위해서 오셨습니다. 경제적인 부유보다는 영적인 자유를 위하여 오셨습니다. 여기에 다른 점이 있습니다. 유대인들이 처음에는 '호산나 다윗의 자손이여!' 구원해 달라고 간구하더니 이제 며칠 뒤에는 '십자가에 못박게 하소서'라고 고함을 쳤습니다. 자기들이 생각했던 메시야가 아니었기 때문에 그랬던 것이지요.

우리들도 그런 상태에 빠질 수 있습니다. 빠지면 안 되지만 사람은 종종 그런 생각에 빠집니다. 자기 기대, 자기 소망, 자기 욕망에 맞는 경우는 다 진리이고, 자기 생각에 맞지 않으면 틀리다고 생각을 합니다. 하지만 세상을 살아보면 대부분 자기와 맞지 않고, 맞는 경우는 드뭅니다.

신앙생활을 이런 상태로 하는 사람들도 많이 있습니다. 그래서 교회를 떠나는 것입니다. 주님을 버리는 것입니다. 자기 마음에 맞으면 믿고 마음에 맞지 않으면 다른 곳으로 옮겨 다니지 않습니까?

예수님은 마지막 성만찬 예식을 목요일에 거행하셨고 금요일에 십자가를 지셨습니다. 금요일과 토요일에 무덤에 있으셨고, 주일에 부활하셨습니다. 부활의 영광 전에 십자가의 고난이 있었습니다. 고난 없는 영광이 있습니까? 주님의 고난이 우리에게 영광을 가져왔습니다. 인간의 공로라는 것이 어디 있습니까? 인간은 철저하게 무능력합니다.

그러면 복음이란 무엇인가? '내가 다 해줄께' '내가 다 해줬다!' 예수님이 십자가를 감당해 주시고 생명의 부활로 나오심을 믿습니다. 이것이 복음입니다. '다 이루어주셨다', 살게 해 주셨다는 말씀입니다. '인간이 할 수 없는 것을 하나님이 행하신다. 하나님이 혼자 이루셨다.' 하나님과 인간이 협동한 것이 아닙니다. 하나님의 단독적인 사역입니다. 그것을 믿음으로 받는 것이 구원입니다.

하나님의 은혜입니다. 값없이 주시는 은혜입니다. 은혜가 있는 곳이 교회입니다. 하나님의 은혜성을 가르치는 교회가 진짜 교회입니다. 진짜 교회의 특성은 하나님의 절대주권 사상이 있습니다. 하나님이면 다

된다는 신념입니다.

우리들은 복음을 듣고 어떻게 살아야 합니까? 예수님이 다 해 주셨으니까 내 마음대로 살아도 되는 것인가? 내 멋대로, 멋대로 믿고 멋대로 살아도 되는 것일까? 이것은 타락한 마음에서 발생된 것입니다.

갈라디아 교인들 중에 은혜를 더한다고 죄 가운데 사는 사람들이 있었습니다. 바울은 잘못된 믿음이라고 가르치고 있습니다. 그럴 수 없느니라.

참된 복음을 들은 사람은 그렇게 살지 않습니다. 1) 구원해 주신 하나님께 감사드립니다. 그리고 2) 이제부터는 주 안에서 주님의 뜻을 묻습니다. 하나님의 뜻을 발견하기 위해 성경을 읽습니다. 교회가 모임을 자주 갖는 것은 하나님의 뜻을 발견하여 뜻을 준행하기 위함입니다. 복음은 우리 스스로 할 수 없는 것을 하나님(주님)이 행해 주셨음을 듣는 것입니다. 그래서 예배생활이 중요합니다. 자기의 타락을 막고, 복음의 변질을 막기 위한 모임도 되기 때문입니다.

제5강
갈라디아서 1장 6-10절

책망

하나님은 책망을 허락하셨습니다. 책망이 어리석은 자의 어리석음을 깨닫게 하기 때문이고 사람을 사람답게 하기 때문입니다. 특별히 하나님의 말씀은 그 시대마다 하나님의 백성을 책망했습니다. 선지자들은 왕과 백성을 깨우는 책망의 메시지를 많이 전달했습니다.

역사적으로 이스라엘 민족의 지도자 모세는 자기의 시종 여호수아의 시기심과 같은 마음을 책망했습니다. 이방인의 사도 바울도 베드로 사도의 외식을 책망했습니다. 오늘 말씀에서 사도 바울은 어리석게 다른 복음을 따르는 갈라디아 교인들을 책망하고 있습니다.

갈라디아 교회는 바울이 수리아 안디옥 교회의 보냄을 받고 세운 교회였습니다. 바울은 믿음으로 의롭게 된다는 이신칭의, 이신득의를 선포했습니다. 수많은 갈라디아 지방의 사람들이 복음을 받고 의인이 되었습니다. 그런데 바울이 떠난 다음에 할례를 받아야 구원받는다, 율법을 지켜야 구원받는다고 하면서 율법주의자들이 교회를 어지럽히기 시작했습니다.

이런 주장은 예수 그리스도의 구속의 은혜를 약화시키거나 불완전하게 만드는 것이었습니다. 십자가의 공로를 버리게 만드는 일이었습니다. 바울이 그것을 '다른 복음'이라고 정의하면서 엄하게 책망하고 있습니다. 그 책망의 목적은 바른 복음으로 돌아오기를 원하는 마음이었습니다.

1. 오직 예수

인간에게 있어서 구원의 길은 오직 예수님뿐입니다. 다른 복음은 없습니다. 예수님은 "내가 곧 길이요 진리요 생명"이라고 하셨습니다. 길과 진리와 생명이신 예수님만이 우리의 구원자요 아버지께로 가게 하는 자입니다.

베드로 사도는 "다른 이로써는 구원을 받을 수 없나니 천하 사람 중에 구원을 받을 만한 다른 이름을 우리에게 주신 일이 없음이라"(행4:12)라고 했습니다.

사도 바울은 "주 예수를 믿으라 그리하면 너와 네 집이 구원을 받으리라"(행16:31)라고 했습니다. 바울이 전한 복음이 바른 복음입니다. 다른 복음은 없습니다. 있다면 그것은 저주 받은 사람들의 것입니다. 영생을 얻기로 작정된 자는 진리를 사랑합니다. 바른 복음을 따라 인생을 걸어갑니다.

예수님께서 변화산에서 제자들과 더불어 기도하실 때 어떤 일이 있었습니까? 기도하는 가운데 변하셨습니다. 얼굴이 해같이 빛이 났습니다. 옷도 변했습니다. 빛과 같이 빛났습니다. 모세와 엘리야도 나타났습니다. 예수와 모세와 엘리야가 별세하실 것에 대하여 논의하셨습니다.

베드로가 예수님께 무슨 말을 합니까? "주여 우리가 여기 있는 것이 좋사오니 만일 주께서 원하시면 내가 여기서 초막 셋을 짓되 하나는 주님을 위하여, 하나는 모세를 위하여, 하나는 엘리야를 위하여 하리이다."

그렇게 말할 때 홀연히 빛난 구름이 덮습니다. 구름 속에서 "이는 내 사랑하는 아들이요 내 기뻐하는 자니 너희는 그의 말을 들으라"라는 음성이 들려왔습니다. 제자들은 심히 두려워했습니다. 예수님께서 손을 대시며 제자들에게 일어나라 두려워하지 말라고 말씀하셨습니다. 눈을 떠서 볼 때 "오직 예수 외에는 아무도 보이지 아니하더라"라고 했습니다. 오직 예수! 예수님만이 나의 구세주요 나의 왕이신 줄로 믿습니다.

사람들은 알지도 못하면서 산 정상에 오르는 길이 다양하듯 천국에 가는 길도 다양하다는 논리를 펼 때가 있습니다. 이론적으로 모순이 없는 듯합니다. 그러면 예수님이 십자가 지실 이유가 없잖습니까? 무엇 때문에 물과 피와 생명을 쏟아주셨겠습니까?

이제부터라도 예수를 잘 믿어서 아브라함처럼 복이 있고 구원받는 가정이 됩시다. 7절에 "다른 복음은 없나니"라고 강조했습니다. 다른 복음은 복음이 아닙니다. 저주의 길입니다. 여러분은 축복된 길을 걸어가기 바랍니다.

2. 구원의 복음

바울은 자신이 전하는 복음에 대하여 사망에 이르는 냄새와 향기로운 냄새에 비유했습니다. 어떤 사람들은 사도 바울을 기쁨으로 영접하고 천사처럼 받듭니다. 그리고 전하여 준 복음을 그대로 믿고 순종하여 구원의 영광을 받아 누립니다. 이런 사람들은 바울과 복음은 향기로운 냄새라고 믿고 생각했기 때문입니다.

반대로 알렉산더 같은 사람은 방해하고 훼방하고 따라다니면서 손해를 끼칩니다. 그래서 디모데에게 너도 그와 같은 사람을 조심하라, 주의하라고 부탁했습니다. 여러분은 복음을 듣거나 읽을 때 어떤 반응이 옵니까? 그것이 여러분의 본질입니다.

인간은 누구나 타락한 존재입니다. 이성적으로는 복음을 좋아할 수 없습니다. 자기 생각과 자기 경험과는 다르게 말씀하고 있는 경우가 많기 때문인데, 그래서 복음을 통하여 은혜와 복을 받으려면 기도해야 합니다. 사람의 말로 받지 않기 위해서 듣는 귀, 보는 눈, 깨닫는 마음이 필요합니다. 여러분은 복음이 복이 되기 바랍니다. 복음과 함께 성령이 역사하기 바랍니다. 기도하는 가운데 주님의 음성을 듣고 살아나는 성도가 됩시다.

8절부터 9절을 보면 다른 복음을 전하는 자들은 하늘로부터 온 천사라도 저주가 있다고 선언했습니다. 저주가 있겠다는 것은 하나님의 진노가 있겠다는 뜻입니다. 하나님의 심판과 정죄입니다.

시편 109편 17-19절을 봅시다. "그가 저주를 좋아하더니 그것이 자기에게 임하고 축복하기를 기뻐하지 아니하더니 복이 그를 멀리 떠났으며 또 저주하기를 옷 입듯 하더니 저주가 물같이 그의 몸 속으로 들어가며 기름같이 그의 뼈 속으로 들어갔나이다 저주가 그에게는 입는 옷 같고 항상 띠는 띠와 같게 하소서"라고 다윗이 기록했습니다.

저주하는 것은 기독교적이지 않습니다. 기독교는 회개하여 축복을 받는 종교입니다. 그럼에도 불구하고 복음을 강조하던 바울이 다른 복음을 말할 때는 저주를 말했습니다. 왜 그럴까요?

복음을 왜곡하거나 그릇된 복음을 전하는 것은 무서운 범죄행위와 같기 때문입니다. 하나님에 대하여 혹은 하나님이 행하신 일이나 행하실 일에 대하여 잘못 말한다면 중대한 범죄자가 될 것입니다. 거기에 심판과 정죄가 임하지 않겠습니까?

복음을 잘못 말한다면 다른 사람의 삶은 물론이고 영혼에까지 막대한 영향을 끼쳐서 지옥에 떨어질텐데, 그 책임이 얼마나 무섭습니까? 복음을 전하지 않는 자에게도 화가 있는데, 만일 다른 복음을 전했을 때는 얼마나 무서운 저주가 임하겠습니까?

베드로 사도가 뭐라고 경고했습니까? "그러나 이 사람들은 본래 잡혀 죽기 위하여 난 이성 없는 짐승 같아서 그 알지 못하는 것을 비방하고 그들의 멸망 가운데서 멸망을 당하며 불의의 값으로 불의를 당하며 낮에 즐기고 노는 것을 기쁘게 여기는 자들이니 점과 흠이라 너희와 함께 연회할 때에 그들의 속임수로 즐기고 놀며 음심이 가득한 눈을 가지고 범죄하기를 그치지 아니하고 굳세지 못한 영혼들을 유혹하며 탐욕에 연단된 마음을 가진 자들이니 저주의 자식이라"(벧후2:12-14)라고 했습니다. 저주의 자식이 왜 저주의 자식이며 왜 저주를 받게 되었는지 그리고 어떤 일을 하는지를 말해 주었습니다.

바울은 데살로니가후서 2장 9-10절에서 "악한 자의 나타남은 사탄의 활동을 따라 모든 능력과 표적과 거짓 기적과 불의의 모든 속임으로 멸망하는 자들에게 있으리니 이는 그들이 진리의 사랑을 받지 아니하여 구원함을 받지 못함이라"라고 했습니다. 진리의 사랑을 받은 성도가 됩시다. 구원 받는 믿음을 가집시다.

3. 하나님의 종

10절을 봅시다. 사람을 기쁘게 하는 종이 있고 하나님을 기쁘시게 하는 종이 있습니다. 바울은 하나님을 기쁘시게 하는 종이었습니다. 그리스도의 종은 사람을 기쁘게 하는 종이 아니라 하나님을 기쁘시게 하는 종입니다.

여러분은 하나님의 일에 대해 어떤 마음과 자세로 일하고 섬깁니까? 사람을 기쁘게 하는 사람은 사람의 종이고, 하나님을 기쁘시게 하고자 하는 종은 그리스도의 종이며 하나님의 종입니다.

이스라엘의 역사를 봅시다. 이스라엘의 초대 왕 사울은 처음에는 겸손했습니다. 하나님을 기쁘시게 했습니다. 그런데 중간에 변질되었습니다. 아말렉과의 전쟁에서 승리한 다음에 좋은 것을 다 숨겨 두었습니다. 사람을 기쁘게 하기 위해서 그렇게 했습니다.

사울 왕의 고백을 들어봅시다. 사무엘상 15장 24절 이하의 내용입니다. "사울이 사무엘에게 이르되 내가 범죄하였나이다 내가 여호와의 명령과 당신의 말씀을 어긴 것은 내가 백성을 두려워하여 그들의 말을 청종하였음이니이다 청하오니 지금 내 죄를 사하고 나와 함께 돌아가서 나로 하여금 여호와께 경배하게 하소서 하니 사무엘이 사울에게 이르되 나는 왕과 함께 돌아가지 아니하리니 이는 왕이 여호와의 말씀을 버렸으므로 여호와께서 왕을 버려 이스라엘의 왕이 되지 못하게 하셨음이니이다"라고 했습니다.

우리가 세상을 살다보면 항상 갈등이 존재합니다. 사람 중심으로 살까 아니면 하나님 중심으로 살까? 사람을 기쁘게 할까 아니면 하나님을 기쁘시게 할까? 그럴 때 무조건 하나님 중심, 하나님을 기쁘시게 하십시오. 결과가 좋습니다. 행복합니다. 승리감으로 인해 평생이 즐겁습니다.

바울은 데살로니가전서 2장 4절에서 "오직 하나님께 옳게 여기심을 입어 복음을 위탁 받았으니 우리가 이와 같이 말함은 사람을 기쁘게 하려 함이 아니요 오직 우리 마음을 감찰하시는 하나님을 기쁘시게 하려 함이라"라고 했습니다. 여러분도 하나님을 기쁘시게 하는 하나님의 종이 되십시오. 특히 주님의 일을 할 때 기쁨으로 감당해서 하나님께 영광이요, 다른 사람에게도 기쁨이 충만하기를 바랍니다.

제6강
갈라디아서 1장 11-17절

복음의 기원과 사도의 섭리

바울이 전한 복음의 핵심은 이신득의 혹은 이신칭의 즉 예수 그리스도를 믿음으로써 의롭게 되는 원리입니다. 지금까지 갈라디아 교인들이 바른 복음을 버리고 다른 복음을 따른 것에 대한 책망을 보았습니다.

이제부터는 바른 복음의 신적 기원에 대하여 그리고 이방인의 사도된 바울이 어떻게 사도라고 말할 수 있는가를 말해 주고 있습니다. 이방인의 사도가 된 바울의 신적 섭리를 말해 줍니다.

사도 바울에게 있어서 이신득의 복음과 자신의 사도권은 동시에 중요했습니다. 사도권이 인정될 때 자신이 전한 복음도 바른 복음으로 인정되기 때문에 사도권과 바른 복음에 대하여 증명하는 것입니다. 당시 갈라디아 교회에 침투한 율법주의자들이 바울의 사도권을 부정하고 복음까지도 공격하는 상황이었기 때문입니다.

바울은 자신이 전한 복음은 하나님으로부터 온 신적 기원임을 밝히고, 다메섹 도상에서 그리스도의 부르심을 받아 율법주의를 버리고 오직 복음을 전파하는 이방인의 사도로서 자신의 사도권을 주장하는 내용입니다.

1. 복음을 전파하라

전도가 무엇입니까? 복음은 사람의 뜻으로 된 것이 아닙니다. 사람들의 철학이나 이론 그리고 생각과 뜻을 집합한 내용도 아닙니다. 꾸미거나 지어낸 이야기는 더욱 아닙니다. 복음은 하나님으로부터 온 계시의 말씀입니다. 하나님이 하신 일이나 하실 일에 대한 이야기입니다.

전도자는 전달자입니다. 복창자입니다. 상대가 말해 주거나 가르쳐 준 대로 외치는 자입니다. 전도자는 변형하거나 창작할 수 없습니다. 각색하지도 않습니다. 받은 그대로 전하는 사람입니다. 가감없이 전하는 사명자입니다. 복음 전도에 헌신한 자들은 사람들을 이해시키고 설득시키려고 기도와 눈물로 감당하는 자들입니다.

복음을 잘 전하는 자들은 천국에서 크다 일컬음을 받을 것이지만 그렇지 못한 자들은 작은 자일 것입니다. 하나님의 역사를 믿고 전하기만 하면 열매는 하나님이 맺게 하십니다.

때를 얻든지 못 얻든지 항상 힘써서 해야 할 일이 복음 전파입니다. 구약 시대에는 문화 명령을 내리셨습니다. 신약 시대에는 주님께서 부활하시고 승천하시기 직전에 대사명을 명령하셨습니다.

"하늘과 땅의 모든 권세를 내게 주셨으니 그러므로 너희는 가서 모든 민족으로 제자로 삼아 아버지와 아들과 성령의 이름으로 세례를 베풀고 내가 너희에게 분부한 모든 것을 가르쳐 지키게 하라 볼지어다 내가 세상 끝날까지 너희와 항상 함께 있으리라"라고 했습니다.

하나님이 나를 세상에 보내신 것처럼 나도 너희를 세상에 보내노라. 그러므로 뱀같이 지혜롭고 비둘기같이 순결하라고 말씀하셨습니다. 여러분도 다른 사람에게 복음으로 찾아갈 수 있기를 바랍니다. 자기만 믿고 자기만 알고 다른 사람에게 관심이 없는 것은 하나님 앞에 부끄러운 일이고 교회 앞에 고개를 들 수 없는 일입니다.

우리는 누구나 복음에 빚진 자입니다. 빚진 자의 심정을 가지고 누구에게나 달려갑시다. 증거하기만 하면 성령께서 사람으로 하여금 믿게 하고 변화되도록 복을 주실 줄로 믿습니다.

신구약 성경은 66권입니다. 구약이 39권 신약이 27권입니다. 더 이상의 성경이 없습니다. 구교에서는 외경까지를 성경이라고 주장합니다. 그래서 77권의 성경을 말합니다. 개혁교회는 그렇지 않습니다. 다른 복음은 존재하지 않습니다.

바울의 말을 들어봅시다. 사람에게서 받은 것도 아니고 배운 것도 아니며 오직 예수 그리스도의 계시로 말미암은 것이라고 했습니다. 신구약성경은 하나님의 말씀으로 신앙과 행위에 있어서 유일무이한 법칙입니다. 성경관이 바를 때 바른 믿음의 사람이 됩니다.

개인적인 체험은 다양할 수 있습니다. 꿈도 있고 환상도 있습니다. 환청도 있고 방언도 있고 예언도 있습니다. 그러나 공교회가 믿고 나아갈 것은 66권의 성경 말씀입니다. 성경은 성령의 감동으로 기록된 책으로 무오합니다. 축자영감 되었습니다. 믿음으로 듣고 읽고 지키면 구원에 이르는 지혜가 있게 됩니다. 기쁨과 영생의 즐거움을 이 세상으로부터 맛보게 됩니다. 성도다운 성도로 성장시키는 결과를 얻게 됩니다.

2. 하나님 앞

바울은 유대인 중의 유대인이었습니다. 유대교를 지나칠 정도로 열심히 믿었습니다. 유대교의 입장에서 보면 자랑스러운 일이었습니다. 그런데 하나님 앞에서까지 자랑스러운 일은 아니었습니다. 하나님의 은혜를 경험하고 나니까 너무나 부끄러운 일이었습니다. 하나님 앞에 죄송한 일이 되고 말았습니다.

과거에 크게 보이던 것이 작은 것이었습니다. 세상에서 가장 가치 있는 일로 생각했는데 하나님 앞에 서 보니 가장 무가치한 일이었습니다. 가장 존귀한 일로 생각했는데 아무것도 아니었습니다. 살리는 일로 생각했는데 죽이는 일이었습니다. 하나님과 세상 사이에는 엄청난 차이점이 있었습니다.

그렇습니다. 하나님 앞과 세상은 가치관이 다릅니다. 지금은 생명을 걸 만한 일인 줄 알고 그 어떤 것에 목숨을 걸었지만 나중에 시간이 지나고 보면 아무것도 아니고 무가치하고 부끄러운 일인 것이 정말 많이 있습니다.

모든 사람이 추구하는 재물을 생각해 봅시다. 돈을 벌기 위해서 목숨을 겁니다. 먹는 것도 못 먹고 잠도 못 자고 돈을 법니다. 그래야 사는 세상이 되었습니다. 안타까운 현실입니다. 하나님의 계명까지 범하면서 돈을 벌려고 합니다. 하나님의 말씀은 들려오지 않습니다.

그런데 한 가지 생각해 봅시다. 그 다음은 어떨까요? 돈을 좀 모았습니다. 집도 샀습니다. 돈이 주머니에 있습니다. 그 다음은 무엇일까요? 영구차는 똑같습니다. 한 줌의 흙이 되기는 마찬가지입니다. 한 푼도 가지고 가는 사람이 없습니다. 그래서 바울은 선한 사업에 부자가 되게 하라고 가르쳤습니다. 기회 있는 대로 선을 행하라고 말했습니다. 가치 있는 것을 추구하는 것이 좋다는 것입니다.

지식도 그렇습니다. 인생을 통해서 배울 것이 참으로 많은 세상입니다. 그런데 인생의 삼 분의 일이나 절반을 학교에 다닙니다. 그 결과가 무엇인지 압니까? 대부분의 경우는 교만한 마음입니다. 조금 더 알기 때문에 아는 체하는 교만입니다. 모르는 사람을 겸손하게 가르쳐 주는 것이 아니라 무시하는 교만 말입니다.

바울의 고백을 들어봅시다. 빌립보 교인들에게 전한 말씀입니다. "그러나 무엇이든지 내게 유익하던 것을 내가 그리스도를 위하여 다 해로 여길뿐더러 또한 모든 것을 해로 여김은 내 주 그리스도 예수를 아는 지식이 가장 고상하기 때문이라 내가 그를 위하여 모든 것을 잃어버리고 배설물로 여김은 그리스도를 얻고 그 안에서 발견되려 함이니 내가 가진 의는 율법에서 난 것이 아니요 오직 그리스도를 믿음으로 말미암은 것이니 곧 믿음으로 하나님께로부터 난 의라"라고 했습니다.

3. 하나님과의 관계

바울은 하나님의 은혜를 기억했습니다. 하나님께서 어머니의 태로부터 택정하시고 은혜로 불렀다고 고백했습니다. 아브라함을 우상을 섬기던 자리에서 불러내서 가나안 땅의 주인공이 되게 하신 분이 하나님이시듯 바울을 이방인의 사도가 되게 하신 분은 하나님이십니다.

아론의 두 아들을 생각해 봅시다. 이름은 나답과 아비후입니다. 하나님을 가까이서 섬기도록 부름받았지만 맡겨진 일을 소홀히 했습니다. 자기 마음대로 하나님의 일을 감당했습니다. 결국은 하나님이 죽이십니다. 레위기 10장 사건입니다. 다른 불을 드리다가 죽습니다.

가룟 유다는 어떤가요? 하나님의 은혜, 부르심의 은혜, 맡겨주신 은혜를 기억하지 않고 돈을 사랑하여 주님을 팔더니 차라리 나지 않았더라면 좋을 뻔한 사람이 되었습니다. 그러므로 직분자들은 때를 따라 돕는 은혜를 얻기 위하여 은혜의 보좌 앞으로 나아가기를 바랍니다. 능력받고 감격하여 충성하면 영육간에 하나님의 은혜와 복이 임할 줄로 믿습니다.

사도 바울은 이방인의 사도가 되기 위하여 부르심을 받았을 때 혈육과 의논하지 않았습니다. 먼저 사도가 된 분들을 찾아간 것도 아닙니다. 아라비아 광야로 들어갔습니다. 왜 아라비아로 갔을까? 정확한 대답은 할 수 없지만 바울의 주장을 볼 때 사람보다 하나님과의 만남, 특별한 관계를 하기 위함이었습니다. 자기에게 맡겨주신 사명, 이방인의 사도에 대한 일 때문에 하나님과의 관계를 더욱 강하게 하기 위하여 들어간 것입니다.

여러분은 사람과의 관계가 우선입니까 아니면 하나님과의 관계가 우선입니까? 이것이 신앙의 표현이요, 믿음의 증거입니다. 그것에 따라서 사람이 달라집니다. 하나님에게 소망을 두는 자가 복이 있습니다. 하나님과의 관계 회복을 힘쓰세요.

시편 147편 10-11절을 봅시다. "여호와는 말의 힘이 세다 하여 기뻐하지 아니하시며 사람의 다리가 억세다 하여 기뻐하지 아니하시고 여호와는 자기를 경외하는 자들과 그의 인자하심을 바라는 자들을 기뻐하시는도다"라고 했습니다.

제7강
갈라디아서 1장 11-24절

바울의 변호

바울은 자기가 사도임을 증거하고 있습니다. 갈라디아 교인들 앞에 자기의 사도직의 정당성을 증명하고 있습니다. 당시 갈라디아 교회 안에는 '믿음으로 구원받는다' 는 교리를 부정하고, 율법주의자들이 들어와서 '율법을 지킴으로써 구원받는다' 는 주장을 하다가 바울을 모함하기 시작했기 때문입니다.

따라서 사도 바울이 자기가 전한 복음의 정당성을 변론하기 위해 사도직의 정당성을 주장하기에 이르렀던 것입니다. 이것은 자신을 높이기 위함이 아니라 복음의 영광을 위하여 이런 논쟁을 시작한 것입니다.

1. 복음의 신적기원

복음의 신적기원을 설명하기 위해 사도가 된 동기를 설명하고 있습니다. 즉 자신이 받은 '이신득의, 믿음으로 의롭다' 함을 얻은 것은 자기 공로가 아니라 하나님의 공로요, 하나님께로부터 온 것임을 밝히고 있습니다.

11-12절에 "형제들아 내가 너희에게 알게 하노니 내가 전한 복음은

사람의 뜻을 따라 된 것이 아니니라 이는 내가 사람에게서 받은 것도 아니요 배운 것도 아니요 오직 예수 그리스도의 계시로 말미암은 것이라"라고 했습니다.

형제들아! 내가 복음을 너희에게 전했지만 복음이 사람의 뜻을 따라 된 것이 아니라고 설명했습니다. '사람의 뜻' 이란 '사람의 생각' 을 따라 된 것이 아니라는 말입니다. 나를 통해 전달된 복음은 '하나님의 뜻' 에 따라 이루어진 일임을 밝히고 있습니다. '사람에게서 받은 것도 아니다' 란 인간에 의해서 전승되거나 교훈을 받아서 이루어진 일이 아니라는 뜻입니다. 배워서 전한 것이 아니라는 말입니다.

그렇다면 누구로 말미암아 복음을 얻거나 받았다고 말합니까? "예수 그리스도의 계시로 말미암은 것이라." 예수 그리스도에 대한 계시로 하나님께서 열어서 보여주신 것을 기록한 것입니다. 하나님의 계시를 드러낼 사람은 없습니다. 예수 그리스도 이외에는 다른 이가 없습니다. 바울의 사도권은 오직 신적권위를 가집니다. 사실 다메섹 도상에서 예수님을 만나기 전에 바울은 유대인 중의 유대인으로, 율법주의자였습니다(행22:3).

자기가 회심하기 전에는 율법에 열심이 있던 사람으로, 하나님의 교회를 핍박했음을 말하고 있습니다. 13-14절에서 "내가 이전에 유대교에 있을 때에 행한 일을 너희가 들었거니와 하나님의 교회를 심히 박해하여 멸하고 내가 내 동족 중 여러 연갑자보다 유대교를 지나치게 믿어 내 조상의 전통에 대하여 더욱 열심이 있었으나"라고 했습니다.

바울이 예수님을 만나기 이전의 삶을 말합니다. 하나님의 선물을 받기 전에, 하나님의 은혜를 받기 전에, 하나님께서 주신 믿음으로 구원받는 진리를 깨닫기 전에는 하나님의 교회를 핍박하였습니다. 누구나 그렇습니다. 하나님의 은혜를 받기 전에는 하나님의 교회를 잔해하려고 노력합니다. 특별히 바울은 율법주의자였습니다. 지금 갈라디아 교인들이 율법을 행함으로써 구원을, 할례를 받음으로써 구원을 말하지만, 자신은 이미 과거에 그런 율법주의자로서 교회를 박해했었다는 것을 말함으로써 하나님의 은혜가 아니면 구원을 받을 수 없고 교회를 세울 수 없다는 논리입니다. 바울이 얼마나 열심이었는지 다른 연갑자들보다 더 열심이었습니다. 나이가 많은 누구보다도 더 열심히 믿었습니다. 유대교에 깊이 빠져 있었습니다. 613개 조항의 유전을 지킬 정도였습니다.

다메섹도상에서 그리스도의 부르심을 받은 이후에 율법주의를 버리고(15-17절), 오직 복음전파에만 주력하고 있음을 말하고 있습니다. 교회를 핍박하던 바울을 하나님께서는 모태로부터 택정하셨습니다. 은혜로 부르셨습니다. 이렇게 된 것은 인간적인 힘으로 된 것이 아니었습니다. 하나님의 섭리로 되었습니다. '택정하다' 란 멸망받을 사람과 구원받은 사람을 '떼어놓는다, 분리해 놓는다' 는 말입니다. 구원받을 사람으로 구분해 놓는다는 뜻입니다. '택정하다, 부름 받다' 란 부정과거시제로 하나님에 의해서 단번에 결정적으로 이루어졌음을 나타내는 말입니다.

왜 그렇게 택정했을까요? 물론 바울의 구원입니다. 하나님이 바울을 선택하여 구원했습니다. 그런데 중요한 점은 '그 아들을 이방에 전하기 위하여 그를 내 속에 나타내시기를 기뻐하실 때에', 이것이 택정하신 또 하나의 이유였습니다. 바울은 유대교에서 철저한 율법주의자로 성장한 데다 이방인에게 예수님을 증거하는 일을 맡길 때 그대로는 불가능했습니다. 유대인들은 예수님을 신성모독을 범한 죄인으로, 나쁜 사상을 가진 자로 오해하고 있었기 때문입니다. 심지어 유대인들은 예수 믿는 사람들을 핍박하는 것이 하나님의 일이라고까지 생각할 정도였습니다.

따라서 예수께서 먼저 바울 앞에 나타나셔서 믿도록 하셨습니다. 복음도 알게 하셨습니다. 내적인 확신과 소명감도 있게 하셨습니다. 하나님께서 굉장히 기뻐하셨습니다. 바울은 부름 받았을 때 혈육과 의논하지 않았습니다. 즉각적인 순종을 했습니다. 예수님의 계시를 받는데 무슨 의논을, 예수님을 구세주로 영접하는데 무슨 의논을 합니까? 믿음으로 순종하면 되는 줄로 믿습니다. 모든 것이 다 전적인 하나님의 은혜임을 말하고 있습니다.

먼저 사도 된 자들을 만나기 위해 예루살렘으로 가지 않았습니다. 회심한 다음에 다른 사람들을 만나 복음을 수정하려 하지 않았습니다. 다른 사도를 무시해서가 아니라 예수님으로부터 직접 계시를 받은 것에 대한 확신입니다. 아라비아가 구체적으로 어디인지는 모릅니다. 페르시아만과 홍해 사이의 넓은 광야 전체를 다 아라비아라고 하기 때문입니다. 경건을 위해서 인적이 드문 광야를 찾은 것으로 보여집니다.

이렇게 주장하여 사도직의 권위와 복음의 권위, 신적기원을 설명하고 있습니다. 이것의 초점은 바울 자신이 아니라 복음의 권위에 관한 문제였습니다. 예수님을 나타내기 위함이요 계시를 드러내기 위함입니다.

2. 증명할 수 있는가?

세상은 증명할 수 있어야 합니다. 사도권의 권위와 복음의 신적기원을 무엇으로 증명할 수 있겠는가? 예루살렘 방문(18-20절)과 수리아와 고향 길리기아로 돌아가 전도를 했습니다. 전도를 통해서 사도권이 하나님께로부터 온 것임을 증명하고 있습니다(21-24절). 전도하는 사람이 교회를 세웁니다. 전도의 미련한 방법을 통해서 사람을 구원하기를 기뻐하시는 하나님이십니다.

사도행전 9장 26-30절의 내용으로 예루살렘을 방문하였으나 여러 사도들을 만나 폭넓게 교제할 수 있는 여유가 없었습니다. 따라서 다른 사도들의 지도를 받아 사도가 되었다는 주장은 근거가 없는 것임을 말하고 있습니다.

베드로를 만난 것은 3년이 지나서였습니다. 그리고 15일 정도의 교제가 있었습니다. 3년이나 15일은 무엇을 나타내는 말들입니까? 바울이 사도가 된 것은 베드로를 만나서 전수받은 것이 아니라는 뜻이고, 사도들을 만나서 15일밖에 교제하지 못했다는 말은 사도가 될 수 없는 짧은 기간임을 밝히기 위한 것입니다. 특히 주의 형제 야고보밖에 만나보지 못했다는 말은 당시 사도들은 핍박을 피해 증거되는 곳을 찾아 다녔습니다. 거짓말이 아니라고 말하고 있습니다. 하나님 앞에서 진실하게 말하고 있습니다.

수리아와 길리기아 지방에서 복음을 전하여 하나님께 영광을 돌렸는데 이 기간도 사람의 힘을 빌어서 된 것이 아니라 하나님으로부터 직접 영적인 힘을 공급받아 봉사했으니, 사도권이 신적기원을 가졌음을 보여 준 것입니다.

예루살렘에 있던 바울은 오래 머물 수가 없었습니다. 헬라파 유대인들이 바울을 죽일 음모를 계획하고 있었기 때문입니다. 바울은 가이사랴로 가게 되었고, 다소도 방문하게 됩니다. 피신이라기보다는 하나님의 원대하신 계획인데, 널리 이방인들에게 복음을 전파하기 위한 하나님의 계획이었습니다(행22:17-21).

바울을 알지 못하는 자들이 소문에 소문을 들었습니다. 복음을 위한 사역자가 되었다는 소식입니다. '우리를 핍박하던 자'는 '과거에 우리를 수시로 박해하던 자'란 말입니다. 핍박자가 변하여 '나로 말미암아 영광을 하나님께 돌리니라.' 사람은 이렇게 달라질 수 있습니다. 하나님의 은혜가 임하면 변할 수 있습니다.

3. 우리들이 받을 수 있는 교훈은 무엇인가?

첫 번째는 하나님의 일은 하나님께 근거를 두어야 합니다. 하나님께 근거를 둔 일이 하나님의 일입니다. 하나님은 사람을 통해서 일을 합니다. 사람에게 소명도 주시고 사명감도 주십니다. 그래도 근본적이고 원천적인 힘의 근원자는 하나님이십니다. 로마서 1장 1절에 "예수 그리스도의 종 바울은 사도로 부르심을 받아 하나님의 복음을 위하여 택정함을 입었으니"라고 했습니다. 바울을 그리스도의 종으로 택하신 분은 하나님이십니다. 하나님의 복음을 전하려고 하나님이 부르셨습니다.

고린도전서 9장 16절에 "내가 복음을 전할지라도 자랑할 것이 없음은 내가 부득불 할 일임이라 만일 복음을 전하지 아니하면 내게 화가 있을 것이로다"라고 했습니다. 그러므로 신전의식, '하나님 앞에서(코람데오)' 라는 신앙이 필요합니다.

두 번째는 하나님은 전능하신 분이십니다. 사람을 바꾸어서 사용하시는 분은 하나님이십니다. 하나님은 전능하시기에 없는 가운데 세상을 만드셨습니다. 무에서 유를 창조하시는 분이십니다. 변화시켜서 일꾼이 되게 하시는 능력이 하나님께 있습니다.

누가복음 5장 32절에 "내가 의인을 부르러 온 것이 아니요 죄인을 불러 회개시키러 왔노라"라고 했습니다. 하나님의 일꾼들은 자신의 노력보다 하나님께서 붙잡아 주시고 인도하심이 더 중요한 줄로 믿습니다.

그리고 세 번째는 바울은 다메섹 도상에서 주님을 만난 후 긴 시간이 흐른 다음에 이방선교에 힘을 썼습니다. 하나님께 쓰임 받으려면 준비하며 기다리는 자세가 필요합니다. 하나님은 준비된 사람을 사용하시고, 기다리는 사람을 사용하십니다.

제8강
갈라디아서 1장 18-24절

짧은 교제와 인정

바울은 자신이 전한 복음의 신적 기원과 자기가 이방인의 사도가 된 것은 하나님의 섭리였음을 밝혔습니다. 그리고 처음으로 예루살렘을 방문했을 때 두 지도자를 만나보았음을 인정했습니다.

그 두 사람이 누구일까요? 베드로와 야고보입니다. 두 사도와 짧은 교제 시간을 가졌고 유대 교회가 바울 사도를 이방인의 사도로 그리고 바울이 전한 복음이 진실한 복음인 것을 인정해 주었습니다. 짧은 교제 속에서도 이방인의 사도직을 인정받은 것은 신적 기원에 기초를 두었기 때문입니다.

아마도 갈라디아 지방에 침투한 거짓 선생들은 바울이 예루살렘 교회의 사도들로부터 사도직을 인정받지 못한 사람으로 알았던 모양입니다. 신적 기원을 가지고 있는 바울을 인간적인 눈으로만 보고 생각했던 것으로 보입니다.

사람이 이렇게 알지 못하면 오해를 잘 합니다. 교회 생활도 그렇습니다. 이해할 것은 이해해야 합니다. 넓은 마음을 가질 때는 가져야 됩니다. 믿음 없는 마음을 가지거나 불순종을 하면 자기만 하나님의 은혜로부터 멀어지게 되어 있습니다. 바울은 사도가 된 것도 하나님의 섭리였고 복음을 알게 된 것도 하나님의 계시로 말미암은 것으로, 그 복음을 이방인들에게 전한 이방인의 사도였습니다.

1. 기독교는 신비한 종교입니다

바울은 다메섹 도상에서 예수 그리스도의 부르심을 받고 삼 년 만에 예루살렘으로 올라가서 십오 일을 머물렀습니다. 왜 바울이 이 사실을 언급할까요? 바울이 예수님을 만나고 삼 년 만에 예루살렘에 올라가고 베드로와 야고보를 만나면서 십오 일을 지낸 것을 왜 말할까요?

바울이 이방인의 사도가 된 것은 베드로를 비롯하여 다른 사도들로부터 전래되거나 유래된 것이 아니라는 것을 강조하기 위해서 말하고 있는 것입니다. 다른 사도나 누구한테 배워서 사도가 된 사람이 아닙니다. 어떤 사람들이 추천하거나 투표해서 결정된 사람이 아닙니다. 오직 예수 그리스도의 계시로 복음을 알게 되었고 하나님의 뜻 가운데서 사도가 되었음을 강조하고 있는 것입니다.

물론 이런 의구심을 가질 수 있습니다. 너무 객관적이지 않다고 생각할 수 있습니다. 그러나 당시 예루살렘 교회를 비롯하여 모든 교회에서 사도 바울이 이방인의 사도가 된 것과 그가 전한 복음의 진정성을 모두 인정했습니다. 지금까지도 바울이 전한 복음에 문제가 있다고 주장하는 사람은 한 사람도 없습니다.

왜 그럴까요? 기독교는 자연적인 원리, 일반은총을 인정하지만 그것만이 아니라 초자연적인 기적이나 기사, 표적과 이적을 인정하는 종교입니다. 이것이 신비라면 신비일 것입니다. 지금도 기도하는 사람들에게 기적과 능력이 나타납니다. 초자연적인 것과 초능력적인 사건들이 있습니다.

기독교는 눈에 보이는 것만 믿지 않습니다. 보이지 않는 세계도 바라보는 종교입니다. 보이는 것은 잠깐이지만 보이지 않는 것은 영원한 것입니다. 기독교는 신비를 인정합니다. 예수 그리스도가 이땅에 육신의 옷을 입고 오신 것도 신비 중의 신비입니다. 죽은 지 삼 일 만에 다시 살아난 것도 신비 중의 신비입니다.

예수께서는 사람으로는 할 수 없으되 하나님으로서는 다 하실 수 있다고 말했습니다. 하나님의 지혜와 능력은 깊고 넓고 큰 것입니다. 기도하는 가운데 신비한 은혜를 많이 경험하면서 살아가기를 바랍니다.

바울이 사도가 된 것이나 복음을 전하는 이방인의 사도로 쓰임받은 것은 사람의 설득이나 노력에 의해서 된 일이 아니었습니다. 오직 예수 그리스도의 계시와 하나님의 은혜로 된 것이었습니다. 그렇습니다. 사람을 변화시킬 수 있는 것은 복음뿐입니다.

세상적인 철학이나 문화와 예술은 어느 정도 변화가 가능하지만 근본적인 변화는 하나님의 복음이 사람을 변화시키는 줄로 믿습니다. 그래서 바울은 이렇게 고백했습니다. "내가 복음을 부끄러워하지 아니하노니 이 복음은 모든 믿는 자에게 구원을 주시는 하나님의 능력이 됨이라 먼저는 유대인에게요 그리고 헬라인에게로다 복음에는 하나님의 의가 나타나서 믿음으로 믿음에 이르게 하나니 기록된 바 오직 의인은 믿음으로 말미암아 살리라." 복음 자체가 신비합니다.

2. 하나님 앞에서

바울은 하나님 앞에서 거짓말을 하지 않고 진실한 말과 행동을 했던 사도입니다. 사람은 거짓되고 심히 부패한 마음을 가지고 있습니다. 그래서 말과 행동이 진실하지 못한 경우가 허다합니다. 그러나 바울은 하나님 앞에서 진실하게 말하고 갈라디아서를 기록했습니다.

어떤 사람이 진실한 말을 할까요? 하나님 앞에 서 있다는 의식을 가지고 있는 사람입니다. 하나님 앞에 서 있다는 의식이 있는 자가 바른 행동을 하면서 세상을 사는 것입니다. 여러분은 하나님 앞에서 말하고 행동합니까 아니면 사람 앞에서 말하고 행동합니까? 하나님 앞에서 살기를 바랍니다.

기독교인이 기독교인답지 못한 이유가 여기 있습니다. 말은 기독교인이라는데 하나님 앞에서, 신전의식, 코람데오의 신앙이 없을 때 사람은 타락하게 되어 있고 적당하게 시간만 보내게 되어 있습니다. 그러나 바울은 달랐습니다. 하나님 앞에서 말했습니다. 하나님 앞에서 살았습니다. 그러므로 정직하지 않을 수 없고 거짓된 말과 행동을 할 수가 없었습니다.

우리가 조직신학을 연구할 때 하나님을 창조주 하나님, 섭리주 하나님, 심판주 하나님이라고 말합니다. 하나님은 세상 만물을 창조하시고 인간의 생사화복을 주관하시며 국가의 흥망성쇠도 좌지우지하시는 분이십니다. 특별히 은사나 시간이나 재물이나 충성 여부에 대하여 심판하시는 하나님이십니다.

구약 시대의 요셉을 기억하고 있습니까? 요셉은 항상 하나님 앞에서 살았습니다. 종으로서도 충성하고 옥중에서도 충성하고 국가의 책임을 맡았을 때도 충성했습니다. 그리고 보디발의 아내의 유혹에도 넘어지지 않은 것은 하나님 앞에서의 삶을 살았기 때문입니다.

16세기 종교개혁자 존 칼빈은 'Coram Deo, 하나님 앞에서!' 이 말을 인생의 좌우명으로 삼고 살았던 인물입니다. 언제나 하나님을 인식하고 부끄럽지 않게 살려는 노력을 했습니다. 신명기 6장 25절에 "우리가 그 명령하신 대로 이 모든 명령을 우리 하나님 여호와 앞에서 삼가 지키면 그것이 곧 우리의 의로움이니라"라고 했습니다. 유대교 공회가 사도들에게 예수의 이름으로 말하지도 말고 가르치지도 말라고 할 때 사도행전 4장 19절에 "베드로와 요한이 대답하여 이르되 하나님 앞에서 너희의 말을 듣는 것이 하나님의 말씀을 듣는 것보다 옳은가 판단하라"라고 했습니다.

사랑하는 모든 성도들이여! 하나님 앞에서 살다가 하나님 앞에 설

수 있기를 바랍니다. 진실하게 말하고 충성되게 살다가 담대하게 승리합시다.

3. 성도의 삶에 대하여

바울은 예루살렘 교회를 방문한 다음에 수리아와 길리기아 지방으로 갔습니다. 예루살렘에 살고 있던 헬라파 유대인들이 죽이려고 할 때 바울을 사랑한 성도들이 억지로 피신시켰습니다. 그래서 가이사랴를 통해 고향인 길리기아 다소 지방으로 갔습니다.

이것이 사람 보기에는 억지로 한 일이지만 복음을 이방인들에게 전하려는 하나님의 계획과 목적이 있었습니다. 바울이 수리아 지방이나 길리기아 지방 그리고 가는 곳곳마다 복음을 전하고 교회를 세웠습니다. 심지어 훗날 로마가 기독교 국가가 되었습니다.

사도 바울의 삶은 복음을 전하는 삶이었습니다. 복음에 빚진 자의 삶을 살면서 누구에게나 빚을 갚듯이 복음을 전하는 사람이었습니다. 봄이면 모든 꽃나무와 나무들이 가지의 종자를 퍼뜨리기 위하여 꽃가루를 날리듯 바울은 사람이 있는 곳은 어디든 복음의 꽃가루를 날리는 삶을 살았습니다.

"너는 말씀을 전파하라 때를 얻든지 못 얻든지 항상 힘쓰라 범사에 오래 참음과 가르침으로 경책하며 경계하며 권하라"라고 했습니다. 복음을 전하던 바울이 죽어가면서 디모데에게 부탁한 말입니다.

결국 성도의 삶은 하나님이 살아계심을 증거하는 삶이어야 합니다. 바울이 교회를 대적하고 교인들을 핍박했었지만, 하나님의 은혜로 변하여 복음을 자랑하고 하나님을 증거하는 삶을 살았습니다. 하나님의 뜻을 위하여 살고, 하나님의 교회를 세우는 일에 앞장서고 하나님 나라를 발전시키는 데 힘썼던 바울입니다.

오순절에 성령의 충만을 받은 성도들이 행한 일이 무엇입니까? 하나님의 교회를 세우면서 하나님이 살아계심을 증거하고 기적과 능력으로 나타내는 삶을 살았던 사람들입니다. 모여서 하나님을 찬미했습니다. 모여서 기도했습니다. 날마다 구원받는 사람을 더했습니다.

마태복음 5장 16절을 생각해야 합니다. "이같이 너희 빛이 사람 앞에 비치게 하여 그들로 너희 착한 행실을 보고 하늘에 계신 너희 아버지께 영광을 돌리게 하라"라고 했습니다. 착한 행실을 보여주는 이것이 교인의 사명이요 교회의 사명입니다.

제9강
갈라디아서 2장 1-10절

바울의 주장

갈라디아 성경에서 사도 바울은 자기 주장을 많이 합니다. 바울은 죄를 짓기 위한 자기 주장이 아니라 하나님의 복음을 정당화하기 위한 주장이었습니다. 주장한 내용을 살펴보면 하나님의 은혜로 구원받는다, 예수를 믿음으로써 구원받는다는 복음의 정당성을 입증하기 위하여 자신이 사도가 된 경위와 사도의 신적기원에 대해 말했습니다.

왜냐하면 갈라디아 교회 안에서 자신의 사도권이 흔들리면 자기가 전한 은혜의 복음, 믿음으로 구원받는 복음까지 흔들리게 되는 상황이었기 때문입니다.

1. 예루살렘 총회가 열리다

오늘 말씀의 내용이 무엇입니까? 예루살렘 총회가 열린 내용입니다. 예루살렘 총회에서 논의된 주된 문제는 이방인의 할례문제입니다. 율법문제라고 볼 수 있습니다. 이방인들이 하나님을 믿고 돌아올 때 구약의 의식법을 지킬 것이냐 아니면 말 것이냐의 문제입니다. 믿음으로 구원받고, 하나님의 은혜로 구원받은 사람에게 율법주의가 얼마나 부당한가를 입증하기 위한 논쟁입니다.

갈라디아 교회에 문제가 발생했을 때 바울은 사람들과의 논쟁이나 다툼을 선택하지 않고 예루살렘 교회, 총회를 방문하여 문제를 해결했습니다. 우리는 예수님의 말씀을 기억해야 합니다. 마리아와 요셉이 예수님을 삼 일 동안 찾았을 때 '내가 아버지 집에 있어야 할 줄을 알지 못하셨나이까?' 라고 말씀하셨습니다. 모든 문제를 가지고 예배하면 하나님의 응답이 있는 줄로 믿습니다.

또 디도에게 억지로 할례를 강요하지 않게 했습니다. 역시 이방인에게 할례를 강요하는 율법주의가 얼마나 잘못된 사상인가를 말해 주고 있습니다. 구약시대에서 할례는 하나님의 백성들에게 중요한 의식이었습니다. 그러나 신약시대는 예수 그리스도께서 십자가의 구속사건과 부활로 말미암은 구원, 성령께서 친히 강림하시어 하나님의 은혜를 쏟아 부어주는 시대입니다.

예루살렘 총회에 바울도 참석했습니다. 바울은 14년 만에 예루살렘을 방문했습니다. 14년을 언급한 이유는 다른 사도들과 교제가 없이 예수님과 하나님의 뜻 가운데서 사도가 되었음을 강조하기 위해서 한 말입니다. 자신의 사도권은 하나님에 의해서 된 것이지 어떤 사람에 의해서 된 것이 아닌, 사도의 정당성을 나타내기 위함이었습니다.

예루살렘 총회가 왜 모였습니까? 그리고 바울이 왜 사도권을 주장했습니까? '계시를 인하여' 총회로 모이고 바울도 그 모임에 참석했습니다. 당시 율법주의적인 기독교인들은 이렇게 주장했습니다. '이방인들이 구원을 받으려면 반드시 할례를 받아야 한다.' 반면에 사도 바울은 이방인들이 회개하고 돌아올 때 어떠한 조건도 붙이면 안 된다고 주장했습니다. 하나님께서 이방인들에게도 복음을 알게 하셨고, 믿게 하셨기 때문에 어떤 조건도 말할 수 없다는 주장입니다.

사도 바울은 할례받지 않은 디도를 데리고 예루살렘 총회에 참석했습니다. 할례를 받음으로써 구원받는다는 거짓 선생들의 율법주의적인 주장을 철폐하기 위해서였습니다. 갈라디아 교회 안에도 이런 무리들이 있었기 때문에 바울이 예를 들고 있습니다. 바울은 율법주의자들을 향하여 '거짓 형제'라는 말로 표현했습니다. 비록 복음을 믿고 있다 할지라도 율법을 주장하여 복음을 변질시키고 있는 사람이기 때문입니다.

'가만히 들어온' 사람이라고 했는데 '남몰래 들어온, 옆으로 침입한' 사람을 가리키는 말입니다. 거짓 형제가 가만히 들어온 목적이 무엇이겠습니까? "우리를 종으로 삼고자 함이로되 ..." 이것이 거짓 형제들의 목적입니다. 복음이 인간을 죄로부터 완전히 해방시켰습니다. 율법으로부터 자유함을 얻도록 했습니다. 그런데 자유를 빼앗는 사람들을 가리켜 거짓 형제라고 말했습니다. 자유자를 다시 종으로 삼는 행위이기 때문입니다. 십자가를 무력화시키려는 사탄의 계략이었기 때문입니다.

바울은 복음을 알고 있었습니다. 율법도 알고 있었습니다. 이방인들이 개종하고 돌아왔을 때 할례를 줘야 한다는 주장을 거절하고 영광스러운 복음으로, 예수 그리스도를 믿음으로써, 하나님의 은혜로 구원받는 것을 굳게 붙잡았습니다. 바나바도 그러했고, 디도도 그러했습니다.

그 결과 예루살렘 총회가 '이신득의, 이신칭의, 믿음으로 의롭다'는 원리를 공식적으로 인정하게 되었습니다. 율법의 중심지요, 초대교회의 발상지인 예루살렘에서 인정했다는 데 더욱 놀라움을 금할 길이 없습니다. 이신득의의 교리가 인정됨으로써 바울은 자신의 사도권과 지금까지 가르친 복음의 정당성을 강조하기에 이르렀던 것입니다.

하나님의 일을 하는 사람들은 하나님과의 관계가 제일 중요합니다. 하나님께서 허락하신 은혜가 제일 중요합니다. 그리스도를 믿음으로써 구원받는 축복이 가장 중요합니다. 그런데 한 가지 주의할 점이 있습니다. 동역자들의 인정, 총회의 인정 또한 매우 중요한 일입니다. 지상에 있는 교회로부터도 인정받는 것이 중요합니다. 다른 성도, 목회자 그리고 교회로부터 인정받는 일이 매우 중요합니다. 이런 사람들이 교회의 일꾼입니다. 하나님께 인정받고 교회로부터 인정받는 사람이 교회를 세우는 사람입니다.

지상에 있는 하나님의 교회는 어떤 단체입니까? 단순히 사람들의 모임이 아닙니다. 지상에서 하나님의 나라를 확장하고 구축하려는 모임입니다. 부름받은 하나님의 백성들의 모임입니다. 부름받은 사람들이 서로서로 협력할 때 하나님의 나라는 힘있게 성장할 수 있습니다. 지상에 있는 주님의 몸된 교회가 크게 발전합니다.

따라서 예루살렘 총회를 찾은 바울을 생각해 보기 바랍니다. 다른 사도들을 찾아간 바울과 다른 성도들을 생각해 봅시다. 동역자들의 인정, 예루살렘 총회의 인정을 받았습니다. 사도 된 바울도 공교회에 인정을 받고 일을 하는데, 하물며 타락한 본성을 많이 가진 우리들이야 두말할 나위가 없지 않겠습니까? 교회로부터 인정받지 않는 일은 자기 일입니다. 하나님의 일이 아닙니다. 예수의 일도 아닌 것입니다.

교회는 무질서한 단체가 아닙니다. 영적으로 질서가 있습니다. 하나님도 질서의 하나님이십니다. 우리 교회는 크게는 공동의회가 있습니다. 작게는 당회가 있습니다. 공동의회나 당회가 처리하기 어려운 일이 있으면 좀더 큰 노회가 있고, 총회가 있는 것입니다. 특별히 교인의 소속은 당회요, 목사의 소속은 노회임도 알아야 합니다. 이런 모임들은 하나님의 거룩한 교회의 질서를 위하여 하나님께서 세우신 제도인 줄로 믿습니다.

전도서 4장 12절에 "한 사람이면 패하겠거니와 두 사람이면 맞설 수 있나니 세 겹 줄은 쉽게 끊어지지 아니하느니라"라고 했습니다. 여러분은 성도들과 잘 연합하는 사람이 되기를 바랍니다.

2. 유대인의 사도, 이방인의 사도

바울은 베드로나 요한 그리고 야고보로부터 배운 것이 없습니다. 선배들을 무시하는 말이 아니라 예수님으로부터 직접 받았음을 강조하는 말입니다. 독특하게 이방인의 사도로 부르심을 받은 바울이었습니다.

베드로는 유대인의 사도입니다. 바울은 이방인의 사도입니다. 베드로나 바울이나 다같이 주님이 불러서 사용한 그릇이었습니다. 주님이 불러서 사용한 그릇이지만 바울이 이방인의 사도임을 교회로부터, 예루살렘 총회로부터 공식적으로 인정을 받았습니다. 이것은 매우 중요한 사건입니다. 성도는 교회로부터 인정을 받아야 합니다. 교회가 지시하지도 않은 일을 한다는 것은 위험천만한 일입니다. 주인에게 묻지도 않고 마구잡이식으로 교회 일을 합니까? 그렇게 하면 반드시 문제가 발생하는 법입니다. 지상 교회에서는 당회의 지도를 받아서 일하는 사람이 현명한 사람입니다. 당회의 인정을 받는다는 말은 교회가 배경이 되어 준다는 의미입니다.

사도 바울은 사역의 방향에 있어서는 다른 사도들과 다르지만 목적과 내용은 다르지 않음을 입증했습니다. 이방인들을 위한 선교사역이 유대인들을 위한 복음사역과 다를 바가 없음을 말해 줍니다. 이것이 세상 끝까지, 천하 만민에게, 모든 족속에게 복음을 전하라는 주님의 명령에 합당한 일임을 밝혀 주고 있습니다.

사도행전 1장 8절에 “성령이 너희에게 임하시면 너희가 권능을 받고 예루살렘과 온 유대와 사마리아와 땅끝까지 이르러 내 증인이 되리라”라는 지상명령을 수행하는 일임을 증명했습니다. 결국 율법주의의 부당성을 들추어내고, 복음의 정당성을 인정했던 것입니다.

몸에 있어서 각 지체의 사명이 다릅니다. 하는 일, 역할이 다릅니다. 교회 구성원들의 각기 다른 일들을 통해서 하나님의 교회가 발전하고 하나님께 영광이 될 줄로 믿습니다.

고린도전서 12장 25절에 “몸 가운데서 분쟁이 없고 오직 여러 지체가 서로 같이 돌보게 하셨느니라”라고 했습니다. 자기 일과 돌보는 일을 겸할 때 아름답습니다.

베드로는 유대인의 사도입니다. 바울은 이방인의 사도입니다. 사도직이 같다는 것을 왜 주장했을까요? 교만한 마음이 아니라 복음의 영광을 높이기 위한 주장이었습니다. 베드로도 바울도 하나님께서 부르셨습니다. 성도 개개인들도 하나님의 부르심이 다 다릅니다. 각자의 소명이 다릅니다. 역할도 다릅니다. 하는 일도 다릅니다. 봉사하는 내용도 다를 수 있습니다. 그러나 하나의 일을 하고 있습니다. 다르기 때문에 아름답습니다. 성격도 다르기 때문에 조화를 이룰 수 있습니다.

바울은 특별하게 '가난한 자들을 생각하는 것', 즉 구제하는 일에 부르심을 받았습니다. 그래서 '힘써 행하노라'라고 고백했습니다. 사도행전 11장에서 유대지역에 크게 흉년이 들었을 때 안디옥에 있던 성도들을 도왔습니다. 고린도전서 16장이나 고린도후서 8장을 볼 때 에베소, 고린도, 마게도냐 교회들에게 헌금하여 예루살렘 교회를 돕도록 유도했던 사람이었습니다. 복음전파와 함께 구제사업은 중요한 사업입니다. 우리들도 복음과 함께 구제사업까지 할 수 있기를 바랍니다.

제10강
갈라디아서 2장 1-10절

거부와 인정

바울이 전한 복음의 내용은 이신득의 혹은 이신칭의입니다. 믿음으로 의롭다하심을 받는다, 믿는 자에게 의인이 되는 영광스러운 복음이었습니다. 바울은 하나님의 부르심을 받았을 때 사람과 의논하지 않고 아라비아로 가서 삼 년의 시간을 보냈습니다.

바울이 예루살렘을 방문하였을 때 게바와 야고보와 더불어 짧은 교제 시간을 가졌습니다. 짧은 교제 시간이었지만 유대교와 사도들은 바울을 이방인의 사도로 인정했습니다. 바울 일행은 예루살렘 총회로부터 공식적인 인정을 받게 된 것입니다.

예루살렘 총회는 A.D. 49년 안디옥 교회에서 발생한 이방인의 할례 시행 문제로부터 시작하여 구약의 의식법을 준수해야 한다는 주장에까지 이르게 되었습니다. 그리스도교가 출범한 이후 최초로 모인 총회였습니다. 이 총회에 대해서는 사도행전 15장에 자세하게 기록하고 있습니다.

결국 예루살렘 총회는 할례를 비롯하여 구약의 의식법을 강요하지 않고 복음을 전해야 된다는 바울의 주장을 그대로 인정했습니다. 그 결과를 가지고 바울은 갈라디아 교회에 침투한 이단자들의 주장인 이신득의의 원리를 부정하고 구원을 위해서는 할례와 율법을 준수해야 한다고 가르친 율법주의자들의 부당성을 파헤쳤습니다.

바울이 예루살렘 총회에 함께 참석했던 이방인 출신 디도에게 할례를 요구했을 때 단호히 거부했던 사실을 밝히고 있습니다. 디도에게 할례를 요구했을 때 거부한 것은 율법주의자들의 주장을 거부한 것입니다.

또 예루살렘 총회가 바울을 이방인의 사도로 인정한 것은 자신의 사도권과 자신이 전한 복음의 신적 기원을 강조하는 것이었습니다. 바울의 이러한 자세에 대하여 우리들이 받아야 할 교훈이 무엇일까요?

첫째로, 하나님의 백성으로 부름받은 성도는 교회의 권위 아래 있습니다. 소속으로 말하자면 당회의 지도를 받아야만 합니다. 지금 시대의 그릇된 주장은 권위를 인정하지 않는 데 있습니다. 목사는 노회의 권위 아래 있습니다. 노회가 목사를 세우기도 하고 파직하기도 합니다.

바울은 바나바와 같이 디도를 데리고 예루살렘을 방문하게 되었습니다. 베드로와 요한, 야고보와 다른 사도들과 지도자들에게 자신이 전한 복음에 대하여 보고했습니다. 바울이 자신이 전한 복음에 대하여 보고했을 때 예루살렘 교회로부터 인정을 받게 되었습니다. 복음의 정당성 문제를 해결한 것입니다. 율법주의자들이 바울을 공격할 수 있는 길을 차단한 것과 같습니다.

바울이 취한 태도와 자세를 우리가 교훈으로 받아야 합니다. 예루살렘 공교회로부터 인정을 받은 점입니다. 바울이 교회의 부르심이나 교회로부터 받은 복음이 아닐지라도 몸된 교회, 총회로부터 인정을 받았습니다. 교회의 권위 아래 자신을 놓았습니다. 그런 행동을 하였습니다. 이것이 아주 중요합니다.

이땅에 살고 있는 모든 성도는 교회의 권위 아래 있습니다. 그리스도의 몸된 교회를 벗어날 수 없습니다. 그리스도의 몸에 붙어 있어야 하고 서로 주고 받는 사랑과 섬김이 있어야 합니다.

그리고 교회의 권위에 순복하는 것이 합당합니다. 마태복음 18장 17-18절의 말씀을 기억해야 합니다. "만일 그들의 말도 듣지 않거든 교회에 말하고 교회의 말도 듣지 않거든 이방인과 세리와 같이 여기라 진실로 너희에게 이르노니 무엇이든지 너희가 땅에서 매면 하늘에서도 매일 것이요 무엇이든지 땅에서 풀면 하늘에서도 풀리리라"라고 했습니다. 교회의 주인 되신 그리스도의 말씀입니다.

기독교는 주관적인 체험보다 객관적인 진리를 추구하는 종교입니다. 바울은 주관적인 부르심 속에 주관적인 체험이 있었던 사도였습니다. 그러나 모든 것을 다 예루살렘에 있는 사도들에게 보고했습니다. 그랬을 때 인정 받았습니다. 이것이 중요합니다.

성도들이 주관적인 체험도 있을 수 있고 교리적인 주장도 할 수 있습니다. 다만 교회의 인정을 받는 것이 중요합니다. 객관적인 인정을 받지 않거나 못하는 것은 그릇될 수 있습니다. 그래서 그 날에 많은 사람들이 나더러 주여 주여, 우리가 주의 이름으로 선지자 노릇을 했습니다. 귀신도 쫓아냈습니다. 권능도 행했습니다. 그런데 주님께서 '나는 너를 모른다' 라고 말한 것도 있습니다.

둘째로 성도는 항상 진리로 무장되어야 합니다. 비진리를 추구하거나 타협하는 것은 옳지 않습니다. 진리를 추구하는 사람이 사랑의 사람이요 하나님의 사람입니다. 진리를 알지니 진리가 너희를 자유하게 하리라.

예루살렘 총회가 디도에게 할례를 요구하는 무리들에게 당당하게 거부하고 거절했습니다. 물론 바울이 거부한 것처럼 보이지만 총회가 거부하도록 만든 것입니다. 처음에는 바울이 주장했지만 총회가 인정한 것은 총회가 거부하고 거절한 것과 마찬가지입니다.

바울은 디도의 할례 문제를 총회적으로 해결하였고 총회의 결의를 근거로 율법주의자들과 끝까지 영적인 싸움을 싸웠습니다. 믿는 자가 믿지 않는 자와 멍에를 같이 메는 것을 조심해야 합니다. 의와 불법이 함께하는 것도 주의해야 합니다. 빛과 어두움이 사귀는 것도 삼가야 할 일입니다. 그리스도와 벨리알이 조화되는 것도 주의해야 할 일입니다.

성도의 구원을 말할 때, 죄로부터의 구원입니다. 그리고 율법으로부터의 자유입니다. 성도가 예수 그리스도를 믿음으로써 구원받은 것에 대하여 다시 할례나 율법을 지켜서 구원을 받는다고 가르치면 그리스도인들이 죄의 종이 되고 율법의 종이 되는 것입니다.

만약 율법을 지키거나 할례를 행함으로써 구원을 받는다고 주장한다면 그리스도의 속죄 사역을 약화시키는 것입니다. 유대인은 그릇된 선민 의식이 있었습니다. 할례를 받은 자기들만 구원을 받을 수 있다는 사상과 율법을 완성시키신 그리스도를 믿지 않았기 때문에 율법주의자가 등장하게 된 것입니다.

예수님이 여자에게서 나시고 율법 아래 나신 이유가 무엇입니까? 구속 사역을 완성시키기 위함이었습니다. 그리스도의 보혈의 공로를 믿습니다. 주님의 보혈이 능력이 있습니다. 할례로 구원받는 것이 아니라 예수를 믿음으로써 구원받고 의인이 됩니다.

셋째로, 하나님은 중심을 보십니다. 사람은 외모를 보지만 하나님은 중심을 보십니다. 베드로와 요한과 야고보는 예수님의 직접 부르심을 받고 삼 년 동안 함께 동행한 사람입니다. 가르침을 받기도 하고 전도도 같이 했습니다. 그러나 바울은 특별한 부르심 속에 이방인의 사도가 되었습니다.

중요한 것은 모두 하나님이 창조한 사람이라는 것과 하나님이 다양하게 사용하는 그릇이라는 점입니다. 서로를 존중히 여기고 협력하는 것이 옳은 것입니다. 누구에게나 약점이 있고 장점이 있습니다. 잘 하는 면이 있는 반면 전혀 하지 못하는 면도 있습니다. 그래서 성도는 서로 돕고 돌보고 사랑하고 격려하는 일을 해야 합니다.

베드로와 요한, 야고보는 유명한 사람들이었습니다. 그러나 바울은 무명의 사람이었습니다. 교회를 박해하고 믿는 자를 핍박하는 것에 유명했습니다. 과거를 보십시오. 베드로도 멀찍이 따라가다가 예수님을 부인했던 사람입니다. 주님의 동생 야고보는 예수님을 미친 사람으로 여겼던 사람입니다. 요한은 명예심에 들떠서 출세를 목적으로 삼았던 인물입니다. 하나님은 사람을 외모로 취하지 않으십니다. 중심을 보십니다.

교회는 다양성 속에 통일성이 있는 단체입니다. 베드로와 요한, 야고보와 바울 모두 목소리가 있을 수 있고 자기 주장도 있을 수 있는 사람입니다. 하지만 교제의 악수를 했습니다. 인정할 것은 인정했습니다. 그러므로 하나님 나라에서는 유대인과 이방인이 하나가 되었습니다. 문제는 해결되고 사랑 가운데 천국 백성으로 서로 섬기고 돌아보게 되었습니다.

바울은 고린도전서 12장 17-19절에서 "만일 온 몸이 눈이면 듣는 곳은 어디며 온 몸이 듣는 곳이면 냄새 맡는 곳은 어디냐 그러나 이제 하나님이 그 원하시는 대로 지체를 각각 몸에 두셨으니 만일 다 한 지체뿐이면 몸은 어디냐"라고 했습니다. 27절에서는 "너희는 그리스도의 몸이요 지체의 각 부분이라"라고 했습니다.

베드로, 요한, 야고보와 바울은 교제의 악수를 하면서 서로 인정했습니다. 서로 교제했습니다. 섬기며 사랑했습니다. 하나님의 일꾼으로 인정했습니다. 자신의 영광이 아니라 하나님의 영광을 위하여 수고했습니다.

바울은 빌립보 교인들에게 하나님의 교회를 섬기는 자세를 가르쳤습니다. "아무 일에든지 다툼이나 허영으로 하지 말고 오직 겸손한 마음으로 각각 자기보다 남을 낫게 여기고 각각 자기 일을 돌볼 뿐더러 또한 각각 다른 사람들의 일을 돌보아 나의 기쁨을 충만하게 하라"라고 했습니다.

교회는 예배를 가장 중요하게 여기는 단체입니다. 그리고 교인들을 성경 말씀으로 무장하는 교육에 힘씁니다. 그리고 믿지 않는 사람들, 세상 사람들에게 복음을 전하는 사명이 있습니다. 복음을 전하기 위하여 구제도 합니다. 사랑을 실천합니다. 실천하는 방법으로 학교를 세우기도 하고 병원을 설립하기도 합니다. 그리고 구제도 합니다. 이 모든 것이 하나님 나라를 확장시키기 위한 방법입니다.

제11강
갈라디아서 2장 11-14절

바울의 책망

사도 바울은 갈라디아서 1장에서 자신의 사도직의 신적기원을 증거하였습니다. 사도가 된 것이 다른 사도들에게 의존되어 있지 않았음을 말했습니다. 부모님으로부터 물려받은 것도 아님을 밝혔습니다.

또 하나님의 말씀인 계시를 받은 것도 주께로부터 직접 부름을 받은 바울이 계시를 직접 받았음을 증거했습니다. 그래서 "사람들에게서 난 것도 아니요 사람으로 말미암은 것도 아니요 오직 예수 그리스도와 그를 죽은 자 가운데서 살리신 하나님 아버지로 말미암아 사도 된 바울은"이라고 했습니다(갈1:1). 11-12절에서는 "내가 전한 복음은 사람의 뜻을 따라 된 것이 아니니라 이는 내가 사람에게서 받은 것도 아니요 배운 것도 아니요 오직 예수 그리스도의 계시로 말미암은 것이라"라고 했습니다.

사람의 됨됨이를 알려면 책망해 보면 쉽게 알 수 있습니다. 사람이 책망을 받으면 다양한 반응을 보입니다. 그런데 기독교인은 책망을 통해서 하나님의 사랑을 느끼며 자기 자신의 잘못된 생각과 행동을 회개하는 사람들입니다.

1. 공동체에서 인정을 받으라

바울은 예루살렘 총회에 참석하여 자신의 입장을 밝혔습니다. 이방인 가운데서 일어난 다양한 사건들을 말했습니다. 자신이 어떻게 부름을 받았으며 어떤 일을 행하였는지를 말했습니다. 그 결과 다른 사도들로부터 인정을 받았습니다. 공동체 된 총회에 인준을 받았습니다. 이것이 우리들이 본받아야 할 진리입니다. 가정이나 교회라는 공동체에서 인정받는다는 것이 기독교인의 아름다움입니다.

다윗 왕이 쫓겨났다가 되돌아오게 됩니다. 환궁할 때 지역 감정적인 말을 하고 혈연관계가 있는 유다지파를 이용합니다. 이것은 객관적인 입장에서 보면 잘못된 정치였습니다. 다윗 왕의 이러한 정치에 대하여 세바가 반란을 일으켰습니다. 그런데 더 큰 문제는 다윗이 잘못된 정치를 한다고 따르기를 거절하고 반란을 일으킨 것은 더 무서운 범죄행위가 되는 것입니다.

기독교에서는 개개인의 존엄성은 인정하지만 개인주의는 인정하지 않습니다. 개개인들이 모여서 공동체를 이룹니다. 기독교만큼 공동체 의식이 있는 단체가 없습니다. 바울은 몸에 비유했습니다. 개인주의로 흘러가서 자기들 마음대로 무엇을 하는 것은 절대로 용납되지 않습니다. 그래서 교회, 노회, 총회가 구성되어 있습니다.

가정이면 가정에서 인정받는 것이 당연합니다. 성도들은 공동체인 교회에서 인정받는 것이 합당합니다. 바울도 그랬습니다. 공동체인 총회에서 인정을 받았습니다. 우리들은 종종 공공기관을 무시하는 성향이 있습니다. 기관을 맡아 잘못 운영하는 분들이 잘못이지, 기관 자체는 존귀한 단체입니다. 하나님께서는 오른손으로 교회를 붙잡고, 왼손으로는 정부 혹은 국가를 붙잡고 계시기 때문입니다.

초대 교회의 일꾼들을 생각해 봅시다. 성령과 믿음, 지혜와 칭찬이 있는 사람들이었습니다. 가정과 교회 그리고 사회에서도 인정받는 일꾼들이었습니다. 그래서 힘이 있었습니다. 우리도 그런 성도가 다 됩시다.

2. 교리가 세워지다

유대인들 가운데는 할례를 받음으로써 구원을 받고, 율법을 행함으로써 구원받는다는 주장을 했습니다. 이에 반하여 사도 바울은 하나님의 은혜로 구원받고, 예수 그리스도를 믿음으로써 구원받는다는 교리를 내세웠습니다.

그렇다면 이런 주장들에 대하여 어떻게 처리를 했습니까? 입장이 다르다고 헤어졌습니까? 회의에서 결정했습니다. 결국 율법주의의 부당성과 복음의 정당성을 인정하는 결과를 가져왔습니다. 이것이 회의의 아름다움입니다.

믿음으로 구원받고, 믿음으로 의롭게 된다는 교리를 영원히 세워놓게 되었습니다. 이것이 기독교 교리의 초석이 되었습니다. 그렇지 않습니까? 인류는 다 타락한 죄인입니다. 의인은 없나니 하나도 없습니다. 다 치우쳐서 무익한 존재가 되었습니다. 선을 행해야 된다는 것을 알면서도 선을 행하지 못합니다. 하나님을 알아도 영화롭게 할 수 있는 능력이 없습니다. 모르고 죄 짓는 사람이 얼마나 됩니까? 또한 다 알면서도 죄를 범하면서 삽니다.

그런데 중요한 점은 회의를 통해서 하나님의 진리를 세웠습니다. 이것을 배워야 합니다. 우리의 민족성은 성격이 급하고 자기 의견이 관철되지 않으면 회의까지 무시하는 성향이 있습니다. 아예 참석을 하지 않는 사람들도 있습니다. 자기 의견이나 주장을 관철하기 위한 회의가 아니라 하나님의 뜻을 세우기 위한 회의를 해야 합니다. 교회는 진리를 파수해야 할 사명이 있습니다. 진리를 보존해야 할 책임도 있습니다. 교회는 진리의 기둥과 터이기 때문입니다.

3. 베드로를 향한 바울의 책망

사도 바울은 베드로 사도의 순간적이나마 위선적인 행동을 책망했습니다. 베드로가 무슨 행동을 어떻게 했습니까? 야고보에게서 안디옥으로부터 파송된 사람들이 있었습니다. 베드로가 이방인들과 함께 식사를 하다가 유대인들이 내려오는 것을 보고 자리를 떠나 옮겨 앉았습니다.

베드로가 안디옥 지방에 머무는 동안 자주 이방인들과 함께 식사를 했습니다. 이미 사도행전 10장에서 베드로는 하나님이 보여주신 환상을 통해서 하나님의 뜻을 알고 있었습니다. 또 예루살렘 총회가 어떻게 결정했는지도 알고 있었습니다. 이방인들이 회개하고 돌아올 때 아무 조건없이 받아들이는 것이 합당하다고 선언했습니다. 할례나 율법주의자들의 주장처럼 무슨 조건을 붙일 수가 없음을 밝힌 바 있습니다. 안디옥 교회는 이방인들과 유대인들이 잘 어울려 조화를 이루고 있는 교회였습니다. 베드로도 유대인이지만 이방인들과 종종 식사도 하고 대화도 했습니다.

어느날 예루살렘에서 유대인들이 내려오자 갑자기 평상시와는 다른 자세와 행동을 했습니다. 자리를 슬며시 피했습니다. 이방인과 식사하는 모습을 보고 예루살렘에 보고하면 무슨 문제가 발생할 것으로 생각했기 때문입니다.

'물러가매'란 물러가기를 시작하는 행동의 미완료를 말합니다. 아마도 예수님을 속으로는 사랑하지만 겉으로는 모른다고 부인하던 습성이 남아 있던 것으로 보입니다(요18:25-27). 예루살렘에서 내려온 유대인들을 의식하여 비겁한 행동을 하고 있는 모습입니다.

베드로가 누구입니까? 수사도입니다. 사도 중의 사도가 아닙니까? 이렇게 베드로를 책망한 목적은 베드로에게 망신을 주기 위함이 아닙니다. 율법주의의 부당성을 주장하기 위함이었습니다. 반대로 바울의 사도권이 다른 사도들보다 못하다는 주장을 일축하기 위함이었습니다.

베드로가 안디옥에 내려갔습니다. 바울과 베드로는 유대인이나 이방인이나 하나님 앞에 다 같은 자격이 있음을 깨닫게 되었습니다. 인간은 누구나 복음 앞에 동등합니다. 하나님의 자녀의 신분에 차등이 없습니다. 다같이 천국을 차지하게 됩니다.

베드로가 바울에게 면책을 받았습니다. 면책, 책망이란 '내가 그를 직접 대면하여 책망하였다' 는 뜻입니다. 베드로가 먼저 사도가 된 것은 사실입니다. 그런데 바울이 책망한 이유는 몇 가지가 있습니다. 베드로보다 열등한 사도라는 주장을 일축하는 주장입니다.

그런데 결과가 무엇입니까? 자기 체면이나 생각하고 외식된 행동을 한 결과가 무엇입니까? "남은 유대인들도 ... 그들의 외식에 유혹되었느니라." 안디옥 교회에 있는 기독교로 개종한 유대인들을 말합니다. 복음이 가지는 영적 자유함을 예루살렘 교회의 기둥이라는 베드로가 빼앗고 있습니다. 교리와 모순된 행동을 하고 있습니다. 다른 사람이 유혹받게 행동하는 것이 얼마나 무서운 죄입니까?

또 바울과 함께 선교여행을 같이 다녔던 바나바가 얼마나 훌륭한 인격자입니까? 같이 예루살렘 총회도 참석했던 바나바입니다. 그런데 베드로의 외식된 행동 때문에 유혹을 받게 되었습니다. 베드로의 행동이 별것 아닌 것 같지만 하나님의 계시에 위배되는 행동이요, 바른 길로 가는 사람들을 미혹시키는 행동입니다. 교회를 섬기는 사람들의 역할이 얼마나 중요한지 아십니까? 다른 사람들을 올바른 길로 인도해야 될 줄로 믿습니다.

만약 바울이 베드로를 책망하지 않는다면 예루살렘 총회에서 결정한 것이 어떻게 되겠습니까? 다시 복음으로 구원받는 것, 은혜로 구원받는 것이 없어지고 율법을 행함으로써 구원받는 진리가 세워집니다. 할례를 받음으로써 구원받는 진리가 세워지게 됩니다. 그래서 교리문제 때문에도 책망을 더했습니다.

사람은 누구나 다 죄를 지을 수 있는 존재입니다. 진리에 어긋난 행동도 할 수 있습니다. 베드로가 초대 교황이며 교황은 절대무오하다는 로마 카톨릭의 주장은 허구입니다. 어떻게 사람이 범죄하지 않을 수 있단 말입니까? 제롬이란 신학자는 베드로가 안디옥 교회의 창설자요 초대 감독이었으며 초대 교황이었다고 합니다. 그리고 교황의 무오설을 주장하였는데 베드로는 바울에게 책망받을 정도로 유오한 존재입니다.

베드로의 장점은 바울의 책망에 대하여 변명하지 않고 인정한 것입니다. 이것은 교리를 인정하는 자세입니다. 총회의 회의 결과에 순응하는 자세입니다. 자기의 잘못을 공포하는 결과입니다. 이런 자세는 우리에게 반드시 필요한 자세입니다.

바울의 책망은 이방인들의 자유를 빼앗으려느냐, 율법을 지켜서 구원을 받을 수 있느냐, 자유자를 왜 종으로 만드느냐 등입니다. 책망받을 줄 아는 사람이 됩시다.

제12강
갈라디아서 2장 11-14절

책망과 율법주의

바울은 예수 그리스도를 믿음으로써 의롭게 된다는 이신칭의, 이신득의 교리의 복음을 전한 이방인의 사도였습니다. 바울 일행은 예루살렘 총회에 참석하여 짧은 교제를 하였지만 이방인의 사도로 인정 받게 되었고, 베드로 사도를 책망한 사건을 회상하면서 율법주의의 잔재를 지적했습니다.

베드로가 바울이 사역했던 안디옥 교회를 방문하게 되었습니다. 바울이 베드로 사도를 책망한 이유가 무엇입니까? 이방인들과 같은 식탁에서 함께 먹다가 예루살렘으로부터 유대인들이 들어오자 자리를 옮긴 일 때문입니다. 베드로의 그 행동 때문에 바나바까지 외식하는 행동을 하게 된 것입니다.

바울의 지적이 무엇입니까? 베드로 사도가 진리에 합당하게 행한 것이 아니라 상황따라 이중적인 행동을 했다고 책망한 것입니다. 인간적으로 보면 그럴 수 있는 행동이었지만 심각하게 생각해 보면 이신칭의, 이신득의 교리의 진실성에 대하여 성도들이 의심할 수 있는 부분이고, 성도들끼리 분쟁할 수 있는 내용이었기 때문에 책망한 것입니다.

사도직을 놓고 보면 베드로 사도가 더 우월해 보입니다. 먼저 사도

된 자이고, 제자 중의 제자이고 사도 중의 사도였기 때문입니다. 모든 사도의 대표자이기도 했습니다. 그러나 교리적인 입장에서 볼 때 높고 낮음의 문제가 아니라 진리의 문제이기 때문에 바울이 책망한 것입니다. 바울이 이 사건을 통하여 강조하는 내용이 무엇일까요? 율법주의가 옳지 않다는 지적입니다.

우리가 배워야 할 교훈이 무엇입니까? 첫째로, 영적 지도자들에게도 약점이 있습니다. 베드로 사도가 안디옥 교회에 왔을 때 바울이 책망했습니다. "게바가 안디옥에 이르렀을 때에 책망 받을 일이 있기로 내가 그를 대면하여 책망하였노라."

그래서 영적인 지도자들에게도 돕는 사람이 필요하고 감독자가 필요한 것입니다. 목사는 대부분의 경우, 노회가 감독합니다. 돕는 자는 장로, 집사, 권사들입니다. 그리고 넓게는 모든 성도가 돕는 자입니다.

인간은 누구도 예외없이 타락했기 때문에 실수가 있습니다. 허물도 있습니다. 잘해 보려고 노력하고 애써 보지만 그르칠 수도 있습니다. 모세도 훌륭한 지도자이지만 므리바에서 '백성을 위하여 우리가 물을 내랴'라고 혈기를 부렸습니다. 전도서 7장 5절에 "지혜로운 사람의 책망을 듣는 것이 우매한 자들의 노래를 듣는 것보다 나으니라"라고 했습니다.

상대방을 하나님 앞에서 책망할 수 있는 사람은 확신의 사람입니다. 믿음이 있는 사람입니다. 베드로가 안디옥 교회에 왔을 때 이방인과 함께 식사를 했습니다. 예루살렘에서 유대인들이 내려왔다는 소식을 듣고 자리를 옮겨 앉았습니다.

어떻게 생각해 보면 있을 수 있는 일 아닙니까? 베드로 사도는 율법주의자들에게 자신이 이방인과 함께 식사하는 모습을 보이고 싶지 않았던 것으로 보입니다. 이 모습만 생각해 보면 베드로가 예수님의 수제자 맞을까요? 모든 사도 중의 사도라는 말이 맞을까요? 비난 받을 만한 행동이었습니다.

당시 교회에는 이방인보다 유대인들이 많은 때입니다. 복음을 믿고 있는 이방인들은 복음과 율법의 차이를 알지 못할 때입니다. 베드로 사도도 그래서 어려움을 겪게 된 것입니다. 율법으로부터의 자유를 외쳐도 쉽게 이해할 수 없는 상황이었습니다.

이미 베드로에게는 하나님의 환상이 있었습니다. 네 발 가진 짐승이 하늘로부터 내려왔던 환상 말입니다. 잡아 먹으라! 그럴 수 없나이다. 하나님께서 깨끗하게 하신 것을 네가 부정하다고 말하지 말라. 그런데 아직도 베드로는 확신 속에 있지 못했습니다.

그렇습니다. 사람이 믿음에 있어서 부족한 면이 많습니다. 이제 발전적으로 나아가는 상황입니다. 완성 단계에 이른 사람이 없습니다. 성장하고 있는 것뿐입니다. 바울은 디모데에게 "너는 배우고 확신한 일에 거하라"라고 당부했습니다.

둘째로, 지도자의 삶은 자기만의 삶이 아닙니다. 모든 사람과 연결되어 있는 삶입니다. 베드로 사도가 식사 자리를 옮길 때 혼자만 옮긴 것이 아닙니다. 다른 유대인들도 따라서 옮겨 앉았습니다. 심지어 바나바까지 말입니다.

한 사람의 교회 지도자가 그릇된 행동을 할 때 그 충격은 크고, 많은 사람에게 영향을 끼치는 것입니다. 그래서 교회를 섬기는 직분자들이나 지도자들은 기도해야 합니다. 기도해야 은혜가 임하고 능력을 받게 됩니다. 교회에 유익된 사람으로 살 수 있습니다.

우리가 열왕기상하서를 공부했습니다. 설교를 수없이 많이 들었습니다. 여로보암 1세를 보십시오. 하나님의 은혜와 복으로 북방 이스라엘의 초대 왕이 되었습니다. 열 지파나 지도하는 사람이 되었습니다.

그러나 하나님을 경외하지 않고 벧엘과 단에 제단을 만들었습니다. 예루살렘 성전이 있음에도 불구하고 자기 마음대로 제단을 쌓았습니다. 그것이 죄가 되었습니다. 자기 마음에 드는 사람으로 제사장을 삼았습니다. 그것이 죄가 되었습니다. 절기도 자기 마음대로 지켰습니다. 그것이 죄가 되었습니다. 결국 앗수르 나라에 의해서 멸망을 받았습니다.

그리고 열왕을 평가할 때 여로보암 1세가 기준이 되었습니다. '여로보암의 죄악에서 떠나지 않았더라.' 여러분은 새로운 죄를 짓고 있는 것이 아닙니다. 이미 존재했던 죄악을 반복하고 있는 것입니다. 회개하지 않으면 그 죄 때문에 자신은 물론이고 후손까지 고통 가운데 살게 되어 있습니다.

교회 지도자들은 혼자의 삶이 아닙니다. 모든 자와 함께하는 삶입니다. 그래서 바울은 살아도 주를 위해 살고 죽어도 주를 위해 죽는다고 고백한 것입니다. 교회의 거치는 자가 되지 말고 많은 사람의 유익을 위하여 살라고 가르쳤습니다. 우리는 하나님의 소유이기 때문입니다.

셋째로, 권징 없는 교회는 올바른 교회가 아닙니다. 개혁자들은 세 가지가 있어야 올바른 교회라고 주장했습니다. 말씀을 옳게 증거하는 교회, 성찬과 세례를 합당하게 집행하는 교회, 그리고 권징이 있는 교회가 올바른 교회의 표지라고 했습니다.

권징은 교회의 진리를 파수하고 죄인으로 하여금 하나님을 두려워하게 만드는 방법입니다. 사람들은 교회의 권징을 쉽게 생각합니다. 교회의 주인이시고 왕이신 예수님은 뭐라고 말씀하셨습니까? 너희가 땅에서 매면 하늘에서도 매일 것이고 땅에서 풀면 하늘에서도 풀리리라고 말씀하셨습니다.

베드로 사도가 외식하는 행동을 했을 때 바울 사도는 면책했습니다. 꼭 교회가 그렇게까지 해야 하는가? 너무 심하다, 사랑이 없어! 그것은 사람의 생각일 뿐입니다. 초대교회의 최고 지도자요 사도인 베드로를 바울은 면책했습니다. 심하게 책망했습니다.

방법적으로도 문제가 있어 보입니다. 기도해 주고 조용히 둘이 있을 때 가르쳐 주면 될 것이 아닌가? 앞으로 조심하라고 주의 정도 주면 되지 않겠는가? 편지나 문자 메시지로 가르쳐 줘도 되는 것인데. 그리고 사랑으로 용서해 주면 더 바로 설 수 있지 않을까?

그러나 다른 면을 생각해 봅시다. 만약 베드로의 행동을 그냥 넘긴다면 율법주의자들이 더 득세할 것입니다. 그것을 누가 무슨 수로 막을 수 있겠습니까? 그리고 결정적으로 중요한 것은 예수 그리스도의 피의 공로를 약화시키는 행동이었습니다. 십자가와 부활의 복음을 무가치하게 만드는 행동이었습니다. 그러므로 바울은 심하게 책망하지 않을 수 없었습니다.

교회가 공적으로 징계하는 이유가 여기 있습니다. 그릇된 길로 가는 성도를 책망하고, 불순종할 때는 징계합니다. 수찬정지와 정직 그리고 면직과 심지어 이단자의 사상을 가질 때는 출교까지 합니다.

많은 사람들은 다른 교회로 가면 되지 그렇게 생각합니다. 올바른 권징은 거룩한 교회를 거룩하게 만듭니다. 하나님을 두려워하게 만듭니다. 직분의 소중성을 느끼게 만듭니다.

바울의 말을 들어봅시다. 디모데전서 1장 19-20절의 말씀입니다. "믿음과 착한 양심을 가지라 어떤 이들은 이 양심을 버렸고 그 믿음에 관하여는 파선하였느니라 그 가운데 후메내오와 알렉산더가 있으니 내가 사탄에게 내준 것은 그들로 훈계를 받아 신성을 모독하지 못하게 하려 함이라"라고 했습니다. 바울 사도도 후메내오와 알렉산더 같은 사람은 사탄에게 내주었습니다. 무서운 말씀입니다.

책망하는 바울도 위대하지만 책망의 말을 받아들인 베드로 역시 위대한 하나님의 사람입니다. 실제적으로 다른 사람을 책망하는 일은 쉬운 일이 아닙니다. 또 책망을 순수한 마음으로 받는 것은 더욱 용기 있는 하나님의 사람의 마음입니다.

바울은 공개적으로 책망했습니다. 직설적으로 책망했습니다. 이것은 혈기가 아닙니다. 진리를 외친 것입니다. 교회의 최고 지도자를 책망하는 것은 쉬운 일도 아니고 아주 어려운 일이었습니다.

그렇게 바울의 책망을 받은 베드로 사도는 그 이후에 어떻게 바울을 불렀을까요? 베드로후서 3장 15절에서 "또 우리 주의 오래 참으심이 구원이 될 줄로 여기라 우리가 사랑하는 형제 바울도 그 받은 지혜대로 너희에게 이같이 썼고"라고 했습니다. 잠언 29장 1절에 "자주 책망을 받으면서도 목이 곧은 사람은 갑자기 패망을 당하고 피하지 못하리라" 라고 했습니다. 바울의 책망 속에 베드로가 깨어나듯 여러분도 영적으로 깨어나기를 바랍니다.

제13강
갈라디아서 2장 15-21절

믿음의 우월성

종교개혁 500주년을 맞이하는 해입니다. 종교개혁은 한마디로 요약하여 말한다면 하나님을 재발견한 일이라고 생각합니다. '오직 은혜, 오직 믿음, 오직 성경, 오직 그리스도, 오직 하나님께 영광' 이 종교개혁의 산물일 것입니다.

사람은 누구나 죄인입니다. 아무리 의인인 체하여도 본성적으로 타락한 죄인입니다. 인류의 조상 아담 때부터 하나님의 말씀에 불순종한 죄인입니다. 아무리 아니라고 외쳐도 사람은 죄인입니다. 교만한 죄인이요, 의가 없는 죄인입니다. 기독교인들은 자신이 하나님 앞에 죄인임을 인정한 사람들입니다. 예수 그리스도 안에서만 의인이 된다는 진리를 믿는 사람들입니다.

죄인에게 있어서 가장 큰 질문이 무엇이겠습니까? '어떻게 하면 돈을 많이 벌까' 일까요? 그렇지 않습니다. 그러면 '어떻게 하면 공부를 잘해 볼까' 일까요? 그것도 아닙니다. 죄인에게 가장 근본적인 질문은 어떻게 하면 죄를 용서받을 수 있을까? 어떻게 하면 구원받을까? 어떻게 하면 영생을 얻을 수 있을까? 이것이 근본적인 질문입니다.

죄악의 문제는 예수 그리스도께서 다 해결해 주신 줄로 압니다. 믿음이 귀중하고 모든 것보다 우월한 것입니다. 큰 믿음의 사람들이 되기를 바랍니다. 믿는 척하지 말고 믿음의 사람이 됩시다. 하나님이 칭찬할 만한 믿음의 사람이 됩시다.

1. 베드로

예수님의 피의 공로를 의지하고 하나님의 은혜로 구원받는다는 진리를 알고 있으면서도 유대인들을 의식하여 외식하는 행동을 했습니다. 율법을 지킴으로써 구원받고, 율법을 행함으로써 구원받을 줄로 여겼던 유대인들의 반열에 섰던 베드로입니다.

베드로는 사도행전 10장에서 보여주신 하나님의 환상을 알고 있었습니다. 예루살렘 총회에서 결정한 내용도 베드로는 잘 알고 있었습니다. 그런데 이방인들과 식사를 하다가 유대인들이 내려오니까 갑자기 자리를 피했습니다. 이것이 외식입니다. 자기가 외식에 빠지니까 다른 사람까지 외식에 빠지게 만들고 말았습니다. 이래서 앞장서서 믿음 생활을 한다는 것이 그렇게 쉬운 일이 아닙니다. 그래서 베드로 사도는 바울 사도에게 책망을 받았습니다.

바울이 베드로를 책망한 근본적인 이유가 무엇입니까? 율법을 행하여서 의롭게 될 사람이 없음을 선언한 것입니다. '하나님의 은혜로 의롭게 된다, 예수를 믿어야 의롭게 된다'는 교리를 주장하기 위해서 그랬습니다. 바울이 교만해서 책망한 것이 아니었습니다. 믿음으로 구원받는 교리를 주장하기 위한 책망이었습니다.

왜 예수를 믿으면 하나님 앞에 의롭게 되는 것일까요? 예수님께서 인류의 죄악을 걸머메시고 십자가상에서 대속의 죽음을 죽으셨기 때문입니다. 기독교에서는 대속의 교리를 주장합니다. 인간은 자기 스스로는 의롭게 되는 길이 없다고 말합니다. 다른 사람이 죽어 주어야 됩니다. 다 죄인이기 때문에 죄인이 죽어서는 아무런 효과가 없습니다. 하나님 앞에서는 의인이 죽어야 죄인이 의인이 될 수 있습니다.

만약에 행위로 말미암아 의롭게 될 수 있다고 주장한다면 어떤 결과를 가져오겠습니까? 그리스도를 믿음으로써 의로워지는 교리를 정면으로 부정하는 결과를 가져옵니다. 또 그리스도의 공로를 삭감하거나 부정하는 결과를 가져오게 될 것입니다. 그리스도께서 율법 아래 나시고 율법을 다 준행하심으로써 우리를 율법으로부터 자유롭게 하셨기 때문입니다.

그래서 바울이 16절에서 이렇게 외쳤습니다. "사람이 의롭게 되는 것은 율법의 행위로 말미암음이 아니요 오직 예수 그리스도를 믿음으로 말미암는 줄 알므로 우리도 그리스도 예수를 믿나니 이는 우리가 율법의 행위로써가 아니고 그리스도를 믿음으로써 의롭다 함을 얻으려 함이라 율법의 행위로써는 의롭다 함을 얻을 육체가 없느니라."

종교개혁자들은 '오직 믿음' 이라는 주장을 했습니다. 오직 믿음! 오늘 예배에 출석하신 모든 성도님들은 예수를 믿어서 의인이 된 줄로 믿기를 바랍니다.

2. 바울

사람이 그리스도를 믿는다는 것은 정말 위대한 일입니다. 사람이 세상을 사는 동안에 최대의 이적과 기적이 있다면 그것은 그리스도를 믿는 것입니다. 여러분들은 그리스도의 무엇을 믿습니까? 하나님의 아들이심을 믿습니다. 그리고 우리의 구세주가 되심을 믿습니다. 우리들의 왕 되심과 대제사장이심과 선지자가 되심도 믿습니다.

그리스도는 교회와 세상 그리고 내 생애를 다스리시는 왕이십니다. 예수님은 우리들의 죄악을 다 걸머메시고 하나님 앞에 나아가신 영원한 대제사장이십니다. 그리고 하나님의 뜻을 우리들에게 전파해 주신 선지자가 되십니다.

이 말은 내가 그리스도와 함께 십자가에 못박힌 것을 믿는 것인데, 죄악에서 분리된 것을 의미합니다. 부활의 능력을 받아 죄에서 완전히 자유함을 얻은 것이나 마찬가지입니다. 그러므로 그리스도를 믿는 성도들은 그리스도와 함께 영광스러운 삶을 사는 사람입니다.

기독교는 그리스도가 십자가에서 행한 대속의 죽음을 믿습니다. 부활의 영광을 믿습니다. 그러기에 생명의 종교입니다. 참다운 구원은 스스로 이룰 수 없고, 다른 사람의 공로를 수여받아 이루어지는 줄을 믿습니다. 세속적인 종교는 스스로 구원받는 것을 말합니다. 그러나 기독교는 의인은 없나니 하나도 없으며 다 치우쳐 무익한 존재임을 말하고 있습니다.

그런데 하나님의 은혜를 부인하고 다시 율법을 행함으로써 구원받는다고 가르친다면 그리스도의 죽음을 헛된 것으로 돌리는 결과를 가져오게 됩니다. 갈라디아 교회 안에 이러한 문제가 발생했었습니다. 바울은 믿음으로 의롭게 되는 교리를 강력하게 주장하고 있습니다.

바울은 믿음의 우월성을 강조하고 있습니다. 믿음으로 구원받는 줄로 믿습니다. 구원은 주님께 달려 있습니다. 하나님께 달려 있습니다. 하나님이 구원을 주시면 구원받을 수 있고 하나님이 허락하지 않으시면 구원받을 사람이 없습니다.

그런데 하나님께서 우리들을 오늘도 불러주셨습니다. 어떻게 교회에 올라오셨든지 하나님의 음성을 부정하지 말기 바랍니다. 성령께서 여러분들을 부르고 계십니다. 내가 문 밖에 서서 기다리노니 누구든지 내 음성을 듣고 문을 열면 나는 그로 더불어 먹고 그는 나로 더불어 먹으리라!

바울은 20절에서 "내가 그리스도와 함께 십자가에 못박혔나니 그런즉 이제는 내가 사는 것이 아니요 오직 내 안에 그리스도께서 사시는 것이라 이제 내가 육체 가운데 사는 것은 나를 사랑하사 나를 위하여 자기 자신을 버리신 하나님의 아들을 믿는 믿음 안에서 사는 것이라"라고 했습니다.

믿음으로 세상을 사는 삶은 행복한 삶입니다. 의심하면서 사는 사람들을 보십시오. 얼마나 불행합니까? 부모가 자녀를 못 믿습니다. 남편이 아내를 못 믿고, 아내가 남편을 못 믿습니다. 얼마나 불행합니까? 서로 믿는 사회가 행복합니다.

바울은 믿음으로 세상을 살았습니다. 처음에는 지식으로 살았습니다. 그 결과 기독교를 핍박하는 사람이었습니다. 교회를 탄압하는 사람이었습니다. 그런데 바울이 나중에는 주님을 믿음으로써 살고 주님을 위해 살았습니다. 믿음이 삶을 바꾸어 놓았습니다.

3. 세상

기독교인들은 하나님이 주신 세상을 사랑합니다. 자연만물은 하나님의 선물입니다. 하나님이 인간에게 주신 최대의 선물 중의 하나가 자연입니다. 자연을 떠나서는 살 수 없는 존재입니다. 자연을 귀하게 여기고 사랑하는 사람들이 기독교인들입니다. 그런데 사도 요한이 세상을 사랑하지 말라고 한 의미가 무엇일까요?

우리들 주변에 잘못된 이론가들이 얼마나 많습니까? 그릇된 사상가들이 있고 그릇된 철학자들도 있습니다. 인간이 중심이 된 사상들이 거의 대부분입니다. 그리고 세속주의적이거나 인본주의 사상을 가진 자들이 거의 다입니다. 이런 것들을 사랑하지 말라는 의미입니다.

특별히 종교적으로 외식주의적인 종교가들이 많이 있습니다. 제례의식을 존중히 여기는 종파들입니다. 한국은 전통적으로 이런 사람들이 많이 있습니다. 그런데 심각한 문제는 영혼이 구원을 받을 수 있느냐? 육체부활이 가능하냐? 이것이 항상 문제입니다.

바울은 그리스도에 대한 믿음, 깊은 신뢰가 사람을 구원한다는 주장입니다. 이것이 하나님을 사랑하는 표현입니다. 이것은 선행이 아니라 믿음입니다. 바울이 강조한 믿음으로 구원받습니다. 행함으로 구원받을 사람이 없습니다. 행함으로 구원받는다는 주장은 우리들을 율법에 종노릇하게 만드는 결과를 가져오게 됩니다.

21절에 "내가 하나님의 은혜를 폐하지 아니하노니 만일 의롭게 되는 것이 율법으로 말미암으면 그리스도께서 헛되이 죽으셨느니라"라고 했습니다. 사람들은 자기들의 선행을 쌓아서 구원받으려고 합니다. 여러분들이 양심적으로 대답해 보시기 바랍니다. 선을 얼마나 쌓았습니까? 수십 년을 살았지만 쌓아 놓은 것은 선이 아니라 악이 더 많을 것입니다.

주님은 죄인을 부르러 오셨습니다. 세상 것을 좋아하고, 범죄하던 우리 죄인들을 회개시켜 영원한 생명의 구원을 베풀어 주기 위해 이땅에 찾아오셨습니다. 우리들에게 영원한 생명을 주기 위해 자신의 생명을 쏟아 주셨습니다. 사람이 행복하려면 주님을 믿어야 합니다. 주님을 사랑하고 의지할 때 진정으로 행복합니다.

제14강
갈라디아서 2장 15-21절

이신득의와 율법주의

사도 바울이 베드로 사도를 책망한 사실이 있습니다. 그 책망 사건을 통하여 율법주의의 부당성을 지적하고 있습니다. 그 말은 이신득의, 이신칭의의 확실성과 절대성을 주장하는 것입니다. 그러므로 사도 바울은 이신득의 원리의 절대성과 확실성을 주장했습니다. 그리고 율법주의로 돌아가는 것의 부당성도 함께 주장했습니다. 왜 그랬을까요?

1. 죄인이 의인 되는 것은 율법의 행위가 아니라 믿음으로 되는 것입니다

인간이 죄인으로서 의롭게 되는 길은 율법의 행위가 아니라 믿음으로 말미암아 얻어지는 영광의 축복입니다. 유대인이나 이방인이나 모두 죄인으로서 예수를 믿음으로써 의롭게 되는 원리가 있기 때문입니다.

만약 우리가 율법을 행함으로써 구원을 받는다고 주장한다면 예수 그리스도의 십자가에 죽으심을 모독하는 것이고, 그리스도의 죽음과 부활을 부정하게 만드는 일이라고 주장했습니다. 그러므로 하나님께서 인간을 구원하는 방식은 영원토록 변함이 없습니다.

이방인은 말할 것도 없고 유대인까지도 율법의 행위로 구원을 받는다면 오직 믿음으로 의롭게 되는 하나님의 원리, 하나님께서 세워 놓으신 원리를 부정하게 만드는 것입니다. 율법의 행위로는 누구든지 의롭게 될 사람이 없기 때문입니다. 그러므로 우리는 하나님을 믿습니다. 예수 그리스도만을 믿습니다.

신약 시대만이 아니라 구약 시대에도 율법을 행함으로써 구원받은 것이 아니라 믿음으로 구원을 받고 믿음으로 의롭다 하심을 받은 것입니다. 아브라함을 봅시다. 창세기 15장 6절에 "아브람(아브라함)이 여호와를 믿으니 여호와께서 이를 그의 의로 여기시고"라고 했습니다. 아브라함이 율법을 행하여 의인이 된 것이 아니라 믿음으로 의롭다 하심을 받은 것입니다.

노아를 봅시다. 창세기 6장 8-10절에서 "그러나 노아는 여호와께 은혜를 입었더라 이것이 노아의 족보니라 노아는 의인이요 당대에 완전한 자라 그는 하나님과 동행하였으며 세 아들을 낳았으니 셈과 함과 야벳이라"라고 했습니다. 그러므로 시대에 영향을 받지 않는 변함없는 진리가 믿음으로 의인이 되는 원리입니다.

하박국 2장 4절에 "보라 그의 마음은 교만하며 그 속에서 정직하지 못하나 의인은 그의 믿음으로 말미암아 살리라"라고 했습니다. 그렇습니다. 행위로 구원받는다고 주장한다면 예수님을 죄인으로 만들고 범죄자로 몰아가는 사상입니다. 그리스도를 죄 짓게 하는 사상입니다. 이 얼마나 그릇된 사상입니까?

사도신경에서도 '본디오 빌라도에게 고난을 받으사 십자가에 못박혀 죽으시고' 라고 고백하지 않습니까? 우리는 예수님과 십자가를 자랑합니다. 의지합니다. 믿습니다. 그런데 종종 교회 안에는 이단 사상을 가진 자들이 나타나곤 했습니다. 그릇된 경험과 사상을 가지고 진리인 양 말하고 주장하기도 합니다.

예수 그리스도를 믿지 않는다면 여전히 자신은 죄 가운데 사는 사람입니다. 헐었던 것을 다시 세우지 말라는 말씀도 하셨습니다. 심지어 율법에 대하여 죽은 자가 하나님께 대하여 산 자입니다. 우리의 구원은 율법으로부터 자유함을 얻은 구원입니다. 행함으로 구원 받는 것이 아니라 믿음으로 구원을 받습니다.

사랑하는 성도들이여! 예수 그리스도 안에 있는 자에게는 결코 정죄가 없습니다. 생명과 구원만 있습니다. 왜냐하면 생명의 성령의 법이 죄와 사망의 법에서 우리를 건져주셨기 때문입니다.

2. 이신득의 원리의 확실성과 율법주의의 부당성입니다

로마서 3장 28절에서도 "그러므로 사람이 의롭다 하심을 얻는 것은 율법의 행위에 있지 않고 믿음으로 되는 줄 우리가 인정하노라"라고 했습니다. 만약 이신득의, 이신칭의 교리를 무시하고 율법을 행하여 의인이 된다고 주장한다면 그것은 헐었던 것을 다시 세우는 것이고, 바울을 범법자로 만드는 것이라고 주장했습니다.

바울은 죄인이었는데 예수를 믿어서 의인이 되었습니다. 하나님의 은혜의 선물로 의인이 된 것입니다. 또 다시 구원을 받기 위하여 율법을 지켜야 된다면, 율법 아래 속박되어야 한다면 이것이 스스로 죄인을 만드는 일이었기 때문입니다.

예수를 믿는 자는 죄의 속박에서 벗어났고, 율법의 속박으로부터 벗어난 사람입니다. 율법의 어떤 조건과 관계없이 의인된 자들입니다. 그런데 지금도 율법의 어떤 조건을 만족시켜야 구원을 받는다고 주장한다면 예수 그리스도의 죽음을 무시하는 결과를 가져오게 되는 것입니다.

많은 그리스도인들이 율법적으로 사람을 판단하거나 윤리적인 기준으로 사람을 평가할 때가 많습니다. 그래서 죄의식 속에서 벗어나지 못하는 경우가 허다합니다. 예수 그리스도의 속죄의 완전성을 믿어야 합니다. 예수께서 십자가에서 우리들의 모든 죄를 다 탕감했습니다. 하나님 앞에서 의인이 되는 길을 활짝 열어 놓으셨습니다.

인간은 스스로 의롭게 살지도 못하거니와 의인인 체하여도 죄인입니다. 우리의 과거와 현재는 너무나 달라졌습니다. 예수 그리스도 안에 있는 사람은 정말 신분도 달라지고 역할도 달라졌습니다. 그러므로 예수를 믿어야 합니다. 십자가의 공로를 인정해야 합니다.

하나님의 아들을 믿는 자는 자기 안에 증거가 있습니다. 하나님의 아들을 믿지 않는 자는 증거가 없습니다. 우리는 율법을 향하여는 죽었습니다. 하나님을 향하여는 살았습니다. 바울은 어려서부터 율법을 배웠습니다. 고정 관념이 있었습니다. 그러나 예수 그리스도를 믿고 발견한 다음에는 율법의 목적이 무엇인지, 그리고 율법의 기능이 무엇인지를 알게 되었습니다.

율법을 향하여는 죽었습니다. 지키려는 노력을 버렸습니다. 하나님을 향하여는 살았습니다. 믿음 안에서 살았습니다. 진정한 자유와 행복이 있었기 때문입니다. 이스라엘의 역사를 봅시다. 애굽에서 종노릇하던 이스라엘이 모세를 통하여 하나님의 은혜로 구원을 받았습니다. 그럼에도 불구하고 종노릇하던 습성을 가지고 살았습니다.

구원의 하나님, 능력이 많으신 하나님을 기억하지 않았습니다. 인간적인 방법으로 모든 문제를 해결하려고 노력했습니다. 그 결과 가나안 땅에 들어가지 못하고 죽은 사람이 많습니다. 원망하고 불평하고 범죄하다가 광야에서 죽었습니다. 옛 사람을 벗어버립시다. 새 사람을 입으세요. 옛 생활을 정리하고 새 생활을 전개합시다. 믿음으로 살고 믿음 안에서 하나님을 향하여 삽시다. 그러면 삶의 질이 달라지고 은혜와 복이 충만할 줄로 믿습니다.

3. 믿음 안에서 사는 바울의 확신입니다

내가 사는 것이지만 내가 사는 것이 아니고 그리스도께서 사시도록 맡깁시다. 내가 사라지지 않은 한 그리스도께서 사실 수가 없습니다. 하나님의 아들을 믿는 믿음 안에서 사는 것이라고 바울이 지적했습니다. 이런 삶이 가능한 것인가?

예수님은 자기 자신을 부인하고 하나님이 주시는 십자가를 지고 좇을 것이니라고 말씀하셨습니다. 바울은 자신을 죽였습니다. 그리고 예수 그리스도가 살도록 맡겼습니다. 믿음 안에서 산다는 것이 무엇인지를 말해 주었습니다.

사람이 율법을 주장하게 되면 하나님의 은혜와 사랑이 점점 더 감추어지게 됩니다. 자기 자신을 십자가에 못박아 버렸습니다. 그리고 오직 예수 그리스도께서 사시게 했습니다. 율법주의자들은 자기의 삶을 자랑하지만 믿음 안에서 사는 사람들은 하나님과 그리스도를 자랑하게 됩니다.

영광도 그렇습니다. 믿음의 사람들은 하나님의 이름을 높입니다. 그리스도의 영광을 찬양합니다. 로마서 8장 13-14절에서 "너희가 육신대로 살면 반드시 죽을 것이로되 영으로써 몸의 행실을 죽이면 살리니 무릇 하나님의 영으로 인도함을 받는 사람은 곧 하나님의 아들이라"라고 했습니다.

믿음으로 사는 것이 무엇일까요? 아브라함의 아들 이삭을 봅시다. 가나안 땅에 큰 기근이 들었습니다. 애굽으로 피난가려 할 때에 하나님의 음성이 들려왔습니다. 애굽으로 내려가지 말고 가나안 땅에 머무르라. 현실적으로 순종하기 어려운 명령입니다.

살 길이 막막한 현실입니다. 오죽하면 애굽을 생각했겠습니까? 어떻게 보면 가나안 땅에서 고생하다가 죽는 것인가? 그게 믿음 생활인가? 그러나 이삭은 하나님의 명령에 순종합니다. 이것이 믿음입니다. 자기의 생각과 이성과 판단을 내려놓습니다. 그리고 순종의 길을 선택했습니다.

그 해에 소출이 백 배입니다. 기쁘고 즐거운 축복입니다. 이것이 믿음 생활입니다. 순종하는 그리스도인의 삶입니다. 그래서 로마서 6장 8절에서 "만일 우리가 그리스도와 함께 죽었으면 또한 그와 함께 살 줄을 믿노니"라고 했습니다. 죽으면 삽니다.

하나님의 은혜는 거저입니다. 받아누리면 됩니다. 바울은 하나님의 은혜를 폐하지 않았습니다. 쓸모 없다고 말하지 않았습니다. 무효로 만들지도 않았습니다. 행위를 강조한다면 은혜가 헛될 것입니다. 율법주의자들은 하나님의 은혜를 거저받으려고 생각하지 않았습니다.

로마서 3장 24절을 봅시다. "그리스도 예수 안에 있는 속량으로 말미암아 하나님의 은혜로 값없이 의롭다 하심을 얻은 자 되었느니라"라고 했습니다. 하나님의 은혜는 거저주시는 것입니다.

에베소서 2장 8-9절에 "너희는 그 은혜에 의하여 믿음으로 말미암아 구원을 받았으니 이것은 너희에게서 난 것이 아니요 하나님의 선물이라 행위에서 난 것이 아니니 이는 누구든지 자랑하지 못하게 함이라"라고 했습니다. 우리 모두 하나님의 은혜만 의지하고 하나님만 바라보면서 믿음으로 삽시다.

제15강
갈라디아서 3장 1-5절

어리석은 자인가, 지혜자인가?

세상에는 '어리석은 사람이 있는' 반면 '지혜로운 사람'도 있습니다. 솔로몬은 지혜의 왕이었습니다. 다니엘도 총명과 지혜가 다른 사람들보다 열 배나 뛰어났습니다. 우리들이 믿고 사랑하는 예수님은 지혜가 충만했던 분이셨습니다.

여러분들은 지혜로운 분들입니까 아니면 어리석은 사람들입니까? 하나님을 경외하는 사람들은 지혜로운 분들입니다. 저는 이 예배에 출석하신 모든 성도님들이 하나님의 지혜로 충만해져서 지혜로운 하나님의 사람들이 되기를 바랍니다.

바울이 말하는 어리석은 사람이란 어떤 사람을 두고 하는 말일까요? 반대로 지혜로운 사람이란 어떤 사람을 일컫는 것일까요? 이것이 우리들이 이 시간 풀어야 할 숙제입니다.

세상적으로 말할 때는 IQ가 몇이냐? EQ가 얼마나 되느냐? 그런 것들을 가지고 사람을 평가하여 지혜롭냐 아니냐를 말하게 되지만 성경은 그런 것을 가지고 지혜로운지를 말하지 않습니다. 그러면 성경이 가르치는 지혜로운 사람, 하나님이 말씀하는 지혜로운 사람은 어떤 사람이겠습니까?

1. 어리석도다, 갈라디아 사람들아!

바울이 지적하는 갈라디아 교인들은 어리석은 사람들이었습니다. 1절에 보면 '어리석도다 갈라디아 사람들아' 누가 너희를 꾀더냐? 그리스도께서 십자가에 못박히신 것이 밝히 보이거늘 누가 꾀더냐?

당시 갈라디아 교인들은 바울이 전해 준 복음을 버리고 율법주의를 따라간 영적으로 어리석은 사람들이었습니다. 복음을 믿고 따르는 사람들은 지혜로운 사람들이지만 율법의 행위로 구원받을 줄로 생각하는 사람들은 어리석은 사람들입니다. '어리석도다' 라는 말의 의미는 '판단력이 없는 상태' 를 가리킵니다. 어리석은 사람은 분별력, 판단력이 없는 사람입니다. 사탄의 소리, 사람의 소리, 자기의 소리가 어리석은 소리요, 하나님의 음성만이 지혜자의 음성입니다.

엠마오 도상의 두 제자를 생각하게 만듭니다. 예수님이 십자가에 못박혀 죽자 두 제자는 예수님을 따르다가 실망하여 자기 고향으로 내려가고 있었습니다. 예수님이 삼일 만에 다시 살아나셨는데도 십자가에 죽으신 줄로만 알고 슬퍼하면서 내려가고 있었습니다. 다른 사람들의 증언도 믿지 않았습니다. 이것이 영적인 무지가 가져다 주는 슬픔입니다. 영적인 빈곤입니다. 무능력입니다.

그렇습니다. 영적인 분별력이 없는 사람들은 기뻐해야 할 시간에 슬퍼하고, 춤을 추며 좋아해야 할 일을 괴로워하는 것입니다. 주님이 나타나셔서 아무리 확신 있는 증거를 하지만 처음에는 믿지 않다가 나중에야 비로소 주님을 알아보고 예루살렘으로 되돌아간 제자들입니다.

두 제자나 갈라디아 교인들이 예수님의 십자가 사건을 버렸습니다. 십자가는 하나님의 지혜요 하나님의 능력입니다. 구속의 사건입니다. 우리들을 죄악 가운데서 건져내는 유일한 방법입니다.

구약시대에 이런 일이 있었습니다. 모세가 이스라엘 백성들을 가나안 땅으로 인도할 때입니다. 백성들이 길로 인하여 불평했습니다. 원망했습니다. 광야생활을 40년이나 하다 보니까 감사는 사라지고 원망과 불평이 주를 이루는 삶이었습니다. 그래서 하나님께서 불평하는 무리들에게 불뱀을 명하여 물도록 명령하셨습니다. 물린 자마다 다 죽습니다. 이스라엘 백성들이 모세에게 살려달라고 애원합니다. 모세는 하나님 앞에 기도합니다. 그러자 하나님께서 장대 위에 놋뱀을 매달라고 말씀하셨습니다. 그래서 장대 위에 높이 달린 놋뱀을 쳐다보면 산다고 외쳤습니다.

믿음으로 바라본 사람들은 정말 살았습니다. '쳐다본즉 살더라'. 죽을 상황에서 살아났습니다. 그런데 장대 위의 뱀을 무시하여 쳐다보지 않던 고집쟁이는 다 죽었습니다. 언약을 믿지 않던 불순종의 사람들은 다 죽었습니다. 자기 생각만 하고 하나님의 약속을 믿지 않던 사람들, 남의 말을 전혀 듣지 않는 사람들도 죽었습니다. 그렇습니다. 기독교는 하나님의 약속을 믿는 종교입니다. 믿음으로 바라보는 사람들의 공동체입니다. 믿으면 사는 축복이 있는 줄로 믿습니다.

갈라디아 교인들의 '눈 앞에 밝히 보였다' 라고 말합니다. 이 말은 '바로 눈 앞에 직접 전개되었다' 는 뜻입니다. 자기 눈 앞에서 일어난 사건을 믿지 않는다는 말입니다. 자기들의 눈으로 목격하면서도 믿지 않았다고 하니 얼마나 기가 막힙니까?

사실 그렇습니다. 행복은 눈 앞에 있습니다. 자기 가까이에 있습니다. 갈라디아 교인들은 자기 눈 앞에 일어난 사건이 있었음에도 율법주의자들이 꾈 때에 넘어졌습니다. 현혹되었습니다. 이것이 어리석은 사람입니다. 여러분들은 여러분들의 눈 앞에 전개되고 있는 하나님의 일들을 볼 수 있는 지혜로운 성도들이 되기를 바랍니다. 하나님의 은혜로 구원받습니다. 예수를 믿음으로써 천국 갑니다.

2. 성령을 어떻게 받았느냐?

'율법을 행함으로써 성령을 받았느냐?' '듣고 믿음으로 받았느냐'는 질문입니다. 예수를 믿는다는 것은 성령을 받은 증거입니다. 성령이 아니고는 누구든지 예수를 주라고 시인할 수 없기 때문입니다(고전12:3). 하늘의 복을 받지 않고는 '누구든지 하나님의 아들 예수를 주시라' 고 고백할 수 없습니다(마16:16-18).

사랑하는 성도 여러분! 저는 오늘 모인 모든 분들이 성령을 충만히 받기를 소원합니다. 성령을 받는 것이 얼마나 귀한 일이고 가치 있는 일인지 압니까? 받아 본 사람만 알 수 있습니다. 요즘 사람들이 돈을 사모하듯이 성령을 그리워하면 충만히 임할 줄로 믿습니다.

사실 성령을 받는 것이 율법을 행해서 받을 수 있는 사람은 아무도 없습니다. 복음을 듣고 예수를 영접함으로써 성령을 받을 수 있습니다. 사람들은 성령이 있는 것도 알지 못하고 살고 있습니다. 성령은 하나님의 영이십니다. 예수님의 영이라고도 표현합니다. 하나님이시며 인격적인 영이십니다. 우리 기독교가 말하는 성령은 순결한 영이십니다. 사람을 거듭나게 하셔서 천국으로 우리들을 인도하시는 영이 성령이십니다.

본래 인간은 하나님의 형상과 모양대로 멋지게 창조된 존재입니다. 그런데 범죄하여 영적인 존재가 육체적이고 세상적인 존재로 전락됐습니다. 그래서 바울은 너희가 성령으로 시작하였다가 육체로 마치겠느냐고 질문하는 것입니다. 갈라디아 교인들이 성령을 받는 것은 약속을 믿고 순종할 때 받은 것입니다. 율법을 행하여서 성령을 받은 것이 아니었습니다.

갈라디아 교인들은 갑자기 돌변하여 율법을 행하여서 구원받고 성령받는 줄로 알아 바른 교리에서 돌아섰습니다. 목회를 하다 보면 이런 교인들이 정말 많습니다. 미련한 사람들입니다. 어리석은 사람들입니다. 믿음으로 성령을 받는 줄로 믿습니다. 돈을 드려 성령을 받으려고 했던 시몬은 베드로에게 책망을 받았습니다. 약속을 믿고 기도하던 120명의 무리들이 성령의 충만함을 받고 예루살렘 교회를 이루게 되었습니다.

바울은 성령과 육체, 시작과 마침을 대조적으로 비교하고 있습니다. 갈라디아 교인들은 일관성이 없었습니다. 그리고 선택에 있어서도 어리석었습니다. 심지어 자기들에게 무익한 것을 좇고 있었습니다. 얼마나 비참한 일입니까?

믿음으로 교회에 올라온 것이 성령으로 시작한 것입니다. 복음을 듣는 자는 그 자체가 성령의 역사가 아니면 들을 수 없는 일입니다. 이제는 육체로 마치는 일이 없기를 바랍니다. 그리고 시작이 좋았으면 끝이 좋기를 바랍니다. 믿음으로 시작했으면 믿음으로 인생을 살아보기 바랍니다. 재미가 있습니다. 행복도 있습니다. 하나님의 은총과 복도 있습니다.

3. 능력을 행하시는 이의 일

너희에게 성령을 주시고 너희 가운데서 능력을 행하시는 이의 일이 율법의 행위에서냐 듣고 믿음에서냐? 성령을 주신다는 말은 우리들에게 구원을 주신다는 의미입니다. '능력을 행하시는 이' 라는 말은 초월적인 권능을 가지신 절대주권자 하나님을 말합니다. 구원을 위하여 활동하시고 일하시는 분은 하나님이십니다. 이적과 권능을 행하시는 분은 하나님이심을 가리킵니다.

성도들이 얻은 축복들은 성도들이 노력해서 얻은 것들이 아닙니다. 하나님의 은혜인 줄로 믿습니다. 하나님께서 값없이 제공하셨다는 뜻입니다. 지원한다는 말입니다. 하나님이 공급하셨다는 뜻입니다. 하나님께서 택하신 백성에게 하나님은 은혜를 쏟아부어 주십니다.

이것도 우리들의 행위가 아름답고 좋아서라기보다는 하나님의 은혜였습니다. 결국 믿음이 중요합니다. 행함으로써 구원받을 수 있는 사람은 없습니다. 스스로 도를 닦아보지만 도가 보이지 않습니다. 하나님이 보여주신 것을 받아누리면 됩니다. 이루어 놓으신 십자가를 믿으면 됩니다. 이루어 놓으신 부활을 믿고 바라보기만 하면 우리들에게도 똑같은 부활의 영광을 주시기로 약속하셨습니다.

이제는 선택하기 바랍니다. 어리석은 사람으로 살다가 어리석은 사람으로 죽을 것인지 아니면 지혜로운 사람으로 지혜롭게 살다가 천국의 영광을 누릴 것인지를 선택해야 합니다.

후히 주시는 하나님, 저는 지혜와 총명이 부족합니다. 지혜와 총명을 주셔서 하나님 나라를 바라보게 하시고 하나님의 영광을 찬송하면서 살게 하옵소서. 이땅에서도 잘 되게 하시고 영원한 천국에서도 영광을 누리게 하옵소서. 할렐루야!

제16강
갈라디아서 3장 1-5절

책망과 경험

바울은 베드로 사도를 책망한 이후에 어리석은 갈라디아 교인들을 향해서도 책망했습니다. 바울이 전한 믿음으로 의롭다 하심을 받는 이신칭의, 이신득의의 교리를 버리고 율법주의로 돌아가려는 교인들의 어리석음을 책망합니다.

또 갈라디아 교인들이 많은 고난속에서 믿음으로 성령을 체험했음에도 불구하고, 거짓 교사들의 미혹을 받아 믿음을 버리고 사망에 이르게 하는 율법주의를 따르는 것에 대해 질책하면서 회개를 촉구한 내용입니다. 결국 바른 믿음, 바른 신앙을 회복하기 원하는 바울의 질책입니다. 바른 신학이 있을 때 바른 교회를 세우고 바른 교회가 세워질 때 바른 생활을 할 수 있기 때문입니다. 우리 총회와 합신의 이념이 그렇습니다.

기독교의 믿음은 삶에 영향을 미치게 되어 있습니다. 삶에 영향을 끼치지 못하는 믿음은 기독교 믿음이 아닐 것입니다. 바울이 뭐라고 주장했습니까? 예수 그리스도께서 십자가에 못박히신 것이 눈 앞에 밝히 보이거늘 어떻게 그렇게 변심할 수 있느냐는 것입니다.

갈라디아 교인들은 예수께서 십자가에 못박히신 것을 잘 알고 믿던 교인들입니다. 자기 자신들의 모든 죄를 감당하시고 십자가를 지신 것을 다 알고 믿고 있었습니다. 그런데 이제 와서 믿음과는 상관없이 율법을 지킴으로써 구원받는다고 말한다면 예수 그리스도의 십자가의 죽으심이 무엇입니까? 또 지금까지 믿던 믿음은 무엇입니까?

참된 믿음은 삶의 방향을 틀어놓습니다. 목적만이 아니라 수단과 방법까지 바꾸어 놓습니다. 믿음은 삶이 있고, 열매가 있으며, 행동을 수반합니다. 야고보는 행함이 없는 믿음은 죽은 것이라고 지적했습니다.

구약 시대에 살았던 이스라엘의 초대 왕 사울을 생각해 봅시다. 사울 왕은 하나님을 믿던 사람입니다. 다만 아말렉과의 전쟁에서 자기 자신과 백성의 소리를 듣고 하나님의 명령에 온전히 순종하지 못하고 좋은 것은 숨겨 놓았습니다. 그 결과는 하나님에게 버림을 당했습니다.

예수님은 당대 바리새인들과 서기관들을 향하여 무슨 말씀을 하셨습니까? "이 백성이 입술로는 나를 존경하되 마음은 내게서 멀도다"라고 했습니다. 데살로니가 교인들처럼 역사하는 믿음, 믿음의 역사를 이룹시다. 행동하는 믿음 생활을 해서 하나님께 영광이고 사람들이 우리의 삶의 행동을 보고 하나님께 돌아오는 축복이 많기를 진심으로 바랍니다.

그리고 우리가 하나님의 성령을 받는 것은 인간적인 노력에 의해서 얻어지는 것이 아니라 하나님의 선물입니다. 바울이 갈라디아 교인들에게 질문합니다. 너희가 성령을 받은 것은 율법의 행위에서냐 아니면 듣고 믿음으로냐? 바울이 왜 이런 질문을 할까요?

성령은 복음을 믿음으로 들을 때 임하는 법입니다. 말씀과 함께 성령이 임하십니다. 말씀과 더불어 성령이 임하십니다. 사도행전 8장을 보면 마술사 시몬이 무엇을 구했습니까? 사도들이 사마리아 지방에서 안수할 때 성령이 임했습니다. 시몬은 돈을 많이 줄테니 그런 능력을 달라고 말했습니다. 사도들의 대답이 무엇입니까? 네가 돈과 함께 망할지어다. 지금도 성령 받기 위해 별수단과 방법을 다 쓰는 사람들이 많습니다. 그러나 명심합시다. 성령은 믿음으로 말씀을 듣는 자에게 임하십니다. 그래서 오직 성경입니다. 이것이 종교 개혁의 열매입니다.

사도행전 2장 38절에 베드로 사도가 무엇을 가르쳐 주었습니까? 회개하고 예수 그리스도의 이름으로 세례를 받고 죄 사함을 받을 때 성령을 선물로 받게 된다고 가르쳐 주었습니다.

세상에서 불쌍한 사람이 어떤 사람일까요? 바르게 믿지 못하고 그릇된 믿음을 가진 사람일 것입니다. 갈라디아 교인들은 성령으로 시작하였다가 육체로 마치려고 했습니다. 처음에는 성령의 은혜로 복음을 믿고 하나님의 백성이 되었습니다. 그런데 나중에 율법을 지킴으로써 구원을 받는다고 주장한다면 무엇입니까? 육체적인 의를 주장한다면 그것이 무슨 신앙입니까? 왔다갔다하는 열매 없는 신앙일 것입니다.

갈라디아 교인들이 바른 복음에서 떠나 구원을 위하여 율법을 지키려는 어리석은 믿음을 주장했습니다. 이것은 지금까지 믿었던 신앙을 부정하는 것입니다. 그리스도의 십자가 공로를 부정하고 자기의 공로를 인정하는 결과를 가져오기 때문입니다.

그러므로 하나님을 바로 믿는 것이 얼마나 복된 일입니까? 믿음이 이깁니다. 모든 죄와 악의 세력을 이길 수 있습니다. 강하고 담대해서 승리하는 그리스도인들이 다 되기를 바랍니다. 하나님을 정말 사랑하는 자들은 세상에서 많은 괴로움을 당할 수 있습니다. 복음 때문에 받는 어려움입니다. 바르게 믿기 때문에 많은 자들이 조롱하는 경우도 있습니다.

그래서 바울은 "무릇 그리스도 예수 안에서 경건하게 살고자 하는 자는 박해를 받으리라"라고 했습니다. 베드로 사도는 "사랑하는 자들아 너희를 연단하려고 오는 불시험을 이상히 여기지 말라"라고 가르쳐 주었습니다.

이 세상은 공중의 권세 잡은 자가 성도들을 괴롭힐 수 있습니다. 사탄이 역사하는 세상이기 때문입니다. 사탄은 하나님을 잘 섬기지 못하게 만듭니다. 때로는 바쁘게 만들어 버립니다. 그래서 기도의 능력을 상실하게 만듭니다. 때로는 자기만 사랑하게 만듭니다. 이웃 사랑에 실패하게 합니다. 더군다나 형식적인 성도가 되게 만듭니다. 그리고 잘 믿는 사람인 것처럼 스스로를 속이게 만듭니다. 이게 얼마나 어처구니 없는 일입니까?

그러나 오직 하나님을 잘 믿는 자만 하나님의 능력을 체험할 수 있습니다. 하나님의 역사를 경험할 수 있습니다. 그래서 바울이 그렇게 질문했습니다. 갈라디아 교인들아! 너희에게 성령을 주시고 너희 가운데 능력을 행하신 이의 일이 율법의 행위에서냐 아니면 듣고 믿음에서냐?

갈라디아 교인들이 하나님의 율법을 지켰기 때문에 성령을 주신 것이 아닙니다. 복음을 듣고 믿었기 때문에 성령을 선물로 주신 분은 하나님이십니다. 그리고 능력도 쏟아부어 주셨습니다. 행위가 좋아서 성령을 부어 주신 것이 아닙니다. 복음을 듣고 믿었기 때문에 구원을 선물로 주신 분은 하나님이십니다. 그러므로 기독교 신앙의 초점은 믿음입니다. 믿음이 없이는 하나님을 기쁘시게 할 수 없습니다.

마태복음 17장에 보면 예수님께서 베드로와 야고보와 요한을 데리고 변화산에 기도하러 올라가셨습니다. 변화산에서 내려오셨을 때 간질병에 걸린 아들을 둔 한 사람이 소개됩니다.

그 아버지는 아들의 간질병을 고쳐 보려고 예수의 제자들에게 데리고 오지만 고치지 못했습니다. 예수님을 만나자 고쳐 달라고 간구했습니다. 예수님은 꾸짖는 방법으로 간질병을 고쳐 주셨습니다.

그 사건이 있은 후 조용할 때 제자들이 와서 묻습니다. "어찌하여 우리들은 쫓아내지 못하였나이까?" 예수님의 대답이 무엇입니까? "너희의 믿음이 적은 연고니라. 겨자씨 한 알 만한 믿음만 있어도 이 산을 명하여 옮기라 하여도 옮겨질 것이요 너희가 못할 것이 없으리라." 정말 위대한 책망 속에 위대한 약속을 하셨습니다.

믿음이 없으면 역사는 이루어지지 않습니다. 하나님의 능력을 믿고 기도합시다. 전능하신 하나님께서 능력과 기적을 베푸실 것을 믿습니다. 크고 놀라운 비밀도 알려주십니다.

예수께서 하신 말씀이 무엇입니까? "할 수 있거든이 무슨 말이냐 믿는 자에게는 능히 하지 못할 일이 없느니라"(막9:23)라고 하셨습니다.

누가복음 8장 49-50절에 "아직 말씀하실 때에 회당장의 집에서 사람이 와서 말하되 당신의 딸이 죽었나이다 선생님을 더 괴롭게 하지 마소서 하거늘 예수께서 들으시고 이르시되 두려워하지 말고 믿기만 하라 그리하면 딸이 구원을 얻으리라"라고 했습니다.

사랑하는 성도님들이여! 하나님을 믿는 사람이 됩시다. 예수를 사랑하는 사람들이 됩시다. 하나님의 은혜가 사람을 사람다운 사람으로 만듭니다. 지식은 교만하게 합니다. 그리고 하나님의 능력을 믿읍시다. 전능하신 하나님을 믿읍시다.

"하나님이 세상을 이처럼 사랑하사 독생자를 주셨으니 이는 그를 믿는 자마다 멸망하지 않고 영생을 얻게 하려 하심이라"(요3:16)라고 했습니다.

"주 예수를 믿으라 그리하면 너와 네 집이 구원을 받으리라"(행16:31).

"내가 진실로 진실로 너희에게 이르노니 내 말을 듣고 또 나 보내신 이를 믿는 자는 영생을 얻었고 심판에 이르지 아니하나니 사망에서 생명으로 옮겼느니라 진실로 진실로 너희에게 이르노니 죽은 자들이 하나님의 아들의 음성을 들을 때가 오나니 곧 이 때라 듣는 자는 살아나리라"(요5:24-25)라고 했습니다.

사랑하는 성도님들이여! 주 예수를 믿읍시다. 믿음으로 구원받는 종교가 기독교입니다. 믿음으로 의롭다함을 받습니다. 다른 이론이나 공로는 다른 문제입니다. 구원에 관한 한 예수를 믿어야 구원을 받습니다.

제17강
갈라디아서 3장 6-9절

아브라함의 칭의

제가 세상을 살아보니까 '사람의 미혹을 받지 않는 것이 큰 축복' 임을 깨달았습니다. 특별히 믿음 생활을 할 때 사람들의 행동을 본다든지, 사람들의 말을 너무 지나치게 믿는 경우 사람들에 의해서 넘어지고 쓰러지게 된다는 것을 알게 되었습니다. 그래서 예수님은 마태복음 24장 4절에서 "사람들의 미혹을 받지 않도록 주의하라"라고 말씀하셨습니다.

갈라디아 교인들은 거짓 사도들에게 유혹을 받았습니다. 신앙의 미혹에 빠졌습니다. 바울이 전한 '하나님의 은혜로 구원받는다, 믿음으로 의인이 된다, 십자가와 부활로 말미암아 구원받는다' 는 복음을 버렸습니다. 그리고 잘못된 교리, '행함으로 구원받는다, 할례를 받음으로써 의롭게 된다' 는 행위 구원을 주장하였습니다. 얼마나 어리석은 사람들입니까? 인간의 구원은 하나님의 은혜로 예수를 믿어야 구원받는 줄로 믿습니다.

바울은 이런 사람들의 모습을 보면서 성령으로 시작하였다가 육체로 마치는 사람들이라고 말했습니다. 사실 성령을 받는 것이 행함으로 받습니까 아니면 믿음으로 받습니까? 우리들의 실증적이고 체험적인 신앙이지만 믿음으로 성령을 받는 줄로 확실히 믿습니다.

바울은 같은 맥락에서 또 다른 것을 가르치고 있습니다. 사람이 의롭게 되는 것이 사람의 행위에 의해서 되는 것인가 아니면 하나님을 믿는 믿음으로 되는 것인가?

1. 아브라함을 봅시다

바울은 아브라함을 예로 설명하기 시작하였습니다. 6절입니다. "아브라함이 하나님을 믿으매 그것을 그에게 의로 정하셨다 함과 같으니라." 로마서 4장 3절에서는 "성경이 무엇을 말하느냐 아브라함이 하나님을 믿으매 그것이 그에게 의로 여겨진 바 되었느니라"라고 했고, 창세기 15장 6절에서는 "아브라함이 여호와를 믿으니 여호와께서 이를 그의 의로 여기시고"라고 했습니다. 아브라함이 행위가 좋아서 의인이 되었습니까 아니면 믿음으로 의인이 되었습니까? '믿음으로' 의롭게 되었습니다.

아브라함의 행위가 얼마나 좋았습니까? 아브라함의 고향은 갈대아 우르 지방입니다. 아버지 데라 밑에서 성장했습니다. 데라의 직업은 우상장사였습니다. 우상을 만들고 사고 파는 자의 아들로 태어났습니다. 아브라함의 삶이나 행위가 무엇이 좋았겠습니까?

또 하나님께서 아들을 약속해 주셨습니다. 아브라함은 여러 가지 방법으로 후사를 생각해 보았습니다. 다메섹 사람 엘리에셀이 후사입니다. 그러나 엘리에셀은 종이지 아들이 아니었습니다. 그 다음 방법으로 아내 사라의 몸종 하갈 사이에서 낳은 아들이 이스마엘입니다. 육의 사람입니다. 아브라함이 이스마엘 때문에 얼마나 근심걱정하는 일이 많이 생겼는지 모릅니다. 아브라함의 행위가 좋기는 무엇이 좋습니까?

가나안 땅에 기근이 들었을 때 아브라함이 어떻게 처신했습니까? 애굽을 향하여 내려갔습니다. 그리고 자기 아내를 누이라고 거짓말까지 합니다. 아브라함의 삶은 본받을 것이 별로 없는 삶이었습니다.

그럼에도 불구하고 왜 바울이 아브라함을 예로 설명하고 있을까요? 그렇습니다. 율법주의자들이 아브라함을 좋아했습니다. 자기들이 아브라함의 후손인 것을 자랑했기 때문입니다. 율법주의자들이 아브라함의 후손인 것을 자랑하니까 바울은 너희들이 그렇게 좋아하는 아브라함도 믿음으로 의롭게 되었다고 가르치고 있는 것이지요. 아브라함이 처음부터 하나님께 순종한 것은 아닙니다. 이미 하나님을 믿으매 의로 여긴 다음에 순종합니다. 그러므로 믿음이 우선이었습니다. 믿음이 있는 사람은 순종의 사람이 됩니다. 불순종은 모두 다 믿음이 없는 사람이 행하는 일입니다.

그런데 나중에서야 믿음으로 하나님을 바라봅니다. 사라도 믿음으로 하나님의 약속을 믿습니다. 이런 믿음의 부부에게 하나님께서 초자연적인 방법으로 아들을 주셨으니, 이삭입니다. 성령의 사람입니다. 믿음의 사람입니다. 순종의 사람입니다.

믿는 사람이라면 똑같은 원리가 적용되는 법입니다. 지금도 믿음으로 의인 되는 줄로 믿습니다. 로마서 1장 17절에서 바울은 "오직 의인은 믿음으로 말미암아 살리라"라고 선언했습니다. 여러분들 주변에도 비틀거리는 신앙인들이 많이 있습니다. 믿다가 낙심한 사람, 술 담배하는 사람, 교회를 다니지만 싸움대장, 조금만 손해 보면 난리를 치는 사람들이 있습니다.

그런데 그런 사람들을 너무 욕하지 말기 바랍니다. 하나님을 믿음으로써 의인이 될 수 있습니다. 예수를 믿기만 하면 믿는 믿음을 보시고 의롭다고 선언하시는 분은 하나님이십니다. 예수님은 의인이시기 때문입니다. 예수님이 율법의 완성자이시요, 우리들의 중보자가 되시기 때문입니다.

'주 예수를 믿으라 그리하면 너와 네 집이 구원을 받으리라.' '내가 곧 길이요 진리요 생명이니 나로 말미암지 않고는 아버지께로 올 자가 없느니라.' 예수를 믿어 의인들이 되기를 바랍니다. 7절입니다. "그런즉 믿음으로 말미암은 자들은 아브라함의 자손인 줄 알지어다." 여러분들도 꼭 믿음의 사람들이 되기를 바랍니다. 믿음의 복을 받기 바랍니다.

2. 믿음의 우월성입니다

율법주의자들은 바울의 복음을 싫어했습니다. 구약의 율법을 훼손한다고 생각했습니다. 그러나 분명한 사실은 율법을 행함으로써 의롭게 될 육체가 한 사람도 없다는 사실입니다.

믿음의 우월성을 말하고 있습니다. 믿음이란 의지하는 것입니다. 누구를 의지합니까? 예수께서 율법 아래 나셨습니다. 율법 아래 나신 이유는 율법을 온전하게 하시기 위함이었습니다. 갈라디아서 4장 4절을 보면 예수님은 율법 아래 나셨습니다. 마태복음 5장 17절에서 선지자나 율법을 폐하러 오신 것이 아니라 완성시키려고 오셨습니다.

그래서 예수를 믿는 믿음이 율법을 행하는 것보다 우월함을 주장합니다. 사실입니다. 여러분들의 행함을 생각해 보십시오. 지금까지 인생을 살아왔지만 잘한 일이 뭐가 얼마나 있겠습니까? 그렇기에 우리는 주님을 믿습니다.

어버이 주일을 맞아 부모님께 무엇을 얼마나 잘해 드렸나요? 그러나 어머니 아버지에 대한 믿음은 변함이 없습니다. 잘한 것은 없지만 아버지임을 믿습니다. 어머니임을 믿습니다.

바울은 믿음으로 의롭게 되는 복된 소식을 이방인들에게 전하기를 원했습니다. 아브라함도 이방인이었습니다. 이방인들이 의인 되는 길은 믿음뿐입니다. '미리 알고'란 하나님의 전지성을 나타내는 말입니다. 역사를 주관하시는 하나님은 앞을 다 아십니다. 미래를 아십니다.

아브라함으로 인하여 모든 민족이 복을 받을 것을 예언했습니다. 창세기 12장 3절에 "땅의 모든 족속이 너로 말미암아 복을 얻을 것이라"

라고 했고, 18장 18절에 "천하 만민은 그로 말미암아 복을 받게 될 것이 아니냐"라고 했으며, 22장 18절에서도 "네 씨로 말미암아 천하 만민이 복을 받으리니"라고 했습니다.

이방인들이 구원받을 것은 사람들의 계획이 아닙니다. 교회행사도 아닙니다. 하나님께서 이미 오래 전에 계획하신 하나님의 구원계획이었습니다. 하나님은 이방인과 유대인을 구별하시지 않습니다. 누구든지 복음을 받는 사람, 예수를 믿는 사람은 다 의인이라고 칭하시는 복을 세우셨습니다. 이것이 아브라함과 맺은 언약입니다.

그래서 예수 믿는 믿음이 위대합니다. 뛰어납니다. 한 차원 높습니다. 바울은 믿음의 우월성을 강조하고 있습니다. 행위보다 믿음입니다. 누구든지 믿기만 하면 구원받습니다. 의인이 됩니다. 하나님의 친백성들이 되는 영광이 있습니다.

3. 하나님의 원리입니다

과거에 하나님이 율법을 요구하다가 갑자기 은혜로 바꾼 것처럼 생각하지만 그렇지 않습니다. 하나님께서는 과거나 현재나 믿음을 선물로 주셨던 분이십니다. 과거에도 은혜, 지금도 은혜, 은혜로 구원받는 종교가 기독교입니다. 9절입니다. "그러므로 믿음으로 말미암은 자는 믿음이 있는 아브라함과 함께 복을 받느니라."

믿음을 가졌던 자들에게 어떤 축복이 왔습니까? 정말 믿음의 사람들에게 임하는 축복은 다양했습니다. 이방인들도 믿음으로 하나님의 백성이 된다는 약속이 포함되어 있습니다. 율법을 주장하는 유대인들이 아브라함의 자손이 아니라 복음을 받아들인 이방인, 예수를 영접한 이방인들이 하나님의 자손이요, 아브라함의 자손임을 바울은 밝히고 있습니다.

여기 '믿음이 있는'이란 '믿음에 있어서 신실한'이라는 의미입니다. 사랑하는 성도 여러분! 여러분들에게 가장 급한 것은 믿음입니다. 믿음이 모든 것보다 우선되어야 합니다. 믿음이 마음속에 자리잡아야 합니다. 우리들의 생활 속에 믿음이 파고 들어가야 합니다. 삶의 기초가 되어야 합니다. 그러면 아브라함과 함께 복을 받습니다.

아브라함이 받은 복이 무엇입니까?

무엇보다 첫 번째로 믿음입니다. 믿음의 조상이 되었습니다. 믿음이 있으면 하나님 나라 백성이 됩니다. 의인이 됩니다. 삶의 기쁨이 충만해집니다. 믿음의 대상은 하나님이십니다. 믿음의 대상은 예수님이십니다. 믿음의 대상은 성령이십니다.

둘째는 순종의 자손 이삭을 비롯하여, 야곱 그리고 요셉과 예수 그리스도까지 모두 그 족보에서 태어났습니다. 순종의 자녀 이삭을 선물로 받았습니다. 이삭이 얼마나 귀한 자녀였습니까? 그 혈통에서 예수 그리스도까지 출생했습니다.

셋째는 가나안 땅을 기업으로 받았습니다. 이것은 결국 모든 축복이 있음을 암시하는 말입니다. 우리들에게 지상에서는 교회가 기다리고 있습니다. 그리고 영적인 땅, 천국이 기다리고 있습니다.

모든 성도님들이 아브라함과 같은 믿음의 복을 받아서 형통한 하나님의 사람들이 되기를 진심으로 바랍니다.

제18강
갈라디아서 3장 6-9절

이신득의의 역사성과 정당성

갈라디아서의 핵심적인 교리는 이신득의, 이신칭의 교리입니다. '예수 그리스도를 믿음으로만 의롭다 하심을 받는다'는 교리입니다. 오늘 그 역사성과 정당성에 대하여 생각하면서 확실한 교리 위에 신앙이 건축되기를 바라는 마음으로 말씀을 드립니다.

지금까지 믿음으로 의롭다 함을 받는 교리를 버리고 율법을 행함으로써 구원받는다는 교리를 추구하는 갈라디아 교인들을 책망하는 바울의 모습을 보았습니다. 할례는 율법의 일부분이지만 할례를 받음으로써 구원을 받는다고 주장할 경우, 그리스도의 십자가의 보혈을 약화시키게 됩니다. 그것은 어리석은 주장입니다.

바울이 예수 그리스도와 십자가를 자랑한 것은 사실입니다. 그런데 갈라디아 교인들은 바울의 사도권과 전한 복음의 내용에 대하여 문제를 제기하면서 어리석게도 율법주의와 할례를 주장하게 된 것입니다.

과연 바울이 믿음으로 의롭게 된다는 교리를 세운 것인가? 역사적인 관점에서 바울이 해명하고 있습니다. 그래서 신학교에서는 고대사, 중세사, 종교 개혁사, 현대사, 한국 교회사를 공부합니다. 하나님께서 역사 속에서 어떻게 일하셨는가를 공부하여 삶의 방향을 하나님이 일하심을 따라 일하게 하기 위함입니다.

우리는 예수님의 말씀을 기억해야 합니다. "나더러 주여 주여 하는 자마다 다 천국에 들어갈 것이 아니요 하늘에 계신 내 아버지의 뜻대로 행하는 자라야 들어가리라."

역사적으로 믿음의 조상은 아브라함입니다. 아브라함이 의인이라고 인정된 것이 행위에 있었습니까 아니면 믿음에 있었습니까? 아브라함이 의롭게 된 것은 율법의 행위가 아니라 믿음으로 말미암아 얻은 의입니다. 바울이 로마서 4장에서 강력하게 주장한 내용이 그것입니다.

1. 의인은 어떤 사람일까?

아브라함이 하나님을 믿었을 때 하나님께서 의로 정하셨습니다. 창세기 15장 6절의 말씀입니다. 의로 정하셨다는 뜻이 무엇일까요? 세상에서 말하는 의와 불의를 생각하는 것보다 하나님께서 말씀하시는 의와 불의를 생각해 보아야 할 것입니다.

세상 사람들은 자기가 기준이 되어 자기 마음에 들거나 생각이 같으면 의롭다고 생각하는 성향이 있습니다. 반대로 자기와 입장이 다르면 불의하다고 생각을 합니다.

그러나 성경에서 말하는 의와 불의는 사람이 중심이 아니라 하나님이 중심입니다. 예수님이 중심입니다. 성경 말씀이 진리의 말씀이며 중심입니다. 하나님께서 의와 불의의 기준이 되신다는 의미입니다. 그 이유는 하나님께서 창조주, 섭리주, 심판주가 되시기 때문입니다. 그리고 믿음으로 행하지 않는 모든 것이 죄입니다.

하나님이 어떻게 보시느냐? 하나님의 평가가 무엇이냐? 하나님께서 의롭다고 선언하면 의로운 것이고, 불의하다고 선언하면 불의한 것입니다. 기독교는 하나님의 은혜로 구원받는 종교입니다. 예수를 믿음으로써 구원받는 종교입니다.

역사적으로 아브라함을 생각해 봅시다. 아브라함이 어떤 의미에서 의인이라고 말할 수 있겠습니까? 갈대아 우르 사람입니다. 아버지인 데라는 우상 장사하는 사람이었기에 우상 장사의 아들로 태어났습니다. 특별하게 선행을 한 기록도 없습니다. 모든 인간이 그렇듯이 죄와 허물이 많은 아브라함이었습니다. 사라를 누이라고 속일 정도로 타락한 사람이었습니다.

그런데 왜 하나님은 아브라함을 의인이라고 칭했을까요? 무엇이 의로워서 의롭다고 선언했을까요? 이것이 우리의 숙제입니다. 아브라함이 하나님을 믿었습니다. 하나님의 마음에 들도록 믿고 삶의 방향을 바꾸었습니다. 믿음의 결과가 행동입니다.

자기가 태어나고 성장한 갈대아 우르 지방을 떠나 하나님이 지시하는 땅으로 옮겨갔습니다. 하나님을 믿고 갔습니다. 하나님의 말씀을 좇아갔습니다. 이렇게 하나님을 믿고 따라갔을 때 믿음의 조상이 되었습니다. 엄청난 부와 자녀의 축복도 주셨습니다. 가나안 땅도 약속으로 주셨습니다. 하나님을 믿는 것이 아브라함에게 있어서 의입니다. 오직 의인은 믿음으로 말미암아 살리라!

기독교를 이해해야 합니다. 세상의 윤리나 선행을 무시하는 말이 아닙니다. 세상적인 윤리와 도덕, 그리고 선행으로 의롭게 되는 것이 아니라 하나님을 믿는 믿음으로 의롭게 됩니다. 예수를 믿음으로써 구원을 받습니다. 성경 약속을 믿고 의지할 때 응답이 있습니다.

로마서 8장 33-34절에 "누가 능히 하나님께서 택하신 자들을 고발하리요 의롭다 하신 이는 하나님이시니 누가 정죄하리요 죽으실 뿐 아니라 다시 살아나신 이는 그리스도 예수시니 그는 하나님 우편에 계신 자요 우리를 위하여 간구하시는 자시니라"라고 했습니다.

2. 누가 아브라함의 자손입니까?

믿음으로 말미암은 자들은 아브라함의 아들인 줄 알지어다. 아브라함의 믿음을 물려 받은 자가 아브라함의 자손입니다. 하나님을 믿고 믿음으로 세상을 살아가는 사람이 아브라함의 자손입니다. 이것은 혈통적인 유대인을 말하는 것이 아니라 믿음으로 말미암는 아브라함의 자손을 의미하는 말입니다. 믿음을 유업으로 받은 자입니다.

유대인들은 자기들만이 아브라함의 자손이라고 생각했습니다. 왜냐하면 혈통적으로 아브라함의 후손이기 때문입니다. 그러나 세례 요한이 뭐라고 지적했습니까? 바리새인들과 사두개인들이 세례 베푸는 데로 오는 것을 보고 "독사의 자식들아 누가 너희를 가르쳐 임박한 진노를 피하라 하더냐?"

"회개에 합당한 열매를 맺고 속으로 아브라함이 우리 조상이라고 생각하지 말라 내가 너희에게 이르노니 하나님이 능히 이 돌들로도 아브라함의 자손이 되게 하시리라."

"이미 도끼가 나무 뿌리에 놓였으니 좋은 열매를 맺지 아니하는 나무마다 찍혀 불에 던져지리라 나는 너희로 회개하게 하기 위하여 물로 세례를 베풀거니와 내 뒤에 오시는 이는 나보다 능력이 많으시니 나는 그의 신을 들기도 감당하지 못하겠노라 그는 성령과 불로 너희에게 세례를 베푸실 것이요 손에 키를 들고 자기의 타작 마당을 정하게 하사 알곡은 모아 곳간에 들이고 쭉정이는 꺼지지 않는 불에 태우시리라"라고 했습니다.

아브라함과 같은 믿음을 가지는 것이 기독교 신앙의 목표입니다. 믿음이 있은 다음에 율법도 행하고 선행도 행하는 것입니다. 이스라엘 역사를 보면 다양한 봉사와 헌신을 하면서 살았지만 믿음이 없을 때 책망받았습니다. 믿음이 없고 패역한 세대라고 책망했습니다.

룻을 봅시다. 모압 여인입니다. 혈통적으로 아브라함의 후손이 아닙니다. 이방 여인입니다. 남편은 죽었습니다. 혈통적으로 이스라엘 사회에 들어올 수 없는 이방인입니다. 하나님 백성의 자격이 없는 것처럼 보입니다.

그런데 하나님 백성이 되었습니다. 어떻게 해서 그렇습니까? 심지어 그리스도의 조상이 되었습니다. 여인들은 성경에 기록하지 않는 유대인들인데 룻은 이름이 기록되었습니다. 아브라함의 자손으로 인정받았기 때문인데, 그것은 행위가 아니라 믿음이 있었기 때문입니다.

시어머니 나오미의 하나님을 자기의 하나님으로, 나오미의 백성을 자기 백성으로 섬겼습니다. 그러므로 기독교는 하나님을 믿는 믿음, 예수 그리스도를 구세주로 믿는 믿음으로 의롭게 되는 종교입니다. 이것이 믿음의 역사성입니다. 정당성입니다.

3. 복받은 자가 다른 사람을 복받게 합니다

'모든 족속(민족)이 너로 말미암아 복을 받으리라'. 하나님께서 아브라함을 부르실 때에 하신 말씀입니다. 아브라함은 갈대아 우르 사람입니다. 그러나 하나님을 믿었을 때 축복의 근원이 되었습니다. 하나님이 그렇게 하셨습니다.

이방인 된 우리가 아브라함처럼 믿으면 아브라함과 똑같은 복을 받습니다. 그리고 다른 사람들도 복되게 합니다. 한 사람이 받은 복이 한 사람에게 머물지 않고 많은 사람에게 전가되는 법입니다.

또 역사를 봅시다. 다윗이 하나님의 마음에 합한 사람일 때 그와 함께 했던 모든 사람들이나 그 나라가 강성하게 일어났습니다. 가정도 행복하고 나라도 평안했습니다. 어느 시대보다 풍요롭고 영적인 전쟁에서도 승리했습니다.

반대로 한 사람이 그릇된 길로 갈 때에 가정도 나라도 복잡해졌습니다. 사울 왕이나 여로보암 1세가 대표적입니다. 자기 마음대로 제단을 쌓고 제사장을 세우고 절기도 자기 마음대로 행할 때 하나님 보시기에 악했습니다. 그런 가정이나 나라가 결국은 하나님의 심판으로 지구상에서 없어지고 맙니다.

그러므로 기독교인은 사명감을 가지고 믿음으로 살아야 합니다. 자기 가정과 후손들이 잘 되기를 원해서 심고 뿌리고 헌신하고 봉사해야 합니다. 그래야 큰 은혜와 복이 임하고 다른 사람을 복되게 할 수 있습니다.

믿음의 길 이외에 다른 길은 없습니다. 믿음으로 말미암은 자들은 믿음이 있는 아브라함과 함께 복을 받느니라. 믿음에 신실해야 합니다. 아브라함처럼 믿고 순종하는 자들이 하나님 나라를 유업으로 받습니다. 믿음의 축복은 물론 자녀의 축복과 땅의 축복을 받습니다.

누가복음 16장에는 부자와 거지 나사로 비유가 나옵니다. 부자가 좋은 옷을 입고 날마다 연락하는 삶을 살았습니다. 물질적인 축복을 받고 시위도 있었던 것으로 보입니다. 거지 나사로는 부잣집 대문에 누워 헌데 투성이인 곳을 개가 핥을 정도로 남루한 삶을 살았습니다. 먹는 것은 부잣집에서 먹고 남은 것을 던져 줄 때 받아 먹는 정도였습니다. 그런데 그 결과가 무엇입니까? 한 사람은 지옥입니다. 거지 나사로는 아브라함의 품입니다. 믿음의 결과는 천국입니다.

이 비유가 우리에게 무슨 교훈을 줍니까? 세상에서의 화려함은 일시적이고 잠시잠깐이라는 것이지요. 믿음의 결과는 영원한 것입니다. 지옥에 떨어진 부자가 원하는 것은 두 가지였습니다. 나사로의 손끝으로 물 한방울을 찍어서 혀를 서늘하게 하는 것과 자기 형제들이 지옥에 오지 않는 것입니다. 기회가 있을 때 예수를 믿읍시다.

제19강
갈라디아서 3장 10-14절

율법과 믿음

기독교는 은혜의 종교입니다. 하나님의 은혜로 구원받습니다. 그리고 기독교는 믿음의 종교입니다. 예수 그리스도를 믿음으로써 구원받습니다. 우리들은 지금까지 아브라함이 행함으로 의인 된 것이 아니라 믿음으로 의인 된 것을 살펴보았습니다.

구약시대도 믿음으로 의인이 되었다면 신약시대는 말할 것도 없이 믿음으로 의인이 됩니다. 몇 천 년이 지난 지금도 마찬가지인데, 아브라함처럼 믿기만 하면 의인이 됩니다. 이것이 기독교의 핵심교리인 '이신득구(以信得救), 이신칭의(以信稱義)' 교리입니다.

1. 영접하라

만약에 범죄한 인간이 하나님의 원리를 거절하면 어떻게 되겠는가? '저주' 입니다. 하나님의 심판을 받습니다. 하나님의 은혜를 거절한 결과는 저주입니다. 하나님을 믿지 않고 범죄한 인간이 자기 스스로 구원할 수 있다고 생각한 것 자체가 얼마나 큰 문제입니까?

10-12절이 그런 내용입니다. 여러분들은 예수를 영접하고, 하나님

을 믿기 바랍니다. 아브라함처럼 말입니다. 아브라함이 하나님을 믿으니 의인이 되는 복을 주셨습니다. 믿음의 사람이 되었습니다. 자녀의 복도 주셨습니다. 땅의 기업도 주셨습니다. 이것이 믿음의 결과입니다.

사람들이 하나님의 은혜를 거절하고, 계속하여 행위로 구원받는다, 율법을 지킴으로써 구원받을 수 있다고 주장한다면 결과는 저주입니다. 율법주의자들을 경고하고 있는 바울입니다. "누구든지 율법 책에 기록된 대로 모든 일을 항상 행하지 아니하는 자는 저주 아래에 있는 자라"라고 했습니다.

하나님께서 시내산에서 율법을 주셨습니다. 모압 평지에서도 주셨습니다. 왜 주셨습니까? 물론 율법을 통해서 하나님의 뜻을 깨닫게 하기 위함이었습니다. 또 다른 목적은 죄인 된 인간이 도저히 지킬 수 없기에 하나님을 더욱 의지하고 믿게 하기 위함이었습니다. 이것이 율법을 주신 목적이었습니다.

그런데 하나님을 믿지 않고 율법만 지키려고 한다면 지상에서도 하나님으로부터 멀어지는 저주 아래 놓이는데, 영원한 나라가 임할 때에 어떻게 되겠습니까? 하나님으로부터 영원히 멀어지고 말 것입니다. 하나님의 진노 아래 놓이게 되어 멸망받게 됩니다.

율법을 지켜서 의롭게 될 사람은 없습니다. 율법을 다 지키면 살 수 있지만 도저히 지킬 수 없기에 하나님을 의지하도록 하는 데 율법의 목적이 있었습니다. 율법으로 말미암아 죄가 무엇인지를 깨닫게 된 것이지요. 그래서 율법에 대해 몽학선생이란 말을 쓰게 된 것입니다. 가정교사와 같습니다.

율법이 무엇인지 알고 있던 바울은 외쳤습니다. "오직 의인은 믿음으로 살리라." 과거 역사를 살펴보면 갈대아인들이 이스라엘을 공격했습니다. 갈대아인들에게 아부했던 악인들이 출세할 것 같았지만 하박국 선지자는 외쳤습니다. 하나님만 의지하는 의인이 살리라. 로마서 1장 17절에도 "오직 의인은 믿음으로 말미암아 살리라"라고 했습니다.

루터가 종교개혁을 주장할 때 힘이 되었던 구절이기도 합니다. 믿음만이 구원에 이르는 유일한 길입니다.

2. 믿음뿐입니다

저주에서 벗어나는 길은 무엇인가? 믿음뿐입니다. 믿음으로 살아야 합니다. 저주를 극복할 수 있는 유일한 대안은 믿음뿐입니다. 율법을 의지할 때 그 결과는 무엇인가? 저주라고 말합니다.

아브라함을 통해서 역사적인 실증을 보여주셨습니다. 또 복음이 증거되었습니다. 핑계를 댈 수 있을까요? 없습니다. 13절입니다. "그리스도께서 우리를 위하여 저주를 받은 바 되사 율법의 저주에서 우리를 속량하셨으니 기록된 바 나무에 달린 자마다 저주 아래에 있는 자라 하였음이라." 율법을 지키다가 실패한 사람에게 돌아온 것은 저주뿐입니다.

하지만 인간의 곤고함을 아시는 하나님께서 아들을 세상에 보내셨습니다. 친히 사람이 되게 하셔서 십자가에 못박혀 죽게 하셨습니다. 인간이 받아야 할 저주를 예수가 대신 받으셨습니다. 인간을 율법의 저주에서 벗어나게 하시기 위함이었습니다. 그러므로 예수를 믿는 사람들은 율법의 저주 아래 있지 않고 하나님의 은혜 아래 놓이게 된 것입니다. 예수를 믿음으로써 구원받는다는 것, 이것이 갈라디아 성경의 핵심입니다.

여기 '속량하다' 란 말은 '되돌려 사다' 란 뜻입니다. 노예의 몸값을 지불하고 노예를 자기의 소유로 만들기 위해 돈을 지불하는 것을 말합니다. 우리들의 죄값을 주님이 대신 지불하시고 우리들을 주님의 소유로 만드셨습니다.

예수님께서 십자가에 못박혀 죽으심으로 인해 어떤 결과를 가져왔습니까? 아브라함의 복이 이방인들에게까지 미치게 되었습니다. 또 믿는 자에게는 성령을 선물로 주십니다. 역사적으로 성령이 오순절에 임했습니다. 성령을 받는다는 것이 짧은 인생길에서 얼마나 행복한 일인지 아십니까? 받아 본 사람만 아는 은혜입니다. 성령을 받는 길도 믿음뿐입니다. 믿으셔서 구원받고 성령을 받기 바랍니다.

3. 두 종류의 사람들

세상에는 수많은 사람들이 존재하고 있지만 두 부류로 나눌 수 있습니다. 한 부류는 율법을 주장하다가 저주 아래 놓이는 사람입니다. 다른 부류는 믿음을 주장하고 은혜를 의지하여 축복받는 사람입니다.

목회를 하다보면 종종 이런 질문을 받습니다. 왜 야곱은 여성적이고 에서는 남성적인데, 야곱은 축복을 받고 에서는 저주를 받습니까? 물론 제가 다 대답할 수 있는 것은 아닙니다. 하지만 오늘 본문의 말씀과 연결시켜 생각해 보시기 바랍니다.

에서는 망령된 사람입니다. 신령한 것을 육신의 것과 바꾸어 버린 사람입니다. 야곱은 하나님께 기도하는 일이나 축복을 받는 일에 열심이었던 사람입니다. 팥죽 한 그릇에 형 에서의 장자권까지 빼앗아 버렸습니다. 그리고 아버지 이삭의 축복을 혼자 다 받고 도망갔습니다. 그런데 역사적으로 야곱이 훨씬 더 축복을 받았습니다. 윤리 도덕적인 관점에서 보면 문제는 있지만 이 이야기는 그런 면보다는 하나님의 은혜를 사모하고 간구했던 야곱이 복된 상태로 나아갔음을 나타내고 있습니다.

예수를 믿는 사람들은 성령의 약속을 믿는 사람들입니다. 예수를 믿는 사람들은 하나님의 복을 받은 사람들이 믿습니다. 하늘의 신령한 복을 받은 분들이 믿는다는 뜻입니다. 주는 그리스도시요 살아 계신 하나님의 아들이라는 신앙고백을 했던 베드로에게 주님이 뭐라고 선언하셨습니까? "바요나 시몬아 네가 복이 있도다. 이를 네게 알게 한 이는 혈육이 아니요 하늘에 계신 내 아버지시니라." 복 받은 사람들이 예수를 믿습니다.

여러분들은 선택해야 합니다. 복음이냐 율법이냐, 믿음이냐 행위냐? 결과는 저주냐 축복이냐로 나타납니다. 오늘 선명한 선택을 하고 돌아가셔서 복된 삶을 살기를 바랍니다. 사람은 행위로 구원받을 수 없습니다. 무엇을 지킴으로써 구원받을 수 있는 사람이 어디 있습니까? 하나님의 은혜로 구원받습니다. 예수를 믿음으로써 의인이 됩니다.

소요리문답 제84문에, 범한 죄마다 마땅히 받을 보응은 무엇입니까? 대답으로, 범한 죄마다 마땅히 받을 보응은 현세와 내세에서 받는 하나님의 진노와 천벌입니다(애3:39, 마25:41, 갈3:10, 엡4:17-19, 엡5:6, 약2:10).

죄는 마땅히 보응을 받습니다. 하나님께서 죄에 대하여 적절한 대처를 하십니다. 역사상 수없는 사건들이 있었습니다. 그때마다 하나님은 보응하셨습니다. 대표적으로 몇 가지만 생각해 보아도 알 수 있습니다.

창세기 3장 14-19절까지 읽어보면 하나님께서 뱀에게 이르시고(14절), 하와에게 말씀하시며(16절), 아담에게(17절) 말씀하셨습니다. 분명한 사실은 죄에 대한 징벌로 말씀하셨습니다. 뱀, 여자, 아담 모두가 형벌을 받는 장면이 소개되고 있습니다.

다만 자비를 베푸시는 하나님이십니다. 죄에 대한 보응을 내리시되 다 내리시지는 않는 하나님이십니다. 남자나 여자나 땅에 그대로 두시고 할 일을 하게 하시는 것을 보면 하나님의 자비가 곁들여진 보응이었습니다. 만약 죄에 대하여 다 보응하신다면 살 사람이 없고 소망도 없어질 것입니다. 진노 중에도 자비를 잃지 않는 하나님이십니다.

그리고 노력을 많이 하거나 노동을 하면 부자가 됩니다. 넉넉해지는 복을 허락하셨습니다. 잉태하는 고통이 크지만 자녀를 낳을 때 기쁨이 있습니다. 이것이 하나님의 자비입니다.

그런데 그 다음 세대를 생각해 봅시다. 창세기 4장 10절을 보면 자기 동생 아벨을 죽인 가인을 향한 하나님의 징벌이 다릅니다. 네가 무엇을 하였느냐? 아우 아벨의 핏소리가 땅에서부터 내게 호소하느니라. 아벨의 억울한 호소가 하나님께 들렸습니다.

그리고 11절을 보십시오. "땅이 그 입을 벌려 네 손에서부터 네 아우의 피를 받았은즉 네가 땅에서 저주를 받으리니 네가 밭을 갈아도 땅이 다시는 그 효력을 네게 주지 아니할 것이요 너는 땅에서 피하며 유리하는 자가 되리라"라고 했습니다.

아담에게 내린 저주의 말씀과 가인에게 말씀하신 내용을 비교해 봅시다. 살인한 자에게 '네가 밭 갈아도 땅이 다시는 그 효력을 네게 주지 아니할 것이다.' 농부의 기쁨은 추수에 있을 것입니다. 밭을 갈고 김을 매도 소출이 없다면 누가 농사를 짓겠습니까? 그런데 살인자에게 하나님께서 저주를 그렇게 하셨습니다.

가인이 죄에 대한 벌이 너무 중하다고 했습니다. 정말 동생을 죽인 죄에 대한 벌이 중했습니다. 그래도 동생보다 덜 억울할 것입니다. 동생 아벨은 무참히 죽었습니다. 하나님을 잘 섬기던 사람인데 형이 무참하게 쳐죽였습니다.

예레미야애가 3장 38절에 "화와 복이 지존자의 입으로부터 나오지 아니하느냐." 하나님이 복을 말씀하면 복입니다. 저주를 말씀하면 저주입니다. 이스라엘이 바벨론 군대에 끌려가 다 멸망받은 상태, 포로상태를 가리켜 한 말씀입니다.

바울은 에베소서 4장 17절에서 인생의 모습을 이렇게 묘사했습니다. 마음이 허망하다, 총명이 어두워져서 무지한 사람들이 되었다, 마음이 둔해져 버렸다, 마음이 무디어져 감각이 없는 사람이 되어 버렸다, 회개할 줄 모르는 죽어 버린 상태에 떨어지게 되었다고 했습니다.

시편 90편 7절에 "우리는 주의 노에 소멸되며 주의 분내심에 놀라나이다"라고 했습니다. 주님의 분노를 느낄 수 있는 사람이 복이 있습니다. 잠언 19장 21절에 "사람의 마음에는 많은 계획이 있어도 오직 여호와의 뜻만이 완전히 서리라"라고 했습니다. 자기 마음대로 안 된다,

마음대로 되는 것이 하나도 없다, 마음의 계획을 세우는 사람 가운데 두 부류가 있을 것입니다.

첫째는 하나님의 뜻을 전혀 모르고 자기 생각과 뜻을 따라 마음대로 계획을 세우는 사람입니다. 또 다른 사람은 하나님의 뜻을 알고 이제라도 하나님의 뜻대로 살아야겠다고 생각해서 계획을 세우는 사람이 있을 것입니다.

아브라함의 경우를 생각해 봅시다. 사라와의 관계에서 자녀를 낳지 못했습니다. 하나님은 이 부부를 통해서 하나님의 전능하심을 보여주려고 하셨습니다. 하나님이 얼마나 능력이 많으신 분이신가? 말씀하시면 그대로 이루시는 분이십니다. 하나님은 아들을 약속했습니다. 가나안 땅에 들어간 후에 하늘의 별과 바닷가의 모래 같은 많은 자녀를 약속했습니다.

아브라함이 75세, 사라가 65세니까 인간적으로는 기대하기가 쉽지 않았습니다. 하나님의 뜻을 알고 있지만 종을 양자로 생각했습니다. '다메섹 출신 엘리에셀'이 후사라고 생각했습니다. 그래서 양자를 삼으려고 했습니다.

또 하갈을 통해서 이스마엘을 낳았습니다. 사라의 몸종입니다. 첩이 되었습니다. 아브라함이 하나님의 뜻을 거역하려고 생각한 것은 아닐 것입니다. 하나님의 뜻을 이루어 드리겠다고 생각해 낸 것이 그런 것이었습니다. 그 결과 얼마나 아브라함이 고통 당하고 번민했는지 모릅니다. 여기서 큰 교훈을 받게 됩니다. 하나님의 뜻은 사람의 생각대로 행해지지 않습니다.

믿음의 조상 아브라함도 그런 실수의 연속이었습니다. 차라리 기도하여 하나님의 뜻을 이루는 방법이 무엇입니까? 어떻게 이루시는 것입니까? 하나님의 능력을 믿고 기다리는 것이 더욱 아름다웠을 것입니다. "사람이 마음에는 많은 계획이 있어도 오직 여호와의 뜻이 완전히 서리라." 아멘!

마태복음 25장 31-46절을 볼 때 세상 끝에 심판하시고 내세에 영원한 진노와 저주를 내리실 것을 말씀하셨습니다. 큰 경고, 큰 심판을 말씀하셨습니다.

예수님께서 낮게 되셔서 아직 높이 되시지 않았을 때 '인자가 자기 영광으로 모든 천사와 함께 올 것이라' 고 했습니다. 예수님은 자신을 인자라고 표현했습니다. 사람의 아들, 사람만이 아니라 신적인 존재를 의미합니다. 구약 다니엘 성경에도 인자 같은 이가 하늘 구름을 타고 오는 것을 말했습니다. 천사를 대동하고 오실 분으로 묘사했습니다. 모든 민족을 모으고 심판하실 분이십니다. 46절입니다. 사도행전 17장 30절에도 그렇습니다. 예수님이나 바울은 같은 관념으로 말씀하셨습니다.

제20강
갈라디아서 3장 10-14절

속죄 사역과 복

오늘 성경말씀은 믿는 자들이 잘 이해하고 믿어야 할 내용입니다. 이신득의, 이신칭의 교리를 정당화하는 내용의 말씀입니다. 특별히 오늘 말씀은 이신칭의 교리의 정당성은 물론이고 역사성을 지적하고 있습니다.

1. 오직 믿음

오직 믿음은 종교개혁자들이 발견한 진리처럼 보이지만 이미 바울은 갈라디아서에서 밝히고 있습니다. 오직 믿음이란 무슨 의미를 담고 있을까요? 우리의 공로나 의가 아니라 예수 그리스도의 의 때문에 우리를 의롭다고 선언하는 의입니다.

로마교회는 하나님 앞에 인정받는 의가 믿음의 의와 행위의 의로 구성되었다고 가르쳤습니다. 행위의 의가 모자랄 때 연옥에 갔다가 정화과정을 거쳐서 천국에 들어간다는 것입니다. 그래서 면죄부를 사서 행위의 의를 보충하려고 했던 것이지요.

성경은 "내가 가진 의는 율법에서 난 것이 아니요 오직 그리스도를 믿음으로 말미암은 것이니 곧 믿음으로 하나님께로부터 난 의라"(빌3:9)라고 했고, "사람이 의롭게 되는 것은 율법의 행위로 말미암음이 아니요 오직 예수 그리스도를 믿음으로 말미암는 줄 알므로 우리도 그리스도 예수를 믿나니 이는 우리가 율법의 행위로써가 아니고 그리스도를 믿음으로써 의롭다 함을 얻으려 함이라 율법의 행위로써는 의롭다 함을 얻을 육체가 없느니라"(갈2:16)라고 했습니다.

그런 말씀을 에베소 교회를 향해서는 "은혜에 의하여 믿음으로 말미암아 구원을" 받는다고 설명했습니다.

또 중요한 점은 믿음 자체도 공로가 되는 것이 아닙니다. 우리가 그리스도를 믿는다고 할지라도 믿음은 공로가 될 수 없습니다. 그러면 믿음이 무엇입니까? 공로가 아니라 그리스도의 의를 받아들이는 수단입니다. 그리스도의 의가 우리의 의라고 인정하는 것입니다.

그런 의미에서 볼 때 믿는 자의 행위도 의를 위한 공로가 될 수 없습니다. 믿음은 공로가 아닙니다. 사랑의 역사는 믿음의 증거입니다. 참된 믿음은 사랑의 역사를 열매로 맺습니다. 그러면 믿음의 기원은 어디일까요? 능력있게 역사하는 성령입니다. 그래서 "너희는 그 은혜에 의하여 믿음으로 말미암아 구원을 받았으니 이것은 너희에게서 난 것이 아니요 하나님의 선물이라"라고 했습니다.

그러므로 성령이 임한 성도, 믿음으로 의롭게 된 성도는 선한 일을 행하면서 삽니다. 살아있는 믿음의 사람이 됩니다. 구원에 이르는 믿음입니다. 그래서 개혁자들이 오직 믿음이라고 주장한 것입니다.

생각해 봅시다. 율법을 행함으로써 의롭게 될 수 있는 사람이 어디 있습니까? 바울은 10절에서 "율법 행위에 속한 자들은 저주 아래 있다"라고 선언했습니다. 11절에서는 "하나님 앞에서 아무도 율법으로 말미암아 의롭게 되지 못할 것이 분명하니 이는 의인은 믿음으로 살리라"라고 했습니다.

율법 자체가 문제가 아니라 율법을 다 지킬 사람이 없습니다. 하나님의 법은 선하고 거룩하고 의로운 법입니다. 사람이 타락하고 연약하고 부족해서 다 지키지 못할 뿐입니다. 그러므로 율법을 다 지켜서 의롭게 될 사람은 아무도 없습니다. 야고보서 2장 10-11절도 봅시다. 누구든지 모든 율법을 지키다가 한 가지라도 범하면 모두 범한 결과를 가져오기 때문에 율법을 지켜서 의롭게 될 사람이 없습니다. 오직 예수 그리스도를 믿음으로써 의롭게 되는 것입니다.

2. 하나님과 바른 관계

율법으로 말하면 최소한의 기준을 가지고도 의롭게 될 수 있는 사람은 없습니다. 그래서 그리스도의 보혈의 공로를 힘입습니다. 하나님의 자비와 긍휼을 바라봅니다. 자기의 공로가 아니라 그리스도의 공로만 바라봅니다. 그러므로 개혁자들은 오직 그리스도를 말했습니다.

오직 그리스도만 완전한 구원을 이루셨습니다. 예수님만이 우리의 구주이시고 중보자이십니다. 로마교회는 자기 공로를 말하고 부족하면 성현의 공로를 의지해야 된다고 가르쳤습니다. 그러나 종교개혁은 그리스도 외에 자신이나 다른 사람의 의를 의지하거나 중보자가 없다는 것을 가르쳤습니다.

십자가에 죽으시고 살아나신 분은 누구입니까? 예수 그리스도뿐입니다. 예수님은 죽으셨다가 다시 살아나셨습니다. 그런데 로마교회는 헌금이나 금식, 기도와 고행을 곁들였습니다. 그리스도만이 아니라 자기의 공로나 의, 가치를 의지하도록 만들었습니다.

여자에게 나시고 율법 아래 나신 분은 그리스도이십니다. 십자가에 죽으시고 삼 일 만에 다시 살아나신 분도 주님이십니다. 율법의 요구를 완전히 순종하신 분은 그리스도이십니다. 예수께서 율법을 완성시키셨습니다. 그래서 중보자는 예수님뿐입니다.

우리가 때를 따라 돕는 은혜를 얻기 위하여 담대히 하나님 앞에 나아가게 된 것은 그리스도의 공로때문입니다. 예수님은 십자가를 지시고 삼 일 만에 부활하셔서 구원의 길을 활짝 열어 놓으셨습니다.

아담과 하와를 생각해 봅시다. 행위 언약에 실패한 아담과 하와의 변명을 들어봅시다. 죄를 짓고 무슨 말을 했습니까? 하나님이 주신 여자가 나무 실과를 내게 주므로 내가 먹었습니다. 하나님과 여자에게 책임 전가를 합니다. 하와는 '뱀이 나를 꾀므로 내가 먹었나이다.' 책임 전가입니다. 책임 전가를 한다고 죄가 없어지는 것이 아닙니다.

하나님과 바른 관계를 가져야 합니다. "의인은 믿음으로 살리라." 믿음으로만 의롭게 됩니다. 그래서 오직 믿음입니다. 오직 은혜입니다. 오직 그리스도입니다. 오직 성경입니다. 오직 하나님께 영광입니다.

할례를 여러 번 받아도 소용없습니다. 율법을 아무리 잘 지켜도 공로가 될 수 없습니다. 하나님과 바른 관계를, 그리고 예수 그리스도를 잘 믿어야만 가능합니다. "하나님이 세상을 이처럼 사랑하사 독생자를 주셨으니 이는 그를 믿는 자마다 멸망하지 않고 영생을 얻게 하려 하심이라"라고 했습니다.

"영접하는 자 곧 그 이름을 믿는 자들에게는 하나님의 자녀가 되는 권세를 주셨으니 이는 혈통으로나 육정으로나 사람의 뜻으로 나지 아니하고 오직 하나님께로부터 난 자들이니라"라고 했습니다. 하나님과 바른 관계를 유지하는 방법이 있다면 오직 예수 그리스도를 잘 믿고 의지하는 길입니다. 그래서 내가 곧 길이요 진리요 생명이라고 선언하신 것입니다.

3. 사랑은 자기 희생

13절을 봅시다. "그리스도께서 우리를 위하여 저주를 받은 바 되사 율법의 저주에서 우리를 속량하셨으니 기록된 바 나무에 달린 자마다 저주 아래에 있는 자라 하였음이라"라고 했습니다.

예수께서 십자가를 지신 것은 저주를 받은 것입니다. 십자가는 저주의 장소입니다. 심판의 장소요 형벌의 장소입니다. 왜 그리스도께서 십자가에서 저주를 받으셨을까요?

우리를 율법의 저주에서 건져주기 위해서였습니다. 그것이 예수께서 십자가에서 저주를 받으신 목적입니다. 우리를 율법으로부터 자유를 주시기 위해서 예수님은 엄청난 저주를 십자가에서 받으셨습니다. 이것이 진정한 사랑입니다. 자기는 저주를 받고 죄인 된 우리는 축복을 받게 하기 위함이었습니다.

로마서 5장 8절에 "우리가 아직 죄인 되었을 때에 그리스도께서 우리를 위하여 죽으심으로 하나님께서 우리에 대한 자기의 사랑을 확증하셨느니라"라고 했습니다. 이것이 기독교의 진정한 사랑입니다. 사랑은 다른 사람을 위하여 자기 자신을 희생하는 것이 사랑입니다.

요나단은 다윗을 사랑했습니다. 여인이 남자를 사랑하는 것보다 더 사랑했습니다. 왕자로서 왕의 자리까지 양보할 정도로 사랑했습니다. 나에게 그런 사랑이 있는가?

예수님은 선한 목자 비유에서 이렇게 말씀하셨습니다. "나는 선한 목자라 나는 내 양을 알고 양도 나를 아는 것이 아버지께서 나를 아시고 내가 아버지를 아는 것 같으니 나는 양을 위하여 목숨을 버리노라"라고 했습니다.

사도 요한은 "말과 혀로만 사랑하지 말고 행함과 진실함으로 하자"라고 가르쳤습니다. 우리는 성경을 하나님의 말씀으로 믿는 사람들입니다. 교회나 전통보다 오직 성경만이 최고의 권위를 갖습니다. 성경은 영감된 하나님의 말씀입니다. 영원한 말씀이요 생명의 말씀이고 구원과 은혜의 말씀입니다. 성경은 사람들이나 교회가 성경이라고 말하고 인정해서 성경이 되는 것이 아니라 성경 자체가 하나님의 말씀이기 때문에 권위가 있습니다.

우리는 하나님의 영광을 위하여 믿고 살아야 할 책임이 있는 성도들입니다. 하나님의 자녀들은 하나님의 영광! 그리스도의 영광! 하나님 나라의 영광을 위하여 수고하고 애쓰고 힘써서 봉사해야 할 책임이 있는 하나님의 자녀들입니다.

사람의 제일 된 목적은 하나님을 영화롭게 하는 것과 영원토록 하나님을 즐거워하는 것입니다. 여러분은 무슨 목적을 가지고 세상을 삽니까? 공부는 무엇 때문에 그렇게 열심히 하고 돈은 무엇을 위하여 목숨을 걸고 법니까? 하나님께 영광이 되기를 바랍니다. 그러면 하나님의 은총과 축복이 넘칠 줄로 믿습니다.

제21강
갈라디아서 3장 15-18절

언약의 영원성

갈라디아서는 이신칭의, 이신득의를 주장한 서신입니다. 율법주의와 반율법주의를 경계하고 오직 예수 그리스도를 믿음으로써 의롭게 되기 때문입니다. 예수 그리스도께서 죄인을 위하여 십자가에 죽으심으로써 속죄 사역을 완성하셨습니다. 그 속죄 사역을 믿을 때 율법으로부터 자유를 얻게 됩니다. 율법의 저주에서 벗어나게 된다는 말입니다.

오늘 말씀은 그리스도에게 집약된 아브라함과의 언약이 영원하다는 것을 선언합니다. 사람과 사람과의 약속도 함부로 파기하거나 변경할 수 없습니다. 그런데 하나님께서 갈대아 우르 지방에서 불러내시고 믿음의 복을 주신 다음에 아브라함과 영원한 언약을 세우셨습니다. 아브라함과의 언약이 예수 그리스도에게 집약되었습니다.

그리고 이미 하나님을 믿어서 의롭다 하심을 받은 아브라함의 후손에게 모세를 통하여 율법을 주셨습니다. 순서로 볼 때 믿음으로 의롭게 된 사람에게 율법을 주신 것입니다. 하나님의 은혜가 먼저 임한 것이고 후에 율법을 주신 것입니다.

1. 하나님 언약의 영원성

"형제들아 내가 사람의 예대로 말하노니 사람의 언약이라도 정한 후에는 아무도 폐하거나 더하거나 하지 못하느니라"라고 했습니다. 사람이 사람을 상대로 언약을 맺고 약속을 하더라도 함부로 폐하거나 더할 수 없는데 하나님께서 아브라함에게 언약을 세운 다음에 폐하거나 더하시지 않는다는 가르침입니다.

언약을 세웠다고 할 때 구속력이 있습니다. 누구든지 언약에 대하여 이행할 책임이 있는 것입니다. 하나님이 영원하신 분이기 때문에 언약도 영원한 것입니다.

종교개혁자들은 오직 성경을 외쳤습니다. 전통이나 회의가 최종적인 권위가 있는 것이 아니라 성경이 최종적인 권위가 있습니다. 많은 사람이 반대를 하여도 성경은 영원히 올바른 신학적인 지식을 주고 바른 교회관을 가지게 만들며 바른 생활을 할 수 있도록 하게 하는 책입니다.

성경을 사랑할 때 교회가 힘있게 세워집니다. 말씀과 함께 성령이 임하고 말씀과 더불어 하나님의 은혜가 임하기 때문입니다. 성경은 하나님의 말씀입니다. 성경이 불변한 것은 하나님이 불변하신 분이기 때문입니다.

시편 105편 9-10절에 "이것은 아브라함과 맺은 언약이고 이삭에게 하신 맹세이며 야곱에게 세우신 율례 곧 이스라엘에게 하신 영원한 언약이라"라고 했습니다. 하나님께서 영원한 언약이라고 말씀하셨습니다.

이사야 40장 6-8절에서 "모든 육체는 풀이요 그의 모든 아름다움은 들의 꽃과 같으니 풀은 마르고 꽃이 시듦은 여호와의 기운이 그 위에 붊이라 이 백성은 실로 풀이로다 풀은 마르고 꽃은 시드나 우리 하나님의 말씀은 영원히 서리라"라고 했습니다. 하나님은 어제나 오늘이나 영원토록 변함이 없으신 분이시기에 언약도 영원하십니다.

하나님은 언약을 세우신 다음에 한결같은 사랑으로 백성들을 돌보십니다. 인자하고 자비하신 하나님은 충성스럽게 자녀들을 아끼고 사랑하십니다. 그 사랑의 표현이 아들을 세상에 보내신 것입니다. 약속대로 이땅에 오시고 말씀대로 십자가를 지셨고 삼 일 만에 부활하셨습니다. 말씀대로 행하신 것입니다. 기독교는 언약의 종교요, 말씀의 종교입니다.

사랑하는 성도 여러분! 하나님의 말씀을 사랑합시다. 성경을 읽고 쓰고 실천합시다. 성경 말씀을 따라 살아갑시다. 하나님의 은혜와 복이 있고 영광이 있습니다.

2. 아브라함의 자손

16절을 봅시다. "이 약속들은 아브라함과 그 자손에게 말씀하신 것인데 여럿을 가리켜 그 자손들이라 하지 아니하시고 오직 한 사람을 가리켜 네 자손이라 하셨으니 곧 그리스도라"라고 했습니다.

아브라함의 자손이 누구입니까? 혈통적으로 보면 이삭입니다. 그런데 오늘 말씀을 연구해 보면 이삭만이 아니라 예수 그리스도를 아브라함의 자손으로 말씀하십니다. 하나님께서 아브라함을 부르실 때에 "땅의 모든 족속이 너로 말미암아 복을 얻을 것이라"(창12:3)라고 약속하셨습니다. 하나님께서 아브라함에게 약속하신 것을 이루셨습니다. 예수 그리스도는 약속 안에 있는 참 아브라함의 자손입니다.

여기서 중요한 점을 발견하게 됩니다. 지금 예수를 믿는 우리가 아브라함의 자손입니다. 그리스도와 연합하고 믿고 따르는 모든 사람이 아브라함의 자손입니다. 우리와 그리스도는 한 몸입니다. 다같이 언약 아래 있는 믿음의 후손입니다.

아브라함이 믿음으로 의롭다 하심을 받은 것처럼 우리들도 믿음으로 의롭다 하심을 받습니다. 구약의 이스라엘 백성들의 실수가 무엇입니까? 이스라엘 백성들이 아브라함의 후손인 것을 자랑스럽게 생각하고 믿었습니다. 그래서 이방인들을 멸시하고 무시했습니다. 교만해졌습니다. 예수께서 이땅에 오셨을 때도 믿지 않고 배척했습니다. 심지어 십자가에 못박아 죽였습니다. 혈통적인 아브라함의 자손이었지만 약속의 핵심이신 예수를 배척하고 죽였습니다.

마태복음 3장 8-9절을 기억하십시오. "그러므로 회개에 합당한 열매를 맺고 속으로 아브라함이 우리 조상이라고 생각하지 말라 내가 너희에게 이르노니 하나님이 능히 이 돌들로도 아브라함의 자손이 되게 하시리라"라고 말씀하셨습니다.

아브라함의 자손이면 아브라함처럼 믿어야 합니다. 아브라함의 자손이면 아브라함처럼 순종해야 합니다. 그리고 아브라함처럼 복을 받아야 합니다. 그러므로 성도들은 하나님의 은혜에 대한 응답으로 삶의 열매가 있어야 합니다. 하나님께 영광을 돌려야 합니다.

하나님의 은혜언약이 먼저이고, 훗날에 율법을 주셨습니다. 율법은 구원을 위하여 주신 것이 아니라 하나님의 백성들이 세상을 살아갈 때 기본적인 삶의 지침서와 같습니다. 거룩한 사회를 이룰 때에 기초 질서와 같습니다. 은혜언약에 동참한 하나님의 백성들에게 율법은 합당한 삶의 규정과 같습니다. 합당한 삶을 살 수 있도록 방향을 제시하고 사회 질서와 국가 형성의 기초와 같은 것입니다.

하나님의 은혜로 구원받고 율법으로부터 자유를 얻은 하나님의 백성들은 다른 사람들에게 믿음을 보여줘야 할 책임이 있습니다. 그것이 행실이요 행위입니다. 예수님은 마태복음 5장 16절에서 "이같이 너희 빛이 사람 앞에 비치게 하여 그들로 너희 착한 행실을 보고 하늘에 계신 너희 아버지께 영광을 돌리게 하라"라고 했습니다.

골로새서 1장 10절에서는 "주께 합당하게 행하여 범사에 기쁘시게 하고 모든 선한 일에 열매를 맺게 하시며 하나님을 아는 것에 자라게 하시고"라고 했습니다. 하나님 앞에 합당한 삶을 살아서 자랑거리가 됩시다. 영광이 됩시다.

3, 성도의 유업

18절을 봅시다. "만일 그 유업이 율법에서 난 것이면 약속에서 난 것이 아니니라 그러나 하나님이 약속으로 말미암아 아브라함에게 주신 것이라"라고 했습니다.

성도의 유업은 율법이나 행위에서 난 것이 아닙니다. 하나님의 은혜에 기초한 것입니다. 성도가 받는 유업이 무엇일까요? 아마도 구원의 은혜입니다. 구원은 우리들의 행위나 율법이나 할례 때문에 받는 것이 아니라 하나님의 은혜의 선물입니다. 은혜는 값없이 주는 선물을 은혜라고 말합니다.

여러분은 언제 무슨 선물을 받아 보았습니까? 선물을 받았을 때 무슨 대가를 지불해야 합니까? 그냥 받으면 되는 것입니다. 감사합니다, 고맙습니다, 인사만 하면 되는 것입니다. 아무런 대가를 지불하지 않아도 되는 것이 선물입니다. 그것이 은혜입니다. 하나님의 은혜는 그런 것입니다.

에베소서 1장 6절을 봅시다. "이는 그가 사랑하시는 자 안에서 우리에게 거저 주시는 바 그의 은혜의 영광을 찬송하게 하려는 것이라"라고 했습니다. 우리가 받은 구원은 거저 받은 것입니다. 쉬운 말로는 공짜입니다. 어떤 대가를 원하시지 않습니다. 그냥 주시는 것입니다.

우리의 행위로는 이룰 수 없는 은혜입니다. 그러면 누가 이루셨습니까? 예수 그리스도께서 십자가에서 이루셨습니다. 주님이 대신 십자가를 지시고 물과 피를 흘려주셨습니다. 우리 대신 십자가를 지셨습니다. 물과 피를 쏟아주셨습니다. 땅 속에 매장되고 삼 일 만에 다시 살아나셨습니다. 우리의 구원을 위하여 주님께서 고난 당하셨습니다.

그런데 하나님의 은혜는 어떤 통로로 옵니까? 믿음입니다. 구원의 은혜도 믿음의 통로를 통하여 우리에게 임합니다. 그래서 믿음으로 구원받습니다. 믿음으로 의롭게 됩니다. 그러므로 기독교는 믿음의 종교입니다. 하나님을 믿고 예수 그리스도를 믿는 종교입니다.

에베소서 2장 8절에 "너희는 그 은혜에 의하여 믿음으로 말미암아 구원을 받았으니 이것은 너희에게서 난 것이 아니요 하나님의 선물이라"라고 했습니다. 우리의 행위나 공로에서 난 것이 아닙니다.

로마서 10장 9-10절에 "네가 만일 네 입으로 예수를 주로 시인하며 또 하나님께서 그를 죽은 자 가운데서 살리신 것을 네 마음에 믿으면 구원을 받으리라 사람이 마음으로 믿어 의에 이르고 입으로 시인하여 구원에 이르느니라"라고 했습니다.

제22강
갈라디아서 3장 15-22절

율법의 목적

갈라디아서 3장 10-14절에서 인간이 아무리 율법을 지켜도 저주 아래 놓이게 됨을 알게 되었습니다. 오히려 하나님의 은혜로 구원받고, 믿음으로 구원받는 사실을 알게 되었습니다. 죄인이 의인 되는 길은 하나님의 은혜와 믿음으로 의인이 됩니다. 하나님의 은혜만으로는 부족하고 믿음으로만도 부족하다고 표현할 수 있습니다. 하나님의 은혜와 믿음으로 의인이 되는 줄로 믿습니다.

오늘 본문에서 사도 바울은 하나님께서 율법을 주신 목적을 설명하고 있습니다. 하나님이 율법을 주신 목적은 무엇입니까?

1. 역사적 사실

역사적 사실을 실례로 들어 논증합니다. 신학적으로 위, 아래 개념으로 표현해 보자면 언약보다 율법이 아래에 있습니다. 즉 언약이 율법보다 위에 있는 개념으로 보면 됩니다. 율법은 언약을 주기 위한 일시적인 방편이었습니다. 언약이 훨씬 더 위에 있는 영광스러운 말씀입니다.

갈라디아 사람들이 어리석게도 유혹을 받았을 때 15절에서 '형제들아' 라고 부드러운 음성으로 부릅니다. 그리고 사람의 예대로 말합니다. "사람의 언약이라도 정한 후에는 아무도 폐하거나 더하거나 하지 못하느니라." 그렇지 않습니까? 언약을 한번 정한 다음에는 마음대로 더하거나 덜하거나 폐할 수 없습니다.

사람과 사람 사이의 약속이라도 한번 정하면 임의로 변조할 수 없습니다. 함부로 바꾸거나 더하거나 덜할 수 없는 일입니다. 하나님께서 사람을 구원하시기로 언약하신 후에 임의로 바꾸시겠습니까? 절대로 그렇지 않습니다. 언약의 주체자가 하나님이시기 때문에 신실하신 하나님은 언약대로 실행하시는 분이십니다.

여기 '언약' 이란 말은 신약성경에 '유언' 과 '언약' 이란 말로 사용되는데 사람과 사람 사이엔 유언이, 하나님과의 관계에서는 언약이란 말로 표현하여 사용합니다. 일반적으로 부모들이 자녀들에게 하는 말이 유언입니다. 하나님께서 사람에게 하는 약속은 언약입니다. 사람도 하나님의 언약에 대해서는 신실해야 합니다.

믿음으로 구원받는 언약은 율법 이전에 있었습니다. 모세의 율법보다 훨씬 이전에 있었던 것이 하나님의 언약입니다. 믿음으로 구원받는 언약은 그리스도의 성육신으로 완전히 이루셨습니다.

그렇다고 율법이 하나님의 언약을 파기할 수 없습니다. 아브라함과의 언약을 생각해 보기 바랍니다. 믿음으로 의롭다 함을 얻는 언약이 아브라함과 그 후손들과 맺은 하나님의 언약입니다. 하나님의 약속입니다. 후에 모세를 통해서 율법을 주셨습니다. 그렇다고 율법이 하나님의 언약을 파기합니까? 그렇지 않습니다. 오히려 언약을 굳세게 붙잡게 만듭니다.

하나님께서 아브라함과 언약을 맺으시지만 핵심적인 인물은 그리스도이심을 가리키고 있습니다. 아브라함과의 언약은 아브라함만 가리키는 것이 아니라 우리들이 믿고 의지하는 그리스도를 가리키는 말입니다. 갈라디아서 3장 16절이 그 내용입니다. "이 약속들은 아브라함과 그 자손에게 말씀하신 것인데 여럿을 가리켜 그 자손들이라 하지 아니하시고 오직 한 사람을 가리켜 네 자손이라 하셨으니 곧 그리스도라"라고 했습니다.

아브라함과의 언약에서 그리스도가 언약의 중심이요, 그리스도 안에서 하나님의 은혜와 복이 오며, 그리스도만이 하나님의 언약을 이루실 분이십니다. 그러므로 그리스도를 믿어야 구원받습니다. 예수를 믿어야 의인이 됩니다.

갈라디아 교인들에게 있어서 삶의 기준으로 삼아야 하는 것은 변하지 않고 폐하지 않는 언약, 복음뿐이었습니다. 율법을 지킴으로써 구원받는다는 주장은 믿음의 교리를 배척하는 주장이며, 은혜로 구원받는다는 교리를 거부하는 것이었습니다.

율법주의자들은 자기들이 말하는 율법이 그리스도의 복음보다 오래되었다고 주장했습니다. 이런 주장에 대해서 바울은 율법주의자들이 주장하는 율법보다 하나님께서 아브라함에게 맺은 언약이 더 오래된 것임을 밝히고 있습니다. 사실이 아닙니까? 어느 것이 먼저냐 어느 것이 최근의 것이냐? 어느 것이 오래된 것이냐 어느 것이 후시대의 것이냐?

모세가 먼저입니까, 아브라함이 먼저입니까? 아브라함이 약 500여 년 전 사람으로 먼저입니다. 율법이 약 500여 년 뒤에 왔다고 가르쳐 줍니다. 결국 율법보다 복음이 먼저입니다. 행위보다 은혜가 먼저입니다.

인간의 행위를 말하는 율법과 하나님의 은혜를 말하는 복음과 어떤 것이 더 오래된 것이냐? 물론 은혜가 먼저입니다. 또 칭의에 있어서 행위로 의롭다함을 받을 육체가 없습니다. 심지어 그리스도 안에서 유업도 상속되는 것이지 행함으로 받을 것은 아무것도 없습니다. 은혜로 구원받습니다. 믿음으로 의롭게 됩니다.

2. 율법의 목적이 무엇인가?

왜 하나님은 인간이 거부해야 할 율법을 주셨는가? 율법을 주신 목적이 무엇인가? 갈라디아서 3장 19절에 "그런즉 율법은 무엇이냐?"라고 바울이 반문합니다. 사람들이 질문할 수 있는 것이 아니겠습니까? 은혜로 구원받는다면 율법을 무엇 때문에 주셨느냐? 그리스도를 믿음으로써 의인이 된다면 율법을 왜 주셨을까? 이것은 당연한 질문입니다.

율법을 주신 목적이나 전달된 방법 그리고 율법의 역할을 말하기 시작하는 바울입니다. 오해하지 않기 위해서였습니다. 자세하게 설명하는 바울입니다. 사도 바울은 정말 하나님께서 위대하게 사용한 신학자요 목사요 하나님의 사람이었습니다.

"범법함을 인하여 더한 것이라", 범법하므로 더하여진 것이라고 설명했습니다. 사람은 언약으로 유업을 얻을 수 있게 되었습니다. 하나님께서 언약으로 얻는 길을 열어 놓으셨습니다. 그런데 율법을 왜 주셨습니까? 언약이 체결된 후에도 인간은 계속하여 범죄하였습니다. 자기가 계속하여 범죄하고 있다는 사실을 알게 하기 위하여 즉 타락한 인간의 죄성을 깨닫게 하기 위해서 율법을 주셨습니다. 이것이 어거스틴과 칼빈의 견해입니다.

'범법함, 범법하므로' 이란 '줄을 넘는 것' 을 말합니다. 선을 넘는 것이지요. 범죄한 인간은 은혜언약 아래 있어도 선을 곧잘 넘어갑니다. 하나님의 계명에 대한 고의적인 반항을 말합니다. 인간의 죄성이 하나님을 대항합니다. 줄을 넘어갑니다. 은혜를 잊어버리고 넘지 말아야 할 선을 자주 넘습니다.

결국 율법을 주신 목적은 사람들이 스스로 죄를 깨닫고 그리스도를 의지하도록 함이었습니다. 율법은 소극적으로는 죄를 깨닫게 합니다. 적극적으로는 그리스도만 의지하게 만듭니다. 그런데도 계속하여 율법을 주장한다면 저주 아래 놓이게 됩니다. 언약을 깨뜨릴 어떤 것도 없기 때문입니다.

율법은 어떤 경로를 통하여 우리에게 전달되었습니까? 전달 통로를 말합니다. 하나님께서 천사의 손길을 통하여 중보자의 손에 맡기셨습니다. 여기에 율법의 가치와 한계성을 말하고 있습니다. 하나님과 사람의 중재자는 그리스도라기보다는 모세로 보는 것이 합당합니다.

하나님께서 천사의 손길을 통해 모세에게 전달하고 모세는 이스라엘 백성들에게 전달한 것입니다. 율법은 그리스도가 오심으로써 그 기능이 필요가 없어졌습니다. 그리스도께서 완성시키셨기 때문입니다. 하나님께서 모세를 통하여 주신 율법보다 그리스도를 통하여 주신 것들이 훨씬 우월함을 말합니다.

율법이나 은혜언약이나 주시는 분은 하나님이십니다. 대상도 같습니다. 인간들입니다. 목적과 성격은 좀 다릅니다. 율법의 목적은 사람들로 하여금 죄를 깨닫게 하고 그리스도를 더욱 의지하게 하는 데 목적이 있습니다. 영적 무능력과 죄성을 깨닫게 하는 데 목적이 있습니다. 율법은 인간에게 하나님의 은혜가 필요함을 깨닫게 합니다. 율법을 행하여 의롭게 될 사람은 없습니다. 그래서 그리스도께서 율법을 완성시키시기 위하여 이땅에 오셨습니다.

3. 더하지 말라

우리들이 믿음생활을 하는 데 있어서 무엇을 더하는 습관이 있습니다. 더하지 않는 것이 유익합니다. 믿음과 더불어 무엇을 더하는 습관은 조심 또 조심해야 합니다. 하나님의 은혜를 약화시킬 수 있기 때문입니다. 믿음 이외에 무엇을 더할 수 있단 말입니까? 오직 십자가로 구원받게 되는 줄로 믿습니다. 하나님의 능력으로 천국 가는 줄로 믿습니다.

덜하는 것도 문제입니다. 그래서 사도 요한을 통하여 "내가 이 두루마리의 예언의 말씀을 듣는 모든 사람에게 증언하노니 만일 누구든지 이것들 외에 더하면 하나님이 이 두루마리에 기록된 재앙들을 그에게 더하실 것이요 만일 누구든지 이 두루마리의 예언의 말씀에서 제하여 버리면 하나님이 이 두루마리에 기록된 생명나무와 및 거룩한 성에 참여함을 제하여 버리시리라"라고 했습니다.

믿음을 상대화시키는 불신앙이 우리들도 모르는 사이에 자리잡고 있습니다. 그리스도만을 굳세게 의지하기 바랍니다. 22절에 "그러나 성경이 모든 것을 죄 아래에 가두었으니 이는 예수 그리스도를 믿음으로 말미암는 약속을 믿는 자들에게 주려 함이라"라고 했습니다.

여기 '성경' 은 '모세 율법' 을 가르치는 말입니다. '가두었다' 는 말은 '마치 그물에 걸린 고기떼와 같이 사방이 완전히 막혔다' 는 의미입니다. 율법이 인간에게 가르쳐 주고 있는 것들이 있습니다. 다른 돌파구는 없다, 다른 길은 없으니 그리스도를 절대적으로 신뢰하라. 그 길만이 구원의 길임을 밝히고 있습니다.

제23강
갈라디아서 3장 19-29절

율법의 기능 (1)

갈라디아서는 구원의 원리를 설명하는 책입니다. 바울은 이신득의, 이신칭의의 교리의 정당성을 강조했습니다. 그리스도를 믿음으로써 의롭게 됩니다. 이것은 영원한 하나님의 언약이었습니다. 이 언약은 아브라함과의 언약과도 관련성이 깊습니다.

바울은 아브라함과의 언약은 영원성을 갖는데, 후에 준 율법이 아브라함과의 언약을 파기할 수 없다고 선언했습니다. 그러면 하나님께서 이스라엘 백성에게 왜 율법을 주셨을까요?

1. 율법의 한계성

율법의 목적이 무엇인가? 인간의 범죄 때문에 더하여진 것입니다. 율법은 천사를 통하여 중보자 모세의 손을 거쳐 약속의 자손, 그리스도께서 오실 때까지만 한시적으로 주어진 것입니다.

그러나 약속은 중보자 없이 하나님이 직접적으로 주신 것이 다른 점입니다. 물론 율법 자체는 그에 앞선 언약의 내용과 배치되지 않는 것입니다. 다만 하나님이 구원을 얻게 하는 율법을 주셨으면 우리가 율법을 통해 의롭게 되어야 할 것이라 함으로써 우리가 율법을 모두 다 준수하여 의를 얻는 것이 현실적으로 불가능함을 밝히고 있습니다.

본래 시내산에서 민법, 형법, 의식법과 여러 가지 계명과 율례를 주신 것은 인간의 행복을 위해 주신 것입니다. 가정의 질서와 나라의 질서를 위해 주신 것이지요. 특별히 하나님을 사랑하고 이웃을 사랑하기 위한 최소한의 선을 그어주신 것과 같습니다. 하나님 나라의 기초 질서를 위한 법이고, 범죄했을 때 그 죄로부터 거룩하고 의롭게 되는 법들이었습니다. 그런데 그것조차도 이스라엘 백성들에게 무거운 짐이 되었던 것입니다.

또 믿음으로 의롭게 되는 법이 하나님께서 직접 하신 언약의 말씀이라면, 율법은 천사와 중보자 모세를 통하여 주신 법이었습니다. 그 차이에도 상당한 의미를 부여하고 있습니다.

율법이 주어진 것은 인간의 범죄 때문에 그리스도께서 오시기까지 한시적으로 주신 것이고, 죄인이 구원받도록 하기 위해서 주신 것이 아니었습니다. 율법은 믿음이 오기까지 사람을 구원한 것이 아니라 죄 아래 가두는 결과를 가져왔다고 바울이 가르쳐 주었습니다. 결국 자기 자신이 죄인인 줄 알게 하여 그리스도를 사모하고 믿게 만드는 결과를 가져왔습니다. 그리스도에게 인도하는 초등교사와 같은 역할을 했다는 것이지요.

예수를 믿음으로써 구원을 받고, 의인으로서 아브라함과의 언약을 받아 누리는 결과를 가져오게 되었습니다. 율법으로부터 자유도 얻어 자유인이 되었습니다. 그런데 갈라디아 교인들은 어리석게도 율법으로 돌아가려는 거짓 교사들의 미혹을 받고 있었습니다.

율법은 사람에게 하나님의 은혜가 필요함을 느끼게 만들었습니다. 율법은 범법함을 인하여 더한 것이라고 지적했습니다. 율법은 한계성이 있고 복음이 우월하다는 주장입니다. 율법은 사람으로 하여금 죄인임을 깨닫게 만듭니다.

로마서 3장 20절을 봅시다. "그러므로 율법의 행위로 그의 앞에 의롭다 하심을 얻을 육체가 없나니 율법으로는 죄를 깨달음이니라"라고 했습니다. 그렇습니다. 개혁자들이 주장한 오직 하나님의 은혜! 오직 믿음입니다. 그렇다고 율법이 무익하거나 폐기론자들처럼 무시하면 안 됩니다. 왜 그럴까요?

율법의 기능으로 우리가 죄를 깨닫기 때문입니다. 인간이 자기 죄를 깨달을 때 그리스도를 찾게 되고, 믿게 됩니다. 전적 무능력이라는 말도 이해합니다. 그래서 자기 행위로는 구원을 받을 수 없다는 것도 알게 됩니다. 하나님만 바라보고 하나님의 은혜만 믿습니다. 예수님의 십자가만 바라보고 믿게 됩니다. 그러므로 율법은 매우 유익한 것입니다.

그래서 바울이 빌립보 교인들에게 "그 안에서 발견되려 함이니 내가 가진 의는 율법에서 난 것이 아니요 오직 그리스도를 믿음으로 말미암은 것이니 곧 믿음으로 하나님께로부터 난 의라"(빌3:9)라고 했습니다.

율법은 그리스도 안에서 폐하여진 것이 아니라 완성된 것입니다. 율법은 더하여진 것과 같은데 약속하신 자손이 오시기까지 있을 것입니다. 율법이 제한적이고 임시적이었지만 주 예수께서 오실 때까지만 유효한 것이었습니다. 그렇다고 폐기된 것이 아니라 완성된 것입니다.

마태복음 5장 17절에서 "내가 율법이나 선지자를 폐하러 온 줄로 생각하지 말라 폐하러 온 것이 아니요 완전하게 하려 함이라"라고 했습니다. 로마서 10장 4절에도 "그리스도는 모든 믿는 자에게 의를 이루기 위하여 율법의 마침이 되시니라"라고 했습니다. 예수님은 율법 아래 나시고 율법을 다 이루셨습니다. 완성시키셨습니다. 그러므로 예수를 믿음으로써 의롭다 하심을 받습니다.

중보자도 예수 그리스도이십니다. 율법은 모세를 통해서 주셨지만 새 언약은 하나님이신 예수 그리스도께서 직접 주셨습니다. 새 언약의 중보자는 하나님도 만족하게 하고 인간도 만족하게 하는 중보자이십니다. 그래서 예수님 때문에 죄 용서함을 받고 하나님의 자녀가 되었습니다.

2. 율법과 죄

믿음 후에 주신 율법은 결과적으로 모든 인간을 죄 아래 가두게 되었습니다. 인간은 계시된 믿음이 오기 전까지 율법 아래 매이고 갇힌 것과 같았습니다. 그리스도를 믿는 사람들만 그 믿음으로 말미암아 약속을 받을 수 있게 되었습니다.

제한적이고 한시적인 율법은 인간을 그리스도에게로 인도하는 초등교사와 같았습니다. 율법은 자녀를 어렸을 동안만 훈육하는 초등교사처럼 인간을 그리스도에게로 인도하는 기능이 있습니다. 그 자체로는 인간을 의롭게 할 수 없지만 인간으로 하여금 믿음으로 말미암은 의를 사모하게 하는 긍정적인 역할을 합니다.

율법은 모세와 그리스도 사이에 가정교사 역할을 감당했습니다. 물론 일반적인 선생을 말하지 않습니다. 여기서 말하는 가정교사는 노예의 신분으로 주인의 자녀들을 보호하고 기초적인 것들을 가르치고 교훈하는 일을 맡은 선생입니다. 그들을 돌보고 불량배들로부터 보호하는 역할도 하는 사람입니다.

바울은 율법의 긍정적인 역할을 강조하고 있습니다. 사람들을 가르치고 인도하며 때로는 감독하고 통제하는 역할도 했습니다. 초등교사가 가르치고 통제하다 보면 자녀들이 어떻게 하면 벗어날까를 생각하게 될 것입니다. 그리스도를 기다리고 사모하게 될 것입니다.

율법은 죄를 깨닫게 합니다. 율법은 자유를 갈망하게 합니다. 믿음으로 말미암는 의를 추구하게 됩니다. 율법은 우리를 그리스도께로 인도하게 됩니다. 율법은 우리의 부정적인 모습을 보게 만듭니다. 죄성을 보게 합니다. 악행을 감독합니다. 의롭게 되는 것을 갈망합니다.

로마서 7장 5-6절을 봅시다. “우리가 육신에 있을 때에는 율법으로 말미암는 죄의 정욕이 우리 지체 중에 역사하여 우리로 사망을 위하여 열매를 맺게 하였더니 이제는 우리가 얽매였던 것에 대하여 죽었으므로 율법에서 벗어났으니 이러므로 우리가 영의 새로운 것으로 섬길 것이요 율법 조문의 묵은 것으로 아니 할지니라"라고 했습니다.

히브리서 10장 1절도 봅시다. "율법은 장차 올 좋은 일의 그림자일 뿐이요 참 형상이 아니므로 해마다 늘 드리는 같은 제사로는 나아오는 자들을 언제나 온전하게 할 수 없느니라"라고 했습니다.

3. 믿음과 자유자

계시된 믿음 후에, 즉 믿음으로 구원을 얻는 신약 복음이 온전히 계시된 후 성도들은 더 이상 초등교사인 율법 아래 있지 않습니다. 성도들은 모두 믿음을 통해 그리스도 예수 안에서 하나님의 자녀가 된 것입니다.

바울은 누구든지 그리스도와 연합하여 세례를 받은 자는 그리스도의 의의 옷을 입은 것입니다. 유대인이나 헬라인, 자유자나 종, 남자와 여자의 구분 없이 모두 그리스도 안에서 하나입니다. 예수 그리스도께 속한 자는 아브라함의 영적 후손이며 약속의 유업을 이을 상속자가 된 것입니다.

여러분의 신분이 무엇입니까? 성도입니다. 하나님의 아들이요 딸입니다. 예수를 믿음으로써 아들과 딸이 된 것입니다. 믿음으로 된 것입니다. 이것이 하나님의 은혜입니다.

과거에는 죄의 종노릇을 했습니다. 죄가 이끄는 대로 끌려다녔던 노예와 같았습니다. 이제는 자유자가 되었습니다. 몸만 자유가 아니라 그리고 신분만 자유자가 아닙니다. 하나님의 유업을 이을 자가 되었습니다. 구원의 유업, 하나님 나라를 상속받게 되었습니다. 믿음때문입니다. 사도 요한은 영접하는 자 곧 그의 이름을 믿는 자들에게는 하나님의 자녀가 되는 권세를 주었다고 선언했습니다. 바울은 "죄로부터 해방되어 의에게 종이 되었느니라"(롬6:18)라고 선포했습니다.

세례는 그리스도와 연합하는 데 있습니다. 그리스도와 연합한 사람은 그리스도를 닮는 사람입니다. 성령 세례를 받은 사람은 성령과 동행합니다. 그리스도로 옷 입는다는 말은 그리스도의 모습을 닮아가는 삶을 말합니다. 하나님의 형상을 회복한 새 사람입니다.

그런 의미에서 기독교는 차별이 없습니다. 유대인이나 헬라인, 종이나 자유자, 남자나 여자가 다 똑같습니다. 그리스도 안에서는 누구나 다 같은 하나님의 자녀입니다. 이방인들을 개같이 취급했지만 하나님의 아들은 그렇게 하시지 않습니다. 신분상 차별이 없습니다.

바울은 고린도전서 12장 13절에서 "우리가 유대인이나 헬라인이나 종이나 자유인이나 다 한 성령으로 세례를 받아 한 몸이 되었고 또 다 한 성령을 마시게 하셨느니라"라고 했습니다. 우리는 다 같은 하나님의 자녀입니다.

제24강
갈라디아서 3장 23-29절

율법의 기능 (2)

하나님의 은혜로 구원받고, 예수를 믿음으로 천국 간다면 왜 하나님께서 율법을 주셨는가? 하나님이 율법을 주신 목적은 인간이 자기 자신이 죄인인 줄 깨닫게 하고, 은혜의 하나님을 더 의지하게 만들기 위함이었습니다. 또 한 가지는 하나님의 은혜의 언약을 강하게 붙잡아 하나님의 뜻대로 살게 하기 위함이었습니다.

물론 아브라함을 은혜로 부르시고, 믿을 때 의롭다 칭하셨습니다. 그후 500여 년이 지나서 모세를 통해 시내산에서 여러 가지 계명과 율례와 법도를 주셨습니다. 민법과 형법과 의식법도 주셨습니다. 근본적인 목적은 인간의 행복을 위해 주신 것입니다. 가정 질서나 사회 질서 그리고 하나님 나라의 본질을 드러내기 위함이었습니다.

그런데 기독교 역사를 살펴보면 율법의 본래의 기능을 이해하지 못하여 율법주의자들이 나타났습니다. 율법주의자들은 율법을 지킴으로써 구원받을 수 있다, 할례를 행함으로써 구원받을 수 있다는 주장이었습니다. 율법을 완전히 지킬 수만 있다면 구원을 받을 것입니다. 그러나 율법을 지킬 수 있는 분은 주님밖에 없습니다.

반대로 교회 역사를 살펴보면 반율법주의자들도 있었습니다. 우리들이 그리스도 안에서 자유자가 되었으니 율법은 전혀 필요가 없다는 주장입니다. 그렇지 않습니다. 우리가 하나님의 은혜로 구원받고 예수를 믿음으로써 의인이 되었지만, 율법을 지키는 이유는 하나님의 뜻을 준행하여 영육간에 하나님의 은총과 복을 받으며, 하나님 앞에서 받는 상급과 관련이 있습니다. 축복과 관련이 있습니다. 풍성한 은혜와 관련이 있습니다.

1. 믿음이 오기 전

하나님께서 주신 율법은 사람으로 하여금 자기 자신이 죄인임을 깨닫게 합니다. 죄가 무엇인지를 알게 합니다. 그리고 우리들이 철저하게 무능력한 존재임을 알게 합니다. 그 결과 우리를 그리스도에게로 이끌어갑니다.

사도 바울은 이런 것을 증명하기 위해서 헬라 시대의 초등교사(몽학선생, 가정교사)를 비유로 말하고 있습니다. 율법의 기능은 마치 아이가 성장하도록 돌보아 주는 몽학선생과 같은 역할을 한다고 가르쳐 주고 있습니다. 초등교사는 한시적으로 학생을 가르칩니다. 마치 율법은 그리스도가 오실 때까지만 기르고 양육하는 책임이 있는 초등교사와 같은 역할을 했다는 것입니다.

갈라디아서 3장 23절에 "믿음이 오기 전에 우리는 율법 아래에 매인 바 되고 계시될 믿음의 때까지 갇혔느니라"라고 했습니다. 구원에 이르게 하는 것은 예수를 믿는 믿음을 말합니다. 믿음의 대상인 그리스도가 이 세상에 오시기 전에 인간은 죄 아래 갇혀 있었습니다. 율법은 항상 무거운 죄의식 속에 살게 만들었습니다. 이런 생활을 율법 아래 매인 바 되었다고 표현하고 있습니다.

'매인 바 되고'란 죄인을 옥에 가두고 감옥문에 자물쇠를 채운 후 감시인을 두고, 철저히 지키는 상태를 묘사한 말입니다. 율법주의자들은 그리스도가 오시기까지 계속되었음을 말하는 시제로 표현되어 있습니다. 율법 아래 있을 때 사람들의 마음은 마치 옥에 갇힌 사람과 같은 생활을 하였습니다.

"계시될 믿음의 때까지 갇혔느니라." 율법 아래 놓인 상태가 그리스도께서 이 세상에 오실 때까지라는 분명한 시간을 제시하고 있습니다. 율법의 유효기간입니다. '계시될 믿음'이란 그리스도의 구속사역이 하나님에 의해 예비된 것이라는 사실을 시사합니다. 이 말은 역사를 주관하시는 하나님의 주권을 암시하는 표현입니다.

바울은 그리스도께서 이땅에 오셔서 구속사역을 이루셨음에도 여전히 율법을 주장하는 율법주의는 하나님의 말씀을 왜곡하고 혼란케 하는 행위임을 밝히고 있습니다. 그렇지 않습니까? 그리스도께서 오셨습니다. 우리의 구속사역을 십자가와 부활로 완성시키셨습니다. 그리고 하나님의 율법은 한시적인 뜻을 가지고 있었습니다. 그럼에도 불구하고 여전히 율법주의자가 되어서 율법을 지킴으로써 구원받는다고 주장한다면 얼마나 잘못된 사람들이겠습니까?

우리는 믿음으로 의인 되는 줄로 믿습니다. 하나님의 은혜로 구원받는 줄로 믿습니다. 어떤 행위로도 구원받을 수 있는 것은 없습니다. 믿음으로 그리고 은혜로만 구원받고 의인이 됩니다.

2. 믿음이 온 후

지금까지 율법이 저주를 가져온다고 주장했던 바울인데 조금은 다른 면으로 주장하기 시작했습니다. 율법의 가치를 인정하고 있습니다. 어떤 가치입니까? 구원의 의미보다는 초등교사의 가치, 그리스도께로 인도하는 율법의 기능을 말하고 있습니다.

몽학선생이란 고대 헬라 사회에는 4세부터 14세 혹은 16세 정도 되는 귀족의 자녀들을 가르치는 초등교사, 가정교사를 말합니다. 초등학생을 가르치는 교사와 같은 몽학선생은 아이들이 어릴 때만 보아주는 한시성을 갖고 교사 일을 하지만 신분은 노예였던 사람들입니다. 몽학선생은 아들과 구별되는 종의 신분입니다. 그리스도의 십자가와 부활을 믿는 복음과 비교해 볼 때, 율법은 차이가 이만저만이 아님을 말하고 있습니다. 주인의 아들과 종은 차이가 큽니다. 복음과 율법의 차이도 그렇게 큽니다. 율법은 제한성이 있었음을 보여주고 있습니다.

갈라디아 교인들이 복음을 받았으면 율법의 속박으로부터 벗어나야 됨에도 불구하고 오히려 율법 아래 종노릇하는 모습을 보면서 질타하는 말씀입니다. 갈라디아서 3장 25절입니다. "믿음이 온 후로는 우리가 초등교사 아래에 있지 아니하도다."

아이가 자라서 성년이 되면 더 이상 초등교사는 필요가 없습니다. 그리스도께서 이땅에 오셔서 구속사역을 이룬 다음에는 더 이상 율법의 지배를 받을 필요가 없다는 말입니다. 그리스도를 믿음으로써 의롭게 되기 때문입니다. 그리스도를 믿음으로써 구원받기 때문입니다. 그리스도를 영접하여 하나님의 자녀가 되는 권세를 얻는 것이지 다른 방법은 없기 때문입니다.

믿음이 온 후로는 여러 가지 변화가 일어났습니다. 율법의 기능은 우리를 그리스도에게로 인도하는 역할을 합니다. 여러분은 그리스도를 잘 믿어서 승리하고 구원받기를 바랍니다. 의인 되기를 진심으로 바랍니다.

여러분은 누구의 지도를 받고 있습니까? 초등교사입니까? 아니면 의인을 만드시고 구원을 베푸시는 그리스도의 인도를 받습니까? 그리스도의 지도를 받으시는 줄로 믿습니다.

3. 믿음으로 말미암아

그리스도인들은 오직 그리스도 예수 안에서만 '하나님의 아들'이 되었음을 깨달아야 합니다. 갈라디아 교인들은 믿음을 따르지 않고 다른 것을 추구했습니다. 우리에게 그리스도에 대한 믿음과 하나님의 자녀라는 확신이 있을 때 시험과 어려움을 극복할 수 있는 장성한 그리스도인이 될 수 있습니다.

갈라디아서 3장 26-28절입니다. "너희가 다 믿음으로 말미암아 그리스도 예수 안에서 하나님의 아들이 되었으니 누구든지 그리스도와 합하기 위하여 세례를 받은 자는 그리스도로 옷입었으니라 너희는 유대인이나 헬라인이나 종이나 자유인이나 남자나 여자나 다 그리스도 예수 안에서 하나이니라."

우리가 왜 초등교사 아래 있지 않을까요? 그 이유를 밝히는 내용입니다. 그리스도를 믿음으로써 하나님의 아들이 되었기 때문입니다. 요한복음 1장 12-13절에서는 "영접하는 자 곧 그 이름을 믿는 자들에게는 하나님의 자녀가 되는 권세를 주셨으니 이는 혈통으로나 육정으로나 사람의 뜻으로 나지 아니하고 오직 하나님께로부터 난 자들이니라" 라고 했습니다.

여기 '아들' 이란 법정 용어입니다. 상속권을 가진 아들을 말합니다. 자녀의 권한을 가진 아들을 말합니다. 이 아들은 믿음으로 말미암은 아들이요, 그리스도 예수 안에 있는 아들을 가리킵니다. 그리스도와 신비한 연합을 이룬 아들을 말합니다.

그래서 갈라디아서 3장 27절에서 "누구든지 그리스도와 합하기 위하여 세례를 받은 자는 그리스도로 옷 입었느니라"라고 가르칩니다. '세례를 받은 자' 란 단순히 물세례가 아니라 그리스도를 믿고 성령세례를 받은 사람을 가리킵니다. 그리스도인이란 죄의 상태에서 벗어나 하나님의 자녀가 된 사람들입니다.

'그리스도로 옷입었다' 는 말은 '그리스도를 닮아가는 생활습관을 유지한다' 는 뜻입니다. 성도는 그리스도를 닮아가는 사람입니다. 작은 예수들입니다. 우리는 주님을 닮아야 할 책임이 있는 사람들입니다.

바울은 로마교인들에게 "너희가 이 시기를 알거니와 자다가 깰 때가 벌써 되었으니 이는 이제 우리의 구원이 처음 믿을 때보다 가까웠음이라 밤이 깊고 낮이 가까웠으니 그러므로 우리가 어둠의 일을 벗고 빛의 갑옷을 입자 낮에와 같이 단정히 행하고 방탕하거나 술 취하지 말며 음란하거나 호색하지 말며 다투거나 시기하지 말고 오직 주 예수 그리스도로 옷 입고 정욕을 위하여 육신의 일을 도모하지 말라"(롬13:11-14)라고 했습니다.

유대인이나 이방인, 남자나 여자, 주인이나 종 등을 차별하거나 구별을 두지 않습니다. 누구든지 믿기만 하면 하나님의 자녀가 되는 영광을 주십니다. 믿음은 하나입니다. 유대인이 믿는 믿음과 이방인이 믿는 믿음이 다르지 않습니다. 주도 하나요 하나님도 한 분이십니다.

'하나'란 '완전히 동일한 상태'를 나타내는 것입니다. 남자와 여자, 주인과 종의 구별이 없습니다. 완전히 하나입니다. 이런 사람들은 약속대로 유업을 이을 자들입니다. 아브라함의 자손이요, 하나님의 아들입니다. 하나님의 딸입니다. 여러분이 바로 아브라함의 자손이요 약속대로 유업을 이을 자임을 믿습니다. 여기에 우리의 영원한 행복이 있습니다.

제25강
갈라디아서 3장 23-29절

교회의 보편성

교회의 속성을 말할 때 보통 세 가지로 말하는 학자가 있습니다. 교회의 통일성과 거룩성, 그리고 보편성을 말합니다. 네 가지로 말하는 학자는 이 세 가지 속성에 특별히 교회의 사도성을 언급하는 경우가 있습니다. 저는 네 가지로 생각하고 있습니다.

교회의 통일성이란 로마 카톨릭에서는 세계적인 조직을 말하지만 개신교에서는 영적인 의미에서 한 몸의 통일성으로 예수 그리스도의 신비한 지체를 가리킵니다.

교회의 거룩성이란 로마 카톨릭에서는 내면적인 성결이 아닌 교의나 도덕적인 교훈 그리고 예배와 권징 같은 외부적인 형식에서 찾고 있지만 개신교에서는 객관적으로 그리스도 안에서의 거룩을 말하고, 주관적으로는 새 생활의 성결을 말합니다.

교회의 보편성에 대하여 로마 카톨릭과 개신교는 차이점이 있습니다. 로마 카톨릭에서는 '세계에 널리 퍼져 있고 회원 수가 많다' 는 것으로 생각하고, 개신교에서는 '무형교회만이 진정한 보편적 교회' 라고 생각하는 것이 차이점입니다. 무형교회만이 모든 시대의 모든 신자를 다 포함하기 때문입니다.

그리고 보편적인 교회의 회원은 전세계적으로 흩어져 있으며, 모든 면에서 지배적인 영향력을 행사하기 때문이라고 믿고 있습니다. 어떤 지역에 국한되지 않습니다. 국경을 초월하는 성격도 있습니다. 그리고 초민족적입니다.

로마 카톨릭에서는 교회의 보편성보다는 교회의 사도성을 더 강조하기도 합니다. 교리와 교황과 감독을 사도들의 계승자로 보기 때문입니다. 우리는 사도성을 인정하지만 계승된다는 생각은 하지 않고 사도들이 믿는 방법과 사도들을 통해서 주신 성경과 전통을 귀하게 여길 뿐입니다.

1. 보편성의 의미

그러면 보편적인 교회란 무슨 의미인가? 사람마다 성격이 있듯이 교회마다 성격(속성)이 있습니다. 지금까지 교회의 통일성, 교회의 단일성, 하나 됨을 생각했습니다. '하나' 이기 때문에 교회가 어느 곳에 있든지 '보편적' 입니다. 보편적이란 말을 영어로 '카톨릭(Catholic)' 그리고 보편적 교회를 '카톨릭 처치(Catholic Church)' 라고 부릅니다.

보편적이란 두 가지 의미로 1) 교회에는 '모든 종류의 사람이 다 들어 있다' 는 뜻입니다. 누구든지, 어떤 종류의 사람이든지, 계급, 성별, 나이, 경제적 차이 등이 없는 곳입니다. 누구나 회원이 될 수 있다는 뜻입니다. 만약 구별을 한다면 특별한, 특수한 교회일 것입니다.

2) '온 세상에 다 널리 있다' 는 뜻입니다. 교회가 어떤 지역에만 존재한다면 보편적이지 않을 것입니다. 신약교회 초기에는 예루살렘 중심적이었습니다. 사도행전 1장 14-15절에 보면 120여 명에게 너희는 이곳에 머물러 있으라. 아버지의 약속하신 것을 기다리라(눅24:49)라고 했습니다. 그래서 120여 명은 하나님의 약속을 믿고 기도하면서 기다렸습니다. 이 모임이 보편적인 교회이지만 만족할 만한 보편은 아니었

습니다. 민족이 다 모였지만 충분하지 못했고, 또 지역적으로도 한정된 상태였기 때문입니다.

성령이 임하셔서 예루살렘에서 온 유대로, 사마리아에서 땅 끝까지 전파되었습니다. 그제서야 만족할 만한 교회의 보편성이 나타나게 됩니다. 베드로 사도가 마태복음 17장 4절에서 "베드로가 예수께 여쭈어 이르되 주여 우리가 여기 있는 것이 좋사오니 만일 주께서 원하시면 내가 여기서 초막 셋을 짓되 하나는 주님을 위하여, 하나는 모세를 위하여, 하나는 엘리야를 위하여 하사이다"라고 말했습니다.

베드로 사도가 말한 이 말을 생각해 봅시다. 베드로 사도의 말의 모순이 무엇입니까? 교회의 보편성이 결여된 상태를 나타냅니다. 우리끼리만 좋아하면 되는 것인가? 그렇지 않습니다. 교회는 앞을 향하여 전진하여 나아가야 하는 것입니다.

2. 구약교회와 신약교회

구약교회의 상황을 생각해 봅시다. '믿음이 오기 전에', 믿음이란 기독교적인 믿음으로 예수 그리스도를 믿는 믿음입니다. 예수님의 십자가와 부활의 영광이 임하기 전에는 우리가 어떤 상태에 있었습니까?

그리스도가 세상에 오시기 전에 두 가지 형태가 있었습니다.

1) 우리가 율법에 매인 바 되어 있었습니다. 죄수가 감옥에 갇혀서 옥문이 잠기고 옥사장이 지키는 상황과 같은 상태에 있었습니다. 율법 아래 종노릇하고 있었습니다.

2) 계시될 믿음의 때까지 갇혔느니라. 구약시대는 율법이 초등교사가 되어 우리를 믿음의 길로 인도했습니다. 초등교사란 '몽학선생, 가정교사'란 뜻입니다. 아이들을 진리로 인도하는 교사와 같았습니다. 코흘리는 어린아이 상태에 놓여진 사람이었습니다.

교사가 진리로 인도하듯 율법은 그리스도에게 우리들을 인도했습니다. 이 사람을 보라! 이 진리를 보라! 율법을 완성시키실 그리스도를 보게 하는 역할을 했습니다. 이것이 율법의 큰 기능입니다. 율법의 역할은 그리스도를 바라보게 만드는 것이었습니다.

그런데 문제는 율법을 보면서 그리스도를 보지 못했습니다. 유대인들이 그랬습니다. 구약시대에 이스라엘 백성이 되어 율법을 지켜야만 했습니다. 이것이 보편적이지 못하고 특수했습니다. 이스라엘 중심적이기 때문에 특수했고, 믿음 안에서 율법을 지켜야 하는 상황이었습니다.

신약교회는 그렇지 않습니다. 율법 아래 갇히지도 않았고, 이스라엘 민족이 되어야 하는 것도 아닙니다. 25절 이하에 "믿음이 온 후로는 우리가 초등교사(몽학선생) 아래에 있지 아니 하도다"라고 했습니다. 믿음이 온 후에는 장성한 사람이 되었습니다.

초등교사, 가정교사, 몽학선생, 율법 아래 있지 않은 상태입니다. 율법을 지켜서 하나님의 아들이 되는 것이 아닙니다. 구약시대는 이스라엘 백성이 먼저 되어야 했고, 율법을 통해 그리스도를 바라보아야 했습니다. 이중적이었습니다. 그러나 지금은 그렇지 않습니다.

그리스도가 오신 후에, 믿음이 온 후에, 26절입니다. "너희가 다 믿음으로 말미암아 그리스도 예수 안에서 하나님의 아들이 되었으니"라고 했습니다. 하나님의 아들, 하나님의 백성은 무엇으로 되는 것인가? '믿음으로 말미암아.' 할렐루야! 예수를 믿습니까? 그러면 하나님의 아들과 딸입니다. 이것이 보편성입니다. 누구나 예수 믿으면 하나님의 아들이요 딸입니다. 할렐루야!

차별이 없습니다. 차등도 없습니다. 유대인이나 이방인이나 구별을 하지 않습니다. 어느 지역이나 어느 신분의 사람이나 차별이 없습니다. 28절입니다. "너희는 유대인이나 헬라인이나 종이나 자유인이나 남자나 여자나 다 그리스도 예수 안에서 하나이니라"라고 했습니다.

유대인과 헬라인은 세계민족을 대표해서 말하는 것입니다. 서구 사상은 히브리 사상인 헤브라이즘과 헬라 사람들로부터 나온 헬레니즘이 그것입니다. 그리스도 안에서 모두 '하나' 입니다.

종과 자유인, 상민과 양반이 없습니다. 남자와 여자의 구별이 없습니다. 하나님 앞에 동등합니다. 평등합니다. 이것이 교회의 보편성입니다. 우리 교회는 보편적인 교회입니다. 차별이 없습니다. 지금도 그리스도 안에서 하나입니다.

3. 우리의 노력

그런데 흑백의 갈등, 동서의 갈등, 남북의 갈등이 있으면 옳지않은 교회입니다. 모두 노력해서 하나가 되게 해야 합니다. 보편적이어야 합니다. 전라도 교회, 경상도 교회, 서울 교회, ... 그러나 교회는 보편적입니다. 십자가로 하나가 되게 하신 것을 왜 또 담을 쌓습니까? 이제는 복음을 전해서 어디서나 보편적인 교회가 성장하도록 돕고 선교하고 전도해야 합니다.

마태복음 28장 18-20절에 "예수께서 나아와 말씀하여 이르시되 하늘과 땅의 모든 권세를 내게 주셨으니 그러므로 너희는 가서 모든 민족을 제자로 삼아 아버지와 아들과 성령의 이름으로 세례를 베풀고 내가 너희에게 분부한 모든 것을 가르쳐 지키게 하라 볼지어다 내가 세상 끝날까지 너희와 항상 함께 있으리라"라고 하셨습니다.

마가복음 16장 15절에서는 "또 이르시되 너희는 온 천하에 다니며 만민에게 복음을 전파하라"라고 하셨고, 누가복음 24장 46-48절에서는 "또 이르시되 이같이 그리스도가 고난을 받고 제삼일에 죽은 자 가운데서 살아날 것과 또 그의 이름으로 죄 사함을 받게 하는 회개가 예루살렘에서 시작하여 모든 족속에게 전파될 것이 기록되었으니 너희는 이 모든 일의 증인이라"라고 하셨습니다.

누가는 사도행전 1장 8절에서 "오직 성령이 너희에게 임하시면 너희가 권능을 받고 예루살렘과 온 유대와 사마리아와 땅 끝까지 이르러 내 증인이 되리라"라고 했습니다. 주께서 영생을 주기로 작정된 자는 다 믿더라. 이것이 아주 중요합니다. 동시에 우리들은 예수의 복음을 힘있게 전파해야 합니다.

제26강
갈라디아서 4장 1-7절

후견인과 청지기

하나님께서 하나님의 백성들에게 율법을 주신 목적이 무엇입니까? 율법을 주신 목적은 우리들로 하여금 죄인임을 깨닫게 하는 데 목적이 있었습니다. 인간이 죄인임을 알 때 하나님을 바라보게 되고, 하나님만 믿고 의지하게 됩니다. 그리고 언약을 세우신 하나님을 사랑하며 하나님의 은혜언약을 더욱 의지하게 합니다. 하나님의 뜻인 말씀을 사랑하고 지키게 되어 있습니다. 이것이 율법의 기능이요 목적입니다.

기독교는 그리스도를 믿음으로써 의인이 되는 것을 주장하는 종교, 이신득의(以信得義)입니다. 믿음으로 구원받는, 이신득구(以信得救)라는 교리가 형성됩니다. 로마서에서는 "오직 의인은 믿음으로 말미암아 살리라"라고 했습니다. 믿음으로 구원받고 믿음으로 살아가는 사람이 기독교인입니다.

또 한가지는 하나님의 은혜로 구원받는 종교입니다. 하나님의 은혜로 새 사람이 되고, 하나님의 은혜로 하나님의 사역을 감당하게 됩니다. 하나님의 은혜로 충성할 수 있습니다. 인간적인 지혜와 힘으로는 한계가 있습니다. 그러면 하나님의 은혜와 그리스도를 믿는 믿음이 오기 전에 우리들은 어떤 입장에 있었습니까? 율법 아래 놓여진 사람들이었습니다.

그리고 또 어떤 상태에 있었습니까? 후견인과 청지기 아래에 있었습니다.

1. 후견인과 청지기 아래에 있었습니다

그리스도를 믿어 의인이 될 때까지 우리는 어떤 입장에 있었을까요? 그리스도가 우리의 죄악을 용서하는 십자가를 지실 때까지 우리는 어떤 상황에 놓여 있었을까요? 죄악을 다 청산할 때까지 우리는 어떤 위치에 있었을까요? 우리의 신분이 약속대로 유업을 이을 자이지만 율법 아래 있는 동안은 후견인과 청지기 아래에 놓여진 입장이었습니다.

약속대로 유업을 이을 자이지만 어렸을 동안에는 종과 다름이 없었습니다. 말을 못하는 어린아이와 같은 입장이었습니다. 육체적으로나 정신적으로 미숙한 나이에 불과한 유아, 어린아이와 같았습니다. 옳고 그름을 분별하지 못하는 사람, 사리를 분별할 수 없는 어린아이와 같았습니다. 좌우를 분별하지 못하는 사람, 위 아래를 모르는 사람과 같았습니다.

아직 성년이 되지 못해서 아버지의 유업을 물려받을 수 없는 아들의 유약한 상태를 말합니다. 아버지의 유업을 이어받을 사람이지만 물려받기 전까지 스스로 아무것도 할 수 없는 사람과 같습니다. 종과 같이 권리가 없는 사람이 아니겠습니까?

'정한 때'란 말은 '미리 지정된 시간'을 말합니다. 아버지의 유업을 이어받을 시간입니다. '정한 때'란 율법을 완성시키는 그리스도께서 세상에 오시는 시간을 말합니다. 십자가의 구속사건을 위해 이 세상에 오시는 때입니다.

그래서 마가복음 1장 15절에 예수님께서 "때가 찼고 하나님의 나라가 가까이 왔으니 회개하고 복음을 믿으라"라고 말씀하셨습니다. 무슨 때가 찼을까요? 우리들이 율법 아래에 있고 후견인과 청지기 아래에 있던 때입니다. 그리스도께서 오셔서 우리를 해방시키실 때가 찼다는 뜻입니다.

후견인은 '맡기다, 위탁하다' 란 뜻으로, 로마시대에 초등교사(몽학선생) 아래에 있던 어린아이가 16세가 지나면 25세 정도까지 돌보고 지도하는 직책을 가진 사람입니다. 예수께서 오시기 전에 우리들의 입장이 후견인 아래에 있던 사람과 같다는 뜻입니다.

'청지기' 란 '집을 다스리는 자' 란 뜻입니다. 주인의 명령을 따라 주인의 재산과 종을 관리하는 책임을 맡은 사람을 말합니다. 그리스도가 오시기까지 우리들은 율법의 지도를 받는 입장에 있었다는 뜻입니다. 율법은 역시 한시적인 역할을 했습니다. 이제는 우리들이 그리스도 예수 아래에 있습니다. 자유자입니다. 다 성장한 사람과 같습니다. 하나님께서 그런 은혜를 주셨습니다. 이러한 점을 찬양하기 바랍니다.

2. 장성한 사람은 자유자입니다

우리들은 율법 아래에 있었습니다. 3절에 "이와 같이 우리도 어렸을 때에 이 세상의 초등학문 아래에 있어서 종 노릇 하였더니"라고 했습니다. 그리스도께서 오시기 전까지 구원받는 진리를 잘 깨달은 사람은 없었습니다. 마치 초등학문 아래에 있는 것과 같았습니다. 지식으로 말하면 초기 단계에 있었습니다. 알파벳과 같은 기초문자를 알 정도였습니다. 자연철학적으로 물, 불, 공기, 흙 그리고 해와 달과 별에 대한 지식의 부족으로 천체숭배를 했던 사건을 말합니다. 자연에게 종노릇했습니다. 알파벳에게 종노릇했습니다. 그러나 그리스도로 말미암아 완전히 벗어나 자유자가 되었습니다.

우리들은 율법 아래에 있었지만 그리스도께서 십자가의 구속사역으로 율법에서 우리들을 해방시키셨습니다. 자유자가 되게 하셨습니다.

유업을 이을 자로 장성하게 되었습니다. 장성한 다음에는 후견인과 청지기가 아니었습니다.

자유자가 되었습니다. 율법 아래에서 벗어나 믿음으로 말미암아 자유자가 되었습니다. 바울이 무엇을 주장하고 있습니까? 율법의 제한성, 한시성, 기능의 한계성을 말하고 있습니다. 과거에는 율법의 저주 아래에 있었고 종노릇하는 입장이었지만, 지금은 자유자라는 뜻입니다. 장성한 아들로서 활동하고 있습니다.

갈라디아 교인들이 율법주의자들에게 미혹을 받아 율법 아래에 들어가려고 하는 모습을 보면서 어떤 마음을 가졌겠습니까? 장성한 그리스도인, 장성한 믿음의 사람, 성숙한 자유자가 되라고 가르치고 있습니다.

'때가 차매'란 '충만, 완성'이란 뜻입니다. 조금도 모자람이 없는 상태를 가리킵니다. 그리스도가 이땅에 오심에 있어서 하나님의 정하신 때로, 어그러짐이나 오점 없이 이루어졌음을 나타냅니다. 하나님께서 율법 아래 있는 인간을 해방시키고자 아들을 여자에게 나게 하셨습니다. 몽학선생과 후견인과 같은 역할을 하는 율법에서 벗어나게 하시려고 여자에게서 나게 하셨습니다. 완전한 사람이 되셨습니다.

할례도 받으시고 유월절도 지키셨지만, 무엇보다도 단번에 영원한 희생제물이 되시기 위하여 여자에게서 나셨습니다. 마태복음 5장 17절에 "내가 율법이나 선지자를 폐하러 온 줄로 생각하지 말라 폐하러 온 것이 아니요 완전하게 하려 함이라"라고 했습니다. 그리스도를 믿음으로써 자유자가 된 사람은 장성한 사람입니다. 어린아이가 아니라 장성한 사람답게 살아가기를 바랍니다.

3. 하나님의 자녀로 삽시다

5절에서 "율법 아래에 있는 자들을 속량하시고 우리로 아들의 명분을 얻게 하려 하심이라"라고 했습니다. 그리스도께서 이땅에 오심으로써 어떤 결과를 가져왔습니까? 하나님과 원수상태에 있던 사람들을 화목하게 만드셨습니다. 하나님과 화목하고, 사람과도 화목하게 했습니다.

또 율법에 종노릇하던 사람들에게 하나님의 자녀가 되는 권세를 주셨습니다. 우리들이 누리는 가장 큰 축복은 하나님의 자녀라는 권세입니다. 바울은 아들의 명분이라고 표현했습니다. 아들의 위치에 둔다는 말입니다. 사랑하는 성도 여러분! 우리들을 아들의 위치에 두셨습니다. 하나님께서 그렇게 하셨습니다. 아빠 아버지라고 부르는 영광을 얻게 되었습니다. 할렐루야!

아들이기 때문에 6절에 "너희가 아들이므로 하나님이 그 아들의 영을 우리 마음 가운데 보내사 아빠 아버지라 부르게 하셨느니라"라고 했습니다. 아멘. 양자가 되었기 때문에 양자의 영을 보내주셨습니다. 성령을 단번에 영원히 주셨습니다. 그래서 하나님을 향하여 아빠 아버지라고 부르게 되었습니다. 어린 아들이 '아빠, 아빠' 하는 것과 같습니다. 아빠 아버지란 친근감과 신뢰를 가리키는 말입니다. 하나님을 향하여 친근하게 부를 수 있고 믿을 수 있게 되었습니다. 이제는 종이 아닙니다. 유업을 이을 자입니다. 자녀입니다. 아들이요 딸입니다.

하나님의 자녀라고 믿고 있지만 여전히 자녀답지 못한 사람들이 너무나 많이 있습니다. 믿음이 장성하지 못하면 자녀로 부름 받았다 할지라도 참된 자유를 누리지 못합니다. 하나님께서 자유자로 부르셨습니다. 자유자가 되게 하셨습니다.

결론적으로 우리들이 알아야 할 것이 있습니다. 먼저 하나님의 자녀로서 자유를 누리려면 진리를 알아야 합니다. 하나님께서 하시는 말씀을 귀담아 들어야 합니다. 그렇지 않으면 잘못된 길에 들어설 수가 있습니다. 종이 아니라 자유자라고 선언하신 분은 하나님이십니다. 성경을 통해서 선언하셨습니다.

또 성령 안에서 성장해야 합니다. 성령 하나님의 인도하심을 따라 살아야 합니다. 바울이 오직 성령의 충만을 받으라고 한 이유가 여기 있습니다. 성령을 충만히 받을 때 하나님의 자녀답게 살 수 있습니다. 성령충만을 위해서 기도하고 말씀연구도 하기 바랍니다.

마지막으로 '하나님의 자녀'라는 확신을 가져야 합니다. 예수를 믿는 사람들은 하나님의 자녀입니다. 형편과 처지를 말하지 말고 하나님의 자녀라는 확신 속에 살아야 합니다. 의심없이 성령의 인도하심을 따라 아빠 아버지라고 부르짖을 때 확신 속에서 행복한 삶을 살 수가 있습니다.

양자의 영을 받았기 때문에 아빠 아버지라고 부를 수 있습니다. 천하고 천한 우리들에게 양자의 영을 부어주신 하나님을 찬양합시다. 그리고 마음껏 하나님 앞에 기도하는 생애를 살 수 있기를 바랍니다.

우리들이 아들이라면 7절의 약속대로 "종이 아니요 아들이니 아들이면 하나님으로 말미암아 유업을 받을 자니라"라고 했습니다.

제27강
갈라디아서 4장 1-11절

속죄 사역과 율법의 종

갈라디아서는 이신득의, 이신칭의 교리를 주장하고 있습니다. 오늘 성경말씀에서는 율법의 한계성과 율법의 기능에 대하여 설명했습니다. 예수님은 우리를 위하여 십자가에 죽으심으로써 율법으로부터 자유를 주셨습니다. 하나님의 아들의 명분을 허락하셨습니다.

그런데 갈라디아 교인들 중에 다시 율법의 종노릇을 하는 자리로 나아가려는 어리석음을 지적했습니다. 바울의 책망을 들어봅시다.

1. 율법의 종

우리는 믿음이 오기까지는 후견인과 청지기로서 율법 아래에서 종노릇하였습니다. 율법주의적인 신앙은 어린아이의 신앙과 같습니다. 상속자가 모든 것의 주인이지만 아버지가 정한 나이가 될 때까지 종처럼 후견인과 청지기의 관리와 지도를 받는다는 일반적인 사실을 언급했습니다.

성도들도 마찬가지입니다. 믿음이 계시되기 이전에는 세상 초등학문과 같은 율법 아래서 종노릇을 하였습니다. 가정교사 아래 있는 사람은 어린아이들입니다.

바울이 활동하는 시대상을 생각해 봅시다. 헬라 시대나 로마 시대에 귀족들이나 부자들이 가정교사나 후견인들을 세워서 자녀들을 교육하고 양육합니다. 그리고 성장한 다음에 부모들은 자녀들에게 모든 것을 선물로 줍니다. 어린아이에게 많은 재산이나 권력을 이양하는 경우가 거의 없습니다. 성숙할 때까지 기다리고 또 잘 성장할 수 있도록 돕고 가르치고, 가정교사로 하여금 돌보게 만듭니다. 아버지가 정한 시간까지 그렇게 성장합니다. 아들이지만 종처럼 성장시킵니다.

자녀가 잘 성장하면 그제서야 모든 재산도 권력도 이양합니다. 그때는 가정교사나 후견인의 돌봄이 필요하지 않은 상태일 것입니다. 마찬가지로 우리들은 하나님의 심판이 무서워서 무엇을 행하는 것보다 구원받은 하나님의 자녀로서 당연한 권리요 의무로서 감당하는 것입니다. 성숙한 자유자로서 헌신하고 봉사합니다. 수동적인 신앙이 아니라 적극적이고 능동적인 신앙인으로서 봉사하고 헌신하는 사람들입니다.

예수 그리스도께서 세상에 오셔서 십자가에 죽으시고 부활하신 다음에 이전의 방법들은 원숙한 신앙을 가진 상황이 아니었습니다. 초보적이고 인간적인 수단과 방법을 버려야 합니다. 바울은 초등학문이라고 표현했습니다.

인간이 하나님과 올바른 관계를 유지하는 방법이 무엇일까요? 인간이 하나님께 나아가는 방법이 무엇일까요? 예수 그리스도를 통하여 나아갑니다. 그래서 예수님은 "내가 곧 길이요 진리요 생명이라"(요14:6)라고 선언하셨습니다.

우리는 그리스도를 힘입어 하나님께 나아갑니다. 예수의 이름을 힘입어 기도하면 응답해 주십니다. 예수님의 이름을 힘입고 천국을 갑니다. 그래서 예수님은 요한복음 10장 9절에서 "내가 문이니 누구든지 나로 말미암아 들어가면 구원을 받고 또는 들어가며 나오며 꼴을 얻으리라"라고 하셨습니다.

바울은 에베소서 2장 18절에서 "이는 그로 말미암아 우리 둘이 한 성령 안에서 아버지께 나아감을 얻게 하려 하심이라"라고 했습니다. 우리는 예수 그리스도를 힘입어 은혜의 보좌 앞에 나아가서 때를 따라 돕는 은혜를 받으며 살아가는 하나님의 자녀들입니다.

2. 때가 차매

때가 찼을 때 예수 그리스도께서 이땅에 오셔서 우리를 율법으로부터 속량하시고 아들의 명분을 주셨습니다. 하나님께서 정하신 때가 되었을 때 예수님을 이땅에 보내셨습니다. 때가 차매 하나님께서 아들 된 예수 그리스도를 여자의 몸에 나게 하시고 율법의 지배를 받게 하셨습니다.

그 이유는 율법의 지배 아래 있는 자들을 그 자신이 십자가의 피로써 속량하사 우리로 하여금 하나님의 자녀로서의 자격과 권리를 얻게 하기 위함이었습니다.

성도들은 이제 하나님의 자녀가 되었으므로 하나님께서 그 아들의 영을 우리에게도 주어 하나님을 '아빠 아버지'라고 부를 수 있게 하셨습니다. 따라서 이제 성도는 종이 아니라 아들로서 유업을 이을 상속자가 되었습니다.

역사 학자들은 예수 그리스도께서 이땅에 오셨을 때를 연구했습니다. 로마가 세상을 통치할 때입니다. 복음이 전파되기에 가장 적합한 때였습니다. 무엇보다 도로망이 가장 잘 형성된 때였습니다. '모든 길은 로마로'라는 말이 있습니다. 복음 전파하기에 가장 좋은 상황이었음을 의미합니다.

또 언어적으로 헬라어를 세계어로 사용할 때입니다. 그래서 신약성경은 전체가 헬라어로 기록되어 있습니다. 공통어를 사용할 때 의사소통이 원활할 수 있습니다. 이렇게 모든 것이 완벽하게 준비 되었을 때 하나님께서 아들 예수를 이 세상에 보내신 것입니다.

가족이나 이웃이 당장 믿지 않는다고 실망하지 마십시오. 계속하여 기도하고 전도하십시다. 때가 되면 회개할 줄로 믿습니다. 바울은 고린도후서 6장 1-2절에 "우리가 하나님과 함께 일하는 자로서 너희를 권하노니 하나님의 은혜를 헛되이 받지 말라 이르시되 내가 은혜 베풀 때요 너에게 듣고 구원의 날에 너를 도왔다 하셨으니 보라 지금은 은혜 받을 만한 때요 보라 지금은 구원의 날이로다"라고 했습니다.

그리스도께서 율법에 순종하심으로써 우리는 율법으로부터 자유를 얻게 되었습니다. 율법 아래 태어나신 그리스도, 율법의 수여자이지만 율법을 수행하셨습니다. 순전히 우리의 구원과 자유를 위해서 그렇게 하셨습니다. 마태복음 5장 17절을 봅시다. "내가 율법이나 선지자를 폐하러 온 줄로 생각하지 말라 폐하러 온 것이 아니요 완전하게 하려 함이라"라고 하셨습니다. 예수님은 율법의 완성자이십니다. 사랑으로 율법을 이루셨습니다.

예수님은 여자에게 나셨습니다. 성육신입니다. 왜 하나님께서 성육신하셨습니까? 왜 인간이 되셨을까요? 인간의 죄를 속량하시고 아들의 명분을 주시기 위함입니다. 인간은 누구나 죄인입니다. 죄 없는 사람이 없습니다. 죄를 대속하기 위하여 사람이 되셨습니다.

그리고 우리와 함께하시는 성령은 하나님을 향하여 '아빠 아버지'라고 부르게 하셨습니다. 하나님은 성령을 우리 마음 가운데 보내셨습니다. 하나님과 우리 사이를 부자 관계로 만드셨습니다. 아버지와 아들 관계입니다.

로마서 8장 15절에서도 "너희는 다시 무서워하는 종의 영을 받지 아니하고 양자의 영을 받았으므로 우리가 아빠 아버지라고 부르짖느니라"라고 했습니다. 성령은 우리가 하나님의 자녀인 것을 증거하는 영입니다. 그러므로 성령을 받은 사람은 변하게 되어 있습니다. 사람도 변하고 생활도 바뀌어집니다.

3. 다시 율법의 종으로

바울 사도는 갈라디아 교인들이 또다시 율법의 종으로 되돌아가려는 것은 아주 어리석은 일임을 지적했습니다. 갈라디아 성도들이 과거에 하나님을 알지 못했을 때 하나님이 아닌 것을 숭배하며 거기에 종노릇하였음을 상기시켰습니다.

그러나 이제는 하나님을 아는 자로서 어찌 다시 약하고 천한 초등학문으로 돌아가 다시 종노릇하려 하느냐고 질문을 한 것입니다. 안식일, 월삭, 각종 절기 등을 준수하는 그들의 행태를 지적하며 그들을 위한 자신의 복음의 수고가 헛될까 두렵다고 말했습니다.

믿지 않는 자들이 행하는 예배 행위는 우상숭배입니다. 특별 계시인 성경대로 행하지 않는 예배 행위는 미신 행위와 같습니다. 불신자들이 행하는 예배 행위를 보십시오. 얼마나 어리석은 짓을 하는지 모릅니다. 이성적인 인간은 어느 정도 만물을 관찰해 보면 하나님을 알 수 있습니다. 희미하게 아는 것입니다. 그러나 성경은 명확하게 하나님을 보여주고 믿게 합니다.

믿음이 있는 사람은 하나님과 인격적인 교제를 합니다. 하나님을 사랑하고 경외하며 복종하는 삶을 살게 됩니다. 믿음이 없으면 하나님을 사랑하지 않습니다. 경외하는 마음도 없습니다. 순종하는 삶을 살지 못합니다.

성도가 세상을 살아갈 때 율법주의자나 반율법주의자들을 경계해야 합니다. 우리는 예수를 믿음으로써 구원받습니다. 하나님의 은혜로 구원받습니다. 그렇기 때문에 아무렇게나 믿고 살아도 된다는 말은 아닙니다. 구원받은 자녀답게 살아야 합니다. 하나님을 사랑해서 계명을 지킵니다. 하나님의 말씀이기 때문에 자녀로서 당연히 지킵니다.

목자는 양들이 성숙하고 성장하기를 원합니다. 바울도 수고한 것이 헛될까 두려워하고 있습니다. 모든 사람이 목사의 가르침대로 순종하고 복종하여 성장하고 성숙한 그리스도인이 된다면 얼마나 좋겠습니까? 여러분은 믿음으로 순종하는 성도가 되십시오.

선한 목자는 양들을 위하여 목숨을 버리는 사람입니다. 우리 예수님이 선한 목자이십니다. 선한 목자를 따라 좋은 꼴을 먹읍시다. 살진 꼴을 먹읍시다. 영육이 성숙할 것입니다.

제28강
갈라디아서 4장 8-11절

종노릇하지 말라

하나님의 은혜로 자녀가 되고, 예수를 믿어 구원받은 여러분들은 종이 아니라 진정한 자유자입니다. 주님만이 영원히 여러분의 왕이십니다. 주님만이 영원히 주인이시요 하나님이십니다. 그것을 믿습니까?

아담 때부터 모든 인간은 죄인이요, 보통생육법에 의해 출생되는 후손들은 다 죄인입니다. 죄인이 죄인인 줄을 알지 못하기 때문에 하나님께서 율법을 주셔서 죄인임을 깨닫게 하셨습니다. 그리고 의로우신 하나님만 믿고 의지하게 만드셨습니다.

구약시대에 이스라엘 사람들은 가정교사, 몽학선생과 후견인 아래 있었습니다. 몽학선생과 후견인이란 율법이 가지는 기능과 권한을 말하는 비유였습니다. 율법은 제한적인 의미가 있었습니다. 그리스도가 오시기까지 역할을 했던, 한시적인 기능을 가졌습니다.

오늘 말씀을 통해서 우리는 어떤 진리를 발견해야 하겠습니까? 그리고 어떻게 믿어야 할까를 생각해 보기 바랍니다.

첫 번째로 갈라디아 교인들이 처한 과거 상황입니다. 8절을 봅시다. "그러나 너희가 그 때에는 하나님을 알지 못하여"라고 말했습니다. '그 때에는'이란 말이 갈라디아 교인들의 과거에 처한 상황, 삶의 형태를 말합니다. 과거에 어떤 상황에 처했는지를 살펴보게 합니다. 바울서신을 살펴보면 항상 이런 논조로 성경을 기록했습니다. 우리들의 과거와 현재를 비교해서 기록하고 있습니다.

에베소 교인들을 향해서 에베소서를 쓸 때도 그랬습니다. 그리스도 밖에 있을 때와 그리스도 안에 있을 때, 언약에 대하여 외인일 때와 언약 안에 있을 때, 천국 시민이 아닐 때와 하나님의 가족이 되었을 때, 옛 사람과 새 사람일 때를 비교하여 말합니다.

로마서를 기록할 때도 그런 논조였습니다. 하나님을 믿지 않아 죄인일 때와 하나님을 믿어 의인일 때의 삶이 다르고 생활방식이 다름을 말했습니다. 하나님을 믿지 않을 때는 자기 마음대로 행하는 인간이 하나님의 은혜로 구원받은 다음에는 예배생활에 변화가 오고, 은사로 봉사하며, 국가관이 달라진다는 것입니다.

과거에 우리들의 상태는 어떤 상태였을까요? 하나님을 알지 못하는 상태였습니다. 하나님에 대한 어떤 계시도 받은 일이 없습니다. 사망 가운데 거하던 이방인들의 영적 상태가 다 마찬가지였습니다. 그리스도를 알기 이전의 상태가 다 그렇습니다.

예수님을 믿기 이전이야 어떻게 살았든지, 어떻게 믿었든지, 어떻게 우상을 숭배했든지 상관하지 않습니다. 다만 과거의 것을 회상하면서 현재에 감사하기 바랍니다. 현재가 아름다우면 아름다운 사람입니다.

또 어떤 상태입니까? 8절 하반절에 "본질상 하나님이 아닌 자들에게 종 노릇 하였더니"라고 했습니다. 하나님이 아닌 자란 우상숭배를 가리키는 말입니다. 하나님을 믿지 않을 때 모든 인류는 입이 있어도 말하지 못하고 코가 있어도 맡지 못하며 눈이 있어도 보지 못하는 우상을 숭배했습니다.

바울은 다른 서신에서는 우상숭배를 "신이라 칭하는 자"(고전8:5), "귀신"(고전10:20)이라고 표현했습니다. 갈라디아 교인들과 지금 우리들은 똑같은 상황이었습니다. 과거에는 귀신이나 따라다니고 말 못하는 우상을 숭배했습니다.

사람이 하나님을 알기 이전의 상태는 다 마찬가지입니다. 영적으로 무지한 상태입니다. 생명이 없는 우상을 숭배하고, 손으로 만든 물질이나 숭배하고, 신의 형상으로서 헬라문화권에서 숭배의 대상이던 제우스 같은 신을 믿었습니다.

'종 노릇 하였더니' 라는 말은 '헌신적으로 숭배하다' 라는 의미입니다. 갈라디아 사람들이 그리스도를 믿기 이전에 행하던 모습입니다. 우상을 아주 열심히 섬겼습니다. 헌신적으로 숭배했습니다. 섬기지 않으면 큰 일이나 날 것처럼 섬겼습니다.

갈라디아 교인들은 어떻게 했습니까? 율법의 종노릇을 했습니다. 무엇을 행해야 될 줄로 생각하는 사람들이었습니다. 할례로 구원받고, 율법을 지킴으로써 구원받는다고 생각했던 사람들이었습니다. 이것이 과거의 갈라디아 교인들의 모습이었습니다.

왜 바울이 과거와 현재를 비교해서 설명할까요? 구원받은 우리들, 여러분들이 하나님 앞에 감사하여 찬양하고, 신나서 봉사하고 헌신해야 할 이유를 밝히고 있는 것입니다. 하나님의 은혜가 아니었더라면 지금 별짓 다하고 있었을 것입니다. 별행동을 다했을 것입니다. 하나님이 싫어하는 일에 몰두할 사람도 많았을 것입니다. 감사할 것이 없는 사람들도 과거의 삶과 현재의 삶을 비교해 보면 감사가 넘쳐날 줄로 믿습니다.

두 번째로 갈라디아 교인들의 현재 생활입니다. 갈라디아 교인들은 현재적으로 어떤 생활을 했습니까? 이것은 약하고 천한 초등학문에 얽매어 있는 것들이었습니다. 9절에 "이제는 너희가 하나님을 알 뿐 아니라 더욱이 하나님이 아신 바 되었거늘"이라고 했습니다. '이제는' 이란 말이 현재시상입니다. '그 때' 와 대조를 이루는 '이제' 입니다. 갈라디아 교인들의 현재 상황을 가리키는 말입니다.

과거와는 다른 변화가 일어났다는 말입니다. 우상숭배에 젖어 하나님의 진노를 받아 마땅한 사람들이었지만 '이제는' 달라졌다는 말입니다. 복음을 통하여 하나님을 알게 되었습니다. 하나님의 자녀가 되었습니다. 하나님의 아들이요, 딸입니다.

'하나님을 안다'는 것은 '하나님을 경외하고 하나님께 복종한다'는 것을 뜻합니다. 하나님이 아들로, 딸들로 인정하셨다는 말입니다. 사람이 하나님을 아는 것보다는 하나님께서 우리들을 알고 계신다는 뜻입니다. 그리고 하나님께서 아들과 딸임을 선언하셨다는 말입니다. 이런 큰 변화가 있었습니다.

그러나 갈라디아 교인들이 어떤 생활을 했습니까? "다시 약하고 천박한 초등학문으로 돌아가서 다시 그들에게 종 노릇 하려 하느냐?"라고 했습니다. 초등학문이란 율법을 가리킵니다. 갈라디아 교인들이 복음을 버리기 시작했습니다. 십자가를 버리기 시작했습니다. 믿음을 떠나기 시작했습니다. 다시 율법적인 생활로 돌아가는 갈라디아 성도들의 행동을 지적하고 있습니다.

죄에서 해방된 자유를 버리고 다시 율법의 종노릇을 하는 생활, 죄의 종노릇을 하는 생활로 되돌아가고 있으니, 바울이 경고하고 있습니다. "약하고 천박한 초등학문"이란 표현은 율법의 한계를 말합니다. 그리스도는 구원의 영원한 방편입니다. 한계가 없습니다. 초국가적이고 초민족적인 구세주가 되십니다.

'날'은 안식일이나 금식일과 같은 율법의 규례를 가리킵니다. '달'은 매달 시작되는 첫 날을 지키는 습관이 있는데 월삭을 가리킵니다. '절기'란 유월절, 오순절, 장막절과 같은 절기를 말합니다. 유대인들은 부림절이나 나팔절 같은 절기를 지킴으로써 거의 한 달에 한 번꼴로 절기를 지켰습니다. '해'는 안식년과 희년을 말합니다. 이런 것들을 지켜서 구원받는다고 생각하는 것은 잘못된 것임을 밝히고 있습니다.

유대인들은 삼가 지켰습니다. 삼가 지킨다는 말은 엄격하게 지켰다는 말입니다. 사실 유대인들은 율법주의자들로 전락했습니다. 하나님께서 구원시켜 주신 것이 감사해서 지키는 것이 아니라 구원받기 위한 방편으로 지켰으니 모순이 된다는 말입니다.

세 번째로 어떤 결과를 가져왔습니까? 갈라디아 교인들은 율법주의의 미혹을 받았습니다. 하나님의 은혜로 구원받은 아브라함처럼 우리들도 은혜로 의인 되고 은혜로 구원받는 것에 반해 행함으로 구원받는다, 할례를 받음으로써 구원받는다고 주장했습니다. 기독교는 사람 중심이 아니라 하나님이 중심이 되는 종교입니다.

하나님께서 아브라함에게 은혜언약을 세우시는데 너를 믿음의 조상이 되게 하고 복의 근원자로 세워서 만민이 복을 받으며, 네 씨로 말미암아 천하만민이 다 복을 받는다고 약속하셨습니다. 기독교는 은혜언약을 붙잡고 믿는 종교입니다.

그런데 갈라디아 교인들은 미혹을 받았습니다. 11절에 "내가 너희를 위하여 수고한 것이 헛될까 두려워하노라"라고 했습니다. 바울이 갈라디아 사람들에게 복음을 증거할 때 믿음은 율법을 완성시킨다는 것을 가르쳤습니다. 그러나 나중에 미혹을 받아 복음을 버리고 율법을 따랐습니다. 사도행전 13장 39절에 "또 모세의 율법으로 너희가 의롭다 하심을 얻지 못하던 모든 일에도 이 사람을 힘입어 믿는 자마다 의롭다 하심을 얻는 이것이라"라고 했습니다.

바울이 전한 복음을 가치 없는 것으로 이해했습니다. 바울의 수고를 헛된 대로 돌렸습니다. 그리고 더 무서운 것은 구원을 잃게 됩니다. 그래서 "두려워하노라"라고 했습니다. 두려워한다는 말은 수고한 것이 물거품이 되기 때문이라기보다는 갈라디아 사람들의 구원이 문제가 되기 때문입니다. 구원을 잃게 되기 때문입니다.

사람이 복음을 받았다 하더라도 잘 발전시키거나 성장시키지 않는다면 퇴보하기 일쑤입니다. 때로는 퇴보 정도가 아니라 배교의 상태로 떨어지는 법입니다.

신앙의 열매, 의의 열매가 가득해야 합니다. 빌립보 2장 11절에 "모든 입으로 예수 그리스도를 주라 시인하여 하나님 아버지께 영광을 돌리게 하셨느니라"라고 했습니다. 이것이 인생 최고의 목표입니다.

제29강
갈라디아서 4장 12-20절

바울의 고뇌

지금까지 바울은 율법을 오해한 율법주의자들의 잘못을 지적했습니다. 율법주의자들은 행함으로 구원받는다, 할례를 받음으로써 의인 된다, 율법을 지킴으로써 구원받는다는 주장을 했기 때문에 바울은 그들을 대항하여 여러 가지로 설명을 했습니다.

우리들의 주장이 무엇입니까? 하나님의 은혜로 구원받고, 예수를 믿음으로써 의인 되며, 율법은 인간이 죄인인 줄 알아 하나님을 더욱 의지하게 만들고, 하나님의 뜻을 알아 주님의 뜻대로 살게 만드는 것임을 알게 되었습니다.

그래서 율법이란 어린아이들을 지도하는 가정교사, 몽학선생과 같습니다. 4-16세에 대한 초등교사와 같아서 가르치고 인도함에 있어 그리스도에게로 인도하는 선생의 역할을 하는 것이 율법을 주신 하나님의 목적입니다.

또 후견인과 같습니다. 17-25세 정도까지 뒤를 돌보아 주는 사람의 역할입니다. 세상에 대하여 학문에 대하여 그리고 여러 가지 예법에 대하여 가르치며 돌보는 사람이 후견인입니다.

마지막으로 청지기와 같은 역할을 합니다. 지켜 주고 보살펴 주는 역할 말입니다. 청지기는 모든 재산과 생명이 자기 것이 아닙니다. 다만 맡은 자일 뿐입니다. 맡은 자로서 열심히 그리고 성실하게 일을 감당하여 주인 뜻대로, 하나님의 뜻대로 사용하여 하나님께 영광을 돌리는 사람입니다.

1. 바울의 회상

오늘 말씀에서는 바울이 과거에 갈라디아 지방에서 복음을 전할 때에 보여 주었던 교인들의 사랑을 회상하고 있습니다. 12-15절이 그것입니다. 복음 전하는 자와 성도와의 관계입니다. 어떠한 관계가 정상적일까요? 과거에 바울과 갈라디아 성도들은 어떤 관계에 놓여져 있었을까요?

갈라디아 교인들이 율법주의자들에게 미혹을 받았습니다. 바울은 미혹받은 사람들을 향하여 '형제들아' 라고 부르고 있습니다. 책망할 때는 무섭게 책망했던 바울이 친근감 있게 부르고 있습니다. 만약에 내가 복음을 전하여 믿게 된 사람이 미혹을 받아 이단자가 된다면 뭐라고 말할까? 여러분들 같으면 뭐라고 말하겠습니까? 아마도 가혹한 말을 하는 것이 일반적일 것입니다. 그러나 바울은 '형제들아' 라고 말했습니다.

그러면서 바울이 갈라디아 성도들에게 권고한 말이 무엇입니까? "내가 너희와 같이 되었은즉 너희도 나와 같이 되기를 구하노라" 라고 했습니다. 바울은 기도해 주었습니다. 단순한 기도가 아니라 나와 같이 되라고 권면하는 기도였습니다. 나와 같이 되라는 의미가 무엇일까요?

바울이 과거에는 율법 아래 있었지만 지금은 율법으로부터 자유를 얻은 것처럼 너희들도 그런 자유자가 되라는 말입니다(에라스무스, 크리소스톰). 바울이 갈라디아 교인들을 사랑한 것처럼 갈라디아 교인들도 그렇게 사랑하라는 의미로 이해합니다(루터, 칼빈, 벵겔). 바울이 유대인이지만 율법을 떠나 그리스도 안에서 믿음으로 자유를 누리라는 의미로 이해하는 신학자들도 있습니다(알포드, 렌스키).

바울은 육체적인 약함이 있는 사람이었습니다. 두통, 안질, 간질, 말라리아 등 여러 가지 학설이 있습니다. 다른 사람들이 볼 때에 쉽게 눈에 띄는 병이었습니다. 갈라디아 교인들이 보면 쉽게 시험에 들 수 있는 질병이었습니다. 그런데 갈라디아 교인들은 바울을 어떻게 대했습니까?

13-14절에 "내가 처음에 육체의 약함으로 말미암아 너희에게 복음을 전한 것을 너희가 아는 바라 너희를 시험하는 것이 내 육체에 있으되 이것을 너희가 업신여기지도 아니하며 버리지도 아니하고"라고 말합니다.

갈라디아 교인들은 바울에 대해 적대감을 가지지 않았습니다. 여러 가지 약점을 보았을 때 우호적인 자세를 가졌습니다. 흉을 보거나 등을 돌리는 것이 아니라 오히려 도왔습니다. 아주 경멸할 수 있는 입장에서 그렇게 하지 않았다는 의미입니다. 침 뱉을 사람들이 오히려 적극적으로 도와주었다는 뜻입니다. 고대사회에서는 관계가 없다는 뜻으로, 경멸의 의미로 이런 사람들에게 침을 뱉았습니다.

그러나 갈라디아 사람들은 바울을 어떻게 대했습니까? 14절 하반절에 "오직 나를 하나님의 천사와 같이 또는 그리스도 예수와 같이 영접하였도다"라고 했습니다. 비록 바울에게 육체적인 질병이 있었지만 복음이 귀하기에 바울까지 귀하게 여겼습니다. 복음을 받고 믿고 따르면서, 복음을 전하는 바울까지 귀하게 여겼습니다. 하나님의 천사와 같이, 예수님처럼 생각하고 섬겨 주었습니다. 극진히 사랑했습니다.

현재는 어떠한 상태에 있습니까? "너희의 복이 지금 어디 있느냐?" 사도로서 고민하는 바울입니다. 고민거리가 된 갈라디아 교인들이지요. 이것이 목회자의 고민입니다. 복음을 처음 받았을 때 기뻐하며 영접하고 사랑하던 갈라디아 교인들이 기쁨을 지속할 수 없었던 이유를 밝히고 있습니다. 믿음을 저버리고, 하나님의 사람을 버리고, 율법적인 생활로 돌아갔을 때 무슨 기쁨이 있겠습니까? 이것은 처음 믿음을 회복하라는 말입니다. 여기에 목회자의 고민이 있습니다. 세상이 점점 바쁘다고 하나님을 섬기고 예배하는 생활을 등한히 하기 시작합니다. 봉사의 손길을 놓기 시작합니다. 여기에 목회자의 고민이 있습니다.

과거에는 "너희의 눈이라도 빼어 나에게 주었으리라"라고 했습니다. 신체 중에 가장 소중한 부분이라도 바치려고 할 정도로 바울을 사랑했다는 뜻입니다. 헌신하고 봉사하는 것을 즐거워했다는 말입니다.

그런데 지금은 그렇지 않았습니다. 헌신도 봉사도 하지 않았습니다. 율법 아래 종노릇하고 있었습니다. 바울은 과거를 회상하면서 현재의 갈라디아 교인들을 불쌍히 여기고 있습니다. 돌아오기를 간절히 기대하면서 권고하고 있습니다.

사랑하는 성도님들은 어떻습니까? 여러분들도 갈라디아 교인들과 같지는 않습니까? 돌아오기를 바랍니다. 봉사하며 즐거워하는 자리를 내 자리로 만들기 바랍니다. 봉사하면서 콧노래를 부르던 자리를 내 자리로 만들어가기를 바랍니다.

2. 바울의 권고

바른 믿음생활을 하라는 권고를 하고 있는 바울입니다. 사랑으로 권고하는 것입니다. 자기에게 맡겨진 양떼를 바로 인도하려는 바울입니다. 양육을 바로하여 올바른 양떼가 되기를 바라는 바울입니다.

그런데 바울이 그렇게 불쌍히 여기지만 16절에 이런 말을 합니다. "그런즉 내가 너희에게 참된 말을 하므로 원수가 되었느냐?"라고 했습니다. 율법주의자들을 비판하고 미혹받은 성도들이 돌아오도록 권고하지만 복음을 싫어하고, 바울을 싫어하는 이유는 무엇입니까?

목자의 심정은 어떤 심정입니까? 믿음으로 구원의 진리에 굳게 서기를 바라는 마음입니다. 굳센 믿음의 사람이 되기를 바라서 몇 가지를 당부하고 있습니다.

1) 다른 성도들의 잘못에 대해서 지적할 뿐만 아니라 강한 사랑의 권고가 필요합니다. 성도들은 그리스도의 사랑, 하나님의 사랑을 이해해야 합니다. 영적 해산의 수고까지도 아끼지 않아야 합니다. 바울은 어떤 자세를 취했습니까?

19절에 "나의 자녀들아 너희 속에 그리스도의 형상을 이루기까지 다시 너희를 위하여 해산하는 수고를 하노니"라고 말했습니다. 이것이 사랑입니다. 바울은 갈라디아 교인들을 사랑했습니다. "나의 자녀들아", 사도 요한도 그렇게 불렀습니다. 갈라디아 교인들을 얼마나 사랑했던지 복음으로 낳고 양육했음을 고백하면서, 지금도 변함없이 그런 마음을 가지고 있음을 밝히고 있습니다. "너희 속에 그리스도의 형상이 이루기까지 다시 너희를 위하여 해산하는 수고를 하노니"라고 했습니다. 산모의 고통, 산고를 겪으면서 교회를 위해서 수고했습니다. 성령께서 내주하셔서 인격까지 새롭게 하심을 말합니다.

20절에 "너희에 대하여 의혹이 있음이라." 의혹이란 의심으로, 확실히 확신하는 바가 없어 안타까워하는 마음입니다. 바울은 갈라디아 교인들을 향하여 의심, 의혹이 있었습니다. 여러분들은 목회자에게 확신을 줄 수 있기를 바랍니다. 목회자에게 확신을 심어주는 말과 행동이야말로 정말 귀중하고 중요한 삶의 자세일 것입니다.

2) 사단의 사주를 받는 악한 지도자는 성도들을 미혹하기 위해 악한 열심을 가집니다. 17절입니다. "그들이 너희에게 대하여 열심 내는 것은 좋은 뜻이 아니요." 어떤 사람에게 관심을 가지는 것을 말합니다. 갈라디아 교회에 율법주의자들이 침투했습니다. 미혹하기 위해서 그랬습니다.

그런데 율법주의자들의 목적이 무엇입니까? 17절입니다. "오직 너희를 이간시켜"입니다. 사이를 갈라 놓기 위함입니다. 바울의 복음, 그리스도 안에서 떼어 놓기 위함입니다. 믿음을 버리고 진리를 버리고, 율법주의자가 되게 함이었습니다.

성도들은 영적으로 잘 분별하고, 그리스도에 대한 깊은 신뢰와 극복하기 위한 열심을 가져야 합니다. 그릇된 사상들은 결과적으로 그리스도와 멀어지게 만들어 버립니다. 교회와의 관계에서 떨어지게 만들어 버립니다. 세상에 다양한 사상들이 존재하는데 그리스도와 가깝게 만드는 사상은 그렇게 흔하지도 않고 많지도 않습니다. 그렇지 않습니까?

하나님 절대주권적인 사상, 신본주의적인 사상, 성경제일주의적인 사상이 아주 중요한 사상입니다. 그리고 '하나님 앞에서' 라는 의식이 반드시 필요합니다.

제30강
갈라디아서 4장 12-20절

갈라디아 교회와 바울의 호소

갈라디아서 4장은 이신득의, 이신칭의의 정당성을 주장하는 내용입니다. 예수 그리스도께서 율법 아래 나시고 율법을 완성시키시므로 우리를 율법의 종노릇하는 자리에서 속량하여 아들의 명분, 자녀의 명분을 얻게 하셨습니다.

다시 율법의 종으로 돌아가려는 갈라디아 교인들을 책망한 내용이었습니다. 바울은 사도로서 목회자로서 갈라디아 교인들의 믿음이 회복되기를 간절히 사모하면서 편지를 썼습니다.

1. 교인과 목회자

갈라디아 교인들이 처음에는 바울을 뜨겁게 사랑했습니다. 교인과 목회자 사이에는 뜨거운 사랑만 있어야 합니다. 비판하고 평가하는 일은 여러분이나 나의 몫이 아니라 하나님의 영역입니다. 그런데 종종 자기 자신의 입장에서 평가하는 어리석은 사람들이 있습니다.

바울 사도는 유대인입니다. 복음을 위하여 이방인의 사도가 되었습니다. 복음의 진리를 위해서 스스로 율법에 대해 이방인이 된 것처럼 말하고 살았습니다. 갈라디아 성도들이 율법주의가 아니라 예수 그리스도를 믿는 믿음 안에서 자유자가 되기를 원했습니다.

갈라디아 교인들이 과거에 바울을 해롭게 한 일이 없었습니다. 제1차 전도 여행을 할 때 육체가 허약해진 것이 계기가 되어 갈라디아 지방으로 가서 복음을 전하게 된 것을 회상했습니다.

그때 갈라디아 교인들이 약한 바울을 업신여기지 않았습니다. 천사처럼 섬기고 예수 그리스도처럼 극진히 영접했습니다. 그들이 자신을 위해서 눈이라도 빼 줄 정도로 기쁨과 감격이 있었는데 지금은 어디 있느냐고 돌아보게 하고 있습니다.

거짓 선생들의 가르침을 따르고 바울의 사도권과 복음에 대하여 비판을 가했을 때 '형제들아' 라고 불렀습니다. 적이나 반대자로 본 것이 아니라 바울은 형제애를 가지고 대했습니다.

갈라디아 교회 안에 가만히 들어온 유대 율법주의자들의 가르침에 귀기울이며 사도 바울을 비방했습니다. 바울은 하나님의 직접 부르심을 받은 사람이 아니고 복음도 부족한 복음이라고 지적했습니다. 죽음을 무릅쓰고 복음을 전했는데 갈라디아 교인들이 거짓 선생들의 말에 넘어갔습니다.

바울은 그런 사람들을 향하여 '형제들아' 라고 부릅니다. 그릇된 길로 가는 모습을 보고 슬퍼하는 목자의 음성입니다. 바른 믿음의 길로 돌아오라는 선한 목자의 음성일 것입니다. 자기를 비방하고 중상 모략까지 일삼았는데도 '형제들아' 라고 부르는 것이 위대한 점입니다. 예수님은 원수를 사랑하고 너희를 핍박하는 자를 위하여 기도하라고 했습니다.

"형제들아 내가 너희와 같이 되었은즉 너희도 나와 같이 되기를 구하노라." 여러 견해가 있지만 바울이 유대인이면서 이방인의 사도가 된 것처럼 갈라디아 지방의 성도들도 율법을 떠나 믿음 안에서 자유를 누리는 자유자가 되라는 교훈입니다. 고린도전서 9장에서도 자신이 율법

없는 자와 같이 된 것은 율법 없는 자를 얻고자 함이라고 말했습니다. 죄와 율법 아래 고통 받는 사람들을 건져내는 사람들이 됩시다.

갈라디아 교인들은 바울이 사역할 때 눈이라도 빼 줄 정도로 사랑했습니다. 바울 사도에게 있던 질병이 복음을 전하는 기회가 되었고 교인들이 더욱 사랑하는 기회가 되었습니다. 목회자에게도 약한 면이 있습니다. 그것은 비방하라고 주신 것이 아니라 교인들이 채워주라고 주신 것입니다. 그래서 갈라디아 교인들이 천사처럼, 그리스도처럼 대접하고 영접했습니다. 이것이 은혜입니다. 사랑입니다. 복입니다.

그래서 질문합니다. 그 복이 어디 있느냐? 처음 사랑이 어디 있느냐? 끝까지 사랑으로 헌신하기 바랍니다.

2. 교인과 거짓 선생들

교인이 믿음 생활을 할 때 조심해야 할 사람들이 있습니다. 그중의 하나가 그릇된 교훈을 가지고 있는 사람입니다. 말없이 잘못된 교리를 배웠거나 성경 말씀대로 믿지 않는 사람을 조심해야 합니다. 갈라디아 교인들 중에도 그런 사람이 있어서 안타까운 심정으로 편지를 쓰고 있는 바울입니다.

사도 바울이 갈라디아 교인들에게 진리를 전한 것 때문에 이제 원수가 되었느냐고 하며 그들의 달라진 태도를 지적했습니다. '참된 말을 하다' 라는 것은 '친한 친구에게 솔직히 말하는 것' 을 말합니다. 우정입니다. 바울은 형제에게 말하고 있습니다. 갈라디아 교인들의 잘못을 지적하고 있습니다. 교인들은 바울을 원수처럼 생각했습니다.

목회의 어려움 중의 하나가 다툼입니다. 목회자는 때때로 성도와 다퉈야 합니다. 구약 선지자들이 그랬습니다. 그 시대와 다투고, 왕과 다투기도 하고, 백성들과 다투기도 한 사람이 선지자이듯 이 시대에 올바른 목회자는 이 시대의 사상과 성도와 다퉈야 된다는 뜻이 담겨져 있습니다.

구약 시대에 다윗 왕이 그릇된 길로 갈 때에 하나님은 나단 선지자를 보내시고 다윗과 다투게 하셨습니다. 목적은 책망에 있지 않고 올바른 길에 있었습니다. 방법과 수단은 책망의 방법이었습니다.

엘리야 선지자도 백성과 아합을 바른 길로 인도하기 위하여 바알 선지자와 아스다롯 선지자들과 대결도 하고 죽이기도 했습니다. 바른 길로 인도하기 위한 목적이었습니다.

거짓 선생들이 갈라디아 교인들에게 열심을 내는 것은 악한 의도에 따른 것으로서, 바울과 교인 사이를 이간질하여 결국 자신들을 열심히 추종하게 하려는 것임을 지적합니다. 여러분! 목회자를 따라야 합니까 아니면 거짓 선생들의 그릇된 교훈을 따라야 합니까?

선한 동기로 열심을 내는 것이라면 언제나 좋은 것이지만 거짓 선생들의 동기가 그렇지 않다는 것을 지적하고 있습니다. 이단자들의 목적은 자기의 유익, 이익을 챙기기 위한 방법입니다. 교회에 침투하여 불평하고 불만을 가진 자들을 자기 편으로 만들어 혼란스럽게 하고 목회자와 교인 사이를 이간질하여 복잡하게 만드는 결과를 가져오게 합니다.

디모데전서 6장 3-5절을 봅시다. "누구든지 다른 교훈을 하며 바른 말 곧 우리 주 예수 그리스도의 말씀과 경건에 관한 교훈을 따르지 아니하면 그는 교만하여 아무것도 알지 못하고 변론과 언쟁을 좋아하는 자니 이로써 투기와 분쟁과 비방과 악한 생각이 나며 마음이 부패하여지고 진리를 잃어 버려 경건을 이익의 방도로 생각하는 자들의 다툼이 일어나느니라."

3. 교인과 바울

갈라디아 교인들을 '나의 자녀들아' 라고 부르면서 갈라디아 교인들 속에 그리스도의 형상이 이루기까지 다시금 해산하는 수고를 감내

하는 바울의 심정을 피력했습니다. 갈라디아 교인들이 바른 믿음 생활, 바른 신앙 생활 하기를 간절히 염원하는 편지를 썼습니다. 이것이 바울 사도의 심정입니다. 양떼를 바른 길로 인도하려는 심정과 양육하고 성장시키려는 목회자의 마음입니다. 아버지의 마음, 어머니의 마음입니다.

그리스도의 형상이 이루기까지 아버지와 어머니의 마음을 가지고 키워가는 사람입니다. 이것이 목회자의 마음입니다. 교인들이 그런 마음을 알고 따를 때 성장합니다. 그리스도의 형상이 이루어집니다. 거룩하고 진실하며 의롭고 겸손한 사람으로 성장하는 것입니다.

바울이 복음을 전할 때 이고니온에서 유대인들에게 돌로 맞습니다. 루스드라 지방에서는 거의 죽은 사람처럼 되었습니다. 갈라디아 지방에서도 약한 몸을 가지고도 아버지와 어머니의 심정을 가지고 복음을 전했습니다. 해산하는 수고를 합니다. 자녀를 낳아서 키우는 것이 말처럼 쉽습니까? 모든 것을 다 투자해야 합니다. 온 몸과 정성을 다 쏟아 바쳐야 됩니다.

데살로니가전서 2장 7-8절에 "우리는 그리스도의 사도로서 마땅히 권위를 주장할 수 있으나 도리어 너희 가운데서 유순한 자가 되어 유모가 자기 자녀를 기름과 같이 하였으니 우리가 이같이 너희를 사모하여 하나님의 복음뿐 아니라 우리의 목숨까지도 너희에게 주기를 기뻐함은 너희가 우리의 사랑하는 자 됨이라"라고 했습니다. 그리스도의 형상이 이루기까지 수고하는 삶이 목회자의 삶입니다.

지금이라도 갈라디아 교인들과 함께 있어 어조를 부드럽게 바꿀 수 있으면 좋겠다는 심정을 밝히면서 갈라디아 교인들에 대한 염려로 어찌할 바를 모르는 바울의 심정을 피력했습니다. 지금까지는 어리석다고 책망했습니다. 이제는 부드러운 음성으로 대하고 있습니다. 속히 올바른 믿음의 길로 들어서서 영육이 회복되기를 바라고 있습니다.

히브리서 10장 24-25절에 "서로 돌아보아 사랑과 선행을 격려하며 모이기를 폐하는 어떤 사람들의 습관과 같이 하지 말고 오직 권하여 그 날이 가까움을 볼수록 더욱 그리하자"라고 했습니다.

성도는 하나님과의 교제, 성도와의 교제를 잘 해야 바른 길을 끝까지 걷게 됩니다.

제31강
갈라디아서 4장 21-31절

누구의 자녀인가?

사람은 믿음이 오기 전과 믿음이 온 후가 다릅니다. 우리들은 믿음이 온 후의 사람, 믿음의 사람으로 아브라함의 자손입니다. 예수를 믿음으로써 의인이 되고, 하나님의 은혜로 하나님을 믿어서 구원받은 하나님의 아들이요 딸들입니다. 영접하는 자, 그 이름을 믿는 자들에게는 하나님의 자녀가 되는 권세를 주셨기 때문입니다.

갈라디아 성경을 자세히 살펴볼 때 현재 성도들의 모습과 어쩌면 그렇게 닮았는지 모르겠습니다. 옛날이나 지금이나 변하지 않는 것이 있다면 사람일 것입니다. 죄인은 과학문명이 발달하고 문화가 발전하여도 변하지 않는 존재인가 봅니다.

저는 여러분들이 그리스도 안에서 변화받은 사람으로 알고 있습니다. 새로운 피조물입니다. 예수님으로 말미암아 의인으로 바꾸어진 존재인 줄로 믿습니다. 성령으로 거듭난 사람, 새 하늘과 새 땅의 주인공들인 줄로 확신합니다.

여러분은 누구의 자녀라고 생각하며 살고 있습니까? 자기 자신의 신분에 대하여 생각하면서 사는 사람이 현명한 사람입니다. 자기가 누구인지 알지 못하고 사는 것은 불행한 사람입니다. 저는 여러분들이 행복한 사람이 되기를 바랍니다. 행복한 사람이 되려면 자신이 누구인지를 알아야 합니다.

1. 여러분은 누구의 자녀입니까?

여러분은 누구의 자녀입니까? 종의 자녀입니까 아니면 자유자의 자녀입니까? 바울은 갈라디아 교인들에게 누구의 자녀인지를 가르쳐 주고 있습니다. '양자의 영' 을 받아 하나님을 '아빠 아버지' 라고 부르는 자들은 종의 자녀가 아니라 자유자의 자녀라고 가르쳐 주었습니다. '자유자의 자녀' 라, 이상한 말입니다. 처음 들어보는 말입니다. 그런데 들어볼 만한 말입니다. 자유자의 자녀!

율법의 행위가 아니라 하나님의 은혜로 구원받고, 예수를 믿어 의롭다 하심을 받은 사람들은 종의 자녀가 아니라 자유자의 자녀입니다. 바울이 갈라디아 성경에서 이것을 강조하고 있습니다. 여기에 복음과 율법의 차이점이 있습니다. 복음은 자유자가 되게 하지만 율법은 종으로 살게 만듭니다.

예수님의 십자가를 믿는 사람은 신분이 달라졌습니다. 부활의 영광을 소망 중에 바라보는 사람들도 신분이 달라졌습니다. 약속의 자녀입니다. 약속의 자녀가 된 사람은 수동적인 신앙을 버리고 능동적인 신앙생활을 하게 됩니다. 율법의 종이 아니라 그리스도를 믿는 믿음 안에서 자유자가 되었습니다.

바울은 '내게 말하라' 라고 명령조로 말합니다. 권위있게 외치고 있는 것입니다. 랍비들은 율법을 교육할 때 종종 이런 방법을 사용했습니다. 율법을 주장하는 율법주의자들에게 교육방법을 사용하여 책망하고 있습니다. 이스라엘 사람들은 회당에서 율법강론을 주의깊게 들었습니다. 듣고 실천하려는 사람이나 강론하는 사람, 모두에게 바울은 말하고 있습니다.

여러분들은 율법 아래에 있지 않습니다. 그리스도께서 오셨기 때문에 더 이상은 가정교사, 몽학선생이나 후견인 아래에 있지 않는 것과 같습니다. 우리들은 그리스도 안에 있습니다. 그리스도 안에서 믿음으로 자유자가 되었습니다. 하나님의 은혜로 자유자가 되었습니다. 무엇을 행함으로써 구원받는 사람이 아니라 하나님의 은혜로 구원받고, 그리스도를 믿어 의인이 되었습니다. 참다운 자유자입니다.

성도 여러분! 여러분들의 신분은 자유자입니다. 자유라고 하는 것은 아무렇게나 행하거나 아무렇게 살아도 된다는 말이 아닙니다. 아무렇게나 생각하고 행한다면 그것은 방종일 것입니다. 참다운 자유는 법 안에서의 자유입니다. 항상 범주 안에서의 자유입니다. 테두리가 있습니다.

기독교인의 자유는 믿음 안에서의 자유입니다. 바울은 믿음으로 행하지 않는 모든 것이 죄라고 했습니다. 자유자임을 확신하기 바랍니다. 죄나 율법에 종노릇하지 않는 자유자가 되기를 바랍니다.

2. 바울의 설명이 있습니다

바울은 구약성경을 인용했습니다. 창세기 16장과 21장입니다. 아브라함에게 여러 명의 아들이 있었습니다. 그러나 바울은 율법과 복음의 차이점을 설명하기 위해 두 아들만 거론하고 있습니다. 아브라함에게 소속이 다른 두 아들이 있습니다. 하나는 육체적인 아들이요, 다른 아들은 약속의 아들입니다.

육체적인 아들이란 인간적으로 보면 이스마엘일 것입니다. 육체적인 아들이란 인간들이 스스로 목표를 세우고, 스스로의 힘으로 성취할 수 있는, 자신들의 행위에 소망을 두고 살아가는 삶을 가리켜 하는 말입니다.

또 다른 아들은 이삭으로 약속의 자녀였습니다. 하나님께서 아브라함에게 약속하신 다음에 얻은 아들입니다. 이삭을 통해 하늘의 별과 바닷가의 모래같이 많은 자녀를 약속하셨습니다. 하나님의 복과 아브라함의 믿음으로 얻은 자녀가 이삭입니다. 이삭은 하나님의 언약의 상징이요, 돌보시고 섭리하시는 하나님의 사랑의 표현입니다.

바울은 율법과 믿음의 차이를 사라와 하갈의 자녀, 역사적 사실을 가지고 설명하고 있습니다. 이스마엘과 이삭은 신분이 다릅니다. 생애도 달랐습니다. 기업도 다릅니다. 하나님 앞에서 모든 것이 정말 달랐습니다. 한 사람은 육신적인 사람이요 한 사람은 영적인 사람입니다.

하갈은 사라에게 종속된 종이었습니다. 종이 낳은 아들도 종입니다. 마찬가지로 율법이 복음을 영화롭게 하고, 섬기는 위치에 놓여진 것임을 말하고 있습니다. 율법과 믿음이 다같이 하나님께로부터 왔지만 명백한 차이가 있습니다. 율법은 제한성이 있습니다. 교사의 역할입니다. 믿음은 항구적입니다. 구원의 능력이 있습니다.

두 언약이 있습니다. 하나는 아브라함과의 언약입니다. 은혜언약입니다. 인간에게 은혜를 끼치고 자유를 보장하는 언약입니다. 모세를 통해서 주신 시내산 언약이 있습니다. 율법을 통하여 사람을 억압하는 언약입니다. 율법은 인간이 죄인임을 깨달아 은혜언약의 필요성을 더욱 느끼게 만드는 역할을 합니다. 그런데 율법주의자들은 율법의 의미를 이해하지 못하여 행함으로 구원받는다는 주장을 하였습니다.

아브라함과의 언약은 가나안 땅에서의 약속이요, 시내산 언약은 가나안 땅에서 멀리 떨어진 곳에서의 약속이었습니다. 이것도 믿음과 율법은 뚜렷한 차이가 있다는 것을 강조하기 위한 말씀입니다. 율법 아래 종노릇하는 예루살렘은 하갈에게 속한 것과 같고, 위에 있는 예루살렘은 율법의 올무에서 벗어나 자유함을 누리는 하늘의 예루살렘(히11:16, 12:22), 새 예루살렘(계21:2)을 가리킵니다.

새 예루살렘은 믿음을 소유한 사람들이 들어가는 줄로 믿습니다. 예수 안에서 죄로부터의 자유, 율법으로부터의 자유를 얻은 자유인들만 들어가는 줄로 믿습니다. 약속을 믿는 믿음의 자손들만 들어가는 줄로 확실히 믿습니다. 이런 믿음의 후손들이 더 많을 것을 예언하고 있습니다. 사실 역사적으로 볼 때 믿음의 후손들이 굉장히 많이 있습니다.

3. 현실은 반대입니다

세상에서는 주객이 전도된 경우가 많이 있습니다. 무질서하고 죄를 범한 사람이 경찰한테 큰소리치는 세상입니다. 교회 안에도 믿음이 없고 잘못된 생각을 하는 죄인들이 종종 큰 소리를 내는 경우도 있습니다. 근본적인 문제가 있다면 그것은 자기 중심적인 사상을 가질 때 그런 경우가 많습니다. 사람이 하나님 앞에 서 있다고 믿으면 결코 그렇게 말하거나 행동하지는 못할 것입니다.

하갈의 아들 이스마엘이 자유자인 사라의 아들 이삭을 핍박한 것같이 율법주의자들은 율법의 기본정신을 망각하고 복음을 믿는 믿음의 사람들을 핍박하고 거절하며 등을 돌렸습니다.

그러나 분명히 명심할 것은 계집종의 아들, 이스마엘은 종의 신분입니다. 하나님이 준비하신 유업을 이을 수가 없는 사람입니다. 나중에는 내쫓김을 당합니다. 사람은 아무리 훌륭해 보여도 율법으로는 구원을 얻지 못합니다. 그리스도를 소개하는 가정교사, 초등교사요, 후견인이요, 청지기에 불과합니다.

약속의 자녀 이삭이 종종 핍박을 받는 세상입니다. 때로는 믿음의 사람이 환난을 당하고 핍박을 받을 수도 있습니다. 그러나 세상에서의 핍박은 기간이 있습니다. 영원한 것이 아닙니다. 그리고 분명한 것은 그리스도께서 주시는 자유를 꺾을 수 없습니다. 참다운 자유는 예수님 안에서 누리는 평안함과 축복입니다. 그래서 하나님의 나라는 먹는 것과 마시는 것이 아니라 성령 안에서 의와 희락과 평강입니다.

이삭이 어리지만 아브라함의 유업을 이어받습니다. 본부인의 아들이요, 약속의 자녀이기 때문입니다. 우리들도 세상에서는 보잘것없는 사람 같지만 하나님이 준비하신 천국의 영광을 누리게 될 줄로 믿습니다. 그런데 세상에서는 육체를 따라 난 자가 성령을 따라 난 자를 핍박하는 세상입니다. 때로는 이스마엘이 이삭을 조롱했습니다(창21:8-9). 유업을 이을 자로 알고 더욱 핍박했습니다.

그러나 성경이 무엇을 가르칩니까? 약속을 받지 못할 자는 내쫓게 되어 있습니다. 사라가 아브라함에게 요청합니다(창21:10). 하나님이 추인합니다(창21:12). 하갈은 아이와 함께 쫓겨났습니다. 율법주의자들은 결과가 이럴 것입니다. 복음을 거부하고 마음대로 살면 인간은 무서운 심판이 있습니다.

여러분들은 자유하는 사람의 자녀입니다. 자유자로 세상을 살고 믿음으로 살다가 하나님이 준비하신 새 예루살렘을 차지하기를 바랍니다.

제32강
갈라디아서 4장 21-31절

하갈과 사라의 비유

사도 바울은 갈라디아 교인들을 위하여 갈라디아서 3장 이후로 여러 가지 비유로 율법과 언약을 비교하고 대조해서 설명했습니다. 이신득의, 이신칭의 교리는 복음적이며 그 우월성과 정당성 그리고 역사성까지 강조했습니다.

오늘 성경에서 바울은 더욱 명확한 이해를 위하여 하갈과 사라를 비유로 들고 있습니다. 율법과 복음과의 차이를 종의 자녀와 자유자의 자녀의 신분과 운명을 들어 설득력 있게 설명했습니다. 사랑하는 성도들이 바울의 설명을 깊이 있게 이해하고 예수 그리스도를 잘 믿는 믿음의 사람들이 되기를 바랍니다.

1. 두 아들

갈라디아 교인들은 어리석게도 은혜 아래에 있지 않고 율법 아래 있고자 하는 상황이었습니다. 율법책의 중심이 되는 모세 오경에 대하여 말했습니다. 그 모세 오경의 내용 중의 일부가 무엇입니까?

아브라함의 두 아들에 관하여 말해 주고 있습니다. 하나는 계집종,

하갈의 아들, 이스마엘이고 다른 하나는 자유자인 사라에게서 낳은 이삭입니다. 두 아들 중 하갈이 낳은 이스마엘은 육체를 따라 낳은 아들이라면, 사라가 낳은 이삭은 하나님의 언약을 따라 낳은 사람이었습니다.

이스마엘과 이삭은 다 같은 아브라함의 씨, 아들이지만 근본적으로 다른점이 있습니다. 율법과 복음과의 차이점처럼 근본적인 차이가 있습니다. 하나님의 유업을 상속받는 복된 사람이 있고 하나님의 유업을 받을 수 없는 사람이 있습니다.

세상에서는 너무나 어처구니 없는 일이 많습니다. 육체를 따라 난 이스마엘이 성령을 따라 난 이삭을 핍박했습니다. 그러나 그 핍박은 길지 못했습니다. 성도의 고난은 길지 않습니다. 요한계시록에는 십 일입니다. 이삭이 성장하기까지만 고난입니다. 성장한 다음에는 이스마엘이 괴롭힐 수 없습니다. 그리고 이삭과 이삭을 낳은 사라가 쫓겨나는 것이 아니라 이삭을 핍박하고 괴롭히던 이스마엘과 하갈이 쫓겨나게 된 것입니다. 그와 마찬가지로 복음 아래 있지 않고 율법 아래 있는 자는 결국은 천국을 유업으로 받을 수 없다는 점입니다. 하나님 나라를 유업으로 받을 수 없는 사람이었습니다. 성도의 고난에는 대가가 있습니다.

결국 바른 믿음을 가진 자들은 율법주의자들의 박해와 안겨주는 여러 가지 고난을 괴로워하지 말고 참 자유자로 하나님의 유업을 상속 받는 아브라함의 자손이 되기를 촉구하는 바울입니다.

바울은 율법주의를 따르는 자들을 책망하고 있습니다. 율법에 대하여 듣지 못하였느냐? 진정한 의미를 아직도 깨닫지 못하였느냐? 율법을 행함으로써 하나님 앞에서 의롭다 하심을 받을 수 있겠느냐? 율법이 문제가 아니라 인간이 행할 능력이 없는 존재라는 것입니다.

율법의 중요한 기능 중의 하나가 가정교사처럼 우리를 그리스도에게로 인도하는 역할을 하기 때문입니다. 하나님 앞에 나아가는 통로인데 그것으로 구원을 받겠느냐? 사람들은 듣기는 들어도 깨닫지 못합니다. 보기는 보아도 알지 못합니다.

마태복음 11장에서 예수님의 비유가 무엇입니까? 이 세대를 무엇으로 비유할꼬? 장터에 앉아 피리를 불어도 춤추지 않고 애곡하여도 가슴을 치지 아니하는 것과 같습니다.

예수님의 탄식도 들어야 합니다. 요한복음 8장 47절을 명심하십시오. "하나님께 속한 자는 하나님의 말씀을 듣나니 너희가 듣지 아니함은 하나님께 속하지 아니하였음이로다."

이제 기도하여 보는 눈, 듣는 귀, 깨닫는 마음을 달라고 간구하시고 하나님의 말씀을 하나님의 말씀으로 듣는 이삭과 같은 성도가 되어서 하나님 나라를 유업으로 받는 축복이 있기를 바랍니다.

2. 두 언약

아브라함의 두 아들에 대한 이야기를 풍유적으로 해석하여 하갈과 사라가 두 언약이라고 신학적으로 설명했습니다. 세상에는 두 종류의 사람이 있음을 밝힙니다. 이스마엘과 같은 사람이 있고 이삭과 같은 사람이 있다는 선언입니다. 한 사람은 몸종을 통하여 낳은 아들이고 다른 사람은 자유자가 낳은 아들입니다. 율법과 복음의 차이점을 바울은 그렇게 설명했습니다.

이스마엘과 같은 사람은 종이 낳은 종이기 때문에 율법에 종노릇하게 되고 이삭과 같은 사람은 복음을 받아 참된 자유자로 살고 신분도 자유자이고 하나님 나라도 유업으로 받는 사람임을 밝혔습니다. 세상에는 두 종류의 사람이 있습니다. 자기 자신의 의를 믿고 사는 사람이 있고, 그리스도의 의를 믿고 사는 사람이 존재하는 세상입니다. 그리스도를 믿고 사는 사람은 약속을 따라 사는 영적인 사람입니다.

육체를 따라 난 사람이 많은 세상입니다. 그러나 참된 성도는 성령을 따라 난 사람이고 성령의 인도를 받는 사람입니다. 그래서 바울은 "누구든지 그리스도 안에 있으면 새로운 피조물이라 이전 것은 지나갔으니 보라 새 것이 되었도다"라고 외쳤습니다.

시내 산에서 나와서 종의 자녀를 낳았던 한 언약, 하갈을 율법을 대표하는 것으로 해석했습니다. 하갈은 또한 지상의 예루살렘을 가리킨다고 하여 당시 예루살렘의 자녀들, 곧 대다수의 유대인들이 율법 아래에서 종노릇하고 있음에 비유했습니다.

그러나 천상의 예루살렘은 자유자인 사라를 가리킨다고 하여 성도들을 사라의 자녀, 영적인 예루살렘의 시민들이라고 해석했습니다. 오직 위에 있는 예루살렘은 자유자만 들어가는 나라입니다. 성도는 위에 있는 예루살렘의 시민이고 백성입니다.

빌립보서 3장 20-21절에서 바울이 뭐라고 가르쳤습니까? "그러나 우리의 시민권은 하늘에 있는지라 거기로부터 구원하는 자 곧 주 예수 그리스도를 기다리노니 그는 만물을 자기에게 복종하게 하실 수 있는 자의 역사로 우리의 낮은 몸을 자기 영광의 몸의 형체와 같이 변하게 하시리라"라고 했습니다.

그리스도인들은 하나님의 자녀입니다. 하나님의 시민권을 가진 자입니다. 하나님의 백성이요, 생명책에 기록된 사람들입니다. 이 세상을 살아갈 때의 모습은 외국인과 같습니다. 나그네와 같습니다. 그러나 본향을 찾아가는 사람입니다. 하늘 가는 나그네입니다. 그러므로 성도의 삶은 현재적이며 미래적입니다. 썩지 않고 쇠하지 않는 하나님 나라를 바라보면서 믿음의 길을 걷는 사람입니다.

사랑하는 성도들이여! 여러분은 이스마엘이 아니라 이삭입니다. 이 땅에 있는 것으로 만족할 사람이 아니라 하늘의 예루살렘을 바라보면서 살아가는 성도들입니다. 믿음으로 주님을 바라보면서 힘차게 살아가기를 바랍니다.

3. 그리스도인은?

그리스도인은 하나님의 자녀로 이스마엘이 아니라 이삭과 같이 약속을 따라 된 자녀입니다. 그러므로 하나님의 사람의 특징은 언약을 믿는 것입니다. 하나님의 약속을 믿는 사람입니다. 하나님의 말씀을 믿고 순종하는 것이 특징입니다.

이사야 54장 1절을 인용했습니다. "잉태하지 못하며 출산하지 못한 너는 노래할지어다 산고를 겪지 못한 너는 외쳐 노래할지어다 이는 홀로 된 여인의 자식이 남편 있는 자의 자식보다 많음이라 여호와께서 말씀하셨느니라"라고 했습니다.

이사야 54장을 인용한 이유는 언약을 소유한 자들에 대한 축복을 말하기 위함입니다. 그리스도인들은 이삭처럼 언약의 자녀임을 강조합니다. 아브라함 당시 육체를 따라 난 이스마엘이 성령을 따라 난 언약의 자녀 이삭을 핍박한 사실을 들어 이제 율법주의자가 성령으로 거듭난 성도들을 핍박하고 있는 상황을 적용하고 있습니다.

믿음의 조상 아브라함이 말씀을 좇아갔을 때 하나님이 준비해 놓으신 것들이 있었지만 자기 생각대로 다른 방향으로 갔을 때는 생명의 위협과 빼앗김과 근심과 걱정거리가 많았습니다.

그러나 하갈과 그 아들을 쫓아내라고 한 기록처럼 종의 자녀들인 율법주의자들이 자유자의 자녀들인 성도들과 함께 유업을 얻지 못할 것임을 밝혔습니다. 성도는 세상에서 종종 환난과 핍박을 받습니다. 육체를 따라 난 자가 성령을 따라 난 자를 핍박하고 괴롭히기 때문입니다. 이스마엘이 이삭을 희롱하듯 믿음없는 사람이 믿음의 사람을 조롱할 때가 있습니다. 갈라디아 교인 안에도 율법주의자들이 나타나서 복음을 믿고 은혜로 구원받은 자들을 어렵게 하고 힘들게 하였습니다.

예수님은 뭐라고 말씀하셨습니까? 마태복음 5장 10-12절을 봅시다. "의를 위하여 박해를 받은 자는 복이 있나니 천국이 그들의 것임이라 나로 말미암아 너희를 욕하고 박해하고 거짓으로 너희를 거슬러 모든 악한 말을 할 때에는 너희에게 복이 있나니 기뻐하고 즐거워하라 하늘에서 너희의 상이 큼이라 너희 전에 있던 선지자들도 이같이 박해하였느니라"라고 했습니다.

그리스도인들은 종인 하갈의 자녀가 아니라 자유자인 사람의 자녀임을 재강조했습니다. 이스마엘이 유업을 이을 사람같이 보였지만 그렇지 않았습니다. 이삭이 아브라함의 유업을 이을 사람입니다. 약속을 따라 난 자입니다. 첩의 소생이 아니라 본부인의 자녀입니다.

우리가 하나님의 자녀가 된 것은 하나님의 전적인 은혜 때문입니다. 에베소서 2장 8-9절에 "너희는 그 은혜에 의하여 믿음으로 말미암아 구원을 받았으니 이것은 너희에게서 난 것이 아니요 하나님의 선물이라 행위에서 난 것이 아니니 이는 누구든지 자랑하지 못하게 함이라"라고 했습니다.

율법주의자들의 결과가 무엇일까요? 인간의 행위를 강조하게 됩니다. 인간의 행위로 구원받을 수도 없고 새 예루살렘에 들어갈 수도 없습니다. 이스마엘처럼 되는 것이지 이삭처럼 되는 것이 아닙니다. 그러므로 성령의 인도를 받으며 삽시다. 하나님의 약속에 신실합시다. 새 예루살렘의 영광을 바라보면서 여러 가지 어려움을 이겨 나갑시다. 승리하는 성도가 다 됩시다.

제33강
갈라디아서 5장 1-12절

율법으로부터의 자유

사도 바울은 사람이 예수 그리스도를 믿음으로써 이신득의, 이신칭의를 얻게 된다고 갈라디아서에서 주장했습니다. 그리스도 안에서 믿음으로 이신득의, 이신칭의를 얻었다면, 예수 그리스도 안에서 참다운 자유자가 되고, 그 자유를 굳게 지킬 것을 촉구했습니다. 여러분은 참된 자유자입니까?

1. 그리스도 안에서의 자유

그리스도인은 그리스도께서 자유하게 하셔서 자유인이 된 사람입니다. 바울은 이 사실을 갈라디아 교인들에게 재각성시키고 있습니다. 예수님이 우리에게 주신 자유는 인간적인 노력에 의해서 얻어진 자유가 아닙니다.

예수께서 우리에게 주신 자유는 어떤 의미의 자유입니까? 정치적인 해방입니까? 경제적인 자유입니까? 이것도 저것도 아닙니다. 예수께서 우리에게 주신 자유는 율법으로부터의 자유입니다. 율법의 정죄로부터의 자유입니다.

우리가 율법대로 저주를 받아야 하는데 그리스도께서 저주를 감당해 주셨습니다. 그러므로 성도는 그리스도께서 주신 자유를 빼앗겨서는 안 됩니다. 자유를 누리고 자유를 지켜야 합니다.

노예로 살던 사람은 노예 근성이 남아 있을 수 있습니다. 이스라엘 민족이 그랬습니다. 하나님께서 애굽에서 종노릇하던 이스라엘 백성을 모세를 통하여 구원해 냈습니다. 가나안 땅을 향해 가게 되었습니다. 물론 광야를 지나야 했습니다. 어려움도 있고 힘든 일도 있었습니다. 그런데 노예 근성이 남아 있던 이스라엘은 종종 원망하고 불평합니다. 그 결과 모세를 대항하고 하나님을 원망했습니다. 이것은 자유자의 멋이나 아름다움이 아니라 노예 근성이었습니다.

사도 요한은 "그러므로 아들이 너희를 자유롭게 하면 너희가 참으로 자유로우리라"(요8:36)라고 했습니다. 하나님은 아브라함을 은혜로 부르시고, 믿을 때 의롭다 하시고 약속으로 선물을 주셨습니다. 그 약속대로 우리는 믿음으로 하나님의 자녀가 되는 복을 받게 되었습니다.

할례가 무엇입니까? 남성 성기의 포피를 자르는 외과 수술입니까? 할례는 유대 율법주의자들의 종교를 상징하는 말입니다. 사도행전 15장 1절과 5절이 말하듯 율법대로 할례를 받지 아니하면 능히 구원을 받을 수 없다고 주장하는 것과 같습니다.

그러나 율법이 구원의 방편이라는 주장은 율법에 대한 올바른 이해를 가지지 못했기 때문에 생긴 편견입니다. 우리를 하나님 앞으로 인도하는 것은 하나님의 은혜이지 율법의 행위가 아닙니다. 우리 중에 누가 율법을 다 행하여 구원을 받을 수 있겠습니까?

그러므로 사도 바울은 너희가 자유인이 되었다면 다시는 종의 멍에를 메지 말아야 된다고 권고합니다. 당시 율법주의자들이 주장했던 핵심적인 내용은 할례를 시도한 것인데 그것이 얼마나 악한 것인지를 경고도 했습니다. 바울은 이방인의 사도로서 사도권을 가지고 말했습니다. 할례를 받게 된다면 그리스도께서 지신 십자가가 성도에게 아무런 유익을 주지 못하게 됩니다. 그러므로 할례를 받음으로써 구원받는다는 주장을 하는 사람들에게 경고하고 있는 것입니다.

만약 할례를 주장하게 된다면 율법 전체를 지킬 의무를 지게 됩니다. 율법을 지켜서 의롭게 되려고 노력한다면 그리스도로부터 멀어지고 하나님의 은혜에서 떨어지게 될 것입니다.

"너희는 그리스도에게서 끊어지고"에 해당하는 말의 의미가 무엇입니까? '사용하지 않다, 활동하지 않게 하다'의 의미로 인격체나 사물로 하여금 더 이상의 효력을 가지지 못하게 한다는 뜻입니다. 그리스도로부터 완전한 분리와 단절을 말합니다. 그리스도의 대속 사역이 할례를 받은 자들에게는 아무 영향을 주지 못하게 된다는 지적입니다.

또 율법을 선택할 경우에 그리스도로 말미암아 얻어지는 은혜를 포기하기 때문에 율법의 저주에 처하게 된다는 경고의 말씀입니다. 사랑하는 성도들이여! 우리는 할례로 구원받는 것이 아니라 하나님의 은혜로 구원받습니다. 예수를 믿음으로써 구원을 받습니다. 이것이 그리스도께서 주신 진정한 자유입니다.

2. 그리스도 안에서의 믿음

율법주의자들과 달리 그리스도인은 하나님의 성령을 통해 믿음으로 의로워지는 것을 믿는 자들입니다. 5절에 "우리가 성령으로 믿음을 따라 의의 소망을 기다리노니"라고 했습니다. 구원의 소망을 가지고 기다리게 하시는 분이 성령입니다. 성령은 우리에게 약속된 최후 승리를 위한 힘의 원천입니다.

성령께서는 구원의 소망이 이루어지는 날까지 그리스도인들을 지키고 이끌어가며, 인도하시는 분입니다. 기독교 교리를 연구해 보면 성도의 견인이라는 교리가 있습니다. 얼핏 보면 사람이 인내하는 것처럼 느껴지지만 하나님의 인내를 가르칩니다.

현재의 삶이 어렵고 힘들고 고달프다 할지라도 장래의 영광을 바라보게 하는 분은 성령님입니다. 우리에게 영적인 눈을 밝혀주시고 미래에 소망이 넘치게 하는 분도 성령님이십니다. 그러므로 말세를 사는 성도들은 하나님의 능력, 성령의 능력을 매순간 순간마다 공급받아야 합니다. 때를 따라 돕는 은혜를 힘입기 위하여 하나님 앞에 나아가야 합니다.

로마서 8장 26-27절에 "이와 같이 성령도 우리의 연약함을 도우시나니 우리는 마땅히 기도할 바를 알지 못하나 오직 성령이 말할 수 없는 탄식으로 우리를 위하여 친히 간구하시느니라 마음을 살피시는 이가 성령의 생각을 아시나니 이는 성령이 하나님의 뜻대로 성도를 위하여 간구하심이니라"라고 했습니다. 그러므로 성령을 힘있게 의지하는 성도가 됩시다.

"우리가 성령으로 믿음을 따라 의의 소망을 기다리노니"라고 했습니다. 의의 소망이 무엇일까요? 종말론적인 칭의입니다. 그리스도인들은 종말론적인 칭의를 기다립니다. 성도는 그리스도를 믿음으로써 의롭다 하심을 받은 자들입니다. 하지만 하나님께서 최종적으로 우리를 의롭다고 선언하시는 시간이 있습니다. 그 날이 그리스도의 재림의 날입니다. 우리의 의를 공개적으로 선포하는 날입니다. 우리는 이 날을 기다리며 사는 그리스도인들입니다.

최종적인 의를 선언하는 것도 우리의 공로 때문에 되는 것이 아닙니다. 믿음으로 되는 의입니다. 하나님의 은혜로 얻어지는 의입니다. 믿음만 가지고 간절히 사모하는 모든 자에게 임하는 축복입니다.

그러면 우리의 삶이나 행위는 무엇입니까? 칭의와 관련된 것보다 그리스도의 심판대 앞에서 각각 선악간에 행한 대로 갚아주시는 은혜와 복을 받기 위한 수단입니다. 믿음으로 의롭다 함을 받은 자들은 하나님 앞에서 열심히 선을 행하면서 살게 되어 있습니다.

사람이 율법과 할례를 추종하는 길은 위험한 길입니다. 복음 안에서 믿음으로 살아가는 길은 안전하고 행복한 길입니다. 그리스도 예수 안에서는 할례나 무할례 자체가 아무런 의미가 없습니다. 오직 사랑을 통해 표현되는 믿음이 중요합니다.

'할례나 무할례' 라는 말은 '유대인이나 이방인' 을 말합니다. '할례자' 혹은 '무할례자' 라는 말도 같은 의미입니다. 사람이 구원을 받는 데 있어서 세속적인 신분이나 지위가 아무런 효과가 없음을 말합니다. 구원의 유업은 아브라함과의 언약 속에서 은혜로 주신 것입니다. 예수 그리스도로 말미암는 은혜의 선물일 뿐입니다. 그리스도 안에서! 예수 안에서!

3. 거짓 교사

순수하게 성장하던 갈라디아 교회를 방해한 자가 누구입니까? 바울입니까 아니면 거짓 교사들입니까? 신앙의 경주를 할 때 완주할 때까지 조심하고 또 조심해야만 합니다. 달음질할 때 방해하거나 그릇된 길로 인도하는 사람들이 종종 있기 때문입니다.

바울은 믿음생활을 달리기 선수에 비유했습니다. 갈라디아서만 아니라 빌립보서나 디모데후서에서 그렇게 표현했습니다. 달리기 선수가 자기 라인, 길을 이탈하게 되면 실격 처리됩니다. 아무리 지름길로 달리고 일등으로 들어왔어도 불법자들은 상을 받지 못합니다.

너희를 누가 꾀더냐? '누가 너희를 막아' 라고 했습니다. 막는다는 것은 '길을 막음으로써 진로를 방해하다' 라는 뜻입니다. 다른 경주자를 불법적으로 방해하는 행위를 뜻합니다.

심지어 바울에게 약점이 있었습니다. 시험하는 것도 있었습니다. 그러나 업신여기지 않았습니다. 버리지도 않았습니다. 하나님의 천사처럼 섬겼습니다. 그리스도 예수님처럼 영접했었습니다.

바울의 사도권은 하나님께서 주셨습니다. 바울이 전한 복음은 예수 그리스도에 대한 계시였습니다. 그런데 거짓 교사들의 가르침은 하나님께 기원을 두지 않은 것입니다. 이것이 귀중합니다. 하나님에게 기원을 두느냐 아니면 미혹의 영으로부터 나온 것이냐?

적은 누룩이 온 덩이에 퍼진다는 표현으로, 사소한 율법주의적 오류가 교회 전체에 악영향을 미친다는 경고입니다. 고린도전서 5장 6절에도 같은 말로 인용되었습니다. 적은 양의 누룩이 전체를 부풀리게 하듯 정신적이거나 도덕적인 부패, 바리새인의 외식이 나쁜 의미로 사용되었습니다(고전5:6, 눅12:1). 예수님은 천국 비유에서 좋은 의미로 사용하셨습니다(마13:33, 눅13:21). 바울은 갈라디아 교인들이 믿음을 지킬 것을 바라면서 율법주의자들에 대한 심판을 경고했습니다.

그러므로 성도는 사탄의 영인지 아니면 성령의 역사인지를 구분할 수 있어야 합니다. 진리의 영과 미혹의 영이 세상에 있기 때문입니다. 죄는 엄청난 전염성을 가진 존재입니다. 누룩보다 훨씬 더 무섭습니다.

만약 바울이 할례를 전하였다면 핍박을 받지 않았을 것입니다. 십자가를 전함으로써 핍박을 받았지만 십자가만이 유일한 구원의 방편이라고 강조했습니다. 율법이나 할례를 주장하는 사람들에게는 십자가가 미련해 보일 것입니다. 걸림돌이 될 수도 있습니다. 그러나 구원을 받는 우리에게는 하나님의 지혜요 능력입니다.

거짓 교사들이 스스로 거세하기 원한다고 표현함으로써 할례 시도의 무익성과 해악성을 지적했습니다. 그러므로 성도는 믿음을 무너뜨리거나 교회를 어지럽히는 이단자들과는 교제를 하지 말아야 합니다. 그것은 사랑이 없어서가 아닙니다. 위험하기 때문입니다.

제34강
갈라디아서 5장 1-15절

자유에 대한 권면

지금까지 바울은 '이신득의, 이신칭의'의 교리 즉 하나님의 은혜로 구원받고 예수를 믿음으로써 의인 된다는 교리를 주장했습니다. 갈라디아서는 3장 1절부터 4장 31절까지가 교리편입니다. 이제부터는 실천편이라고 말할 수 있습니다. 5장 1절부터 6장 10절까지입니다. 믿음으로 의롭다 하심을 받은 사람은 실제적으로 어떤 생활을 해야 하는가? 기독교는 교리와 실천이라고 말할 수 있을 것입니다.

사도 바울은 항상 이런 형식으로 서신서를 기록했습니다. 로마서 1장부터 11장까지가 교리편이라면 12장부터 16장까지는 실천편입니다. 에베소서 1장부터 3장까지 교리적인 문제를 다루었다면 4장부터 6장까지는 실제적인 문제를 다루었습니다. 물론 이것은 교리, 저것은 실천 이렇게 구분하는 것은 아닙니다. 전체적인 윤곽이 그렇다는 뜻입니다. 기독교의 교리는 단순히 이론적인 교리만 주장하는 것이 아니라 실천적인 면이 곁들여 있습니다.

1. 성도의 자유

우리들이 누리는 자유는 누가 주신 것인가? 누가 여러분들에게 자유를 주셨습니까? 성도에게 자유를 주신 분은 예수 그리스도이십니다. 1절에 "그리스도께서 우리를 자유롭게 하려고 자유를 주셨으니 그러므로 굳건하게 서서 다시는 종의 멍에를 메지 말라"라고 했습니다.

사도 바울은 우리들에게 복음을 전해 줍니다. 성도가 누릴 수 있고, 소유할 수 있는 자유를 주신 분은 예수 그리스도라고 말입니다. 주님께서 우리들에게 자유를 주셨습니다. 주님은 평상시에 "진리를 알지니 진리가 너희를 자유롭게 하리라"라고 말씀하셨습니다.

예수 그리스도는 어떻게 이런 자유를 우리들에게 주실 수 있습니까? 그리스도께서 십자가를 지셨습니다. 우리들의 죄악을 청산하셨습니다. 인류 역사상 죄악의 문제를 해결하신 분은 예수님밖에 없으십니다. 십자가의 구속사역을 힘입어 우리들은 참된 자유자가 되었습니다. 결국 인간이 진정한 자유를 얻으려면 구속의 은총을 힘입어야 합니다. 우리들이 누리는 자유는 복음의 결과입니다.

그러면 주님이 주시는 자유를 어떻게 받아 누려야 하겠습니까? 그리스도의 피, 그리스도께서 죽으심으로 인해 얻은 자유를 가치있게 받아야 할 것입니다. '굳게 서서 다시는 종의 멍에를 메지 말라.' 짐을 끌기 위해 소나 말의 목에 얹어 놓는 나무가 있습니다. 그것을 멍에라고 말합니다. 포로가 되는 것이나 종의 생활을 하는 것을 성경에서는 멍에를 멘 것으로 표현하기도 합니다. 때로는 인간생활을 규제하는 여러 가지 율법적인 문제들을 가리킵니다. 율법주의자들이 주장하는 대로 할례를 받아야 구원받는 것이 아니라는 말입니다. 그리스도께서 십자가의 구속으로 우리들에게 자유를 주셨습니다.

그러므로 예수 그리스도께서 우리들에게 주시는 진정한 자유는 구속의 은총으로부터 오는 자유입니다. 주님이 당한 고난과 희생과 죽음의 그 대가로 얻은 것이 우리들이 누리는 자유입니다.

2. 율법주의자들

율법주의자들이 할례를 주장했습니다. 그러나 바울은 율법으로부터 벗어나라고 가르쳐 줍니다. 기독교인들이 누리는 자유는 율법으로부터의 자유이기 때문입니다. 행함으로 자유를 누릴 수 있는 사람이 어디 있습니까? 우리 자신의 행함으로 자신이 기뻐할 수는 없습니다.

갈라디아 교인들은 할례를 받음으로써 구원받는다는 율법주의자들의 미혹에 빠졌습니다. 율법주의자들은 할례를 언약의 표시보다는 구원의 조건으로 내세웠기 때문입니다. 이미 예수 그리스도를 믿어 구원받은 사람이 또 다시 할례를 받음으로써 구원받는다는 교리를 따른다는 것은 정말 비극 중의 비극이었습니다. 이런 사람들은 그리스도께서 주시는 자유에 동참할 수 없기 때문에 바울은 사도의 권위로 명령을 하고 있습니다. 그리스도의 은혜를 약화시키는 율법주의자들을 바울이 비판하고 있습니다.

바울은 제2차 전도여행 때 갈라디아 지방에서 복음을 전했습니다. 그때 복음을 증거하면서 할례의 무익을 말했습니다. 그때를 기억하면서 다시 한번 강조했습니다. 만약 할례를 받아서 구원을 받는다고 주장한다면 다른 율법 전체를 지킬 책임과 의무가 있습니다. 그러니 누가 구원을 얻을 수 있겠습니까?

더군다나 '그리스도와 신비한 연합'을 이룸으로써 의롭다 함을 얻는 것이지 '율법 안에서' 의롭다 함을 얻을 수는 없습니다. 만약 그래서 율법을 주장한다면 "그리스도에게서 끊어지고 은혜에서 떨어진 자로다." 이것이 문제입니다.

'끊어지고'란 단번에 끊어져서 다시는 그리스도의 은혜를 맛보지 못하는 처지에 놓인다는 말입니다. 요한복음 15장의 말씀이 생각납니다. 그리스도는 포도나무요 우리들은 가지입니다. 가지는 나무에 붙어 있지 않으면 열매를 맺을 수 없습니다. 버림을 당합니다. 땔감이 됩니다.

사랑하는 성도님들은 하나님의 은혜가 충만해서 하나님께 영광을 돌리기를 바랍니다. 예수 그리스도의 십자가를 튼튼하게 의지해서 끊어지거나 떨어지는 법이 없는 사람이 되기를 바랍니다.

우리들은 성령의 인도로 믿음을 따라 살아야 합니다. 의의 소망이 여기에 있기 때문입니다. 믿음은 그리스도 안에서만 가능합니다. 사람을 통해서 믿음이 오는 것이 아닙니다. 주님을 통해서 믿음이 옵니다. "사랑으로써 역사하는 믿음뿐이니라."

달음질을 잘 하던 갈라디아 교인들이었습니다. 그런데 누군가 막았습니다. 누가 진리에서 멀어지게 하고 진리를 떠나게 만들었습니까? 그래서 사람의 미혹을 받지 않도록 주의하라고 주님이 말씀하셨습니다.

'달음질'이란 믿음의 상을 받기 위해 충성하는 성도의 생활을 가리킵니다. 그리스나 로마시대를 생각해 보기 바랍니다. 운동경기에서 상을 받는 모습을 생각하면서 성도의 삶이 운동선수와 같다고 가르칩니다.

갈라디아 교인들이 율법주의의 미혹을 받기 전만 해도 하늘의 상을 위해 달렸습니다. 신앙생활을 잘 했습니다. 그러나 현재는 어떻습니까? 막으니까 막혔습니다. 달릴 수가 없습니다. 오히려 다른 방향으로 가고 있습니다. 의도적으로 경기장에 뛰어들어 달리던 선수의 방향을 벗어나게 만들었습니다. 이것이 미혹을 받은 사람의 모습입니다. 그런 사람들을 가리켜 바울은 8절에서 "그 권면은 너희를 부르신 이에게서 난 것이 아니니라"라고 말합니다.

'적은 누룩이 온 덩이에 퍼지느니라.' 잘못된 교리는 잘 퍼집니다. 잘못된 말과 사상은 누룩과 같이 퍼집니다. 죄가 그렇습니다. 사람이 나쁜 습관은 쉽게 배우고, 버리지 못하고 그렇게 살다가 죽습니다. 이런 사람들에게 임하는 것이 무엇일까요?

율법주의자들에게 임하는 것이 무엇이겠습니까? 심판입니다. "너희를 요동하게 하는 자는 누구든지 심판을 받으리라." 자기 자신이 시험에 빠진 것도 문제인데 다른 사람까지 미혹을 한 죄가 얼마나 무섭고 크겠습니까? 반드시 하나님의 심판이 있습니다. 그런데 문제는 심판이 미래적인 것만은 아닙니다. 현실의 교회에도 심판이 있습니다. 심판하는 권세를 교회에 맡기셨습니다.

그래서 바울은 갈라디아 교인들에게 율법주의자들을 어떻게 대해야 한다고 가르칩니까? 축출하라고 명령합니다. "너희를 어지럽게 하는 자들이 스스로 베어 버리기를 원하노라." 어지럽게 한다는 말은 소란하게 만드는 사람입니다. 거짓된 말과 교리로 하나님의 교회를 어지럽히는 자들을 가리킵니다. '스스로 베어 버린다'는 말은 '끊어버리다', '제거하다'라는 뜻입니다. 할례가 남자의 성기 끝을 자르는 일이라면 베어 버리라는 말은 성기 자체를 없애 버리라는 뜻이 담겨진 말입니다.

아무리 적은 누룩이라도 온 덩어리에 퍼지는 법입니다. 죄악이라는 것은 작고 큰 것이 없습니다. 모두 다 하나님의 교회를 병들게 하는 것들입니다. 작은 죄가 무엇이며, 큰 죄가 무엇입니까? 죄라는 것은 교회를 부패하게 만드는 중요한 요인입니다. 영적으로 물리치지 않으면 누구나, 어떤 사람이나, 교회도 망하게 되어 있습니다.

그리스도의 교회라면 잘못된 사상이나 잘못된 이단적인 교리를 전하는 자를 처단할 수밖에 없습니다. 하나님의 교회는 영원히 거룩해야 하기 때문입니다. 성결해야 성령께서 역사하실 줄로 확실히 믿습니다. 우리 교회는 자를 때는 잘라서 깨끗하고 거룩한 하나님의 교회로 성장되기를 진심으로 바랍니다.

3. 성숙한 신앙인

사랑이 선행되는 자유를 누려라. 성숙한 신앙인은 윤리가 있습니다. 도덕이 있습니다. 윤리적이고 도덕적인 사랑이 있습니다. 세상이 그렇게 변하니까 기독교인들도 변했습니다. 그게 성숙한 신앙인일까요? 은혜가 떨어진 표시입니다. 하나님으로부터 멀어지면 인간은 별수 없는 존재입니다. 누가 뭐라고 해도 죄인이기 때문입니다.

기독교인은 누구나 참된 자유자입니다. 다만 사랑이 있는 사람은 누가 하라고 해서 하는 것이 아니라 스스로 다른 사람의 종노릇을 합니다. 섬기는 것이지요. 억지로 섬기라고 말할 수는 없습니다. 그러나 그리스도의 사랑을 아는 사람, 성령께서 역사하심을 믿는 사람은 교회에 스스로 종노릇합니다. 다른 사람을 섬기는 일에 즐거움을 맛보는 사람입니다. 이웃을 섬기는 사람을 가리켜 성숙한 그리스도인이라고 말합니다. 데살로니가전서 3장 12절에 "또 주께서 우리가 너희를 사랑함과 같이 너희도 피차간과 모든 사람에 대한 사랑이 더욱 많아 넘치게 하사"라고 했습니다.

자유자로 부르심을 받았으면 하나님을 섬김에 있어서 신나게 섬겨야 합니다. 육체의 기회로 이용하지 말아야 합니다. 사랑으로 종노릇하라. 종과 같이 일하는 사람이 되라. 종의 일을 하라는 의미입니다. 종이 무슨 일을 합니까? 특히 이웃을 네 몸과 같이 사랑하라. 사랑으로 섬기라고 가르쳐 줍니다.

제35강
갈라디아서 5장 13-26절

자유의 선용과 성령을 좇는 삶

믿음으로 의롭게 된 사람이 그리스도인입니다. 이신득의, 이신칭의입니다. 바울은 지금까지 갈라디아 교인들에게 율법으로부터의 자유를 설명했습니다. 또 율법주의자, 할례의 해악성을 설명했습니다. 그리스도의 십자가를 약화시키는 결과를 가져오며 하나님의 은혜로부터 멀리 떨어지게 만드는 결과이기 때문입니다.

1. 자유의 바른 사용

그리스도인들은 그리스도께서 주신 자유를 위하여 부르심을 받았습니다. 하나님께 대한 자원하여 실천하는 자유를 위하여 부르심을 받은 자들입니다. 자유를 바르게 사용하는 방법은 사랑으로 서로 종노릇하는 것입니다. 서로 사랑하여 봉사하고 헌신하는 삶을 살아야 하는 것입니다.

그런데 그리스도께서 주신 자유를 자기 육체의 욕심을 만족시키는데 사용하는 경우가 많습니다. 육체의 기회, 육체의 욕심이란 무엇을 말하는 것일까요? 자연인으로서의 인간의 신체(마26:41, 요1:4)와 하나님께 대적하는 삶을 지향하는 죄의 처소로서의 육신(롬7:18, 골2:23)을 말합니다.

그러므로 그리스도께서 주신 자유를 가지고 육체의 기회로 사용하지 말라, 본성대로 죄의 삶을 사는 수단으로 사용하지 않도록 하라고 경고합니다. 성도의 자유는 죄로부터의 자유이기 때문입니다. 요한복음 8장 34절에 "예수께서 대답하시되 진실로 진실로 너희에게 이르노니 죄를 범하는 자마다 죄의 종이라"라고 했습니다.

오히려 그리스도께서 주신 자유를 가지고 사랑으로 서로 종노릇하라고 권면합니다. 베드로 사도는 베드로전서 2장 16절에서 "너희는 자유가 있으나 그 자유로 악을 가리는 데 쓰지 말고 오직 하나님의 종과 같이 하라"라고 했습니다.

그리스도께서 주신 자유가 우리를 의식적인 율법과 문자적인 율법으로부터의 해방을 주었습니다. 그것이 영적인 해방입니다. 그런데 자유를 가지고 방종의 기회로 삼는다면 주님이 주신 자유에 대한 모독이요 그리스도의 피값에 대한 모독일 것입니다.

로마서 8장 1-2절을 봅시다. "그러므로 이제 그리스도 예수 안에 있는 자에게는 결코 정죄함이 없나니 이는 그리스도 예수 안에 있는 생명의 성령의 법이 죄와 사망의 법에서 너를 해방하였음이라"라고 했습니다.

고린도전서 7장 22절을 봅시다. "주 안에서 부르심을 받은 자는 종이라도 주께 속한 자유인이요 또 그와 같이 자유인으로 있을 때에 부르심을 받은 자는 그리스도의 종이니라"라고 했습니다.

율법의 근본적인 정신도 이웃 사랑의 계명에 함축되어 있습니다. 서로 비방하고 다투면 피차 멸망할 것밖에 없습니다. 그것을 경고하는 바울입니다. 성도의 자유는 사랑으로 서로 종노릇하는 자유입니다. 성도가 가진 자유는 사랑으로 섬기고 종노릇할 때 가치가 있고 진정한 자유를 맛보게 됩니다.

예수님께서 하신 말씀도 기억합시다. "인자가 온 것은 섬김을 받으려 함이 아니라 도리어 섬기려 하고 자기 목숨을 많은 사람의 대속물로 주려 함이니라"라고 했습니다. 진정한 자유는 다른 사람을 위하여 희생하고 사랑하여 헌신하는 것입니다.

성도의 자유는 율법을 무시하는 자유가 아닙니다. 율법의 내용이 "네 이웃을 네 몸과 같이 사랑하라"라는 교훈입니다. 예수님의 말씀입니다. 사랑하는 자가 율법의 요구를 만족시키는 것입니다. 사랑과 계명은 인간에게 주신 최대의 명령이요 도덕적 규범입니다. 자유는 하나님의 율법과 사랑의 법과 함께 공존합니다.

2. 육체의 소욕과 성령의 소욕

그리스도를 따르는 길은 성령을 좇아 행하는 길입니다. 예수를 따르는 길은 율법의 요구를 충족시키는 길이기도 합니다. 바울은 갈라디아 교인들에게 "성령을 좇아 행하라"라고 권면합니다.

하나님은 약속대로 성령을 보내주셨습니다. 성령은 오순절에 교회에 임하신 다음에 떠나지 않고 교회와 함께하십니다. 지금도 거룩한 교회를 세우시고 인도하시는 분은 성령님이십니다. 각 사람에게 봉사할 수 있도록 은사도 주십니다.

성령은 우리로 하여금 율법의 도덕적인 표준들을 지킬 능력과 힘을 주시는 영입니다. 믿음이 있고 성령의 인도를 받을 때 성도의 삶은 율법적으로나 계명적으로 어긋나지 않게 살아가도록 은혜를 주십니다. 디모데전서 1장 8절을 보면 "그러나 율법은 사람이 그것을 적법하게만 쓰면 선한 것임을 우리는 아노라"라고 했습니다.

성령을 따라 행할 때 죄로 물든 육체의 욕구를 이겨낼 것입니다. 육체의 소욕과 성령의 소욕이 서로 대적합니다. 양자의 갈등 속에서 마음이 원하는 대로 행하지 못하는 상황에 처하게 됩니다.

그러나 성령의 인도를 받게 되면 율법 아래, 육체의 소욕에 대한 갈등 속에서 근심하고 번민하는 상태에 빠지지 않게 될 것입니다. 성령은 성도가 가는 길의 이정표와 같습니다. 안내 표지판과 같습니다.

성령은 진리의 영이시기 때문에 우리를 진리 가운데로 인도하십니다. 성령의 이끌림을 받거나 인도하심을 받을 때에 욕체적인 욕심을 이루지 않을 것입니다. 예수님은 성령을 보혜사라고 표현했습니다. 보혜사란 '위로자, 돕는 자, 대언자, 상담자, 안내자'라는 의미를 담고 있습니다.

성령 세례는 성령께서 처음으로 임하셔서 거듭나게 하시고 회개하며 예수 그리스도를 믿는 것입니다. 그리고 믿는 자에게 성령께서 내주하셔서 인도하십니다. 그리스도의 교훈과 보여주신 삶의 모본을 따라 살게 하십니다. 그리고 성령의 충만은 성도로 하여금 큰 은혜와 능력을 체험하게 하는 역사입니다.

성령께서 성도에게 임하시고 함께하시며 끝까지 동행하시면서 구원을 이루게 하십니다. 나그네와 같은 성도를 천국까지 인도해 가시는 영이 성령이십니다. 그러므로 우리는 늘 성령의 임재하심을 기도해야 합니다. 주님과 성령이 우리를 하나님 앞으로 인도하는 것입니다(엡2:18).

성도의 내면은 항상 치열한 전쟁터와 같습니다. 육체의 소욕이 있고 성령의 소욕이 있기 때문입니다. 죄인은 본성적으로 타락한 존재입니다. 성령은 거듭나게 하시고 새롭게 빚어주신 영입니다. 욕심이 있을 때마다 갈등이 고조되는 상황에 있는 사람이 성도입니다. 세속적인 것과 영원한 것, 영적인 것과 물질적인 것, 자기의 뜻과 하나님의 뜻 사이에서 항상 갈등하는 존재가 성도입니다.

로마서 8장 5-6절에 "육신을 따르는 자는 육신의 일을, 영을 따르는 자는 영의 일을 생각하나니 육신의 생각은 사망이요 영의 생각은 생명과 평안이니라"라고 했습니다.

성령은 우리를 죄와 사망의 법에서 해방한 영입니다. 살려주는 영을 보내주셨습니다. 그러므로 성령을 따를 때 성도는 행복합니다. 자신이 살고 다른 사람을 살릴 수 있는 사람이 됩니다.

3. 열매가 다르다

육의 일은 죄에 물든 육체의 본성에 속한 행동임이 명백합니다. 현저합니다. 현저하다는 말은 눈에 띄게 드러난다는 의미입니다. 예수님은 감추인 것이 드러나지 않을 것이 없고 숨은 것이 알려지지 않을 것이 없다고 말씀하셨습니다.

육체의 일이 무엇입니까? 음행입니다. 부정과 호색입니다. 우상숭배와 술수입니다. 원수 맺는 것과 분쟁입니다. 시기와 분노입니다. 당파와 분열입니다. 이단과 투기입니다. 술취함과 방탕 등입니다. 이런 죄악들과는 피흘리기까지 싸우라고 했습니다.

가장 큰 문제는 이런 일을 행하는 자는 하나님의 나라를 유업으로 받지 못합니다. 이것이 얼마나 무서운 결과를 가져오는 것입니까? 반면 성령의 열매는 사랑과 희락, 화평과 오래 참음, 자비와 양선, 충성과 온유, 절제 등입니다. 이와 같은 것들은 금지할 법이 없습니다. 그러므로 성령으로 행하라. 바울은 갈라디아 교인들에게 거듭하여 성령으로 행하라고 권면했습니다. 그리스도 예수의 사람들은 육체와 함께 죄의 정욕과 욕망마저 십자가에 못박은 자들임을 강조하고 있습니다.

만약 성령으로 생명을 얻었으면 성령과 함께 동행해야 함을 강조합니다. 죄의 본성을 따라 헛된 영광을 구하거나 서로 다투고 투기하지 말라고 교훈했습니다. 세상을 살아갈 때 성도가 잘못하면 헛된 것을 구할 수 있습니다. 성도는 오직 그리스도 안에서 영원한 것, 영원한 영광을 구해야 할 것입니다.

헛된 영광이 무엇입니까? 하나님의 영광을 구하는 것이 아니라 자기 자신의 영광을 구하는 것입니다. 외적인 조건에만 신경을 쓰는 것입니다. 썩어질 영광이나 구하고 없어질 영광이나 구하는 것입니다.

성도가 세상을 살아갈 때 겸손한 마음과 온유한 마음이 가장 중요합니다. 그렇지 않으면 늘 헛된 것을 추구하게 되어 있습니다. 사랑하는 성도 여러분! 영원한 영광을 추구합시다. 생명의 부활로 나올 때 영광의 면류관, 의의 면류관도 있기를 바랍니다. 생명의 면류관도 여러분의 것이 되기를 바랍니다.

제36강
갈라디아서 5장 16-26절

육체의 일과 성령의 열매

사람은 세상을 살 때 열매를 맺으며 살아가고 있습니다. 자신이 알든지 모르든지 열매를 맺고 있습니다. 여러분들은 무슨 열매를 얼마나 많이 그리고 어떻게 맺고 있습니까? 예수님은 열매를 보면 그 사람을 알 수 있다고 가르쳐 주셨습니다. 여러분은 어떤 열매를 맺고 있습니까? 선한 열매입니까 아니면 악한 열매입니까?

지금까지 바울은 하나님의 은혜로 구원받는다, 예수를 믿음으로써 의인 된다는 주장을 했습니다. 왜냐하면 갈라디아 교인들이 율법주의자들에게 미혹을 받았기 때문입니다. 율법주의자들은 할례를 받음으로, 행함으로, 지킴으로 구원받는다고 주장했습니다.

바울은 그리스도로 말미암아 자유자가 되었으니 율법주의자들을 교회로부터 축출하라고 명령하고 있습니다. 갈라디아 교인들을 하나님의 은혜에서 떨어지게 만들고 그리스도로부터 멀어지게 만들기 때문입니다. 자유자를 종이 되게 하고, 하나님의 은혜를 헛된 일로 생각하게 만들며 주님의 십자가와 부활을 무시하게 만들기 때문에 그랬습니다.

1. 두 길

세상은 두 갈래의 길이 있습니다. 하나는 육체의 욕심을 따라 행하는 길입니다. 다른 하나는 성령을 따라 행하는 길입니다. '성령을 좇아 행하라.' 갈라디아 교인들아, 하나님께서 베푸신 은혜와 복을 따라 살아라. 성령의 인도하심을 받으라.

성도가 세상을 살아갈 때 타락의 길을 걷지 않는 방법을 가르쳐 주고 있습니다. 멸망의 길을 좇지 않는 방법을 말하고 있습니다. '성령과 지속적인 관계를 유지하라.' 그것만이 세상을 살 수 있는 길이라고 말합니다. '좇아 행하라' 란 말은 '두루 다니다, 머물러 있다' 라는 뜻입니다. 성도란 성령을 모신 삶을 사는 사람입니다. 성령의 인도를 받는 사람입니다. 성령의 인도를 받지 않는다면 큰 문제일 것입니다.

다른 길은 '육체의 욕심' 을 따라 사는 삶입니다. 윤리적인 의미에서 타락한 인간의 성품에서 배출되는 악한 심성을 가리킵니다. 육체의 욕심은 성령의 인도하심과 반대 개념입니다. 육체의 욕심을 따라 살면 죄를 더 짓게 되는 것입니다. 복음을 떠나 율법적인 행위를 일삼을 때 더욱 더 죄악을 범하게 된다는 교훈을 말하고 있습니다.

결국은 "육체의 소욕은 성령을 거스르고 성령의 소욕은 육체를 거스르나니"라고 말합니다. '소욕' 이란 욕심입니다. 성령의 소욕과 육체의 소욕은 서로 대적합니다.

성도는 그리스도와 신비한 연합이 이루어진 사람입니다. 육체를 따라 살 수가 없습니다. 죄에 대하여 죽은 자입니다. 데살로니가전서 5장 22절에 "악은 어떤 모양이라도 버리라"라고 말합니다.

성령을 따라 살아야 합니다. 성도는 항상 두 가지 성품이 있습니다. 타락한 아담에게서 물려받은 죄성 즉 육체의 소욕이 있고, 다른 하나는 그리스도에게서 물려받은 복음으로 새롭게 된 새 성품, 성령의 인도를 받는 성품입니다.

바울 사도도 이런 내적 갈등이 항상 있었습니다. 그러나 성령으로 거듭난 하나님의 성품이 이길 줄로 확신하고 있었습니다. 율법은 인간에게 죄와 사망을 가져다 줍니다. 성령은 인간에게 생명을 가져다 줍니다. 결국 성령을 좇아 행하는 사람은 육체의 길을 따르지 않습니다. 우리 성도님들은 성령을 좇아 행하시기를 진심으로 바랍니다.

2. 육체의 열매

육체를 따라 행하였을 때 열매가 무엇입니까? 결과가 무엇일까요? 육체의 일은 현저합니다. '현저하다' 란 말은 '눈에 띄게 드러나다' 란 뜻입니다. 죄악을 열매로 맺습니다. 더러운 일들은 반드시 드러나고 맙니다.

구체적으로 '음행과 더러운 것과 호색' 입니다. 성령을 떠났을 때 범할 수밖에 없는 죄악들입니다. 인간의 성적 타락을 말합니다. 음행은 성적 부도덕이요, 더러운 것이란 넓은 의미에서 내외적으로 성적인 죄악들이요, 호색이란 성적으로 타락한 행동을 하고도 부끄러워하지 않는 죄악된 생활을 가리킵니다.

'우상숭배와 술수' 입니다. 하나님에 대한 불순종에서 비롯된 죄악입니다. 종교적인 범죄행위를 말합니다. '우상숭배' 란 하나님을 유일신으로 인정하지 않고, 우상을 만들어 숭배하는 것을 말합니다. 고린도교회 안에도 틈탔던 죄악입니다.

'술수' 란 '악을 제조하다' 란 말로 병을 낫게 한다는 조직된 마술이나 술책을 말합니다. 예를 들면 '수리수리 마술이 아하 파타아하하' 이런 주술들 말입니다. 다 죄짓는 소리들입니다. 요한계시록 9장 21절에 "또 그 살인과 복술과 음행과 도둑질을 회개하지 아니하더라"라고 했고, 18장 23절에서는 "등불 빛이 결코 다시 네 안에서 비치지 아니하고 신랑과 신부의 음성이 결코 다시 네 안에서 들리지 아니하리로다 너의 상인들은 땅의 왕족들이라 네 복술로 말미암아 만국이 미혹되었도다"라고 했습니다. 이런 현상들은 주님이 재림하실 때까지 계속될 것입니다.

'원수를 맺는 것과 분쟁과 시기와 분냄' 입니다. 원수를 맺는데, 집단적으로 여러 사람과 원수를 맺는 것입니다. '당짓는 것과 분리함과 이단' 입니다. 당짓는 것은 누구를 막론하고 유익만 되면 무조건 가담하는 행위를 말합니다. 바리새인들의 전형적인 태도였습니다. 이단은 정통 교리에 반대하여 나타난 자기들의 입장만 옳다고 주장하는 것입니다. 결과는 분쟁과 다툼만 일으키는 사람을 말합니다.

그리고 '투기와 술취함과 방탕함과 또 그와 같은 것들이라' 라고 했습니다. 시기는 다른 사람을 질시하여 멀리하는 성향이라면, 투기는 다른 사람들이 가진 소유와 지위를 빼앗으려는 마음입니다. 가인이 아벨을 죽인 이유도 이런 연유입니다. 술취함은 음주이지만 사리분별이 없는 사람을 가리켜 말합니다. 방탕은 술취해 마구 떠들고 무절제한 모습을 가리킵니다.

행함이 없는 믿음은 죽은 믿음입니다. 야고보서 2장 14-26절과 3장 12-18절 그리고 4장 17절에서 믿음과 행함의 조화를 가르칩니다. 믿음이 있으면 행함으로 열매가 맺혀져야 합니다. 행함이 없는 믿음은 죽은 믿음이기 때문입니다.

아브라함을 생각해 보기 바랍니다. 하나님의 은혜로 부름 받습니다. 하나님을 믿음으로써 의인이 됩니다. 하지만 행함이 전혀 없는 사람이 아니었습니다. 믿음을 따라 행하는 성숙한 그리스도인이었습니다.

3. 성령의 열매

성령을 좇아 행하는 결과가 무엇입니까? 성령의 열매입니다. 갈라디아서 5장 22-23절에서는 "오직 성령의 열매는 사랑과 희락과 화평과 오래 참음과 자비와 양선과 충성과 온유와 절제니 이같은 것을 금지할 법이 없느니라"라고 했습니다.

성도들이라면 성령의 열매가 구체적으로 나타나야 합니다. 먼저 성령의 열매는 '사랑과 희락' 입니다. 사랑이란 아가페의 신적인 사랑입니다. 무조건적이고 희생적인 사랑을 말합니다. 하나님에게서 배우고 받아야 할 사랑입니다. 또 희락은 하나님을 절대적으로 신뢰할 때 생기는 기쁨입니다.

'화평과 오래 참음' 입니다. 십자가의 구속으로 가져온 화평입니다. 하나님과의 화평, 사람과의 화평입니다. 결과는 오래 참는 것이지요. 평안한 마음으로 기다리는 행동을 가리킵니다.

요즘 사람들은 오래 참으라고 말하면 너나 참으라고 말할 것입니다. 그러나 사람은 오래 참는 훈련을 많이 해야 합니다. 오래 참는 사람이 승리할 수 있습니다. 그렇지 않으면 정말 큰 문제가 될 수 있습니다.

'자비와 양선과 충성' 입니다. 자비는 다른 사람에 대한 인자와 관대함을 말합니다. 우리들이 다른 사람을 생각이나 하고 삽니까? 다른 사람에 대한 마음이 없으면 그만큼 불행해지는 법입니다.

양선이란 자비보다 적극적으로 이웃에게 선을 행하는 것입니다. 이웃에 대한 신실한 태도로서 무슨 말을 했으며 무슨 선을 행해 보셨나요? 적극적인 선을 행하는 것이 양선이기 때문입니다.

그리고 충성은 믿을 만한 행동입니다. 마음으로도 충성해야 하지만 행동으로 충성해야 진정한 충성일 것입니다. 말로만 충성하는 것은 아무것도 아닌 것입니다. 행함과 진실함으로 충성해야 할 것입니다. 처음부터 마지막까지 그리고 사람이 보든지 보지 않든지 항상 충성하는 것이 충성입니다.

'온유와 절제' 입니다. 온유는 남에 대한 부드러움을 가리킵니다. 구약시대의 모세가 온유한 사람이었습니다. 예수님은 겸손하고 온유한 마음을 가지신 분이셨습니다.

절제란 자제력을 말합니다. 참는 것입니다. 자기 자신을 통제하는 것입니다. 성령의 열매는 귀하고 가치가 있습니다. 다른 사람에 대한 부드러움으로 자제력을 잃지 않고 봉사하고 헌신하는 것을 의미합니다.

24-26절에서는 바울의 권면이 있습니다. 물론 성령을 좇아 행하라는 권면입니다. 성령 안에서 성결한 삶을 추구하라는 명령입니다. 성령의 인도를 받아 성령의 열매를 맺지 않으면 헛된 것을 추구하는 결과를 가져올 것입니다.

성결이 없는 영광은 헛된 영광입니다. 헛된 영광은 빈, 허무한 영광을 말합니다. 텅빈 영광입니다. 마지막 시대에 성결은 철학적인 이론으로 전락되어 가고 있습니다. 거룩이라는 용어는 사용하기조차 거북스럽게 생각하고 있습니다.

제37강
갈라디아서 5장 22-23절

성령의 열매 (1) 사랑

오순절에 강림하신 성령께서 교회 위에 임하셨습니다. 그 성령은 하나님의 영으로, 인격적인 하나님이십니다. 성령이 사람을 거듭나게 하고 하나님의 교회를 세우십니다. 때때로 성령의 은사를 각 사람에게 나누어 주어 봉사의 일을 하게 하십니다.

육체의 열매는 죄악된 열매입니다. 세속적이고 마귀적이며 죄악적인 열매들입니다. 그러나 성령의 열매는 아름답고 멋진 열매들입니다. 향긋하고 누구나에게 감탄을 자아내게 만드는 열매들입니다.

성령의 열매가 무엇일까요? 첫 번째가 사랑입니다. 헬라어로 '아가페', 영어로 'Love' 입니다. 한국말로는 '사랑' 입니다. 사랑이라는 말은 누구나 행복하게 만들고 용감하게 만듭니다. 나폴레옹은 '나는 무력으로 세상을 점령하려 했지만 성공하지 못했다. 그러나 나사렛 예수는 사랑이라는 두 글자로 세상을 점령하고 있다' 라는 말을 남겼습니다.

일반적으로 사랑에는 네 종류의 사랑이 있습니다. 남녀간의 육체적인 사랑을 뜻하는 '에로스' 가 있습니다. 에로스가 얼마나 낭만적입니까? 세상에 태어나서 남자와 여자가 뜨거운 사랑으로 사랑할 때 물로도 불로도 끌 수가 없습니다. 아무도 못말립니다. 그래서 세상은 매력적입니다.

또 친구 사이에 있는 우정을 의미하는 '필리아'가 있습니다. 여러분도 둘도 없는 친한 친구가 있지요? 세상을 살아보면 둘도 없는 친구가 쉽지 않습니다. 필요할 때만 찾는 사람들이 많을 뿐입니다.

그런데 성경에서는 다윗과 요나단을 찾을 수 있습니다. 다윗은 양치기 목동이고 요나단은 왕의 아들입니다. 요나단은 다윗의 용맹성과 신앙을 보고 장차 나라를 이끌 왕으로 생각하고 우정의 언약을 맺습니다. 그리고 요나단은 나라를 위하여 용감하게 싸우다가 전사했고, 다윗은 정말 왕이 되었습니다. 우정이 얼마나 귀합니까?

예수님은 우리들을 향하여 친구라고 부르신 적이 있습니다. 요한복음 15장 13-14절에 "사람이 친구를 위하여 자기 목숨을 버리면 이보다 더 큰 사랑이 없나니 너희는 내가 명하는 대로 행하면 곧 나의 친구라"라고 말했습니다.

그리고 가족 상호간의 사랑인 '스톨게'도 있습니다. 부모가 자식을 사랑하는 사랑입니다. 부모가 자식을 위한 헌신적인 사랑 말입니다. 부모는 자녀들을 위하여 한평생을 헌신하고 바칩니다. 몸도 마음도 다 주면서 자식들만은 고생시키지 않겠다고 헌신합니다.

혹 자식은 부모를 버려도 부모는 자식을 버리지 않습니다. 저는 종종 '동물의 세계'를 시청합니다. 원숭이도 새끼가 죽으면 한참을 안고 다닙니다. 코끼리도 일어나라고 앞발로 일으켜 세워보려고 노력을 합니다.

때로는 사자나 치타가 자기 새끼를 공격하면 물소나 누우들이 목숨을 걸고 싸우는 경우도 있습니다. 동물들도 이러한데 사람이야 무슨 말이 필요하겠습니까. 여러분도 자녀들이 잘 되도록 기도하지 않습니까? 그리고 모든 것을 아낌없이 투자하고 헌신하지 않습니까?

그리고 신적인 사랑을 의미하는 '아가페'가 있습니다. 하나님께서 인간을 사랑하신 사랑입니다. 신약성경에는 주로 '아가페'가 많이 나타는데, 인간을 향한 하나님의 한없는 사랑을 나타냅니다. 무조건적이며 헌신적인 사랑입니다.

예수님은 산상보훈에서 사랑에 대하여 가르치셨습니다. 마태복음 5장 43-48절이 하나님의 사랑에 대한 내용입니다. 그리스도인은 하나님을 닮아서 원수까지 사랑해야 될 것을 가르치셨습니다.

"또 네 이웃을 사랑하고 네 원수를 미워하라 하였다는 것을 너희가 들었으나 나는 너희에게 이르노니 너희 원수를 사랑하며 너희를 박해하는 자를 위하여 기도하라 이같이 한즉 하늘에 계신 너희 아버지의 아들이 되리니 이는 하나님이 그 해를 악인과 선인에게 비추시며 비를 의로운 자와 불의한 자에게 내려주심이라 너희가 너희를 사랑하는 자를 사랑하면 무슨 상이 있으리요 세리도 이같이 아니하느냐 또 너희가 너희 형제에게만 문안하면 남보다 더하는 것이 무엇이냐 이방인들도 이같이 아니하느냐 그러므로 하늘에 계신 너희 아버지의 온전하심과 같이 너희도 온전하라"라고 가르치셨습니다.

하나님은 악한 사람이나 선한 사람에게 해를 비치십니다. 의로운 자나 불의한 자에게 비를 내리십니다. 진정한 사랑은 자기를 희생하면서 이웃을 사랑하는 것입니다.

그래서 사랑하라고 할 때 항상 명령형입니다. 권면이나 권고가 아니라 명령형입니다. 서로 사랑하라. 하나님의 명령입니다. "예수께서 이르시되 네 마음을 다하고 목숨을 다하고 뜻을 다하여 주 너의 하나님을 사랑하라 하셨으니 이것이 크고 첫째 되는 계명이요 둘째도 그와 같으니 네 이웃을 네 자신같이 사랑하라 하셨으니 이 두 계명이 온 율법과 선지자의 강령이니라"(마22:37-40). 하나님 사랑과 이웃 사랑에 대한 하나님의 명령입니다. 명령형으로 기록되었습니다.

기독교의 사랑이 지성적으로만 사랑하는 것이 아닙니다. 감정적으로만 사랑하는 것도 아닙니다. 의지적인 면이 강합니다. 헌신적인 희생과 봉사가 없이는 사랑할 수 없는 내용입니다.

이사야 선지자는 63장 9절에서 "그들의 모든 환난에 동참하사 자기 앞의 사자로 하여금 그들을 구원하시며 그의 사랑과 그의 자비로 그들을 구원하시고 옛적 모든 날에 그들을 드시며 안으셨으나"라고 표현했습니다. 하나님의 사랑과 자비가 이스라엘을 애굽에서 구원하셨습니다. 바벨론의 포로에서 돌아오게 하셨습니다. 하나님의 사랑은 위대합니다.

요한복음 3장 16-17절에 "하나님이 세상을 이처럼 사랑하사 독생자를 주셨으니 이는 그를 믿는 자마다 멸망하지 않고 영생을 얻게 하려 하심이라 하나님이 그 아들을 세상에 보내신 것은 세상을 심판하려 하심이 아니요 그로 말미암아 세상이 구원을 받게 하려 하심이라"라고 했습니다.

그러므로 그리스도인들은 하나님으로부터 오는 사랑을 받고, 그 하나님의 사랑을 가지고 섬기며 봉사하는 삶을 사는 사람이 하나님의 자녀요, 천국 백성이며 그리스도인입니다.

요한복음 13장 34-35절에서 "새 계명을 너희에게 주노니 서로 사랑하라 내가 너희를 사랑한 것같이 너희도 서로 사랑하라 너희가 서로 사랑하면 이로써 모든 사람이 너희가 내 제자인 줄 알리라"라고 했습니다. 사랑하며 사는 사람이 주님의 제자입니다. 세상 사람들이 믿는 사람들을 통하여 하나님의 사랑을 보고 느끼고 맛보면 많은 사람들이 하나님 앞으로 돌아오게 되어 있습니다.

요한일서 3장 17-18절에서 "누가 이 세상의 재물을 가지고 형제의 궁핍함을 보고도 도와줄 마음을 닫으면 하나님의 사랑이 어찌 그 속에 거하겠느냐 자녀들아 우리가 말과 혀로만 사랑하지 말고 행함과 진실함으로 하자"라고 했습니다.

하나님은 말로만 우리를 사랑하신 분이 아닙니다. 로마서 8장 32절에 "자기 아들을 아끼지 아니하시고 우리 모든 사람을 위하여 내주신 이가 어찌 그 아들과 함께 모든 것을 우리에게 주시지 아니하겠느냐"

하나님은 독생자 예수님을 우리들을 위하여 아낌없이 내어주셨습니다.

로마서 5장 10절 "곧 우리가 원수 되었을 때에 그의 아들의 죽으심으로 말미암아 하나님과 화목하게 되었은즉 화목하게 된 자로서는 더욱 그의 살아나심으로 말미암아 구원을 받을 것이니라"라고 했습니다.

우리가 하나님과 원수가 되었을 때도 하나님은 우리를 위하여 아들을 십자가에 내어주셨습니다. 이것이 하나님의 사랑입니다. 우리가 사탄에게 종노릇할 때입니다. 죄악에 이끌려서 살 때입니다. 공중의 권세 잡은 자나 세상 풍속이나 따르던 사람들이었습니다. 그러나 하나님은 예수님을 십자가에 죽게 하심으로써 하나님과 우리, 그리고 우리와 우리를 화목하게 하셨습니다.

사도 바울은 사랑을 이렇게 정의했습니다. 고린도전서 13장 4-7절입니다. "사랑은 오래 참고 사랑은 온유하며 시기하지 아니하며 사랑은 자랑하지 아니하며 교만하지 아니하며 무례히 행하지 아니하며 자기의 유익을 구하지 아니하며 성내지 아니하며 악한 것을 생각하지 아니하며 불의를 기뻐하지 아니하며 진리와 함께 기뻐하고 모든 것을 참으며 모든 것을 믿으며 모든 것을 바라며 모든 것을 견디느니라"라고 했습니다.

바울은 십자가 사랑의 매력을 알고 전한 사람입니다. 예수님의 사랑, 하나님의 사랑을 체험하고 신학자로, 목사로, 교사로, 선교사로 헌신했던 사람입니다. 여러분도 말과 혀로만 사랑하지 말고 행함과 진실함으로 사랑해 보세요.

자신에게는 말로 표현할 수 없는 많은 행복이 있습니다. 하나님의 교회는 부흥과 발전도 있습니다. 하늘에서 하나님이 영광을 받으시고 영육간에 축복이 있게 하십니다. 기독교는 사랑의 종교입니다. 성령의 열매가 사랑입니다. 많은 열매 큰 열매를 맺어서 하나님께 영광! 교회의 자랑거리! 그리고 자신에게도 많은 행복이 깃들기를 바랍니다.

第38강
갈라디아서 5장 22-23절

성령의 열매 (2) 희락

우리는 지난 시간에 성령의 첫 번째 열매가 사랑임을 알게 되었습니다. 사랑에 여러 가지 종류가 있는 것도 알게 되었습니다. 하나님의 사랑은 남녀간의 에로스적인 사랑이 아닙니다. 친구간의 우정인 필리아도 아닙니다. 부모가 자녀를 사랑하는 스톨게 정도를 뛰어넘어 신적인 사랑, 아가페 사랑입니다.

저와 여러분이 성령으로 말미암아 '아가페 사랑'을 충만히 공급받아 사랑의 사람이 되기를 바랍니다. 돈은 없어도 사랑만 있다면, 구제하지 못하면서 살아도 하나님의 사랑이 충만하다면 괜찮습니다.

성령의 열매 두 번째가 '희락'입니다. 희락은 '기쁨'입니다. 영어로 'Joy'입니다. 기쁨은 성령이 충만히 임한 사람의 특징입니다. 성령이 임하면 기쁨의 사람으로 바뀝니다. 인간의 욕망을 채우는 순간적이며 육체적인 기쁨이 아니라 하나님의 사랑을 전폭적으로 받은 사람에게 생기는 기쁜 마음을 의미합니다.

로마서 14장 17절에서 "하나님의 나라는 먹는 것과 마시는 것이 아니요 오직 성령 안에 있는 의와 평강과 희락이라"라고 했습니다.

하나님 나라의 본질이 성령 안에서 기쁨이 충만한 나라, 즐거워하는 나라입니다. 그래서 천국은 찬송이 있고 기쁨과 감사가 있는 나라입니다.

로마서 15장 13절에서도 "소망의 하나님이 모든 기쁨과 평강을 믿음 안에서 너희에게 충만하게 하사 성령의 능력으로 소망이 넘치게 하시기를 원하노라"라고 했습니다. 하나님이 사람들에게 기쁨과 즐거움을 주실 때 기뻐할 수 있음을 말하기도 했습니다.

바울은 데살로니가 교인들에게 이런 글을 썼습니다. 데살로니가전서 5장 16-18절에 "항상 기뻐하라 쉬지 말고 기도하라 범사에 감사하라 이것이 그리스도 예수 안에서 너희를 향하신 하나님의 뜻이니라"라고 했습니다.

"항상 기뻐하라." 기쁨, 희락은 우리를 향하신 하나님의 뜻입니다. 말로는 '주님 뜻대로 살기로 했네, 주님 뜻대로 살기로 했네' 그러면서 슬퍼하거나 근심 걱정하는 것은 앞뒤가 맞지 않습니다.

우리가 늘 기도하고 성경을 읽고 들어서 성령 충만을 간구해야 할 이유가 여기 있습니다. 성령은 슬픔의 사람이 변하여 기쁨의 사람이 되게 합니다. 마라가 변하여 나오미가 되는 것과 같습니다. 슬픔이 변하여 기쁨이 된다는 말입니다. 하나님의 영, 성령으로 충만하면 모든 삶이 즐겁고 기쁩니다. 항상 기뻐하게 됩니다.

성도가 항상 기뻐할 수 있는 조건, 방법이 무엇일까요? 기쁨의 대상을 생각해 봅시다. 대부분의 사람들은 재물, 소유, 돈에서 즐거움과 기쁨을 찾습니다. 돈은 즐겁다가도 슬퍼집니다. 명예도 사라질 때는 슬픕니다. 권력도 놓을 때는 아무것도 아닙니다. 세속적인 것들은 일시적인 것이지 영원하지 않습니다.

그렇기 때문에 대상을 바꿔야 합니다. 성도는 예수님 때문에 기뻐하는 사람입니다. 그래서 바울 사도는 옥중에서 서신을 보낼 때 "주 안에서 항상 기뻐하라 내가 다시 말하노니 기뻐하라"(빌4:4)라고 했습니다.

'주 안에서' 입니다. 예수 안에서.

주님은 변함없이 우리를 사랑하십니다. 가난할 때도 사랑하십니다. 실패했을 때도 사랑하십니다. 세상 사람들이 다 버릴 때에도 사랑하십니다. 어제나 오늘이나 영원토록 변함없이 사랑하십니다.

예수님의 제자들을 보십시오. 무엇 때문에 기뻐했습니까? 부활하신 주님 때문에 기뻐했습니다. 요한복음 20장 19-20절을 봅시다. "이날 곧 안식 후 첫날 저녁 때에 제자들이 유대인들을 두려워하여 모인 곳의 문들을 닫았더니 예수께서 오사 가운데 서서 이르시되 너희에게 평강이 있을지어다 이 말씀을 하시고 손과 옆구리를 보이시니 제자들이 주를 보고 기뻐하더라"라고 했습니다. 제자들의 기쁨의 대상은 부활하신 예수님이었습니다.

누가복음 24장 36-43절 사건 이야기입니다. 제자들이 모인 곳에 부활하신 예수님께서 나타나셔서 "너희에게 평강이 있을지어다"라고 축복했습니다. 제자들은 놀라고 무서워했습니다. 마음에 의심까지 일어났습니다.

그때 예수님은 손과 발을 보여주시면서 "나를 만져 보라 영은 살과 뼈가 없으되 너희 보는 바와 같이 나는 있느니라"라고 하실 때 제자들은 '너무 기쁘므로' 아직도 믿지 못하고 놀랍게만 여겼습니다. 제자들에게 큰 기쁨의 대상은 예수님이셨습니다.

누가복음 1장 43-44절에 세례 요한은 엘리사벳 복중에 있는 상황입니다. 마리아의 몸에는 예수 그리스도가 잉태되어 있습니다. 엘리사벳과 마리아가 만났을 때 세례 요한은 복중에서 기쁨으로 뛰놀았습니다. 어린아이요? 어머니 태중에 있는 아이도 예수님을 좋아하고 기뻐하는 법입니다.

기쁨의 대상이 문제입니다. 지금 세상은 너무 세속적입니다. 새 하늘과 새 땅을 바라보세요. 그리고 주님을 바라보세요. 세상적인 것들은 일시적이고 쾌락적이고 마귀적입니다. 그런 것들이 영원한 기뻠을 주지 못하지만 주님은 우리에게 영원한 기쁨과 즐거움을 선사하십니다.

사도 바울은 교인이 기쁨의 대상이라고 고백했습니다. 데살로니가전서 2장 19-20절에 "우리의 소망이나 기쁨이나 자랑의 면류관이 무엇이냐 그가 강림하실 때 우리 주 예수 앞에 너희가 아니냐 너희는 우리의 영광이요 기쁨이니라"라고 했습니다. 데살로니가 교인들은 믿음의 역사와 사랑의 수고와 소망의 인내가 있던 교인들입니다. 우상을 버리고 살아 계신 하나님께 돌아와서 믿음생활을 잘 했던 교인들입니다. 바울의 설교를 한 달도 듣지 못했지만 믿음의 역사를 일으킨 교인들입니다. 그 교인이 바울에게 있어서 기쁨과 자랑거리였습니다.

저도 목회를 일평생하고 있습니다. 성도들이 변할 때 얼마나 기쁜지 모릅니다. 성도들이 인격이 변하고, 생활이 달라지고 믿음생활을 철저히 할 때 기쁨이요 자랑거리입니다. 어디서나 누구에게나 자랑하게 됩니다.

바울은 하나님께 올리는 기도를 기뻐했습니다. 빌립보서 1장 3-4절에 "내가 너희를 생각할 때마다 나의 하나님께 감사하며 간구할 때마다 너희 무리를 위하여 기쁨으로 항상 간구함은"이라고 말했습니다. 기도하는 것이 기쁨일 수 있는가? 바울은 교회를 위하여 기도하는 것을 기뻐한 사도입니다.

여러분 기도가 기쁩니까? "내 기도하는 그 시간 그 때가 가장 즐겁다. 이 세상 근심 걱정에 얽매인 나를 부르사 내 진정 소원 주 앞에 낱낱이 바로 아뢰어 큰 불행 당해 슬플 때 나 위로 받게 하시네." 찬송가 364장 1절의 내용입니다.

베드로는 베드로전서 4장 12-13절에서 "사랑하는 자들아 너희를 연단하려고 오는 불 시험을 이상한 일 당하는 것같이 이상히 여기지 말고 오히려 너희가 그리스도의 고난에 참여하는 것으로 즐거워하라 이는 그의 영광을 나타내실 때에 너희로 즐거워하고 기뻐하게 하려 함이라" 라고 했습니다.

바울은 골로새서 1장 24절에서 "나는 이제 너희를 위하여 받는 괴로움을 기뻐하고 그리스도의 남은 고난을 그의 몸된 교회를 위하여 내 육체에 채우노라"라고 했습니다. 바울은 성도를 위한 고난, 교회를 위한 고난을 기뻐한 사도입니다. 교회의 일꾼은 교회를 위한 고난과 수고를 기뻐하는 사람입니다.

예수님은 뭐라고 가르치셨습니까? 요한복음 15장 11절에서 "내가 이것을 너희에게 이름은 내 기쁨이 너희 안에 있어 너희 기쁨을 충만하게 하려 함이라"라고 말씀하셨습니다. 예수님은 우리 안에 기쁨이 충만하기를 원하십니다. 항상 근심하고 걱정하는 것을 좋아하시지 않고 기뻐하고 즐거워하는 모습을 보고 싶어하십니다.

바울은 빌립보서 3장 1절에서 "끝으로 나의 형제들아 주 안에서 기뻐하라 너희에게 같은 말을 쓰는 것이 내게는 수고로움이 없고 너희에게는 안전하니라"라고 했습니다. 주 안에서 기뻐하라.

예수님은 대제사장의 기도를 올릴 때 무슨 기도를 올렸을까요? 요한복음 17장 13절입니다. "지금 내가 아버지께로 가오니 내가 세상에서 이 말을 하옵는 것은 그들로 내 기쁨을 그들 안에 충만히 가지게 하려 함이니이다." 예수님의 기도문에 나타는 것이 기쁨입니다.

여러분은 무엇으로 인하여 기뻐하기를 원합니까? 대부분의 경우, 사업의 성공일 것입니다. 아니면 자녀들의 출세일 것입니다. 다 중요하고 있어야 할 일들입니다. 그러나 예수님이 우리에게 기도해 주시고 원하시는 기쁨과 즐거움은 성령 충만으로 인한 열매입니다.

성령 충만한 사람은 예수님 때문에 기뻐합니다. 주님의 몸된 교회 때문에 기뻐하고 즐거워하십니다. 더욱 성숙한 그리스도인은 그리스도를 위한 고난, 교회를 위한 고난, 복음의 영광을 위하다가 당하는 고난을 기뻐하는 그리스도인입니다.

초대교회의 사도들을 보십시오. 공회에서 매를 맞고 나오면서도 기뻐했습니다. 주님의 이름 때문에 당하는 고난과 아픔 때문에 기뻐했던 사도들의 믿음이 우리에게도 있어야 되지 않을까요?

제39강
갈라디아서 5장 22-23절

성령의 열매 (3) 화평

성령의 열매 세 번째가 화평(peace)입니다. 영어로는 피스, 헬라어로는 '에이레네'라고 합니다. 화평은 하나님과의 관계, 사람과의 관계의 완성입니다. 하나님과 사람과의 관계성에서 완전한 상태를 의미합니다.

유대인들은 정치적인 메시야를 기다렸습니다. 메시야가 오면 로마로부터 자유를 얻을 줄로 알았습니다. 또 경제적인 해방자를 기다렸습니다. 경제적인 문제를 해결해 주실 분으로 여겼습니다. 그러나 예수님이 세우신 나라는 영적인 나라, 하나님 나라였습니다. 하나님 나라는 성령에 의해서 세워지는 나라입니다. 그 근본이 화평입니다.

화평은 몇 가지 뜻이 있습니다. 화평은 '평안'입니다. 마태복음 10장 12-13절에 "또 그 집에 들어가면서 평안하기를 빌라 그 집이 이에 합당하면 너희 빈 평안이 거기 임할 것이요 만일 합당하지 아니하면 그 평안이 너희에게 돌아올 것이니라"라고 했습니다. 복음을 전하는 자들이 들어가는 집집마다 평안의 복을 구하라는 뜻입니다.

화평은 세상에 속한 사람이 아니라 하나님께 속한 사람들이 행하는 열매입니다. 우리는 성령을 받은 사람입니다. 하나님의 나라 백성이고 하나님의 자녀입니다. 그리고 하나님 나라의 시민권을 가진 자입니다. 그런 사람들이 다른 사람들에게 평안의 복을 빌 수 있습니다. 세상 사람들은 입으로는 평안을 말하지만 진정한 평안의 복이 무엇인지를 알지 못합니다.

하나님 나라의 백성들의 특징이 화평입니다. '평화' 입니다. 중요한 점은 화평은 인간의 산물이 아니라 하나님의 산물이라는 점입니다. 화평의 사람은 겸손한 마음으로 다른 사람을 불쌍히 여기는 마음의 소유자입니다. 가난한 사람이든지 아니면 몸이 약한 사람들을 볼 때 진정으로 평안의 복이 임하기를 바라는 것입니다.

예수님은 쓸데없는 말과 행동을 하면서 세상을 사신 것이 아니라 말없이 조용히 사셨지만 불쌍히 여길 자를 찾아가서 기도해 주고 치료해 주시면서 세상을 사셨습니다.

누가복음 24장 36절에서는 '평강' 이라고 번역했습니다. 유대인들을 두려워하여 문을 굳게 닫고 있던 제자들에게 부활하신 주님이 나타나셔서 하신 축복의 말씀이 무엇입니까? "너희에게 평강이 있을지어다"였습니다. 평강은 하나님의 은혜를 받은 결과요 성령의 열매입니다.

로마서 15장 32-33절에서는 "나로 하나님의 뜻을 따라 기쁨으로 너희에게 나아가 너희와 함께 편히 쉬게 하라 평강의 하나님께서 너희 모든 사람과 함께 계실지어다 아멘"라고 했습니다. 여기서도 '평강' 입니다. 하나님이 평강의 본질입니다. 평강은 사람에게 있는 것이 아니라 성부, 성자, 성령 하나님으로부터 나오는 은혜요 축복입니다.

그러면 하나님과 사람 사이의 중보자는 누구일까요? 누가 화평이실까요? 중보자 예수 그리스도이십니다. 로마서 5장 1절에 "그러므로 우리가 믿음으로 의롭다 하심을 받았으니 우리 주 예수 그리스도로 말미암아 하나님과 화평을 누리자"라고 했습니다.

로마서 5장 11절도 봅시다. "그뿐 아니라 이제 우리로 화목하게 하신 우리 주 예수 그리스도로 말미암아 하나님 안에서 또한 즐거워하느니라"라고 했습니다. 하나님과 화목하게 하신 주 예수 그리스도이십니다. 사람과 사람 사이에도 하나가 되게 하신 분은 예수님이십니다.

에베소서 2장 14절에서 "그는 우리의 화평이신지라 둘로 하나를 만드사 원수 된 것 곧 중간에 막힌 담을 자기 육체로 허시고"라고 했습니다. 유대인과 이방인의 막힌 담을 헐 수 있는 사람이 누구입니까? 예수 그리스도께서 십자가의 피로써 허셨습니다. 그러므로 화평은 관계의 완전성으로 하나님과의 관계와 사람과의 관계를 회복하신 것입니다.

예수 그리스도는 화평의 중보자로서 우리의 내면적인 평강과 외면적인 평화가 있게 했습니다. 내면적인 평강과 외적인 평화는 서로 의존적입니다. 서로 깊은 연관성을 가지고 있습니다.

바울은 고린도후서 13장 11절에 "마지막으로 말하노니 형제들아 기뻐하라 온전하게 되며 위로를 받으며 마음을 같이하며 평안할지어다 또 사랑과 평강의 하나님이 너희와 함께 계시리라 거룩하게 입맞춤으로 서로 문안하라"라고 했습니다.

고린도 교회 안에서 바울파, 아볼로파, 베드로파, 예수파와 같이 파당이 있었습니다. 분쟁입니다. 그럴 때 바울이 지적한 말씀이 무엇입니까? 너희가 누구의 이름으로 세례를 받았느냐? 누가 십자가에 못박혀 죽었느냐? 예수 그리스도의 이름으로 세례를 받고 예수께서 십자가에 못박히신 것이 아니냐? 그러므로 마음을 같이하여 주 안에서 평안할지어다라고 축복하고 있습니다.

골로새서 3장 14-15절에도 잘 나타나고 있습니다. "이 모든 것 위에 사랑을 더하라 이는 온전하게 매는 띠니라 그리스도의 평강이 너희 마음을 주장하게 하라 너희는 평강을 위하여 한 몸으로 부르심을 받았나니 너희는 또한 감사하는 자가 되라"라고 했습니다.

예수님의 평강이 교인들의 마음을 주장하여 온 교회가 한 마음과 한 뜻으로 부름을 받았으니 감사하는 자가 되라고 권면했습니다. 여러분도 감사하는 성도가 되십시오. 감사는 또 다른 감사를 낳습니다.

때로는 기도할 때 하나님의 평강이 임합니다. 하나님의 평강이 성도들의 마음과 생각을 지키십니다. 빌립보서 4장 6-7절에 "아무것도 염려하지 말고 다만 모든 일에 기도와 간구로, 너희 구할 것을 감사함으로 하나님께 아뢰라 그리하면 모든 지각에 뛰어난 하나님의 평강이 그리스도 예수 안에서 너희 마음과 생각을 지키시리라"라고 했습니다.

기도할 때 성도들에게 하나님의 평강이 임하게 됩니다. 하나님의 평강이 임할 때 마음과 생각도 지켜주십니다. 그러면 성도들과의 관계 속에서도 하나님의 화평이 충만하게 되는 것입니다. 결국 화평은 관계성의 완성입니다.

그리스도인, 하나님의 자녀, 성도는 하나님과의 바른 관계를 가진 사람입니다. 그렇지 못한 분들은 하나님과의 관계 회복을 위하여 부단히 애쓰고 노력해야 합니다. 이것이 아주 급한 일입니다.

인간이 존재하는 이유가 무엇입니까? 인간을 창조하신 목적이 무엇입니까? 소요리문답 제1문이 대답했습니다. '하나님을 영화롭게 하는 것과 영원토록 하나님을 즐거워하는 것입니다.'

하나님을 기쁘시게 하고 하나님을 영화롭게 하는 것입니다. 아담과 하와가 타락하기 이전에는 하나님을 기쁘시게 하고 영화롭게 하였습니다. 범죄한 다음부터는 그렇지 않았습니다.

이사야 선지자를 통하여 약속했습니다. 이사야 54장 9-10절입니다. "이는 내게 노아의 홍수와 같도다 내가 다시는 노아의 홍수로 땅 위에 범람하지 못하게 하리라 맹세한 것같이 내가 네게 노하지 아니하며 너를 책망하지 아니하기로 맹세하였노니 산들이 떠나며 언덕들은 옮겨질지라도 나의 자비는 네게서 떠나지 아니하며 나의 화평의 언약은 흔들리지 아니하리라 너를 긍휼이 여기시는 여호와께서 말씀하셨느니라."

하나님께서 인간에게 세우신 화평의 언약은 영원합니다. 흔들리지 않습니다. 세상 것이 다 없어져도 없어지지 않고 반드시 이루어집니다. 그러므로 성도에게 있어서 지금 다급한 일은 하나님과의 바른 관계를 유지하는 일입니다. 하나님과의 언약이 무엇인지 알아보는 것입니다. 그 언약이 화평, 평강, 평화로 임하기를 기도하는 것입니다.

중보자 주님이 하나님과의 관계와 사람과의 관계를 회복시키셨습니다. 이사야 54장 10절에 "나의 화평의 언약은 흔들리지 아니하리라"라고 약속했습니다. 천지는 없어져도 어제나 오늘이나 영원토록 변함없는 하나님이십니다.

예수님께서 세상에 오셔서 화목제물이 되신 이유가 무엇입니까? 인간은 죄를 짓고 하나님의 진노를 받아 마땅한 존재입니다. 하나님과의 관계, 사람과의 관계를 회복하실 분은 예수 그리스도뿐입니다. 단번에 영원한 화목제물이 되셨기 때문입니다.

골로새서 1장 20절에 "그의 십자가의 피로 화평을 이루사 만물 곧 땅에 있는 것들이나 하늘에 있는 것들이 그로 말미암아 자기와 화목하게 되기를 기뻐하심이라." 그러므로 우리는 예수 그리스도만 철저하게 의지해야 합니다. 그렇지 않으면 문제가 심각한 사람이 되는데 하나님과 원수 상태에 놓이기 때문입니다.

또 사람과의 관계도 회복해야 합니다. 죄는 하나님과의 관계만이 아니라 사람과의 관계도 끊어놓습니다. 사람 사이에 있는 시기와 질투, 다툼과 분쟁은 예수님의 십자가를 생각할 때 회복이 가능합니다.

예수님은 마태복음 5장 9절에서 "화평하게 하는 자는 복이 있나니 그들이 하나님의 아들이라 일컬음을 받을 것임이요"라고 했습니다. 모든 그리스도인들은 하나님과의 관계만이 아니라 사람과의 관계도 회복하면서 살아가는 사람입니다. 그래서 기독교인의 별명이 peacemaker입니다.

히브리서 12장 14절에 "모든 사람과 더불어 화평함과 거룩함을 따르라 이것이 없이는 아무도 주를 보지 못하리라"라고 했습니다. 베드로전서 3장 11절에서도 "악에서 떠나 선을 행하고 화평을 구하며 그것을 따르라"라고 했습니다.

제40강
갈라디아서 5장 22-23절

성령의 열매 (4) 인내

성령의 열매 첫 번째는 신적인 사랑, 아가페 '사랑'이었습니다. 두 번째는 '희락, 기쁨, 즐거움'이었습니다. 세 번째는 '화평, 평강, 평화'였습니다. 이제 성령의 네 번째가 '오래 참음'입니다.

'오래 참음'이라는 말은 영어로 'patience'이고, 헬라어는 '마크로뒤마이'입니다. 이 말의 의미는 어떤 상황 속에서도 계속하여 참음으로써 다른 사람을 관용할 줄 아는 성품을 뜻합니다. 사람은 누구나 급합니다. 특별히 한국 사람은 급한 성격의 소유자가 많습니다. 그러므로 성령이 충만히 임해야 참을 수 있습니다. 사랑하는 성도들이여! 우리 모두 성령 충만하여 오래 참는 은혜가 임하기를 바랍니다.

첫째로 생각해 볼 것이 무엇입니까? 오래 참음의 기원, 출처의 문제입니다. 오래 참음은 하나님의 오래 참으심에 근거를 둡니다. 하나님의 속성을 나타내거나 죄인된 인류를 향한 하나님의 태도를 나타낼 때 사용되는 용어입니다.

로마서 2장 4절에 "혹 네가 하나님의 인자하심이 너희를 인도하여 회개하게 하심을 알지 못하여 그의 인자하심과 용납하심과 길이 참으심이 풍성함을 멸시하느냐?"라고 했습니다. 바울은 하나님께서 길이 참으심이 풍성하신 분임을 선언했습니다.

베드로전서 3장 20절에 "그들은 전에 노아의 날 방주를 준비할 동안 하나님이 오래 참고 기다리실 때에 복종하지 아니하던 자들이라 방주에서 물로 말미암아 구원을 얻은 자가 몇 명뿐이니 겨우 여덟 명이라"라고 했습니다. 노아가 방주를 만들고 준비한 기간이 최대로 120년입니다. 하나님은 오래 참으시면서 백성들이 회개하기를 원하셨습니다.

오래 참음은 하나님의 속성입니다. 하나님의 사랑 가운데 은총과 긍휼과 오래 참음이 있습니다. 하나님의 사랑이 완고한 인간을 향하여 오래 참으십니다. 사람들이 악을 저지르는 것도 아시면서 오래 참으십니다.

오래 참으심을 관용이라고 부릅니다. 때로는 심판을 당장 받아야 하지만 연기하고 있습니다. 참고 또 참으시는 하나님의 속성입니다. 로마서 2장 9절에 "악을 행하는 각 사람의 영에는 환난과 곤고가 있으리니 먼저는 유대인에게요 그리고 헬라인에게며"라고 했습니다. 하나님의 심판과 정죄가 당장 임하는 것이 마땅하지만 하나님의 오래 참으심의 은혜가 우리를 살게 하고 회개의 기회를 주게 되는 것입니다.

베드로후서 3장 15절에 "또 우리 주의 오래 참으심이 구원이 될 줄로 여기라 우리가 사랑하는 형제 바울도 그 받은 지혜대로 너희에게 이같이 썼고"라고 했습니다. 우리가 하나님을 향하여 오래 참는 것이 아니라 하나님께서 우리에 대하여 오래 참는 것입니다.

여러분은 얼마나 참는 사람입니까? 참지 못해서 손해보는 경우가 많지 않습니까? 하나님의 자녀, 하나님 나라의 백성, 하늘의 시민권을 가진 사람이기 때문에 하나님을 닮아 오래 참아야 합니다. 하나님이 아시지요? 하나님만 바라보면서 참습니다. 인내합니다.

저를 지도하셨던 수원제일교회 안중섭 목사님께서 설교집을 한 권 남기셨습니다. 그 책 서문에 보면 '나는 꾹꾹 참았다. 미련스럽게 참았다' 라고 고백하셨습니다. 참았기 때문에 성공적인 목회를 할 수 있었다는 의미입니다. 이 세상을 살아갈 때 성도는 성령 충만해서 오래 참는 가운데 영광이 있는 줄로 믿습니다.

둘째로, 그리스도인들은 다른 사람의 잘못이나 핍박에 대하여 오래 참습니다. 오래 참음은 성도의 덕목 중의 아름다운 덕목입니다. 다른 사람이 나에게 잘못된 말과 행동을 할 수 있습니다. 때로는 핍박하거나 욕할 수도 있습니다. 분이 나거나 화를 낼 수 있는 상황입니다. 그러나 오래 참는 것입니다.

세상을 살다보면 얼마나 억울한 경우가 많습니까? 여러분도 억울한 경우가 있을 것입니다. 목회자는 정말 많이 있습니다. 그럴 때마다 구약성경에 기록된 예수님의 모형인 요셉을 생각합니다.

실제적으로 우리의 구원자 예수 그리스도를 생각합니다. 십자가에 못박혀 죽을 일이 없는 분인데 죽으셨습니다. 사람들이 고함을 쳐서 처형했습니다. 그러나 아무 말도 하지 않으시고 묵묵히 십자가를 지셨습니다.

셋째로 자기 자신의 성숙, 성장을 위하여 오래 참는 것도 가르칩니다. 자기 자신에 대하여 자신이 오래 참는 습관이 필요합니다. 요즘은 참지 못하는 세상입니다. 인스턴트 식품을 많이 먹어서 그렇다는 말들을 합니다.

하나님은 잠언에서 뭐라고 가르칩니까? 잠언 12장 15-16절에 "미련한 자는 자기 행위를 바른 줄로 여기나 지혜로운 자는 권고를 듣느니라 미련한 자는 당장 분노를 나타내거니와 슬기로운 자는 수욕을 참느니라"라고 했습니다.

잠언 15장 18절에도 "분을 쉽게 내는 자는 다툼을 일으켜도 노하기를 더디 하는 자는 시비를 그치게 하느니라"라고 했습니다.

잠언 16장 32절에 "노하기를 더디하는 자는 용사보다 낫고 자기의 마음을 다스리는 자는 성을 빼앗는 자보다 나으니라"라고 했습니다. 지혜문서에서 성도들에게 가르친 교훈들입니다.

베드로 사도는 겟세마네 동산에서 예수님께서 체포되실 때 어떤 반응을 보였습니까? 칼을 빼서 대제사장이 파송한 말고의 귀를 잘라버렸습니다. 어떻게 보면 당연한 일 같지 않습니까? 또 정의의 사나이답지 않습니까?

그러나 예수님은 전혀 다른 교훈을 하셨습니다. "이것까지 참으라." 그러시면서 말고의 귀를 붙여주셨습니다. "너희가 강도를 잡는 것같이 검과 몽치를 가지고 나왔느냐 내가 날마다 너희와 함께 성전에 있을 때에 내게 손을 대지 아니하였도다 그러나 이제는 너희 때요 어둠의 권세로다"라고 하셨습니다. 누가복음 22장 52-53절에 나타난 사건입니다.

성령 충만한 사람은 벌컥 화를 내는 것보다 오래 참습니다. 육체의 열매가 분을 내는 것이라면 성령의 열매는 오래 참는 것입니다. 문제는 하나님 나라를 유업으로 받을 수 없다는 데 문제가 있습니다.

성도는 대인관계에 있어서 오래 참는 연습을 해야 합니다. 인내하는 자가 하나님 나라를 유업으로 받을 수 있습니다. 히브리서 10장 35-36절을 봅시다. "그러므로 너희 담대함을 버리지 말라 이것이 큰 상을 얻게 하느니라 너희에게 인내가 필요함은 너희가 하나님의 뜻을 행한 후에 약속하신 것을 받기 위함이라." 큰 상과 하나님 나라를 유업으로 받습니다.

야고보서 1장 2-4절에 "내 형제들아 너희가 여러 가지 시험을 당하거든 온전히 기쁘게 여기라 이는 너희 믿음의 시련이 인내를 만들어 내는 줄 너희가 앎이라 인내를 온전히 이루라 이는 너희로 온전하고 구비하여 조금도 부족함이 없게 하려 함이라"라고 했습니다.

시험이 있을 때 기쁘게 여길 사람이 있나요? 원망하고 불평하는 것이 일반적입니다. 그러나 욥은 달랐습니다. 하나님을 찬송했습니다. 고난을 잘 감당했습니다. 영육간에 두 배의 복을 받게 됩니다. 복은 그냥 오는 것이 아닙니다.

바울은 교회관에 대하여 말할 때 "그러므로 주 안에서 갇힌 내가 너희를 권하노니 너희가 부르심을 받은 일에 합당하게 행하여 모든 겸손과 온유로 하고 오래 참음으로 사랑 가운데서 서로 용납하고 평안의 매는 줄로 성령이 하나 되게 하신 것을 힘써 지키라"(엡4:1-3)라고 했습니다. 교회생활에 있어서 오래 참는 것은 필수적인 요소입니다. 교회 성장의 중요한 요소가 모든 교인들이 오래 참는 것입니다.

데살로니가 교인들에게 "또 형제들아 너희를 권면하노니 게으른 자들을 권계하며 마음이 약한 자들을 격려하고 힘이 없는 자들을 붙들어 주며 모든 사람에게 오래 참으라 삼가 누가 누구에게든지 악으로 악을 갚지 말게 하고 서로 대하든지 모든 사람을 대하든지 항상 선을 따르라"(살전5:14-15)라고 했습니다.

바울 사도가 데살로니가 교인들에게 권면한 내용입니다. 특히 모든 사람에게 오래 참으라. 오래 참아야 악을 악으로 갚지 않습니다. 항상 선을 추구할 수 있습니다. 그렇지 않으면 사고 뭉치가 될 것입니다.

경찰대학 모교수가 강의할 때 들어보니까 한국 사람들은 다른 사람이 무시했기 때문에 죽였다는 것입니다. 이런 민족이 없답니다. 우리들이 하나님의 자녀인데 얼마나 무시를 당하면서 삽니까? 세상 사람들의 비웃음과 조롱 속에서 살아갈 때가 많지만, 그래도 오래 참습니다. 참는 자가 복이 있다는 말입니다. 참는 것은 인내입니다.

어떤 집안이 하도 평화로워서 '당신네는 어떻게 하길래 그렇게 평안하오?' 질문했더니 한 항아리를 열어서 보여주더랍니다. 인내의 '인' 자가 가득하더랍니다. 화가 나고 분노가 일어날 때마다 인내 '인'(忍) 자를 한자로 써서 집어넣었다는 이야기입니다.

참는 자가 복이 있습니다. 오래 참는 자가 하나님 나라를 유업으로 받습니다. 오래 견디는 자가 자신의 인격이 성숙하여 그리스도를 닮는 사람이 됩니다. 우리 모두 성령으로 충만해서 주님을 닮고, 오래 참는 성도가 다 됩시다.

제41강
갈라디아서 5장 22-23절

성령의 열매 (5) 자비

육체의 열매는 말하고 싶지 않고 생각하고 싶지 않은 더럽고 추한 죄악들입니다. 반대로 성령의 열매는 향긋하고 기분 좋은 열매들입니다. 생각만 해도 미소가 지어지고 춤을 추고 싶은 열매들입니다.

성령의 열매에 대하여 생각하는 시간입니다. 성령의 첫 번째 열매는 아가페적인 사랑입니다. 두 번째는 희락입니다. 기쁨이요 즐거움입니다. 그리고 세 번째 열매는 화평, 평화, 평강입니다. 네 번째는 오래 참음입니다. 인내입니다.

그리고 성령의 열매 다섯 번째가 '자비' 입니다. 자비는 '인자', '친절', '상냥함' 을 말합니다. 인자는 헬라어로 '크레스토테스' 입니다. '친절한 성품', '타인에게 기꺼이 봉사하려는 마음' 을 뜻합니다.

1. 하나님의 자비

사도 바울은 로마서 11장 22절에서 "그러므로 하나님의 인자하심과 준엄하심을 보라 넘어지는 자들에게는 준엄하심이 있으니 너희가 만일 하나님의 인자하심에 머물러 있으면 그 인자가 너희에게 있으리라 그렇지 않으면 너도 찍히는 바 되리라"라고 했습니다.

우리가 하나님의 인자 안에 머물러 있으면 인자한 사람이 되지만, 하나님의 준엄하심의 대상이 된다면 유대인들이 하나님의 심판을 받아 찍히는 것처럼 찍혀지겠다는 말씀입니다. 원가지에 대해서도 찍었는데 곁가지야 어떻겠느냐? 그러므로 하나님의 인자하심에 머물러 있으라는 뜻입니다.

인자는 '하나님의 자비하심' 입니다. 하나님은 죄인을 구원하시려는 무한한 자비가 있으신 분입니다. 그 하나님의 자비가 사람을 생명길로 인도합니다. 은혜의 길, 구원의 길로 인도합니다.

사도 바울은 에베소 교인들에게 뭐라고 가르쳤습니까? 에베소서 2장 7절입니다. "이는 그리스도 예수 안에서 우리에게 자비하심으로써 그 은혜의 지극히 풍성함을 오는 여러 세대에 나타내려 하심이라"라고 말했습니다. 우리가 다음 세대에 전할 것이 무엇입니까? 하나님의 자비, 하나님의 인자, 하나님의 친절하심, 하나님의 상냥하심이라는 것입니다.

성경에서 하나님의 자비, 하나님의 인자는 하나님의 가장 중요한 성품 중 하나로 묘사되어 있습니다. 하나님의 자비는 보편적이고 무차별적이며 무조건적입니다. 특수하지 않습니다. 일반적입니다. 그리고 사람을 차별 대우하지 않습니다. 그리고 어떤 조건을 붙이지 않습니다. 누구나에게 똑같이 적용되는 하나님의 친절입니다.

마태복음 5장 45-46절에 "이같이 한즉 하늘에 계신 너희 아버지의 아들이 되리니 이는 하나님이 그 해를 악인과 선인에게 비추시며 비를 의로운 자와 불의한 자에게 내려주심이라 너희가 너희를 사랑하는 자를 사랑하면 무슨 상이 있으리요 세리도 이같이 아니하느냐"라고 했습니다.

이 세상에 살고 있는 모든 사람들은 하나님의 자비하심 속에서 살아가고 있습니다. 사람들이 햇빛이나 비의 혜택을 누릴 수 있는 자격이 있어서가 아니라 하나님의 무조건적으로 베풀어 주시는 은혜, 자비 때문에 살아가고 있는 것입니다. 그러므로 하나님의 인자, 자비는 하나님의 성품입니다. 하나님의 속성입니다. 본질적인 문제입니다.

2. 성도의 열매

성령 받은 그리스도인들은 하나님을 닮아가는 사람들입니다. 바울이 말한 것처럼 내가 그리스도를 본받는 자 된 것처럼 너희는 나를 본받으라. 우리는 그리스도를 닮고 하나님 아버지를 닮아가는 아들과 딸입니다. 그러므로 성령의 열매는 하나님의 성품을 닮아가는 것, 하나님의 인자와 자비를 본받는 것입니다.

하나님께서 우리에게 자비를 베푸시듯 성도는 다른 사람에게 자비를 베풀어야 할 책임이 있습니다. 다른 사람에게 고통을 안겨주지 않고 편안하게 해주려는 성질의 동정적 친절이 있어야 합니다. 자비나 친절은 상냥함을 말하기도 합니다.

성도가 성령 충만할 때 얼마나 상냥합니까? 반대로 시험에 빠져 보세요? 얼마나 흉악하고 끔찍한지 모릅니다. 자기 자신은 모르지요? 다른 사람은 다 압니다. 그러므로 소극적인 면에서는 항상 깨어서 쉬지 말고 기도해야 합니다. 사탄의 시험에 들지 않도록 깨어 있어야 합니다. 적극적으로 성령 충만을 간구해야 합니다. 하나님의 은혜에서 멀어지거나 떨어지지 않도록 힘써야 합니다.

이방 철학자들에게 있어서 자비는 신의 성품을 묘사하는 데 주로 사용되었습니다. 마르쿠스 아우렐리우스는 '인간을 신답게 만드는 것, 인간으로 하여금 신을 닮게 만드는 것이 바로 자비 또는 친절이다'라고 말했습니다. 상당히 생각이 많았던 철학자의 주장이었습니다.

인간에게 꼭 필요한 성품은 '하나님의 자비, 인자, 친절, 상냥함'입니다. 여러분이 자기 자신에 대해서 친절해 보십시오. 얼마나 행복해지는지 모릅니다. 또 다른 사람에 대해서도 친절해 보십시오. 여러분을 대하는 모든 사람이 다 행복해지고 즐겁습니다.

우리가 구원의 은혜를 선물로 받는 것처럼 세상 사람들은 하나님의 자비와 사랑 가운데 살아가고 있습니다. 그것을 깨닫지 못하고 알지 못해서 문제가 되는 것입니다.

바울은 디도서 3장 4-7절에서 "우리 구주 하나님의 자비와 사람 사랑하심이 나타날 때에 우리를 구원하시되 우리가 행한 바 의로운 행위로 말미암지 아니하고 오직 그의 긍휼하심을 따라 중생의 씻음과 성령의 새롭게 하심으로 하셨나니 우리 구주 예수 그리스도로 말미암아 우리에게 그 성령을 풍성히 부어주사 우리로 그의 은혜를 힘입어 의롭다 하심을 얻어 영생의 소망을 따라 상속자가 되게 하려 하심이라"라고 했습니다.

예수님은 누가복음 6장 36절에서 "너희 아버지의 자비로우심같이 너희도 자비로운 자가 되라"라고 했습니다. 하나님께서 해와 같다면 우리는 달과 같은 존재입니다. 하나님께서 자비의 발광체라면 우리들은 자비의 반사체일 것입니다. 하나님의 자비는 인간의 자비의 근원이요 원천입니다. 우리 모두 하나님으로부터 자비, 인자, 상냥함을 받은 자로서 세상 사람들에게 인자와 자비, 상냥함을 보여주는 성도가 됩시다.

3. 성경의 교훈

하나님께서 사랑하는 자녀들에게 무슨 교훈을 하셨을까요? 예수님이나 사도 바울이 교회에게 무슨 교훈을 하셨을까요?

마태복음 18장 사건을 기억합니까? 베드로의 질문이 무엇입니까? "주여 형제가 내게 죄를 범하면 몇 번이나 용서하여 주리이까 일곱 번까지 하오리이까?" 이런 베드로의 질문에 대하여 무슨 내용으로 대답하셨습니까?

예수님의 대답은 이렇습니다. "예수께서 이르시되 네게 이르노니 일곱 번뿐 아니라 일곱 번을 일흔 번까지라도 할지니라"라고 하셨습니다. 일곱 번을 일흔 번까지 하라. 이것은 하나님의 자비, 하나님의 인자, 하나님의 친절을 맛볼 수 있는 구절입니다.

또 예수님은 산상보훈에서 무슨 교훈을 하셨습니까? 마태복음 5장 38-42절에서 "또 눈은 눈으로, 이는 이로 갚으라 하였다는 것을 너희가 들었으나 나는 너희에게 이르노니 악한 자를 대적하지 말라 누구든지 네 오른편 뺨을 치거든 왼편도 돌려대며 또 너를 고발하여 속옷을 가지고자 하는 자에게 겉옷까지도 가지게 하며 또 누구든지 너로 억지로 오 리를 가게 하거든 그 사람과 십 리를 동행하고 네게 구하는 자에게 주며 네게 꾸고자 하는 자에게 거절하지 말라"라고 했습니다.

이 말씀도 하나님의 자비, 하나님의 인자하심, 하나님의 친절을 맛볼 수 있는 구절입니다. 그러시면서 주의사항을 말씀하셨습니다. 마태복음 5장 20절에 "내가 너희에게 이르노니 너희 의가 서기관과 바리새인보다 더 낫지 못하면 결코 천국에 들어가지 못하리라"라고 했습니다.

우리가 믿는 하나님이 자비하시니 우리도 자비해야 할 것입니다. 우리들은 하나님 아버지를 닮아야 할 것입니다. 에베소서 4장 32절부터 5장 2절까지 "서로 친절하게 하며 불쌍히 여기며 서로 용서하기를 하나님이 그리스도 안에서 너희를 용서하심과 같이 하라 그러므로 사랑을 받는 자녀같이 너희는 하나님을 본받는 자가 되고 그리스도께서 너희를 사랑하신 것같이 너희도 사랑 가운데서 행하라 그는 우리를 위하여 자신을 버리사 향기로운 제물과 희생제물로 하나님께 드리셨느니라"라고 했습니다.

골로새서 3장 12-14절에 "그러므로 너희는 하나님이 택하사 거룩하고 사랑 받는 자처럼 긍휼과 자비와 겸손과 온유와 오래 참음을 옷 입고 누가 누구에게 불만이 있거든 서로 용납하여 피차 용서하되 주께서 너희를 용서하신 것같이 너희도 그리하고 이 모든 것 위에 사랑을 더하라 이는 온전하게 매는 띠니라"라고 했습니다.

사랑하는 성도 여러분! 하나님은 자비하신 분입니다. 성령의 열매가 자비입니다. 친절입니다. 상냥함입니다. 우리 모두 하나님의 성령을 받은 사람답게 자비와 인자와 친절이 있는 성령의 열매를 맺읍시다. 하나님이 영광을 받으실 것이고, 다른 사람들이 여러분을 좋아하실 것입니다.

제42강
갈라디아서 5장 22-23절

성령의 열매 (6) 양선

성령의 열매 첫 번째가 무엇입니까? 남녀간의 사랑인 에로스나 친구간의 우정인 필리아 그리고 부모가 자식을 사랑하는 스톨게 정도가 아니라 하나님의 사랑, 신적인 사랑, 아가페입니다.

두 번째는 희락, 기쁨과 즐거움입니다. 성령 충만하면 시와 찬미와 신령한 노래가 있는 사람으로 항상 기뻐할 수 있습니다. 그리고 세 번째 열매가 화평, 평화, 평강입니다. 네 번째는 오래 참음, 인내입니다. 다섯 번째가 자비, 인자, 친절, 상냥함입니다.

1. 양선, 선함

성령의 열매 여섯 번째가 '양선' 입니다. 양선이란 '선함' 입니다. 헬라어로 '아가도쉬네' 입니다. 양선은 선한 성품과 더불어 행동을 함께 일컫는 말입니다. 마음도 선하고 착하며, 행동도 선하고 착한 것을 일컫는 말입니다. 여러분은 어떤 사람입니까? 마음도 행동도 착한 사람입니까? 그리스도인은 그런 사람입니다.

'양선' 이라는 용어는 신약성경에서 네 번 사용되었습니다. 로마서

15장 14절에 "내 형제들아 너희가 스스로 선함이 가득하고 모든 지식이 차서 능히 서로 권하는 자임을 나도 확신하노라"라고 했습니다.

로마 교인들은 반율법주의자들과 율법주의자들이 미혹하는 상황에서 신앙 생활을 하였습니다. 바울은 복음으로 로마 교인들을 가르쳤습니다. 복음은 모든 믿는 자에게 구원을 주시는 하나님의 능력과 지혜이기 때문입니다.

바울은 구원받은 로마 교인들에게 "너희 속에 선함이 가득하게 하라"라고 명령했습니다. 사람의 마음은 선이 가득하지 않으면 악으로 충만하게 되어 있습니다. 좋은 마음을 가지지 않으면 늘 원망하고 불평하는 악한 마음의 소유자가 되게 되어 있습니다. 여러분의 마음을 들여다 보십시오. 선한 마음인지 아니면 악한 마음인지.

예수님은 제자들을 가르치실 때 무슨 교훈을 하셨습니까? 마태복음 5장 13-16절입니다. "너희는 세상의 소금이니 소금이 만일 그 맛을 잃으면 무엇으로 짜게 하리요 후에는 아무 쓸 데 없어 다만 밖에 버려져 사람에게 밟힐 뿐이니라 너희는 세상의 빛이라 산 위에 있는 동네가 숨겨지지 못할 것이요 사람이 등불을 켜서 말 아래에 두지 아니하고 등경 위에 두나니 이러므로 집 안 모든 사람에게 비치느니라 이같이 너희 빛이 사람 앞에 비치게 하여 그들로 너희 착한 행실을 보고 하늘에 계신 너희 아버지께 영광을 돌리게 하라."

성도는 세상의 소금입니다. 세상을 환하게 밝히는 빛입니다. 그 자체가 선입니다. 착한 행실입니다. 그렇게 소금의 맛을 내고 빛을 발하기 위하여 하나님이 하나님의 자녀가 되게 하셨습니다. 하나님 나라 백성이 되게 하셨습니다. 그런데 소금과 빛의 역할을 한 것이 무엇입니까? 맛있는 소금이 됩시다. 빛을 환하게 비치는 빛이 됩시다. 그 착한 행실을 통하여 하나님이 영광을 받으실 줄로 믿습니다.

2. 바울의 교훈

바울은 디도서 2장 11-14절에서 "모든 사람에게 구원을 주시는 하나님의 은혜가 나타나 우리를 양육하시되 경건하지 않은 것과 이 세상의 정욕을 다 버리고 신중함과 의로움과 경건함으로 이 세상에 살고 복스러운 소망과 우리의 크신 하나님 구주 예수 그리스도의 영광이 나타나심을 기다리게 하셨으니 그가 우리를 대신하여 자신을 주심은 모든 불법에서 우리를 속량하시고 우리를 깨끗하게 하사 선한 일을 열심히 하는 자기 백성이 되게 하려 하심이라"라고 했습니다.

하나님은 우리에게 은혜로 구원을 주셨습니다. 경건하지 않은 것과 정욕을 다 버리면서 살도록 은혜와 능력을 주신 것입니다. 그리고 신중함과 의로움과 경건하게 살도록 복을 주셨습니다. 특별히 선한 일을 열심히 하는 하나님의 백성이 되게 하셨습니다. 여러분! 일하지 않는 분들은 일하십시오. 악한 일을 하지 말고 선한 일을 하십시오. 선한 일을 위하여 우리를 구원하시고 불러서 하나님 나라 백성이 되게 하신 것입니다.

에베소서 2장 10절에 "우리는 그가 만드신 바라 그리스도 예수 안에서 선한 일을 위하여 지으심을 받은 자니 이 일은 하나님이 전에 예비하사 우리로 그 가운데서 행하게 하려 하심이니라"라고 했습니다.

성부 하나님께서 영원전부터 작정하시고, 예정하시며, 그리스도 안에서 선택하시고 부르신 것은 선한 일을 위하여 재창조하신 것입니다. 성자 예수님께서 십자가의 보혈로 우리를 구속하신 것은 선한 일을 위하여 구속의 은총을 입혀 주신 것입니다.

그리고 성령 하나님께서 거듭나게 하시고 교회의 회원이 되게 하신 것이나 은사를 선물로 주신 것은 몸된 교회의 지체로서 자기 직분을 잘 감당하라고 주신 성령의 은사들입니다. 그런데 성령의 은사를 교회의 선한 일을 위하여 사용하지 않고 자기만을 위하여 사용한다면 성삼위

하나님이 기뻐하지 않으실 것입니다. 잠시 후에 그 은사와 복을 거둬버리실 것입니다.

갈라디아서 5장 22-23절에 "오직 성령의 열매는 사랑과 희락과 화평과 오래 참음과 자비와 양선과 충성과 온유와 절제니 이같은 것을 금지할 법이 없느니라"라고 했습니다. 성령의 열매 중 양선, 착함인데 이같은 것을 금지할 법이 없다고 선언했습니다. 선한 열매를 맺는 데 막을 사람이 어디 있습니까?

에베소서 5장 8-10절에 "너희가 전에는 어둠이더니 이제는 주 안에서 빛이라 빛의 자녀들처럼 행하라 빛의 열매는 모든 착함과 의로움과 진실함에 있느니라 주를 기쁘시게 할 것이 무엇인가 시험하여 보라"라고 했습니다.

바울은 우리의 과거와 현재를 비교해서 말했습니다. 과거는 어둠입니다. 지금은 빛입니다. 그리스도 밖에 있었을 때, 약속에 대하여 외인일 때, 이스라엘 나라 밖에 있었을 때는 어둠이었습니다.

지금은 그리스도 안에 있을 때, 언약에 대하여 관계를 맺을 때, 믿음으로 하나님 나라 백성이 되었을 때, 영적인 이스라엘 나라의 백성일 때는 빛입니다. 그 빛의 열매가 선함입니다. 양선이지요.

3. 어떻게 할 것인가?

사람은 장래에, 장차 어떻게 할 것인가가 중요합니다. 과거는 과거입니다. 이제부터 어떻게 할 것인가? 그것이 관건입니다. 하늘 나라를 믿고 가는 사람으로서 어떻게 하는 것이 지혜로운 방법일까? 역시 성경으로 가야 됩니다.

데살로니가후서 1장 11-12절에 "이러므로 우리도 항상 너희를 위하여 기도함은 우리 하나님이 너희를 그 부르심에 합당한 자로 여기시고 모든 선을 기뻐함과 믿음의 역사를 능력으로 이루게 하시고 우리 하나님과 주 예수 그리스도의 은혜대로 우리 주 예수의 이름이 너희 가운데서 영광을 받으시고 너희도 그 안에서 영광을 받게 하려 함이라"라고 했습니다.

바울은 데살로니가 교인들을 위하여 항상 기도했습니다. 무슨 내용의 기도를 올렸을까요? 하나님이 데살로니가 교인들을 불렀는데 합당하게 믿고 모든 선을 기뻐하는 교인들이 되게 해 달라고 간구했습니다. 사랑하는 성도 여러분! 선을 기뻐합시다. 그것이 그리스도에게 영광이요 우리의 영광이 됩니다.

여기서 우리가 중요한 점을 발견하게 됩니다. 바울 서신에서 선은 하나님의 선하심을 가리키는 말이 아니라 인간의 선하심을 나타내는 말에 사용되었습니다. 성도가 선을 행하면서 살아야 된다는 교훈입니다.

사도 바울이 마게도냐로 갈 때에 에베소 교회에 디모데를 남겨두고 갔습니다. 왜 디모데를 에베소 교회에 남겨놓았을까요? 그 이유는 바른 교훈이 아니라 다른 교훈을 하는 사람들이 있었기 때문입니다. 다른 교훈의 대표적인 것들이 신화입니다. 끝이 없는 족보 이야기입니다. 이런 다른 교훈들은 하나님의 경륜을 이루는 것이 아니라 변론만 만들어 내는 것이기 때문입니다.

디모데전서 1장 5절에서 "이 교훈의 목적은 청결한 마음과 선한 양심과 거짓이 없는 믿음에서 나오는 사랑이거늘"라고 했습니다. 바른 교훈은 청결한 마음을 가지게 만듭니다. 사람으로 하여금 선한 양심을 가지게 합니다. 거짓 없는 믿음에서 나오는 사랑의 사람이 되게 합니다.

디모데전서 6장 17-19절을 봅시다. "네가 이 세대에서 부한 자들을 명하여 마음을 높이지 말고 정함이 없는 재물에 소망을 두지 말고 오직 우리에게 모든 것을 후히 주사 누리게 하시는 하나님께 두며 선을 행하고 선한 사업을 많이 하고 나누어 주기를 좋아하며 너그러운 자가 되게 하라 이것이 장래에 자기를 위하여 좋은 터를 쌓아 참된 생명을 취하는 것이니라"라고 했습니다.

여러분은 소망을 재물에 두지 말고 재물을 후히 주시는 하나님께 소망을 두기 바랍니다. 그리고 하나님께서 맡기신 재물로 선을 많이 행하십시오. 선한 사업에 부자가 되십시오. 그것이 장래에 자기를 위하여 쌓는 방법 중의 하나입니다. 이것이 사도 바울의 가르침입니다.

예수님은 "보물을 땅에 쌓지 말고 하늘에 쌓으라"라고 가르치셨습니다. 그 이유가 무엇입니까? 왜 하늘에 쌓아야 할까요? 땅에는 좀이 있고 동록이 있고 도둑이 있기 때문이고 하늘 나라는 좀도 동록도 도둑도 없기 때문입니다.

제43강
갈라디아서 5장 22-23절

성령의 열매 (7) 충성

성령의 열매는 사랑과 희락과 화평과 오래 참음과 자비와 양선과 충성과 온유와 절제입니다. 여러분은 성령의 열매가 있습니다. 본질적으로 우리 안에 존재하지 않기 때문에 울고 또 우는 사람이 기독교인입니다.

1. 성령의 열매, 충성

성령의 열매 일곱 번째가 '충성'입니다. 충성은 헬라어로 '피스티스'입니다. 신약성경에서 자주 사용된 용어입니다. '피스티스'는 믿음이라고 번역합니다. 그러므로 충성, 믿음, 신실함은 모두 같은 단어입니다. 우리 모두 믿음 있는 사람, 신실한 사람, 믿을 만한 사람이 됩시다.

마태복음 8장 10절에 "예수께서 들으시고 놀랍게 여겨 따르는 자들에게 이르시되 내가 진실로 너희에게 이르노니 이스라엘 중 아무에게서도 이만한 믿음을 보지 못하였노라"라고 했습니다. 백부장의 믿음을 보고 칭찬하신 내용입니다.

백부장은 이방인입니다. 자기 가족이나 아내의 문제가 아니라 종의 중풍병의 문제를 가지고 주님 앞에 나아간 사람입니다. 예수님께서 가서 고쳐 주겠다고 하셨습니다.

백부장의 대답은 "주여 내 집에 들어오심을 나는 감당하지 못하겠사오니 다만 말씀으로만 하옵소서 그러면 내 하인이 낫겠사옵나이다 나도 남의 수하에 있는 사람이요 내 아래에도 군사가 있으니 이더러 가라 하면 가고 저더러 오라 하면 오고 내 종더러 이것을 하라 하면 하나이다"라고 했습니다.

예수님께서 놀랍게 여기면서 따르는 자들에게 "내가 진실로 너희에게 이르노니 이스라엘 중 아무에게서도 이만한 믿음을 보지 못하였노라 또 너희에게 이르노니 동서로부터 많은 사람이 이르러 아브라함과 이삭과 야곱과 함께 천국에 앉으려니와 그 나라의 본 자손들은 바깥 어두운 데 쫓겨나 거기서 울며 이를 갈게 되리라"라고 말씀하시고 "가라 네 믿은 대로 될지어다"라고 말씀하시면서 종의 중풍병을 고쳐 주셨습니다. 백부장의 믿음은 주님이 보실 때 인정받는 믿음이었습니다. 하나님을 진심으로 믿는 사람이었습니다.

'피스티스'는 하나님에 대한 확신이나 신앙을 의미합니다. 갈라디아서 5장 22절의 '피스티스'는 '충성'이라고 번역했습니다. 인간 상호간의 윤리적이거나 미덕보다 강조하는 것은 KJV에서는 '믿음, faith'로, NASB, NIV는 '신실함, faith-fulness'로 번역하였습니다.

'충성'이란 수직적이고 상하 관계의 의미가 엿보이는 강한 의미의 용어입니다. 그런데 오늘 말씀의 '피스티스, 충성'이란 다른 사람들이 자신을 믿고 의지할 수 있도록 하는 자질을 의미합니다.

다니엘을 생각해 봅시다. 다리오 왕 때 전국을 통치하는 고관이 백이십 명이었습니다. 그 중에 총리가 세 명이었습니다. 한 사람이 다니엘입니다. "다니엘은 마음이 민첩하여 총리들과 고관들 위에 뛰어나므로 왕이 그를 세워 전국을 다스리게 하고자 한지라 이에 총리들과 고관들이 국사에 대하여 다니엘을 고발할 근거를 찾고자 하였으나 아무 근거, 아무 허물도 찾지 못하였으니 이는 그가 충성되어 아무 그릇됨도 없고 아무 허물도 없음이었더라"라고 했습니다. 다니엘의 놀라운 특징은 충성이었습니다.

그러므로 충성이란 어떤 의미일까요? '믿을 만한 분에게 보이는 믿음직함' 입니다. 하나님께서는 미쁘시고 신실하신 분이십니다. 하나님의 자녀가 하나님을 믿을 만한 분으로 알기에 믿습니다. 상대가 보고 믿음직함을 느끼고 믿는 것입니다.

2. 하나님과의 언약

하나님은 미쁘신 분입니다. 하나님 자신이 신실하실 뿐만 아니라 자신의 말씀, 언약에 대해서도 신실하십니다. 하나님은 어떤 상황이나 환경이나 사회적인 변화에 따라서 달라지는 분이 아닙니다. 디모데후서 2장 13절에 "우리는 미쁨이 없을지라도 주는 항상 미쁘시니 자기를 부인하실 수 없으시리라"라고 했습니다.

야고보서 1장 17절에 "온갖 좋은 은사와 온전한 선물이 다 위로부터 빛들의 아버지께로부터 내려오나니 그는 변함도 없으시고 회전하는 그림자도 없으시니라"라고 했습니다. 하나님은 본질적으로 변함이 없으십니다. 하나님의 불변성입니다.

우리가 금요철야 때 하나님의 불변성에 대하여 공부하였습니다. 잠시 조금만 생각해 봅시다. 하나님은 영원히 동일하신 분이십니다. 하나님의 존재와 완전성, 목적과 약속에 있어서 변하지 않는 분이십니다.

시편 102편 26-27절에 "천지는 없어지려니와 주는 영존하시겠고 그것들은 다 옷같이 낡으리니 의복같이 바꾸시면 바뀌려니와 주는 한결같으시고 주의 연대는 무궁하리이다"라고 했습니다. 하나님의 불변성을 기록했습니다.

말라기 3장 6절에 "나 여호와는 변하지 아니하나니 그러므로 야곱의 자손들아 너희가 소멸되지 아니하느니라"라고 했습니다. 하나님은 영원전부터 영원까지 변하지 않는 분이십니다.

그러므로 하나님은 내적 존재에 있어서 불변하십니다. 하나님은 속성에 있어서 불변하십니다. 하나님은 목적에 있어서 불변하십니다. 하나님은 행동의 동기에 있어서 불변하십니다.

또 하나님이 말씀하신 것도 변함이 없습니다. 하나님의 말씀은 언약, 약속입니다. 하나님은 언약에 신실하십니다. 한 번 약속하신 것은 반드시 이루십니다. 천지가 없어져도 하나님은 말씀에 신실하십니다.

이스라엘 백성은 하나님의 신실하심을 체험한 다음에 뭐라고 고백했습니까? 여호수아 21장 45절에 "여호와께서 이스라엘 족속에게 말씀하신 선한 말씀이 하나도 남음이 없이 다 응하였더라"라고 했습니다. 하나님의 말씀은 선합니다. 하나도 남음이 없이 다 응하는 말씀입니다. 하나님의 신실성에 기초를 두고 있기 때문입니다.

믿음의 조상 아브라함은 하나님을 신뢰했습니다. 갈대아 우르를 떠날 때에 여호와의 말씀을 좇아갔습니다. 그리고 나이가 많아 자식을 낳을 수 없는 상황이었지만 약속하신 이, 하나님을 믿었습니다. 그 결과 믿음대로 그리고 약속대로 이삭을 선물로 받았습니다.

사람의 입장에서 봤을 때는 불가능한 일이었습니다. 아브라함이 100세입니다. 사라는 90세입니다. 그렇지만 로마서 4장 20-21절에 "믿음이 없어 하나님의 약속을 의심하지 않고 믿음으로 견고하여져서 하나님께 영광을 돌리며 약속하신 그것을 또한 능히 이루실 줄을 확신하였으니"라고 했습니다. 아브라함과 사라는 믿음이 있었습니다. 약속을 이루실 줄을 믿었습니다.

히브리서 11장 11절에 "믿음으로 사라 자신도 나이가 많아 단산하였으나 잉태할 수 있는 힘을 얻었으니 이는 약속하신 이를 미쁘신 줄 알았음이라"라고 했습니다. 아브라함과 사라는 하나님의 약속을 믿었습니다. 약속하신 이의 약속을 믿었습니다. 하나님은 약속대로 이루셨습니다. 이것이 기독교입니다.

3. 우리가 힘쓸 일

이제 세상은 점점 암울해져만 갑니다. 희망도 없고 소망도 없는 사람들처럼 살다가 죽어가고 있습니다. 그러나 밤이 깊어갈수록 찬기운이 맴돌고 춥지만 새벽은 반드시 밝아올 것입니다.

세상은 서로 믿지 못하고 불신하는 세상이 되어 버렸습니다. 이럴수록 우리들이 힘쓰고 보여줘야 할 것이 무엇입니까? 하나님 믿는 사람의 멋과 맛입니다.

우리의 믿음을 나타내고 드러낼 때가 되었습니다. 보여줄 때가 되었다는 말입니다. 하나님에게도 인정받고 사람들에게도 인정받는 믿음의 사람이 되어야 합니다. 살아 있는 믿음, 신실한 믿음의 사람이라면 보여줘야 합니다.

데살로니가 교인들이 믿음의 역사와 사랑의 수고, 그리고 소망의 인내를 나타냈듯이 우리 교회도 세상 사람들 앞에 믿음을 보여줄 때가 되었습니다. 그러기 위해서 기도해야 합니다. 능력을 받아야 합니다. 세상을 두려워하지 마십시오. 우리가 힘있게 주님의 일을 할 수 있는 일터입니다.

마태복음 25장에는 달란트 비유가 나옵니다. 주인의 칭찬이 무엇입니까? 다섯 달란트와 두 달란트 맡은 자에게 "착하고 충성된 종아 네가 적은 일에 충성하였으매 내가 많은 것을 네게 맡기리니 네 주인의 즐거움에 참여할지어다"라고 했습니다. 주님이 칭찬한 것은 물질이나 남긴 것보다 충성이었습니다. 착하고 충성된 종아! 충성을 칭찬했습니다. 맡은 자의 구할 것이 무엇입니까? 바울은 '충성'이라고 지적했습니다.

바울은 디도서 2장 9-10절에서 "종들은 자기 상전들에게 범사에 순종하여 기쁘게 하고 거슬러 말하지 말며 훔치지 말고 오히려 모든 참된 신실성을 나타내게 하라 이는 범사에 우리 구주 하나님의 교훈을 빛나게 하려 함이라"라고 했습니다.

바울 당대에는 종들이 많았습니다. 지금은 종이 없는 시대입니다. 우리가 다른 사람들의 일을 감당할 때의 자세입니다. 순종하여 주인을 기쁘게 해야 합니다. 주님의 교훈을 빛나게 해야 할 책임이 있습니다.

제44강
갈라디아서 5장 22-23절

성령의 열매 (8) 온유

성령의 열매는 사랑과 희락과 화평과 오래 참음과 자비와 양선과 충성과 온유와 절제입니다. 사랑은 세속적인 사랑이 아니라 하나님에게만 있는 아가페, 신적인 사랑, 하나님의 사랑입니다. 성령의 열매 희락은 즐거움, 기쁨입니다. 항상 기뻐할 수 있습니다. 어떤 상황에서도 즐거워할 수 있습니다. 이것이 성령의 열매입니다.

화평, 평화, 평강입니다. 오래 참음은 인내입니다. 그리고 자비입니다. 인자하심입니다. 친절하고 상냥함입니다. 또 양선은 선하고 착한 것입니다. 충성은 매사에 해야 할 일을 잘 감당하는 것입니다. 최선을 다하는 것이 충성입니다.

1. 온유

성령의 열매 여덟 번째가 온유입니다. 온유는 헬라어로 '프라우테스'입니다. '프라우테스'는 이웃을 향한 윤리적 관용을 말합니다. 이웃 사람들이 우리를 해롭게 할 때 위협을 가하거나 보복하는 마음으로 분개하거나 분노하지 말아야 합니다.

디모데후서 2장 25-26절에 "거역하는 자를 온유함으로 훈계할지니 혹 하나님이 그들에게 회개함을 주사 진리를 알게 하실까 하며 그들로 깨어 마귀의 올무에서 벗어나 하나님께 사로잡힌 바 되어 그 뜻을 따르게 하실까 함이라"라고 했습니다.

바울이 목회자로서 로마 감옥에서 죽어가고 있는 상황에서 기록한 목회서신입니다. 젊은 목회자 디모데를 향해 편지를 남겼습니다. 디모데야 목회를 하다가 거역하는 사람들이 있을 때 온유함으로 대하라. 왜 온유함으로 대하여야 하는가?

첫째 이유는 하나님께서 회개를 하게 하여서 진리를 알게 하실까? 둘째 이유는 마귀의 올무에서 벗어나 하나님께 사로잡혀서 하나님의 뜻대로 살게 하실까? 그 두 가지 때문에 거역하는 사람을 온유함으로 대하라는 것입니다.

일단 거역하는 것은 성령의 역사가 아니라 마귀의 올무에 걸린 것입니다. 그럴 때 목회자는 온유함으로 대해서 회개하거나 하나님의 뜻대로 순종하기를 원하여 참으라는 것입니다.

사람들의 대부분은 온유에 대하여 그릇된 생각을 가질 때가 있습니다. '자기에게 잘못하고 있는 사람에게 대항하지 않는 것이다.' 또는 '자기 자신의 권리와 의무를 전혀 주장하지 않는 자이다.' '그러므로 온유한 사람은 분냄도 없고 오로지 묵묵히 참고 용인하는 것이다' 라고 생각하는 것은 온유에 대하여 문제가 있는 정의입니다.

온유하신 예수님께서 성전을 청결하게 하실 때, 성전에서 매매하는 자들과 환전하는 자들 그리고 소와 양을 사고 파는 사람들을 쫓아내실 때에는 강력했습니다. 노끈으로 채찍을 만들어 뒤집어 엎고 쏟아 놓고 내쫓았습니다.

마태복음 21장 12-13절에 "예수께서 성전에 들어가사 성전 안에서 매매하는 모든 사람들을 내쫓으시며 돈 바꾸는 사람들의 상과 비둘기 파는 사람들의 의자를 둘러 엎으시고 그들에게 이르시되 기록된 바 내

집은 기도하는 집이라 일컬음을 받으리라 하였거늘 너희는 강도의 소굴을 만드는도다"라고 했습니다.

불의에 대한 온유한 자의 태도를 보십시오. 온유한 자도 노할 때는 노합니다. 불의와 부정 앞에 굴복하지 않았습니다. 그러므로 온유한 사람의 특징이 무엇입니까? 잘못한 사람을 너그러이 용서합니다. 자신의 유익을 위해서 강포를 일삼지 않습니다. 그러나 불의와 부정 앞에서는 단호히 노여워합니다.

2. 성경적인 온유

하나님께서 성경을 통하여 말씀하시는 온유는 어떤 의미일까? 고린도전서 6장 1-8절을 볼 때 고린도 교회 안에 소송 문제가 발생했습니다. 교회 문제를 세상 법정으로 가지고 가서 해결하려고 하였습니다.

그럴 때 바울이 주장한 것이 무엇입니까? 고린도전서 6장 6-8절입니다. "형제가 형제와 더불어 고발할 뿐더러 믿지 아니하는 자들 앞에서 하느냐 너희가 피차 고발함으로 너희 가운데 이미 뚜렷한 허물이 있나니 차라리 불의를 당하는 것이 낫지 아니하며 차라리 속는 것이 낫지 아니하냐 너희는 불의를 행하고 속이는구나 그는 너희 형제로다"라고 했습니다.

사도 바울의 가르침이 무엇입니까? 자기 자신의 권리와 주장을 세상 법정까지 가지고 가서 자신의 정의와 법을 주장한다면 무슨 영광을 얻게 되며 무슨 덕이 있겠느냐? 차라리 자기 자신의 권리나 주장이라 하더라도 양보하고 포기하는 것이 온유한 것이 아니냐? 바울은 성도의 덕과 교회의 유익과 하나님의 영광을 생각하는 것이 더욱 중요하다고 강조합니다.

온유는 그리스도인들이 반드시 갖추어야 할 덕목입니다. 그런데 조심해야 할 것들이 있습니다. 정치를 할 때 독재자가 나타나면 아무 말도 못하는 경우도 있습니다. 무슨 결정을 해야 하는 문제가 있을 때 유리한지 불리한지를 따져서 손을 드는 경우도 있습니다. 이런 것은 비겁한 것입니다. 불의 앞에서 의를 말할 수 있어야 하고, 부정직 앞에 정직을 말할 수 있어야 합니다.

우리가 믿고 따르는 예수님은 온유하신 분입니다. 마태복음 11장 28-30절에 "수고하고 무거운 짐 진 자들아 다 내게로 오라 내가 너희를 쉬게 하리라 나는 마음이 온유하고 겸손하니 나의 멍에를 메고 내게 배우라 그리하면 너희 마음이 쉼을 얻으리니 이는 내 멍에는 쉽고 내 짐은 가벼움이라"라고 했습니다.

예수님의 마음은 온유하고 겸손한 마음입니다. 그 온유와 겸손을 평생 배우는 사람이 기독교인입니다. 여러분은 주님을 얼마나 많이 닮았습니까? 그것이 인생의 성공일 것입니다. 인생의 행복이요 승리입니다.

예수님은 산상보훈에서 "온유한 자는 복이 있나니 그들이 땅을 기업으로 받을 것임이요"라고 세 번째 복으로 가르치셨습니다. 온유한 사람이땅을 기업으로 받는다. 저는 이삭이 온유한 사람이라고 의심없이 그리고 주저하지 않고 말합니다.

이삭은 아브라함의 아들로 태어나서 믿음으로 순종을 배웠습니다. 그런데 이삭은 가나안 땅에 흉년이 들었을 때도 하나님의 지시를 따라 떠나서 애굽으로 내려가지 않습니다. 하나님께서는 믿음으로 순종하는 온유한 이삭에게 복을 주셨습니다. 그 해에 농사를 지었는데 백 배나 잘 되게 하셨습니다.

그리고 사람들이 시기하여 아브라함 때에 판 우물을 메웠습니다. 이삭은 양보하고 떠납니다. 다른 곳에 가서 우물을 파니 샘물이 솟아나왔습니다. 온유한 사람이 받는 복이 무엇인지를 가르쳐 주고 있습니다. 행하는 일마다 때마다 복 주시는 하나님의 은혜를 경험한 사람이 이삭입니다.

3. 사도의 교훈

바울은 고린도 교인들에게 무엇을 가르쳤습니까? 고린도후서 10장 1절에 "너희를 대면하면 유순하고 떠나 있으면 너희에 대하여 담대한 나 바울은 이제 그리스도의 온유와 관용으로 친히 너희를 권하고"라고 했습니다.

목회자의 마음입니다. 같이 있으면 유순합니다. 떠나 있으면 담대합니다. 그래서 이중적이라는 말도 듣습니다. 설교할 때는 하나님의 임재를 느끼면서 강력합니다. 불의 사자입니다. 그러나 개인적인 만남이 있으면 한없이 부드럽습니다. 온유합니다. 그리스도의 온유와 관용으로 성도들을 대합니다. 이것이 목회자입니다.

베드로 사도가 본 예수님은 어떤 분이셨을까요? 베드로전서 2장 22-25절에 "그는 죄를 범하지 아니하시고 그 입에 거짓도 없으시며 욕을 당하시되 맞대어 욕하지 아니하시고 고난을 당하시되 위협하지 아니하시고 오직 공의로 심판하시는 이에게 부탁하시며 친히 나무에 달려 그 몸으로 우리 죄를 담당하셨으니 이는 우리로 죄에 대하여 죽고 의에 대하여 살게 하려 하심이라 그가 채찍에 맞음으로 너희는 나음을 얻었나니 너희가 전에는 양과 같이 길을 잃었더니 이제는 너희 영혼의 목자와 감독 되신 이에게 돌아왔느니라"라고 했습니다.

모세는 어떤 성품의 소유자였을까요? 민수기 12장 3절에 "이 사람 모세는 온유함이 지면의 모든 사람보다 더하더라"라고 했습니다. 모세는 이스라엘 민족사에 위대한 지도자였습니다. 그 모세를 하나님은 이렇게 평가하셨습니다. 지면의 모든 사람보다 온유함이 더하더라.

레위기 19장 15-16절에 "너희는 재판할 때에 불의를 행하지 말며 가난한 자의 편을 들지 말며 세력 있는 자라고 두둔하지 말고 공의로 사람을 재판할지며 너는 네 백성 중에 돌아다니며 사람을 비방하지 말며 네 이웃의 피를 흘려 이익을 도모하지 말라 나는 여호와이니라"라고 했습니다.

하나님의 은혜로 구원을 받은 이스라엘 백성, 하나님의 아들과 딸들은 재판할 때 가난하다, 부하다 그런 것이 문제가 아니었습니다. 하나님의 공의가 중요했습니다. 세력이 있는 자와 세력이 없는 자도 문제가 아니었습니다. 하나님 나라의 본질을 드러내는 것이 문제였습니다. 그래서 공평해야 했습니다.

기독교인은 자기의 이상이나 뜻을 실현하기 위해서 세상에 사는 사람이 아닙니다. 하나님의 뜻을 실현하고 하나님의 이름을 높여 드리고 하나님 나라를 발전시키기 위해서 부름 받고, 세상에 사는 사람들입니다. 그것을 모르고 세상을 살면 열심히는 살았는데 주님이 모른다고 하는 사람이 될 수 있습니다.

그러므로 깨어서 오늘도 주님의 뜻을 살펴보고 그 방향으로 살려고 노력하고 헌신하는 사람이 기독교인입니다. 하나님의 뜻대로 살 때 쉽지 않은 것은 많은 사람들이 이해해 주지 않고 오해를 하거나 비방하는 상황에 놓일 때도 많습니다. 그럴 때마다 주님처럼 온유해야 합니다. 온유는 성령의 열매이기 때문입니다.

제45강
갈라디아서 5장 22-23절

성령의 열매 (9) 절제

성령의 열매, 아홉 번째가 절제입니다. 절제는 영어로 'self-control' 이고, 헬라어는 '엥크라테이아' 입니다. '엥크라테이아' 는 하나님을 향한 것도 타인을 향한 것도 아니고 자기 자신을 향한 미덕입니다. 'self' 는 자기 자신의 뜻이고, 'control' 은 제어라는 뜻입니다. 그러니까 절제는 '자기 자신을 제어한다' 는 의미입니다. 성령의 열매는 자기 자신을 제어할 수 있는 사람이 된다는 말입니다.

더군다나 19절의 육체의 열매와 관련지어 생각할 때 성적인 문제들에 있어서의 절제를 묘사하기 위해 사용된 말이 절제입니다. 21세기를 살고 있는 우리들이 영적인 눈을 크게 뜨고 보아야 할 것들이 많습니다. 그 중의 대표적인 것이 성적인 타락 현상입니다.

남의 속옷을 촬영해서 뭐하려고 합니까? 화장실이나 목욕탕에 여러 가지 촬영 기술을 동원하여 촬영한 후 돈받고 파는 세상입니다. 음란하고 패역한 세대라는 정죄의 말이 사실입니다.

성도에게 절제가 필요한 이유가 무엇일까요? 인간은 타락으로 말미암아 여러 가지가 어긋나고 삐뚤어진 욕망과 본능이 속에 도사리고 있습니다. 그 삐뚤어진 욕망과 본능이 육체의 일, 육체의 열매를 맺게 하는 근원이 됩니다. 그러므로 인간은 조절 기능이 필요합니다. 그것이 성령의 열매인 절제입니다.

옛날 그리스인들은 젊은 사람들에게 두 가지 교훈을 하곤 했는데 그것이 무엇일까요? 첫째가 '너 자신을 알라!' 둘째는 '네 자신을 다스리라' 였답니다. 젊을수록 제어하는 기능이 약하기 때문에 생각하는 부모들이 두 가지 교훈을 한 것입니다.

그런데 요즘은 정말 제 맘대로입니다. 제 맘대로 믿고 제 맘대로 생각하고 제 맘대로 행동하는 세대입니다. 사사 시대와 무엇이 다를까요? 자기 마음대로 제사장을 세우고, 도둑질한 아들을 축복하고, 살인도 자기 마음대로 하고 말도 행동도 자기 마음대로 하는 세상입니다.

사도 바울은 무슨 고백을 했습니까? 고린도전서 9장 24-27절에서 "운동장에서 달음질하는 자들이 다 달릴지라도 오직 상을 받는 사람은 한 사람인 줄을 너희가 알지 못하느냐 너희도 상을 받도록 이와 같이 달음질하라 이기기를 다투는 자마다 모든 일에 절제하나니 그들은 썩을 승리자의 관을 얻고자 하되 우리는 썩지 아니할 것을 얻고자 하노라 그러므로 나는 달음질하기를 향방 없는 것같이 아니하고 싸우기를 허공을 치는 것같이 아니하며 내가 내 몸을 쳐 복종하게 함은 내가 남에게 전파한 후에 자신이 도리어 버림을 당할까 두려워함이로다"라고 했습니다.

달리기 선수가 시간 단축을 위하여 얼마나 수고를 합니까? 추위와 싸우고 더위와 싸우면서 달리고 또 달립니다. 무슨 운동이든지 수고를 많이 해야 다른 사람보다 앞장설 수 있는 것이 아닙니까? 바울은 그 모습을 '절제하는 것이라' 라고 표현했습니다.

세상의 썩을 면류관을 위해서도 수고를 아끼지 않는데 영원한 영광의 면류관이나 생명의 면류관을 얻기 위하여 어떤 수고를 해야 하겠습니까?

만약에 절제를 하지 못한다면 어떻게 될까요? 고린도전서 7장 5절이 대답입니다. "서로 분방하지 말라 다만 기도할 틈을 얻기 위하여 합의상 얼마 동안은 하되 다시 합하라 이는 너희가 절제 못함으로 말미암아 사탄이 너희를 시험하지 못하게 하려 함이라"라고 했습니다.

성령의 열매인 절제가 없다면, 절제하지 못하면 사탄의 시험에 빠지게 되는 것이 사람입니다. 성도도 별수 없어요. 여러분이 바로 이점을 주의해야 합니다. 절제하지 못하기 때문에 스스로 사탄의 밥이 되고, 조롱거리가 되는 것입니다. 나는 이것은 믿음의 뿌리가 깊지 못하기 때문이라고 말합니다. 흔들려 보세요. 넘어지고 부서지는 것은 자기 자신뿐입니다. 그러므로 성령의 열매를 맺어야 합니다. 그것은 절제입니다.

사도 바울도 '자기 자신을 쳐서 복종시킨다' 라고 말했습니다. 요즘 사람들의 약점이 무엇인지 압니까? 절제하지 못하는 것입니다. 그 이유로 '인스탄트 식품의 영향' 이라는 말이 있습니다. 그만큼 참을성이 부족하여 영적인 전쟁에서 승리하지 못하고 패배하는 것입니다. 삶에 있어서 성공하지 못하고 실패하는 것입니다. 바울과 같이 자기 자신을 칠 줄 알아야 합니다. 자기 자신을 자신이 책망할 줄 알아야 성숙한 사람이 됩니다. 그것이 성령의 열매인 절제입니다.

타락한 인간의 본성이 얼마나 삐뚤어져 있습니까? 인간의 욕망이 얼마나 그릇된 것을 추구합니까? 사탄의 노리개가 되기에 충분한 존재입니다. 자기 자신을 치는 훈련을 하십시오. 그것이 기도하는 시간입니다. 성경 말씀을 통하여 성령의 책망의 음성을 들으십시오. 그러면서 회개하십시오. 그러면 하나님께서 성령으로 치유해 주실 줄로 믿습니다.

사도 바울은 "오직 주 예수 그리스도로 옷 입고 정욕을 위하여 육신의 일을 도모하지 말라"(롬13:14)라고 했습니다. 또 골로새 교인들에게는 "그러므로 땅에 있는 지체를 죽이라 곧 음란과 부정과 사욕과 악한 정욕과 탐심이니 탐심은 우상 숭배니라"(골3:5)라고 했습니다.

지혜의 왕 솔로몬이 무슨 말을 했습니까? 전도서 1장 2-4절에 "전도자가 이르되 헛되고 헛되며 헛되고 헛되니 모든 것이 헛되도다 해 아래에서 수고하는 모든 수고가 사람에게 무엇이 유익한가 한 세대는 가고 한 세대는 오되 땅은 영원히 있도다"라고 했습니다.

어디 그뿐입니까? "너는 청년의 때에 너의 창조주를 기억하라 곧 곤고한 날이 이르기 전에, 나는 아무 낙이 없다고 할 해들이 가깝기 전에 해와 빛과 달과 별들이 어둡기 전에, 비 뒤에 구름이 다시 일어나기 전에 그리하라 ... 전도자가 이르되 헛되고 헛되도다 모든 것이 헛되도다" 라고 했습니다.

"일의 결국을 다 들었으니 하나님을 경외하고 그의 명령들을 지킬지어다 이것이 모든 사람의 본분이니라 하나님은 모든 행위와 모든 은밀한 일을 선악 간에 심판하시리라"(전12:13-14)라고 했습니다. 솔로몬의 교훈은 젊어서부터 눈에 보이는 대로 행동하지 말라. 자기 생각대로 하나님을 믿지 말라, 성령의 열매인 절제하면서 믿음으로 살라는 교훈입니다.

성령의 열매는 금지할 법이 없습니다. '금지할 법이 없다' 에서 '금지' 는 '...에 반하는, 거스르는, ...에 대항하는' 이라는 뜻입니다. 성령의 열매를 금지할 율법이 없다는 의미로 이해됩니다. 성령의 인도를 받는 자는 결코 율법 아래에 있지 않다는 뜻입니다. 성령의 열매는 율법을 성취시키는 일이기 때문입니다.

바울은 갈라디아서 5장 19-23절에서 육체의 열매와 성령의 열매를 대조하여 설명했습니다. 갈라디아 성도들에게 성령을 좇아 행하면서 성령의 열매를 맺으라고 권면한 것입니다. 지금까지 갈라디아 교인들을 '형제들아' 라고 부르던 바울이 '그리스도 예수의 사람들은' 이라고 부르는 것이 독특한 면입니다.

예수의 사람들은 정과 욕을 십자가에 못박은 사람들이기 때문입니다. 예수의 사람들은 필연적으로, 당연히 정과 욕을 십자가에 못박은 사람이라는 의미입니다. 정은 '파데마신', '고난, 괴로움' 이라는 뜻이지만 '애정, 애착, 열정, 정욕' 이라는 뜻도 있습니다. 이에 대하여

KJV은 '애정' 으로, NIV나 NASB는 '열정' 으로 번역하였습니다. 영역이나 한글 개역 성경은 다같이 내적 욕망을 의미하는 것으로 번역했습니다. 예수의 사람들은 십자가의 대속적 은혜 아래 있는 사람들로서 죄악된 본성으로부터 솟아나는 정욕 뿐만 아니라 근본적인 본성까지 십자가에 못박은 사람들임을 말해 줍니다.

로마서 8장 13절에 '육체를 십자가에 못박았다' 라는 것은 '몸의 행실을 죽인다' 라는 의미보다 더 강력한 뜻입니다. 정과 욕은 물론이고 육체 자체를 십자가에 못박은 자들입니다.

정과 욕을 십자가에 못박은 자들은 어떻게 살아야 하는가? 그 질문에 대한 대답을 하고 있습니다. 바울의 주장을 들어보십시오. 예수의 사람들은 어떻게 살아야 할까?

정과 욕을 육체와 함께 십자가에 못박았기 때문에 예수의 사람들은 성령을 좇아 살아야 하는 것입니다. 성령과 함께 살고, 성령을 좇아 살아야 합니다. 발자취를 따라 살아야 합니다. 모범을 따라 살아야 합니다. 성령의 인도하심에 철저히 순종하는 삶을 살아야 합니다.

헛된 영광을 구하지 말아야 합니다. 헛된 영광이란 공허한 것입니다. 텅빈 것입니다. 빌립보서 2장 3절에는 허영이라고 했습니다. 허영은 교만입니다. 신앙적인 교만과 허영을 지닌 자들에게 교훈하고 있습니다. 다른 사람에 비하여 자신이 더 우월하다는 생각이나 행동을 버려야 합니다.

갈라디아 교회 안에 그런 사람들이 있었습니다. 갈라디아서 6장 3절에 "만일 누가 아무 것도 되지 못하고 된 줄로 생각하면 스스로 속임이라"라고 했습니다. 경쟁하고 투기하고 헛된 영광을 구하게 되면 자만심이나 교만에 빠지게 되기 때문입니다.

성도는 자기 자신의 영광을 추구하지 말고 오직 예수 그리스도의 영광, 하나님의 영광을 구해야 합니다. 먹든지 마시든지 무엇을 하든지 다 하나님의 영광을 위하여 하라는 교훈을 기억합시다.

제46강
갈라디아서 6장 1-10절

사랑의 실천

바울이 서신서를 기록할 때마다 배우는 것은 먼저 기독교에 대한 교리를 기록하고, 나중에 생활적인 면, 기독교인의 삶에 대하여 실천편을 기록한다는 사실입니다. 갈라디아 성경만이 그런 것이 아니라 에베소서나 로마서도 마찬가지의 원리로 기록하였습니다.

진정한 삶이란 올바른 교리 위에, 올바른 믿음 위에 올바른 삶과 행위가 가능하고, 그런 삶이 가치가 있기 때문입니다. 기초가 튼튼하지 못하면 집이 무너지듯 사람도 믿는 교리가 약하면 믿음생활이 흔들리고 나중에는 무너지고 마는 법이기 때문입니다.

우리들은 육체적인 일이 무엇인지 알게 되었습니다. 육체의 열매도 이해하였습니다. 또 성령의 사람이 누구인지, 성령의 열매도 알게 되었습니다. 성령의 열매는 '사랑과 희락과 화평과 오래 참음과 자비와 양선과 충성과 온유와 절제' 였습니다. 이 자리에 참석하신 모든 성도님들은 삶 자체가 성령의 열매를 맺는 삶이 되기를 바랍니다. 이것이 자신과의 관계에서 맺을 수 있는 것들입니다.

오늘은 사탄에게 미혹을 받은 성도들을 어떻게 대할 것인가? 미혹의 영을 받아 율법주의자들을 추종했던 교인과 다시 교제할 수 있는 방법은 있는 것인가? 문제가 된 교인과 다시 교제할 수 있는 방법이 무엇일까? 교회 내에 범죄했던 사람들과 다시 원활한 관계를 맺을 수 있는 방법은 무엇일까? 이것이 우리들의 큰 숙제입니다.

세상을 살아보면 원칙론자들이 있습니다. 또 현실론자들이 있습니다. 원칙을 주장하는 사람도 필요하고 현실적인 면을 주장하는 사람도 필요합니다. 여러분들은 어떤 면이 강한 분들입니까?

구원받은 성도라면 성도로서 바람직한 자세가 있습니다. 그리스도를 믿는 사람들은 길이 있습니다. 한번 범죄하면 영원히 끝나는 것이 아닙니다. 다시 회생할 수 있는 방법이 있습니다. 바울은 바람직한 자세 세 가지를 가르쳐 주고 있습니다. 그것이 무엇일까요?

1) 성도들 가운데 범죄자가 있으면 1절에 "온유한 심령으로 그러한 자를 바로잡고"라고 가르쳐 줍니다. '범죄한 일'이란 '아래로 떨어지다'란 뜻으로 있어야 할 자리에 있지 못한 상태를 가리키는 말입니다. 고의적인 범죄행위를 했다기보다는 무의식적으로 또는 육체의 연약성 때문에 불법적 행위에 가담하는 것을 가리킵니다. 살다보면 그런 경우가 허다하게 많지 않습니까?

여러분들은 있어야 할 자리에 있습니까? 협력하는 자리, 기도의 자리, 봉사의 자리, 헌신의 자리, 찬양을 올리며 예배하는 자리를 잘 지키고 있습니까? 엠마오 도상의 두 제자처럼 믿음의 길을 떠나 실망한 자리로 떨어진 사람은 아닙니까? 교회 안에는 이런 사람들이 참으로 많이 있습니다. 이런 사람들을 볼 때 어떻게 하라고 권면합니까?

'온유한 심령으로 바로잡으라.' 성령을 좇아 행하는 사람은 신령한 사람들입니다. 신령한 사람들의 약점이 있다면 범죄자들을 용납하지 못하는 습성이 있습니다. 배척하는 버릇이 있습니다. 배척하지 말고 범죄자를 온유한 마음, 불쌍히 여기는 마음으로 대해서 죄 가운데서 돌아서도록 만들라는 뜻입니다.

예수님은 간음하다가 현장에서 잡힌 여자를 어떻게 대해 주었습니까? '죄 없는 자가 돌로 치라' 라고 했습니다. '나도 너를 정죄하지 아니하노니 가서 다시는 죄를 범하지 말라' 라고 말씀하셨습니다. 이 모습이 교회 안에서 범죄자들을 대하는 태도라고 말합니다.

2) 자기 자신을 성찰하는 기회로 삼아야 합니다. 1절 하반절에 "너 자신을 살펴보아 너도 시험을 받을까 두려워하라"라고 했습니다. 흔히 범죄자를 보면 비판하고 정죄하며 책망하고 비난하는 일에 관심을 쏟습니다.

바리새인들이 그러했습니다. 요한복음 8장 3-4절입니다. 간음하다가 현장에서 체포된 사람을 향하여 모세는 율법에서 이러한 여자를 돌로 치라 했는데 당신은 어떻게 말하겠나이까?

성도는 바로잡는 데 목적을 두어야 합니다. 사람은 죄의 유혹을 뿌리치기가 쉽지만은 않습니다. 성도는 자신도 죄의 유혹에 빠지지 않도록 경각심을 가지는 것이 바람직합니다. 다른 사람이 시험에 들고, 넘어지고 자빠질 때 항상 깨어서 실족하지 않도록 경건한 삶을 살아가는 사람이 그리스도인입니다.

죄를 범하면 무거운 짐을 지고 가는 사람과 같습니다. 수고하지 않으면 갈 수 없는 사람입니다. 수고하고 고통당할 때 서로 나누어 지라는 말입니다. 이것이 그리스도께서 우리들에게 가르쳐 주신 법을 이루는 것입니다. 이것이 이웃을 자신의 몸과 같이 사랑하는 표시입니다. 만약 이런 짐을 지지 않는 사람이 있다면 스스로 속이는 사람입니다.

3) 자기에게 부여된 짐을 지고 가라. 4-5절에 "각각 자기의 일을 살피라 그리하면 자랑할 것이 자기에게는 있어도 남에게는 있지 아니하

리니 각각 자기의 짐을 질 것이라"라고 했습니다.

군인들은 행군할 때 누구나 자기가 자고 먹고 쓸 것을 다 짊어지고 행군합니다. 자기의 것에 대한 자기의 책임이 있습니다. 해야 할 일들이 있습니다. 책임감 있는 사람이 되라는 뜻입니다. 결국 성령의 사람은 자기에게 맡겨진 책임도 잘 하고, 다른 사람에 대한 의무도 잘 감당한다는 뜻입니다. 자기 짐이 있고 다른 사람의 짐도 있기 때문입니다.

여러분들은 어떤 사람들입니까? 교회 안에는 이기적인 사람이 많이 있습니다. 자기 중심적이라는 말입니다. 이제 믿음을 키우셔서 다른 사람에 대한 책임과 의무도 잘 감당할 수 있기를 바랍니다.

그리고 믿음으로 의인된 사람들은 목회자와의 관계가 중요합니다. 축복받은 하나님의 사람들의 특징은 목회자와 관계가 좋은 사람들입니다. 성도는 다른 사람에 대한 배려가 필요합니다. 특히 복음을 가르치는 자에게 물질적인 도움을 줄 수 있는 사람이 되라고 가르칩니다. 바울은 목회자에게 도움을 주는 것이 의무임을 밝히고 있습니다. 6절입니다. "가르침을 받는 자는 말씀을 가르치는 자와 모든 좋은 것을 함께 하라."

초대교회 아니 구약시대부터 하나님의 사람들을 잘 대접했던 사람들이 복을 받았습니다. 갈라디아 교인들도 바울을 하나님의 천사와 예수와 같이 영접했던 때가 있었습니다. 지금은 그 복이 어디 있느냐? 바울의 질문도 있었습니다.

아브라함의 대접이나 수넴여인의 헌신이나 사르밧 과부, 사렙다 과부의 헌신이나 막달라 마리아의 옥합을 깨뜨리는 헌신을 기억할 것입니다. 초대교회도 목회자들에 대한 예우가 있었습니다. '좋은 것' 은 물질적인 것과 영적인 것을 포함하는 말입니다. 목회자와 성도는 어려울 때도 같이하고 좋을 때도 같이하는 삶입니다.

의인의 이름으로 의인을 영접하면 의인의 상을, 선지자의 이름으로 선지자를 대접하면 선지자의 상을, 그리고 소자에게 냉수 한 그릇이라도 대접하는 자는 결단코 상을 잃지 아니하리라 약속하셨습니다. 이것은 주님의 약속입니다.

'만홀히 여김' 이란 다른 사람을 경멸할 때 코를 실룩거리는 행위를 말합니다. '코웃음치다, 비웃다, 조롱하다' 란 의미입니다. 업신여기는 것을 의미합니다. 하나님과 관련지을 때는 명령에 순종하지 않아 하나님을 욕되게 하는 행동을 가리킵니다. 오늘 말씀에서는 부정의 뜻으로 '하나님은 사람들이 어떻게 하든 조롱을 받지 않는다' 는 뜻입니다. 하나님은 하나님의 말씀에 불순종할 때 공의의 심판을 하셔서 거룩과 위엄을 드러내시는 분이시기 때문입니다.

예수님의 교훈을 요약해 보면 하나님 사랑, 이웃 사랑입니다(마5:43-48, 22:34-40, 행10:38). 사람이 무엇으로 심든지 그대로 거두는 법입니다. 여러분들은 사랑의 씨앗을 많이 심어서 사랑을 많이 거두기를 바랍니다.

육체를 위하여 심는 자는 육체로부터 썩어진 것을 거두고 성령을 위하여 심는 자는 성령으로부터 영생을 거두는 법입니다. 육체적인 욕심을 따라 살아 보십시오. 거두는 것이 무엇입니까? 무가치하고 타락한 부패와 멸망과 패가망신입니다. 성령을 위하여 심는 자는 성령으로부터 영생을 거둡니다. 그러므로 낙심하지 말아야 합니다. 때가 이르면 거둡니다. 추수 때가 다가오기 때문입니다. 심음과 거둠의 법칙이 있습니다. 적게 심는 자는 적게 거둡니다. 많이 심는 자는 많이 거두는 법칙이 있습니다.

우리는 가족중심적인데 반해 성경은 다른 성도와의 관계를 중시하는 내용이 있습니다. "기회 있는 대로 모든 이에게 착한 일을 하되 더욱 믿음의 가정들에게 할지니라"라고 했습니다. 기회가 주어질 때 선한 일을 하고 보아야 합니다. 나중은 내 시간이 아닙니다. 내 날도 아니고 내 돈도 아닙니다. 때가 지나가기 전에 힘써서 선한 일을 해야 합니다.

더군다나 선을 행할 때에 순서가 있습니다. 먼저 믿음의 가정들에게 베풀어야 합니다. 구원받은 하나님의 가족들에게 선을 베풀어야 하나님께 영광입니다. 대접하기를 힘써야 합니다. 도와주고 돌보아 주어야 합니다. 우리들은 하나님의 가족입니다. 하나님 나라 시민권을 가진 백성들입니다. 그리스도의 피로 구속받은 한 형제요 자매이기 때문입니다.

제47강
갈라디아서 6장 1-10절

공동체를 위한 교훈

갈라디아서의 핵심적인 교리는 '이신득의, 이신칭의'로, 믿음으로 의롭다 하심을 받은 사람은 자유를 바로 사용해야 합니다. 성령을 따라 사는 법을 배우고 익혀야 합니다. 특별히 교회 내에서 범죄하는 경우에 어떻게 처리해야 하는가?

1. 연약한 형제

형제 중에는 강한 자가 있고 약한 자가 있습니다. 부자가 있고 가난한 자가 있습니다. 많이 배운 사람이 있고 적게 배운 사람도 있습니다. 그런데 그런 것은 문제가 되지 않습니다. 다만 문제가 되는 것은 범죄하는 경우입니다.

범죄한 경우에 어떻게 처리해야 할까요? '범죄'라는 말은 '발을 헛디딤, 곁에 넘어짐'이라는 뜻입니다. 윤리적인 측면에서 보면 '허물, 과실, 넘어짐, 범죄' 등의 뜻입니다.

진리와 정도에서 벗어나 넘어질 때를 말합니다. 그러니까 성령의 인도하심에서 벗어나는 경우를 지칭합니다. 윤리적인 죄악뿐만 아니라 성령과 동행하지 않는 삶, 성령을 거스르는 여러 가지 육체적인 일을 의미합니다. 그래서 무슨 범죄한 일이라고 설명했습니다.

사람은 언제든지 사탄에게 갑자기 기습을 당할 수 있습니다. 죄의 유혹에 압도 당할 수 있습니다. 함정에 빠질 수 있습니다. 그렇지 않습니까? 착하고 선한 사람이 갑자기 살인자나 도둑질한 사람의 명단에 들어갈 수 있습니다. 그렇게 인간은 약하고 범죄한 존재입니다. 때로는 본인의 의도와는 전혀 관계없이 범죄할 수 있습니다. 무지중에 죄를 범하거나 본인도 모르게 범죄할 수 있습니다.

그럴 때 어떻게 치유할까? 갈라디아 교회의 신령한 성도들에게 교훈하고 있습니다. 유혹되었거나 본의 아니게 빠질 경우를 말합니다. 신령한 너희는 온유한 심령으로 바로잡아 주라고 했습니다.

신령한 너희가 무슨 의미입니까? '신령한 너희'는 성령을 따라 행하며 사는 성도들을 말합니다. 특별한 은사를 가진 갈라디아 교회의 지도자들만이 아니라 성령의 인도를 받는 모든 성도들입니다. 범죄에 빠지지 않은 성령 받은 성도들입니다.

온유한 심령이란 온유한 마음, 하나님 앞에서 자신의 무지와 무능력을 인정하고 전적으로 하나님께 맡기는 겸손한 마음을 가진 자입니다. 겸손은 성령의 열매입니다. 주님의 인격입니다. 예수 닮은 그리스도인입니다. 하나님의 사랑으로 올바른 길로 인도하라는 교훈입니다. 이전 상태로 회복시키라. 완전하게 하라.

사람들은 뒤에서 수군거리기를 좋아합니다. 기도는 하지 않고 흉보는 것을 즐거워합니다. 그러나 성령의 사람은 범죄자를 온유한 사랑의 마음으로 대하여 바른 길로 인도해 주는 것을 기뻐합니다.

또 자기 자신을 돌아보아 겸손하게 같은 범죄에 빠지지 않을까 경계해야 합니다. 자기 자신의 주의를 집중하여 보라. 다른 사람의 티를 볼 것이 아니라 자신의 들보를 보라. 자세히 보라. 관찰하라. 주시하라. 다른 사람에게만 관심을 가질 것이 아니라 자기 자신에게 관심을 가져서 타산지석으로 삼으라.

그리고 2절에 "너희가 짐을 서로 지라 그리하여 그리스도의 법을 성취하라"라고 했습니다. '서로' 라는 말이 중요합니다. 교회는 공동체입니다. 사랑의 공동체입니다. 마음을 같이하고 뜻을 같이하는 공동체입니다.

빌립보서 2장 2-4절에 보면 "마음을 같이하여 같은 사랑을 가지고 뜻을 합하며 한마음을 품어 아무 일에든지 다툼이나 허영으로 하지 말고 오직 겸손한 마음으로 각각 자기보다 남을 낫게 여기고 각각 자기 일을 돌볼 뿐더러 또한 각각 다른 사람들의 일을 돌보아 나의 기쁨을 충만하게 하라"라고 했습니다.

함께 짐을 지고 그리스도의 법을 성취하라, 사랑의 법을 실천해야 합니다. 짐은 '수고와 무겁고 중한 것' 입니다. 시험거리들일 수도 있습니다. 혼자서 감당하기 어려운 일들이 있습니다. 그럴 때 예수님이 십자가를 짊어지듯 다른 사람의 짐을 져 주는 것입니다. 이것이 예수의 흔적을 가지는 것입니다.

2. 자신의 의무

인간이 자기 자신을 과대 평가하면 스스로 속이는 사람이 됩니다. 그래서 성도는 각각 자기 자신의 행동을 살펴야 하며 자긍심만 가질 뿐만 아니라 남과 비교하여 자랑하지 말아야 합니다. 성도는 각각 자기의 짐을 충실히 지는 것이 아주 중요합니다.

아무것도 되지 못하고 된 줄로 생각하는 사람은 스스로를 속이는 자가 됩니다. 아무것도 되지 못하고 된 줄로 생각하는 것은 교회 공동체 안에서 온전한 사랑과 그리스도의 도덕적 규범을 제대로 실천하지 못하는 사람으로, 외식적인 율법에 빠져 스스로 상당한 존재라고 생각하는 교만에 사로잡히게 되는 것입니다.

사람은 스스로 자기 자신이 자기 자신을 속입니다. 착각과 자기 기만이 끊임없이 지속됩니다. 자기 자신의 허물은 살피지 않고 다른 사람의 허물만 문제 삼는 경우도 있기 때문입니다. 이런 말과 행동이 교회의 분쟁을 일으키고 어려움을 안겨주기 때문에 조심해야 합니다.

예수님은 마태복음 7장 3-5절에서 무슨 말씀을 하셨습니까? "어찌하여 형제의 눈 속에 있는 티는 보고 네 눈 속에 있는 들보는 깨닫지 못하느냐 보라 네 눈 속에 들보가 있는데 어찌하여 형제에게 말하기를 나로 네 눈 속에 있는 티를 빼게 하라 하겠느냐 외식하는 자여 먼저 네 눈 속에서 들보를 빼어라 그 후에야 밝히 보고 형제의 눈 속에서 티를 빼리라"라고 했습니다.

사람은 자기 자신을 정확하게 판단하는 기능이 약합니다. 그래서 외식주의에 빠질 수가 있습니다. 하나님은 외식하는 자를 싫어합니다. 예수님 당대에 서기관들과 바리새인들이 외식했습니다. 주님의 책망이 무엇입니까? 외식하는 서기관과 바리새인들이여! 겉은 깨끗이 하면서 속은 더럽다고 책망하셨습니다.

십일조를 하지만 사랑과 의와 믿음은 버렸다고 책망하시면서 이것도 행하고 저것도 행하라고 가르치셨습니다. 그래서 바울은 자기 자신을 살피라고 했습니다. 자신을 분별하라는 말입니다. 세심하게 살펴서 옳고 그름을 증명하라는 뜻입니다. 불로 금을 연단하듯이 자기 자신을 자꾸만 살피면 자랑할 것이 없는 죄인임을 알게 됩니다. 자랑할 것이 있다면 자기에게만 있고 남에게는 없다는 말입니다.

특별히 사람은 다른 사람과 비교하는 습성이 있습니다. 갈라디아 교회 안에는 다른 사람이 실수하거나 허물을 보면 자신과 비교하여 자기를 자랑하는 사람들이 있었습니다. 그러므로 다른 사람과 비교하는 일은 절대 금물입니다.

여기서 성도는 교역자와 영적이고 물질적인 유익을 나누어야 할 것입니다. 가르치는 자가 있고 받는 사람이 있습니다. 성직자가 있고 성도가 있습니다. 목회자가 있고 교인이 있습니다. 교사가 있고 주일 학생도 있습니다. 장로가 있고 양들이 있습니다.

"모든 좋은 것을 함께하라." 좋은 것은 선한 것입니다. 영적이고 도적적인 것만이 아니라 물질적인 것을 포함합니다. 함께하라는 말은 중요한 말입니다. '쓸 것을 공급하라.' '신령한 것을 나눠 갖다, 일에 참예하다' 등의 의미가 있습니다. 그러므로 물질적인 것이든 정신적인 것이든 함께하라. 가르침을 받는 자는 가르치는 자에게 물질적인 지원과 선한 사역에 참예하고 서로 신령한 것을 함께하라고 하셨습니다. 여러분도 좋은 협력자가 되기 바랍니다.

3. 성령 안에서 선을 행하라

'사람의 미혹을 받지 말라' 는 교훈은 예수님이 하셨습니다. 바울은 '자기 자신이 자신을 속이지 말고, 위선에 빠질 위험' 을 경고했습니다. 자기 자신이 자신을 미혹하는 경우입니다. 또 성도는 사탄에게 유혹을 받는 경우도 있습니다. 그런데 중요한 것은 사람이 무엇으로 심든지 그대로 거두는 법칙이 있습니다.

하나님은 만홀히 여김을 받지 않으시는 분입니다. 만홀히는 코를 치켜올리는 행위로, '코웃음치다, 조롱하다, 비웃다' 라는 뜻입니다. 하나님을 조롱하는 사람을 그냥 두지 않으십니다. 하나님은 영광을 받으시는 분이시지 조롱을 받는 분이 아니십니다.

세상에는 심은 대로 거두는 법칙이 있습니다. 하나님의 보응의 원리입니다. 자연도 그렇습니다. 콩 심은 데 콩 나고 팥 심은 데 팥이 납니다. 전지전능하신 하나님은 인간의 모든 행위를 꿰뚫어 보십니다. 심은 대로 거두는 것은 공의의 하나님께서 세우신 하나의 법칙입니다.

육체를 위해 심는 자는 육체로부터 썩어진 것을, 성령을 위하여 심는 자는 성령으로부터 영생을 거둘 것입니다. 세상에는 육체를 위하여 심는 사람이 있고 성령을 위하여 심는 사람이 있습니다. 육체를 위하여 심는 자는 육신의 열매를 거둘 것이고, 성령을 위하여 심는 자는 성령의 열매를 거둘 것입니다. 그래서 사람이 무엇으로 심든지 그대로 거두게 하십니다.

또 적게 심는 자는 적게 거두고 많이 심는 자는 많이 거둡니다. 하나님께 헌금을 많이 드린다고 가난해지는 것이 아닙니다. 오히려 더 부해집니다. 나는 이런 간증은 얼마든지 들려줄 수 있습니다.

성도는 낙심하지 말고 선을 끊임없이 행하다 보면 때가 되어 수확의 열매를 거둘 것입니다. 모든 이에게, 믿는 가정에 대해 더욱 선행을 힘쓸 것을 당부했습니다.

제48강
갈라디아서 6장 6-10절

복된 길

사랑하는 성도 여러분! 여러분은 복된 길이 무엇이라고 생각합니까? 저는 목회자로서 오늘 성경을 중심으로 세 가지를 말씀드리고 싶습니다.

1. 교역자와의 관계

성도가 복을 받는 길이 여러 가지가 있지만 오늘 성경말씀을 볼 때 교회에서 사역하는 사람과의 관계에서 찾아야 합니다. 교역자와의 관계가 좋아야 합니다. 6절에 "가르침을 받는 자는 말씀을 가르치는 자와 모든 좋은 것을 함께 하라"라고 바울이 말했습니다.

그 이유가 무엇일까요? 우리 총회의 헌법을 참고해 보면 '목사의 성경적인 의의'에 대해 기록되어 있습니다. 목사가 어떤 사람입니까? 노회의 안수로 임직을 받아 그리스도의 복음을 전파하고 성례를 거행하며 교회를 치리하는 일에 수종드는 자입니다.

1) 목사를 말할 때 주님의 양떼를 살피는 자이므로 감독(행20:28, 딤전3:1)이라고 말합니다.

2) 예수 그리스도의 말씀을 가지고 신자를 영적으로 양육하기 때문

에 목사입니다(엡4:11). 목사는 성경말씀을 전문적으로 연구하여 가르치는 사람입니다. 말씀을 맡아 해석하고 전달해 주는 역할을 하는 사람입니다.

3) 모든 신자들의 모범이 되어 그리스도의 교회를 다스리는 일에 봉사하기 때문에 장로입니다(벧전5:1-3). 일반적인 장로는 치리(治理) 장로라고 하고 목사는 강도(講道) 장로라는 말로 표현합니다.

4) 교회가 택하여 파송한 자이기 때문에 교회의 사자입니다(고후8:19,23). 하나님께서 교회를 위하여 파송한 하나님의 사자입니다.

5) 어떤 고난을 받아도 그리스도의 복음을 전하기 때문에 전도인(자)입니다(딤후4:5).

6) 목사는 자기 철학이나 이론, 사상을 가지고 가르치는 자가 아니라 진리의 지식을 가르치는 자이므로 교사입니다(엡4:11).

7) 하나님의 말씀과 그리스도께서 세우신 규례를 지키는 자이므로 청지기입니다(눅12:42, 고전4:1). 청지기는 '맡은 자' 입니다.

성도가 복을 받는 길은 교회에서는 교역자의 가르침을 받아야 하고, 교역자와 좋은 것을 함께해야 합니다. "가르침을 받는 자는 말씀을 가르치는 자와 모든 좋은 것을 함께하라." 이 내용도 명령형입니다.

갈라디아 교인들도 바울을 하나님의 천사와 예수와 같이 영접했던 때가 있었습니다. 갈라디아서 4장 14절에 "오직 나를 하나님의 천사와 같이 또는 그리스도 예수와 같이 영접하였도다"라고 했습니다. 그리고 15절에서 "너희가 할 수만 있었더라면 너희의 눈이라도 빼어 나에게 주었으리라"라고 했습니다. 복음 전한 자에게 그리고 교회 일하는 일꾼에게 협력하고 봉사하고 헌신하는 것이 자신에게 복입니다.

예수님은 마태복음 10장에서 '의인의 이름으로 의인을 영접하면 의인의 상을, 선지자의 이름으로 선지자를 영접하면 선지자의 상을, 그리고 작은 자 중 하나에게 냉수 한 그릇이라도 주는 자는 결단코 상을 잃지 아니하리라' 라고 주님이 약속하셨습니다.

히브리서 13장 17절에 "너희를 인도하는 자들에게 순종하고 복종하라 그들은 너희 영혼을 위하여 경성하기를 자신들이 청산할 자인 것같이 하느니라 그들로 하여금 즐거움으로 이것을 하게 하고 근심으로 하게 하지 말라 그렇지 않으면 너희에게 유익이 없느니라"라고 했습니다. 불순종하면 그에게만 유익이 없습니다. 교역자는 하나님이 복을 주십니다. 교역자와의 관계가 좋아서 하나님의 복을 많이 받는 한 해가 되기를 바랍니다.

2. 자기 자신과의 관계

둘째로 자기 자신과의 관계입니다. 자기가 자신과의 관계에서 축복과 저주를 갈라놓습니다. 믿음으로 의롭다 하심을 받은 사람은 성령을 위하여 심는 것이 있어야 합니다. 나는 무엇을 위하는 사람입니까? 육을 위하는 사람입니까 아니면 영을 위하는 사람입니까?

육을 위하는 사람은 육체의 열매를 맺게 되어 있습니다. 갈라디아서 5장 19-21절에 "육체의 일은 분명하니 곧 음행과 더러운 것과 호색과 우상 숭배와 주술과 원수 맺는 것과 분쟁과 시기와 분냄과 당 짓는 것과 분열함과 이단과 투기와 술 취함과 방탕함과 또 그와 같은 것들이라"라고 했습니다. 이것이 저주입니다.

성령의 인도를 받는 사람은 성령의 열매를 맺게 됩니다. 갈라디아서 5장 22-23절에 "오직 성령의 열매는 사랑과 희락과 화평과 오래 참음과 자비와 양선과 충성과 온유와 절제"라고 했습니다. 이것이 축복입니다.

7절을 봅시다. "스스로 속이지 말라 하나님은 업신여김을 받지 아니하시나니 사람이 무엇으로 심든지 그대로 거두리라"라고 했습니다. 먼저 성경에는 만홀히 여김을 받지 않는다고 번역했습니다.

'만홀히 여김'이란 다른 사람을 경멸할 때 코를 씰룩거리는 행위를 말합니다. '코웃음치다, 비웃다, 조롱하다'란 의미입니다. 업신여기는 것을 의미합니다. 하나님과 관련지을 때는 명령에 순종하지 않음으로써 하나님을 욕되게 하는 행동을 가리킵니다. 오늘 말씀에서는 부정의 뜻으로 '하나님은 사람들이 어떻게 하든 조롱을 받지 않는다'는 뜻입니다. 하나님은 사람이 아닙니다. 영원하신 신이십니다. 전능하신 하나님이십니다. 영존하는 분이십니다.

사람이 무엇으로 심든지 그대로 거두는 법입니다. 이것은 하나님께서 세워놓은 법칙입니다. 육체를 위하여 심는 자는 육체로부터 썩어진 것을 거두고 성령을 위하여 심는 자는 성령으로부터 영생을 거두는 법입니다.

우리가 지금까지 얼마나 육체적인 것만 땅에다 심었습니까? 다윗은 육체적인 것을 심고 통곡했습니다. '하나님이여! 내 속에 정한 마음을 창조하옵소서! 주의 성신을 내게서 거두지 마옵소서!' 이사야 선지자는 '화로다 나여, 망하게 되었도다.' 바울은 '죄인 중에 내가 괴수입니다.' 성 어거스틴은 '나는 망할 자입니다.' 성 프렌시스는 '나는 작은 벌레와 같은 존재입니다.' 길선주 목사는 '나는 아간과 같은 사람입니다.' 한경직 목사는 '나는 신사참배한 죄인입니다.' 박윤선 목사는 '나는 83년 묵은 죄인입니다.' 옥한흠 목사는 '저도 모르는 사이에 복음을 조금씩 변질시켜가는 설교자가 되고 있었습니다.' 여러분은 하나님 앞에서 볼 때 어떤 사람입니까?

성령의 인도를 받는 사람이 가장 존귀한 사람입니다. 성령의 인도를 받는 사람의 특징이 무엇입니까? 하나님의 뜻을 따라 많이 심는 사람입니다. 세상에다 쌓으려고만 생각하지 않습니다. 하늘 나라에 쌓으려고 노력합니다. 하나님께서 많은 것으로 갚아주심을 믿기 때문입니다.

3. 믿음의 가정과의 관계

셋째로 믿음의 가정과의 관계에서 찾아야 합니다. 여러분은 성도들과 어떤 관계 속에 놓여져 있습니까? 성도와의 관계를 잘 해야 복이 옵니다. 10절에 "우리는 기회 있는 대로 모든 이에게 착한 일을 하되 더욱 믿음의 가정들에게 할지니라"라고 했습니다. 기회가 주어질 때 선한 일을 해야 합니다. 때가 지나가기 전에 힘써서 선한 일을 해야 합니다.

더군다나 선을 행할 때에 순서가 있습니다. 먼저 믿음의 가정들에게 베풀어야 합니다. 구원받은 하나님의 가족들에게 선을 베풀어야 하나님께 영광입니다. 대접하기를 힘써야 합니다. 성도가 성도를 섬기고 대접해야 합니다. 대접하지 않으면 상급이 없습니다. 사랑은 입으로만 하는 것이 아닙니다. 행동으로 하는 것이 사랑입니다.

연약한 성도들을 돌보아야 합니다. 우리는 하나님의 가족입니다. 하나님 나라의 백성들입니다. 그리스도의 피로 구속받은 한 형제요 자매입니다.

히브리서 10장 24절에 "서로 돌아보아 사랑과 선행을 격려하며"라고 했습니다. 돌아보는 것은 내가 상대방을 찾아가는 것입니다. 앉아서 기다리는 것이 아닙니다. 찾고 또 찾는 것입니다.

서로 돌아보는 사람이 장로입니다. 권사입니다. 구역장입니다. 서로 돌아보는 사람이 성도입니다. 병든 사람, 연약한 사람, 실망한 사람을 돌아보는 일은 중요한 일입니다. 돌아보면 하나님의 은혜와 복이 임합니다.

고린도전서 12장 25절에 "몸 가운데서 분쟁이 없고 오직 여러 지체가 서로 같이 돌보게 하셨느니라"라고 했습니다. 성도는 교회의 지체입니다. 서로 돌보는 일이 중요한 사역입니다. 분쟁은 천부당만부당합니다. 서로 사랑하고 축복하기 위하여 돌보는 일을 해야 합니다. 돌보는 것은 맡겨진 양을 보살피는 행동입니다. 새로 찾아가는 것보다 지금 맡겨 준 사람에게 충성하는 자세입니다.

제49강
갈라디아서 6장 11-18절

큰 글자

여러분은 갈라디아서 성경을 대하면서 어떤 생각을 하셨습니까? 예수를 믿는 것이 얼마나 큰 복인가? 하나님의 은혜를 받는 것이 얼마나 잘된 일인가? 그리고 사도 바울은 마지막으로 큰 글자로 성경을 기록하고 있습니다. 11절입니다. "내 손으로 너희에게 이렇게 큰 글자로 쓴 것을 보라"라고 했습니다.

왜 바울이 큰 글자로 썼을까요? 큰 글자로 쓴다는 것에 대하여 세 가지 이론이 있습니다. 먼저는 3차 전도여행 때 시력을 많이 잃어버렸다는 주장입니다. 시력이 나빠져서 큰 글자로 쓸 수밖에 없었다는 주장입니다. 눈이 나쁘면 큰 글자로 쓰게 되는 것은 자연적인 이치일 것입니다.

또 하나는 대필자가 글을 쓰다가 마지막 부분만 바울이 기록하는데 늙어서 작은 글씨를 잘 쓰지 못해 큰 글자로 썼다는 주장입니다. 사람이 늙으면 눈이 잘 보이지 않으니까 큰 글자 성경을 읽기도 하고 돋보기 안경을 착용해서 읽거나 쓸 것입니다.

그리고 세 번째 주장은 바울이 처음부터 글을 썼지만 효과를 높이고 강조하기 위해서 큰 글자로 썼다는 주장이 있습니다. 어느 이론이 정확한지는 알지 못합니다. 하지만 하나님의 교회를 사랑해서 큰 글자로 써서 강조하여 보낸 것만은 사실입니다. 바울이 마지막으로 강조한 것이 무엇일까요?

바울은 율법주의에 대하여 마지막으로 경계의 말씀을 주셨습니다. 율법주의, 할례, 행위구원입니다. 율법주의는 하나님의 은혜로부터 멀어지게 만듭니다. 그리고 예수를 믿는 믿음으로부터 동떨어지게 만듭니다. 예수로부터 멀어지고 하나님으로부터 떨어진다면 어떻게 되겠습니까?

12-13절입니다. "무릇 육체의 모양을 내려 하는 자들이 억지로 너희에게 할례를 받게 함은 그들이 그리스도의 십자가로 말미암아 박해를 면하려 함뿐이라 할례를 받은 그들이라도 스스로 율법은 지키지 아니하고 너희에게 할례를 받게 하려 하는 것은 그들이 너희의 육체로 자랑하려 함이라"라고 했습니다.

갈라디아서를 기록하게 된 동기가 무엇입니까? 율법주의 즉 행함으로 구원받는다는 주장을 깨뜨리기 위함입니다. 믿음으로 구원받는다는 주장을 적극적으로 하기 위함이었습니다. 행함으로, 할례를 받음으로써 구원받는다는 주장은 거짓 선생들의 주장이었습니다. 다시 한번 경계를 하는 바울입니다.

사도 바울이 갈라디아 교회를 위한 노력을 생각해 보십시오. 마지막까지 갈라디아 교인들을 인도하기 위한 노력을 기울이고 있습니다. 복음에 대한 열정을 보여 주고 있습니다. 갈라디아 교인들을 사랑하는 열정도 보여 주고 있습니다.

'모양을 내다'란 '예쁜 얼굴로 꾸미다'라는 말입니다. 마음속에 있는 것을 숨기고 사람에게 쉽게 접근하기 위해 술수를 감추고, 외적인 모양을 가장하여 다듬는 것을 말합니다. 율법주의가 그렇다는 것입니다. 다른 속셈이 있어서 할례를 강조한다는 것이지요.

율법주의자들이 할례를 주장하는 이유는 유대주의자들로부터 오는 박해 때문에 할례를 받는 것이지, 다른 의도는 없다는 주장입니다. 갈라디아 성도들 가운데에도 이런 율법주의자들에게 미혹을 받은 성도들이 있었습니다. 십자가가 하나님의 능력이요 지혜인데 사람들은 좋아하지 않았습니다. 당장 나타나는 핍박과 환난과 죽음 때문에 십자가를 버리고 할례를 주장하였고 미혹을 받았다는 주장입니다.

사람들은 종종 이렇습니다. 정말 타락한 인생들은 별수가 없습니다. 종종 가장된 모습을 보고 쉽게 넘어지고 타락하는 것을 보게 됩니다. 할례를 자랑하는 것은 육체를 자랑하는 것과 다름이 없습니다. 예수님은 이런 사람들을 가르쳐 '외식하는 자들'(마23:23,27), '독사의 자식들'(마23:33), '하나님의 율법을 폐하는 자들'(마15:6)이라고 했습니다.

성도는 복음으로 자유를 얻은 백성인 줄로 믿습니다. 예수께서 죄로부터, 율법으로부터, 죽음으로부터의 자유를 주셨습니다. 율법주의자가 하나님의 교회를 얼마나 타락하게 하고 힘이 없게 만드는지 알아야 합니다.

바울 사도는 할례의 무익성을 주장합니다. 그리고 예수님의 십자가를 자랑하고 있습니다. 14-16절입니다. "그러나 내게는 우리 주 예수 그리스도의 십자가 외에 결코 자랑할 것이 없으니 그리스도로 말미암아 세상이 나를 대하여 십자가에 못박히고 내가 또한 세상을 대하여 그러하니라 할례나 무할례가 아무 것도 아니로되 오직 새로 지으심을 받는 것만이 중요하니라 무릇 이 규례를 행하는 자에게와 하나님의 이스라엘에게 평강과 긍휼이 있을지어다"라고 했습니다.

할례를 시행하는 것은 무익함을 가르치고 있습니다. 인간의 행위, 의문의 규정으로는 구원을 얻을 수 없습니다. 구원은 오직 십자가의 능력으로만 가능합니다. 바울은 십자가만을 자랑했습니다. 갈라디아서 전체의 흐름입니다. 바울은 십자가만을 믿고 의지하며 자랑하는 사도였습니다. 이것은 율법주의자들이 할례를 자랑했던 것과는 분명히 다른 주장이었습니다. 바울은 오로지 십자가만 자랑했습니다. 십자가만 의지했습니다.

'세상' 이란 하나님이 창조한 세상을 말하지 않습니다. 하나님의 뜻에 어긋난 세속적인 세상을 말합니다. 바울이 십자가의 도를 깨달은 후에 복음을 거스리는 여러 가지들을 다 버렸다는 뜻입니다. 빌립보 3장 8절에서 그리스도를 위하여 다른 것들을 배설물로 여기는 바울이었습니다.

'십자가에 못박히고' 란 미완료형인데 세상과의 구별이 예수님이 십자가에 못박히는 순간부터 지금까지 계속되고 있음을 나타내는 말입니다. 계속되는 사역입니다. 십자가를 믿는 사람이 새 사람입니다. 믿음의 사람입니다. 새로 지으심을 받은 사람입니다. 이것은 기독교의 잣대와 같습니다. 다른 길은 없습니다. 십자가를 믿음으로써 새 사람이 되는 줄로 확실히 믿습니다.

'이스라엘' 이란 구약시대에 이방인들과 구별하기 위해서 사용된 말이지만 신약에서는 십자가를 믿어 구원받은 백성들을 이스라엘이라고 말합니다. 유대인이나 이방인, 남자나 여자를 구별하지 않고 믿는 자는 다 영적 이스라엘입니다.

바울의 마지막 권고가 무엇입니까? 17절에 "이후로는 누구든지 나를 괴롭게 하지 말라 내가 내 몸에 예수의 흔적을 지니고 있노라"라고 했습니다. 예수의 흔적을 가졌다고 말합니다. 예수님께서 우리를 위하여 십자가를 지셨듯이 우리들은 세상에 대하여 죽은 자입니다.

갈라디아 교회에 두 가지 문제가 발생했었습니다. 첫 번째는 사도권의 문제입니다. 두 번째는 할례의 문제였습니다. 바울은 갈라디아 지방에서 복음을 전할 때에 고통이 많았었습니다. 고난을 많이 당할수록 애착이 생기는 것과 같습니다.

갈라디아 성경을 통하여 성실하게 대답한 것이 무엇입니까? 바울 사도의 사도로서의 정당성입니다. 또 한가지는 할례의 무익성을 말하되 십자가의 능력을 말하고 있습니다. 자신은 예수를 믿는 사람이요 십자가를 자랑하는 그리스도인임을 밝히고 있습니다.

'흔적'이란 고대사회에서 주인이 노예에게 자기의 소유를 표시하기 위해서 낙인을 찍는 것을 말합니다. 사도로 부르심을 받은 바울이 예수의 소유라는 낙인이 찍혔다는 말입니다. 이것은 고난과 고통의 상처를 말합니다.

고린도후서 11장 22-27절의 내용입니다. "그들이 히브리인이냐 나도 그러하며 그들이 이스라엘인이냐 나도 그러하며 그들이 아브라함의 후손이냐 나도 그러하며 그들이 그리스도의 일꾼이냐 정신 없는 말을 하거니와 나는 더욱 그러하도다 내가 수고를 넘치도록 하고 옥에 갇히기도 더 많이 하고 매도 수없이 맞고 여러 번 죽을 뻔하였으니 유대인들에게 사십에서 하나 감한 매를 다섯 번 맞았으며 세 번 태장으로 맞고 한 번 돌로 맞고 세 번 파선하고 일 주야를 깊은 바다에서 지냈으며 여러 번 여행하면서 강의 위험과 강도의 위험과 동족의 위험과 이방인의 위험과 시내의 위험과 광야의 위험과 바다의 위험과 거짓 형제 중의 위험을 당하고 또 수고하며 애쓰고 여러 번 자지 못하고 주리며 목마르고 여러 번 굶고 춥고 헐벗었노라"라고 했습니다.

이런 상처가 바울이 진실한 사도임을 입증해 주는 증거입니다. 바울은 여러 번 매를 맞았습니다. 바다와 강의 위험을 당했습니다. 그리고 동족과 형제의 위험도 겪었습니다.

그리고 18절은 축도입니다. "형제들아 우리 주 예수 그리스도의 은혜가 너희 심령에 있을지어다 아멘"이라고 했습니다. 갈라디아 교인들이 바울의 마음을 아프게 했지만 '형제들아!'라고 애정어린 말로 부르고 있습니다.

그리고 "주 예수 그리스도의 은혜가 심령에 있을지어다"라고 했습니다. 율법주의자들은 할례를 말하여 외적인 것인데 반하여 바울은 십자가의 은혜가 '심령'에, 속에 임하기를 축도하고 있습니다.

우리들도 하나님의 사람들에게 하나님의 은총이 임하기를 기도해야 할 것입니다. 영광스러운 하나님의 교회를 위하여 복을 비는 것은 당연한 일이 아니겠습니까? 아무리 연약한 성도라 할지라도 하나님의 은총이 임하면 영육간에 하나님의 크신 복이 임할 것입니다.

제50강
갈라디아서 6장 11-18절

훈계와 축도

갈라디아서는 세 부분으로 구성된 책입니다. 발신자와 수신자 그리고 축도와 송영입니다. 사도 바울은 이방인의 사도로 부르심을 받았으며 바울이 전한 복음은 신적 기원을 갖는다는 주장이었습니다. 율법과 언약을 비교해서 설명도 했습니다.

특별히 핵심적인 교리는 믿음으로 의롭다 함을 받는 이신득의, 이신칭의를 주장한 내용으로 믿음으로 의롭다 함을 받은 자는 육신의 열매가 아니라 성령의 열매를 맺는다고 가르치고 있습니다. 이제 결론부에서 훈계와 축도를 하고 있습니다. 그러면 마지막으로 무슨 훈계를 했습니까?

1. 거짓 교사의 이중성

당시 갈라디아 교회 안에 거짓 교사들이 나타나서 할례를 주장했습니다. 바울은 할례의 부당성을 밝히면서 십자가만 자랑하는 순수한 믿음을 가지라고 증거해 왔습니다. 마지막 당부에서 바울 자신이 큰 글자로 쓴 것을 보라고 하며 새삼 수신자들의 주의를 환기시켰습니다.

여기 '내 손으로 썼다, 이렇게 큰 글자로 썼다' 라고 눈에 띄게 표현했습니다. '길다, 많다' 의 의미로 바울이 쓴 많은 내용의 편지인지, '크다' 의 의미로 바울의 글씨체를 가리키는 것인지 정확하지는 않지만 여기서는 '크다 혹은 작다' 의 의미로 글씨체를 말하는 것으로 보입니다.

바울이 갈라디아서 4장 13절의 "육체의 약함" 즉 시력의 손상으로 인하여 일반적인 글씨체로 글을 쓸 수 없었다는 것을 근거로 주장합니다. 때로는 대필자가 기록하고 바울은 서명만 했다고 주장합니다(고전 16:21, 골 4:18, 살후 3:17).

그런데 바울이 친필로 썼다, 내 손으로 썼다고 할 때 갈라디아 교인들에게 관심과 주의를 집중시키고 있는 것입니다. 바울의 편지에 주의를 기울이게 하고 있습니다.

'육체의 모양을 낸다' 는 말은 외관상 좋게 보이려고 꾸민다의 뜻이고, 할례받은 저희를 가리키는 말입니다. 육체의 모양을 내기 위해 겉치레에만 신경을 쓰듯 할례를 자랑거리로 삼았다는 표현입니다. 바울은 갈라디아 교인들에게 율법주의자들의 허상을 지적하면서 헛된 유혹에 빠지지 말라고 경고했습니다. 유대인들은 스스로 율법을 지키지 못하면서 율법을 강조했습니다.

당시 할례주의자들이 성도들에게 할례를 받게 하려는 속셈은 그들 자신이 십자가 복음 때문에 과격한 유대교도들로부터 핍박을 받지 않으려는 타협적인 목적 때문임을 폭로했습니다. 교회 내에 왜 할례를 받도록 강요했는지 그 이유를 설명했습니다. 그리스도의 십자가 때문에 당하는 핍박을 피하기 위함이었습니다. 정통 유대인들의 공격을 두려워하여 갈라디아 교인들에게 할례를 받으라고 말했던 것입니다.

또 할례주의자들이 자신도 율법에 온전히 순종하지 않으면서 이방인인 갈라디아 성도들에게 할례를 받게 하려는 것은 그들에게 할례를 받도록 시킨 것을 자랑거리로 삼으려는 것임을 폭로했습니다.

할례를 받게 함으로써 할례받은 것을 자랑거리로 삼고 율법주의의 정당성을 내세우면서 십자가로 인한 핍박을 면하게 하려 했던 것입니다. 바울은 율법주의에서 성장했지만 지금은 아니었습니다. 지금은 예수와 십자가를 자랑하는 이방인의 사도였습니다.

2. 정통 신앙의 자세

정통 신앙의 자세가 무엇인가? 바울 자신은 '예수의 십자가 외에는 결코 자랑할 것이 없다' 라고 말하면서 갈라디아 교인들도 자신과 같이 예수와 십자가로 거듭나기를 원했습니다.

율법주의자들이 할례를 받게 하여 외적인 것만 자랑거리로 삼는 것과 바울이 십자가로 거듭나게 하여 새 사람을 만드는 것과는 전혀 다른 주장입니다. 사도 바울은 십자가로 구원받은 복음과 율법주의와의 타협은 할 수 없는 일임을 지적했습니다.

예수 그리스도를 통해 자신은 세상에 대해, 세상은 자신에 대해 서로 죽어 세상과 자신은 본질상 서로 관계가 없음을 선언했습니다. 그리스도인들은 세상과 어떤 관계에 있을까요?

세상이란 하나님이 창조하신 물질계를 말하기도 하지만 하나님의 뜻을 거스르는 불신앙적이고 죄악된, 세속적인 것들을 의미합니다. 성경은 하나님이 창조하신 세상은 좋은 것이고 선한 것이라고 가리킵니다. 그러나 때로는 하나님을 대항하고 거스르는 죄악된 세상이라고 지적합니다.

마태복음 16장 21-23절에 "이때로부터 예수 그리스도께서 자기가 예루살렘에 올라가서 장로들과 대제사장들과 서기관들에게 많은 고난을 받고 죽임을 당하고 제삼일에 살아나야 할 것을 제자들에게 비로소 나타내시니 베드로가 예수를 붙들고 항변하여 이르되 주여 그리 마옵소서 이 일이 결코 주께 미치지 아니하리이다 예수께서 돌이키시며 베드로에게 이르시되 사탄아 내 뒤로 물러 가라 너는 나를 넘어지게 하는 자로다 네가 하나님의 일을 생각하지 아니하고 도리어 사람의 일을 생각하는도다"라고 했습니다.

야고보서 1장 27절에 "하나님 아버지 앞에서 정결하고 더러움이 없는 경건은 곧 고아와 과부를 그 환난중에 돌보고 또 자기를 지켜 세속에 물들지 아니하는 그것이니라"라고 했습니다.

요한일서 2장 15-17절에서는 "이 세상이나 세상에 있는 것들을 사랑하지 말라 누구든지 세상을 사랑하면 아버지의 사랑이 그 안에 있지 아니하니 이는 세상에 있는 모든 것이 육신의 정욕과 안목의 정욕과 이생의 자랑이니 다 아버지께로부터 온 것이 아니요 세상으로부터 온 것이라 이 세상도, 그 정욕도 지나가되 오직 하나님의 뜻을 행하는 자는 영원히 거하느니라"라고 했습니다.

예수님의 십자가로 말미암아 세상과 바울은 결별한 것이라고 주장했습니다. 십자가만이 유일한 구원과 생명의 근거가 됩니다. 바울은 세상 것을 다 배설물로 여겼습니다. 그리고 복음의 영광을 위하여 모든 수모와 고통을 감래했습니다. 여러분은 죄악된 세상과 어떤 관계에 놓여 있습니까?

외적인 할례나 무할례 그 자체는 아무것도 아니며 오직 거듭난 새 사람이 되는 법칙을 따르는 자, 곧 진정한 이스라엘에게 평강과 긍휼이 있기를 축원했습니다. 고린도후서 5장 17절에 "그런즉 누구든지 그리스도 안에 있으면 새로운 피조물이라 이전 것은 지나갔으니 보라 새 것이 되었도다"라고 했습니다.

예수 그리스도의 십자가를 믿는 사람이 새 사람입니다. 그 사람이 영적인 사람입니다. 성령의 인도를 따르는 사람입니다. 천국 백성입니다. 새롭게 거듭난 사람입니다. 그래서 바울은 갈라디아서 5장 6절에서 "그리스도 예수 안에서는 할례나 무할례나 효력이 없으되 사랑으로써 역사하는 믿음뿐이니라"라고 했습니다.

우리들을 왜 그리스도 안에서 새 사람이 되게 했을까요? 왜 구원해 주셨을까요? 에베소서 2장 10절에 "우리는 그가 만드신 바라 그리스도 예수 안에서 선한 일을 위하여 지으심을 받은 자니 이 일은 하나님이 전에 예비하사 우리로 그 가운데서 행하게 하려 하심이니라"라고 했습니다. 그러므로 십자가를 잃어버리면 모든 것을 잃는 것과 같습니다. 성령의 열매를 맺을 수 없습니다. 사랑의 열매도 있을 수 없습니다.

'이 규례'는 십자가를 믿는 믿음을 말합니다. 이것만 가지고 있는 사람이 그리스도인입니다. 다른 표준은 거짓된 것입니다. 과장된 것입니다. 포장된 것이기도 합니다. 예수님의 십자가만이 우리를 구원의 길, 생명의 길로 인도하는 능력이 있습니다.

십자가를 믿는 분들에게 평강과 긍휼이 있기를 기원했습니다. 평강과 긍휼은 세상이 주는 것이 아닙니다. 영적으로 임하는 하나님의 은혜입니다. 바울은 이 은혜가 지금도 임하고 있고 앞으로도 계속하여 임하기를 기도했습니다.

3. 마지막 당부와 축도

이제 이후로는 더 이상 바울 자신을 괴롭게 하지 말 것을 당부했습니다. "누구든지 나를 괴롭게 하지 말라." 명령형입니다. 갈라디아 교인들 때문에 많은 괴로움을 겪었던 것을 말합니다. 율법주의자들이 거짓

된 주장을 한 것도 문제이지만 바울의 사도권이나 복음까지 부정했던 것이 생각났습니다.

행함으로 구원받을 수 있는 사람이 어디 있습니까? 하나님의 은혜로 구원받습니다. 오직 믿음으로 구원을 받습니다. 더 이상 다른 주장을 해서 목회자를 괴롭게 하지 말라는 뜻입니다.

'괴롭게' 라는 말은 '베다, 자르다, 꺾다' 라는 말로 바울의 살을 베고 뼈를 깎는 듯한 고통을 말해 줍니다. 목회자는 이런 아픔을 당하면서 살아갑니다. 때로는 밥을 먹지 못합니다. 가슴이 미어집니다. 온 몸이 아프고 저립니다. 때로는 슬프고 자존심도 상합니다.

바울은 예수의 흔적을 가졌다고 말했습니다. 예수의 흔적이 무엇입니까? 흔적은 헬라어로 '스티그마타' 입니다. 노예의 소유권을 표시하기 위하여 노예의 몸에 찍는 낙인을 가리킵니다.

바울은 자신의 육체에는 복음 전파 과정에서 받은 고난의 상처가 있음을 상기시키면서 자신의 당부를 따를 것을 호소했습니다. 고린도후서 11장 22-27절에 "그들이 히브리인이냐 나도 그러하며 그들이 이스라엘인이냐 나도 그러하며 그들이 아브라함의 후손이냐 나도 그러하며 그들이 그리스도의 일꾼이냐 정신없는 말을 하거니와 나는 더욱 그러하도다 내가 수고를 넘치도록 하고 옥에 갇히기도 더 많이 하고 매도 수없이 맞고 여러 번 죽을 뻔하였으니 유대인들에게 사십에서 하나 감한 매를 다섯 번 맞았으며 세 번 태장으로 맞고 한 번 돌로 맞고 세 번 파선하고 일 주야를 깊은 바다에서 지냈으며 여러 번 여행하면서 강의 위험과 강도의 위험과 동족의 위험과 이방인의 위험과 시내의 위험과 광야의 위험과 바다의 위험과 거짓 형제 중의 위험을 당하고 또 수고하며 애쓰고 여러 번 자지 못하고 주리며 목마르고 여러 번 굶고 춥고 헐벗었노라"라고 했습니다.

그리고 바울은 마지막으로 갈라디아 교인들의 심령에 그리스도의 은혜가 있기를 축도했습니다. 예배는 드리는 부분과 받는 부분이 있습니다. 기도와 찬송 그리고 헌금은 드리는 부분이라면 설교말씀과 축도는 받는 부분입니다.

갈라디아서를 마지막으로 설교하면서 믿음으로 의롭다 하심을 받은 성도들 위에 그리스도의 은혜와 복이 충만하기를 기도합니다.

빌립보서 강해설교

빌립보서

기독교개혁신보사

머리말

성도가 하나님의 말씀을 연구하는 목적 중의 하나는 영적 교훈을 얻기 위함이다. 정치적인 수안이나 경제적인 유익보다는 영적인 교훈을 얻는 데 목적이 있다. 그러므로 진정한 설교는 성경을 기초로 할 때 모든 성도들에게 영적인 교훈을 주는 것이다.

신약 성경 전체가 기록된 헬라어는 발칸 반도 남부의 헬라스 지방을 중심으로 발칸 반도와 소아시아 해안 지역의 도시 국가들이 사용했던 언어이다. 알렉산더 대왕(BC 356-324년)이 활발하게 정복 사업을 펼쳐 헬레니즘 문화권이 소아시아, 시리아, 팔레스틴, 이집트 지역까지 확장되자 헬라어도 이런 지역들로 급속하게 보급되었다.

특히 로마가 정복한 후에 로마인들의 언어인 라틴어를 공용어로 정하지 않고 헬라어를 정함으로써 헬라어는 더욱 널리 확산되었다. 예수님께서 이땅에 오시기 전 고급 헬라어는 쇠퇴하고 대중들이 쉽게 사용하던 코이네 헬라어(Koine Greek)가 널리 보급되었다.

빌립보서는 특정한 주제를 다루기보다는 일상 생활 즉 삶의 현장에서 일어나는 보편적인 것들을 다루는 게 특징이다. 로마서나 갈라디아서, 에베소서 같은 성경은 신학적인 주제로 이신득의, 이신칭의 교리를 주장하거나 교회의 일치와 연합을 강조하고, 고린도전 · 후서는 특정한 문제들에 대한 사도로서의 답변이며, 디모데전 · 후서와 디도서는 목회자가 교회 현장에서 갖추어야 할 자세 등을 말하는 것과는 달리 빌립보서나 골로새서는 일상 생활에서 만나는 문제들을 원칙적인 입장에서 다루고 있다.

어떤 성경이든지 그 배경을 가지고 기록된다. 수신자에게 어떤 상황에서 어떤 목적을 가지고 기록되었는지를 아는 것이 매우 중요하다. 빌립보는 알렉산더 대왕의 아버지인 마게도냐의 왕 빌립 2세의 이름을 따라 지은 도시로서 B.C. 167년 로마의 식민지가 되었다.

B.C. 42년 로마의 퇴역 군인들의 거주지로 지정되면서부터 빌립보는 크게 발전하게 되었고, 유럽과 아시아를 연결하는 교통 요충지이면서 로마의 군사적인 전초 기지로 행정 수도인 데살로니가와 함께 마게도냐 지방의 중심 도시로 발전하게 되었다.

빌립보 시민들은 로마 시민권을 가지고 있었고, 투표권과 자치권이 있어서 로마와 동등한 특권을 누리고 있었다. 빌립보 사람들은 특수한 지위에 대하여 자랑스럽게 여겼고, 사도 바울은 성도의 시민권이 하늘에 있다고 말한 배경이 된 것이다.

빌립보 교회는 사도 바울이 제2차 전도 여행 기간(A.D.49-52년) 중 마게도냐 지방에서 처음으로 세운 교회이다. 두 번 추가 방문하였고(행 21:1-2; 20:6) 사역한 기간은 길지 않았다.

그렇지만 빌립보 교회는 바울과 친밀한 관계에 있었으며 물질적으로 선교 사역에 동참했던 교회이다. 바울에게 큰 기쁨이 되는 교회였다. 빌립보서는 바울이 로마 옥에 갇혀 있으면서(A.D.61-63년) 기록하였다.

빌립보 교회 안에 문제가 없었던 것은 아니다. 유대 율법주의자들과 반도덕주의자들의 영향, 유오디아와 순두게의 불화, 이단자 등 경계와 권면을 곁들여 기록했다. 바울과 교회와의 관계가 감사, 만족, 찬양, 기쁨 등이 있었다.

빌립보서는 바울의 숭고한 신앙을 보여주는데 그리스도를 위한 삶과 죽음을 초월하는 생사관이나 푯대를 향하여 달리는 신앙의 경주자의 자세 그리고 어떤 환경에도 만족하는 믿음과 그리스도 안에서 할 수 있다는 확신 그리고 감옥에 갇혀서도 기뻐하는 삶은 우리들에게 교훈하는 바가 크다.

교역자와 성도 간의 아름다운 교제와 연합의 관계를 말한다. 진정한 삶이 무엇인가? 주님을 본받는 삶이 있었다. 그래서 기쁨의 서신이라는 별명이 있다. "주 안에서 기뻐하라 내가 다시 말하노니 기뻐하라"(빌 4:4).

바울 서신의 특징이 교리와 실천적인 면을 말하는 책이 있는 반면 빌립보서는 개인적인 서신과 같은 느낌도 있거니와 성도가 일상 생활 가운데서 만나는 여러 가지를 원칙적인 입장에서 말해 준다.

1장 1-26절에서는 서신 형식으로 발신자와 수신자를 밝히고 축도로서 인사말을 한다. 성도들에 대한 감사와 기원을 표했다. 감옥에 갇힌 자신의 상황을 알리고 복음의 진보를 위한 것임을 알고 기뻐했다. 그리스도를 위한 사생관이 확립된 것도 말하고 재회의 기회도 말하면서 교인들을 안심시킨다.

1장 27-2장 30절에서는 복음에 합당한 삶을 살 것에 대한 권면과 모범을 제시했다. 성도들은 겸손하고 협력하며 고난을 무릅쓰고, 그리스도를 본받을 것을 권면했다.

그리고 3장 1-4장 1절은 빌립보 교회 안에 이단들을 경계하고 신앙적으로 경건할 것을 권면한다. 율법주의자들을 비판하고 반대로 반도덕주의자들을 경계한다. 우리는 하늘의 시민권을 가진 자로서 힘써 달려가는 신앙생활을 하라고 권면했다.

4장 2-23절에 기쁨과 평강을 위한 권면으로 빌립보 성도들이 보여준 사랑의 후원에 대한 감사이고, 마지막으로 인사와 축도를 했다. 교회 안에서 서로 화해하라고 교훈한다.

이 책이 하나님께 영광이 되고, 독자들에게 유익이 되기를 바랍니다. 이 책이 출간 되기까지 기도와 물질로 헌신한 천성교회 출판위원회와 편집에 봉사한 송영찬 목사님과 교정에 수고한 위원들에게 감사를 드립니다. 나의 사랑하는 자녀들과 아내에게도 고마움을 전합니다.

2018년 6월 30일
천성교회복지관에서
윤 석 희 식

목 차

서 론

우리는 신 · 구약 성경을 하나님의 말씀으로 믿는 사람들입니다. 믿음과 생활의 유일무이한 법칙으로 믿고 순종하는 사람들입니다. 우리는 사람을 믿는 것이 아니라 하나님을 믿는 사람들입니다.

그리고 성도가 하나님의 말씀인 성경을 연구하는 목적 중의 하나는 영적 교훈을 얻기 위함입니다. 정치적인 수완이나 경제적인 유익보다는 영적인 교훈을 얻는 데 목적이 있습니다. 그러므로 진정한 설교는 성경을 기초로 해서 모든 성도에게 영적인 교훈을 주는 것입니다.

여러분이 성경을 읽을 때나 설교말씀을 들을 때마다 구원의 역사, 은혜와 생명의 음성으로 들려지기를 바랍니다. 기도하지 않고 말씀을 듣지 않으면 시험거리뿐입니다. 기도하면서 말씀을 들어서 생명의 역사가 일어나기를 바랍니다.

신약 성경 전체가 기록된 헬라어는 발칸 반도 남부의 헬라스 지방을 중심으로 발칸 반도와 소아시아 해안 지역의 도시 국가들이 사용했던 언어입니다. 알렉산더 대왕(BC 356-324년)이 활발하게 정복 사업을 펼쳐 헬레니즘 문화권이 소아시아, 시리아, 팔레스틴, 이집트 지역까지 확장되자 헬라어도 이런 지역들로 급속하게 보급되었습니다.

특히 로마가 정복한 후에 로마인들의 언어인 라틴어를 공용어로 정하지 않고 헬라어를 정함으로써 헬라어는 더욱 널리 확산되었습니다. 예수님께서 이 땅에 오시기 전 고급 헬라어는 쇠퇴하고 대중들이 쉽게 사용하던 '코이네 헬라어'(Koine Greek)가 널리 보급되었습니다.

빌립보서에 대한 기본적인 이해가 필요합니다. 헬라어 원전의 제목은 '프로스 필립페시우스'(빌립보 사람들에게)입니다. 한글 개역 개정판은 수신자명을 반영하여 빌립보서라고 명명했습니다.

저자는 사도 바울입니다(빌1:1). 본 서신은 에베소서, 골로새서, 빌레몬서 등과 함께 바울의 옥중 서신으로 분류되는 서신으로, 기록 시기는 바울이 1차 로마의 감옥에 투옥되었을 때 즉 A.D. 62-63년경으로 추정됩니다.

수신자는 사도 바울이 제2차 선교 여행을 할 때 마게도냐 지방에서 처음으로 세운 빌립보 교회의 성도들에게 보낸 서신입니다. 그 내용은 사도 바울의 숭고한 신앙과 빌립보 성도들과의 아름다운 관계 그리고 환경을 초월하는 신앙의 기쁨을 내용으로 하고 있습니다.

빌립보서는 특정한 주제를 다루기보다는 일상 생활 즉 삶의 현장에서 일어나는 보편적인 것들을 다루는 게 특징이라면 특징일 것입니다. 로마서나 갈라디아서, 에베소서 성경은 신학적인 주제로 이신득의, 이신칭의 교리를 주장하고, 교회의 일치와 연합을 강조합니다. 고린도전 · 후서는 특정한 문제들에 대한 사도로서의 답변이라면, 디모데전 · 후서와 디도서는 목회자가 교회 현장에서 갖추어야 할 자세 등을 말하고 있습니다. 이와 달리 빌립보서나 골로새서는 일상 생활에서 만나는 문제들을 원칙적인 입장에서 다루고 있습니다.

어떤 성경이든지 그 배경을 가지고 기록합니다. 수신자에게 어떤 상황에서 어떤 목적을 가지고 기록했는지를 아는 것이 매우 중요합니다. 빌립보는 알렉산더 대왕의 아버지인 마게도냐의 왕 빌립 2세의 이름을 따라 지은 도시로서 B.C. 167년 로마의 식민지가 되었습니다.

B.C. 42년 로마의 퇴역 군인들의 거주지로 지정되면서부터 빌립보는 크게 발전하게 되었고, 유럽과 아시아를 연결하는 교통 요충지이면서 로마의 군사적인 전초 기지로 행정 수도인 데살로니가와 함께 마게도냐의 중심 도시로 발전하게 되었습니다.

빌립보 시민들은 로마 시민권을 가지고 있었고, 투표권과 자치권이 있어서 로마와 동등한 특권을 누리게 되었습니다. 빌립보 사람들은 특수한 지위에 대하여 자랑스럽게 여겼고, 사도 바울이 성도의 시민권이 하늘에 있다고 말한 배경이 된 것입니다.

빌립보 교회는 사도 바울이 제2차 전도 여행 기간(A.D.49-52년) 중 마게도냐 지방에서 처음으로 세운 교회입니다. 두 번 추가로 방문하였고(행21:1-2; 20:6) 사역한 기간은 길지 않았습니다.

그렇지만 빌립보 교회는 바울과 친밀한 관계에 있었으며 물질적으로 선교 사역에 동참하였던 교회입니다. 바울에게 큰 기쁨이 되는 교회였습니다. 빌립보서는 바울이 로마 옥에 갇혀 있으면서(A.D.61-63년) 기록하였습니다.

빌립보 교회는 에바브로디도를 파송하여 바울을 물질적으로 후원하고, 곁에 있으면서 돕도록 했습니다(2:25; 4:18). 그러던 중 에바브로디도가 중병에 걸려 죽음 직전에 이르게 되었습니다(2:27). 교회와 바울에게 짐이 될 수 있었으나 하나님께서 에바브로디도를 살려 주셨습니다. 바울이 에바브로디도를 빌립보 교회에 다시 보낸 것은 교회를 안심시키기 위함이었습니다.

그래서 빌립보서를 기록하여 에바브로디도편에 서신으로 보냈습니다. 에바브로디도의 헌신을 말하면서 따뜻하게 맞이하라고 말합니다.

자신의 근황과 빌립보 교회에서 베풀어 준 사랑에 대해 감사를 전했습니다. 이런 상황이 빌립보서를 기록하게 된 동기가 된 것입니다. 그래서 빌립보서는 다른 서신과 달리 개인적이고 감사와 온정이 넘치는 내용으로 기록되었습니다.

빌립보 교회 안에 문제가 없었던 것은 아닙니다. 그래서 유대 율법주의자들과 반도덕주의자들의 영향, 유오디아와 순두게의 불화 등에 대한 경계와 권면을 곁들여 기록했습니다. 바울과 교회와의 관계에는 감사, 만족, 찬양, 기쁨 등이 있었습니다.

교역자와 성도 간의 아름다운 교제와 연합의 관계를 말합니다. 빌립보서는 바울의 숭고한 신앙을 보여주는데 그리스도를 위한 삶과 죽음을 초월하는 생사관, 푯대를 향하여 달리는 신앙의 경주자의 자세 그리고 어떤 환경에도 만족하는 믿음과 그리스도 안에서 할 수 있다는 확신, 감옥에 갇혀서도 기뻐하는 삶은 우리들에게 교훈하는 바가 큽니다.

진정한 삶이 무엇인가? 주님을 본받는 삶이 있었습니다. 그래서 기쁨의 서신이라는 별명이 있습니다. "주 안에서 항상 기뻐하라 내가 다시 말하노니 기뻐하라"(빌4:4).

하나님 나라의 본질이 기쁨입니다. 성령의 열매도 희락입니다. 천국이 임한 현재성을 생각할 때도 기쁨이 성도의 특징입니다. 어느 곳에서나 하나님의 통치를 받기 때문입니다. 바울처럼 옥중에서도 기뻐할 수 있는 믿음 생활을 할 수 있기를 바랍니다.

빌립보서의 내용을 봅시다. 바울 서신의 특징이 교리와 실천적인 면을 말하는 책이 있는 반면 빌립보서는 개인적인 서신과 같은 느낌도 있거니와 성도가 일상생활 가운데서 만나는 여러 가지를 원칙적인 입장에서 말해 줍니다.

1장 1절-26절에서는 서신 형식으로 발신자와 수신자를 밝히고 축도로 인사말을 합니다. 성도들에 대한 감사와 기원을 표했습니다. 감옥에 갇힌 자신의 상황을 알리고, 복음의 진보를 위한 것임을 알고 기뻐했습니다. 그리스도를 위한 사생관이 확립된 것도 말합니다. 그리고 재회의 기회도 말하면서 교인들을 안심시킵니다.

1장 27절-2장 30절에서는 복음의 합당한 삶을 살 것에 대한 권면과 모범을 제시했습니다. 성도들에게 겸손함과 서로 협력하며 고난을 무릅쓰고, 그리스도를 본받을 것을 권면했습니다.

그리고 3장 1절-4장 1절은 빌립보 교회 안에 있는 이단들을 경계하고 신앙적으로 경건할 것을 권면합니다. 율법주의자들을 비판하고 반대로 반도덕주의자들을 경계하라고 권면합니다. 하늘의 시민권을 가진 자로서 힘써 달려가는 신앙생활을 하라고 권면했습니다.

4장 2절-23절은 기쁨과 평강을 위한 권면으로 빌립보 성도들이 보여준 사랑의 후원에 대한 감사이고, 마지막으로 인사와 축도를 했습니다. 교회 안에서 서로 화해하라고 가르쳤습니다.

빌립보서의 주요 메시지가 무엇인가?

빌립보 성경은 기쁨에 관계된 단어들이 많이 나옵니다. 바울은 '기쁨'과 '기뻐하라'를 많이 말합니다. 이 기쁨은 환경을 초월하는 기쁨입니다. 바울은 특별히 주 안에서 누리는 기쁨을 말합니다. 바울은 감옥에 갇혀 있으면서도 주 안에서 기쁨을 얻어 누리는 기쁨의 사람이었습니다.

그리고 고난 중에도 복음의 진보를 말했습니다. 바울은 갇혀 있지만 복음은 진보했습니다. 사람은 매이지만 하나님의 말씀은 매이지 않기 때문입니다(딤후2:9). 복음은 고난 중에도 멈추지 않습니다. 하나님은 살아계신 분이기 때문에 말씀은 매이지 않습니다. 복음 전하는 사람은 매이지만 복음은 살아 있기에 전해집니다.

그리고 사도 바울은 빌립보서를 통하여 주님을 위한 사생관을 설명합니다. 자신의 삶과 죽음이 그렇게 중요하지 않고 육신적인 삶이나 죽어서 사는 것이나 그리스도에게 영광이 되기를 원하는 사생관을 가진 분이었습니다. 살든지 죽든지 그리스도의 영광을 위하는 삶이었습니다. 그리고 모든 믿는 신앙인의 모델이 된 사람입니다.

바울은 오로지 그리스도를 열망했습니다. 육체를 따르는 율법주의를 경계하고 그리스도 안에서 모든 것을 배설물로 여긴 사람입니다. 그리스도의 십자가와 죽음과 부활에 연관된 삶을 추구하게 되었습니다.

특별히 하늘의 시민권을 가진 자였습니다. 반도덕주의자들, 자유주의자들 혹은 반율법주의자들을 경계했습니다. 세상을 살 때 쾌락적이고 가치관이 전도되고 현실의 삶에 관심과 소망이 매몰된 사람의 형태를 버리고, 하늘의 시민권을 가진 자답게 땅의 일보다 하늘의 영광을 바라보는 사람이 되기를 원했습니다.

그리고 바울과 빌립보 교회의 아름다운 교제와 동역을 잘 설명해 주고 있습니다. 목회자와 교회는 같은 방향으로 갑니다. 목적이 같습니다. 이 땅에서는 각양 각색의 다양한 성격과 직업을 가지고 있지만 결국 그리스도께 영광, 하나님께 영광을 목적으로 달려가는 사람들입니다.

제1강
빌립보서 1장 1-2절

문안인사

빌립보 교회는 바울이 제2차 선교 여행 중에 세운 교회였습니다. 자주색 옷감 장수인 루디아, 점치는 소녀, 빌립보 간수 등을 만나서 마게도냐 지방에 최초로 교회를 세웠으니 빌립보 교회입니다. 빌립보 교회 때문에 바울은 기뻐하고 또 기뻐할 수 있었습니다.

빌립보는 유럽의 첫 관문인 마게도냐에서 중요한 위치에 있는 도시로서 '작은 우물'이라는 뜻을 가지고 있습니다. 역사적으로 주전 356년 알렉산더 대왕의 아버지인 마게도냐의 빌립 2세가 대규모의 거류민을 파견하여 재건하면서 자신의 이름을 따서 빌립보라 불렀습니다. 주전 42년 로마의 식민지가 되었고 주전 30년 옥타비아누스가 군사 식민지로 삼으면서 로마의 축소판과 같은 도시로 발전하게 되었습니다.

빌립보 성경 전체를 요약해 보면 그리스도를 위한 고난, 그리스도를 본받는 삶, 그리스도를 아는 지식, 그리스도로 인한 평강, 그리스도 안에서의 교제를 말하고 있습니다. 전체가 그리스도 중심적입니다.

빌립보 교인들의 믿음은 급성장했습니다. 사도 바울을 위해 선교헌금을 보냈던 교회였습니다. 바울이 옥에 갇혔을 때도 에바브라디도를 통해 헌금을 보냈습니다. 이렇게 훌륭한 반면 약간의 분열 양상과 유대주의적 율법주의와 반도덕주의가 교회를 위협하고 있었습니다.

이런 상황에 대하여 바울은 천국시민답게 반복음주의를 대적하고, 교회의 일치성을 강조하기에 이르렀습니다. 바울은 빌립보 교인들을 안심시키고, 그리스도 안에서 신앙의 공동체를 잘 이루어 가도록 권고하고 있습니다.

빌립보 성경에서 16번이나 '주 안에서 기뻐하라' 라고 했는데 이것이 빌립보 성경의 중심주제이기도 합니다. 하늘의 시민권을 가진 사람들은 땅에 소망을 두지 말고 하나님 나라에 소망을 두고 살라. 그리고 그리스도 안에서 신령한 교제가 있는 성도가 되라고 가르치고 있습니다.

빌립보서는 옥중서신입니다. 바울이 옥에 갇혀 있으면서 하나님의 교회를 생각하고 그리스도 중심적인 삶을 살라고 교훈한 내용입니다. 바울이 로마 옥중에 1차로 투옥되어 있는 동안에 빌립보 교회에 보내기 위하여 기록한 서신입니다. 그래서 본래 제목은 '빌립보 사람들에게'로 되어 있습니다. 옥중서신은 에베소서, 빌립보서, 골로새서, 빌레몬서 등입니다.

빌립보서의 기록 목적은 옥중에 갇힌 바울을 위하여 에바브라디도를 통해 선교헌금을 보내 주는 등 여러 방면에서 자신을 염려하고 생각해 주는 빌립보 교인들에게 감사를 표시하고, 자신의 투옥으로 근심에 잠긴 그들에게 자신의 근황을 알림으로써 격려하고 위로하기 위함이었습니다.

또 권면할 말과 교훈할 말씀이 있어서 기록하게 되었습니다. 특별히 모든 사실이 기쁨의 곡조에 맞춰진 노래와 같은 성경말씀입니다. 처음부터 마지막까지 그리스도 안에서 기쁨을 노래하고 있기 때문입니다.

1. 발신자

편지형식으로 기록되었습니다. 바울은 빌립보 성경을 기록할 때 "그리스도 예수의 종 바울과 디모데"라고 쓰고 있습니다. 빌립보서는 개인적인 성격을 띠고 있는 서신으로 발신자 자신의 근황을 알리면서 수신자와 빌립보 교회의 성도들을 향한 몇 가지 권면을 한 것이 특징입니다.

1) 공동 송신자로 '바울과 디모데'를 함께 말하고 있지만 옥중에 갇혀 있는 여러 가지 관계 때문에 그렇게 표현된 것이지 바울과 디모데가 같이 성경을 기록했다는 뜻이 아닙니다. 성경을 같이 기록했다는 것이 아니라 소식을 함께 전한다는 뜻입니다. 디모데는 하나님의 명예라는 뜻을 가진 바울의 동역자였습니다.

바울 서신에서 발견되는 통상적인 인사이지만 특징이 있다면 교회에 보내는 대부분의 서신과는 달리 사도가 아니라 디모데와 함께 공동명의로 보낸 것인데, 사도라고 말하지 않아도 빌립보 교회가 믿고 따랐기 때문입니다. 디모데는 바울이 빌립보 교회를 세울 때 동행했던 인물로, 바울은 그를 빌립보 교회로 파송할 계획을 가지고 있었습니다.

빌립보 성경에는 '나'라는 주어가 52회나 사용되었습니다. 발신자가 수신자에 대한 애정을 가지고 있기 때문에 사용된 말입니다. 이것이 빌립보 성경의 특징입니다. 그리고 구약성경을 한 절도 인용하지 않은 것도 특징입니다.

2) 다른 서신을 쓸 때는 사도권을 강조했습니다. 로마서 1장 1절에 "예수 그리스도의 종 바울은 사도로 부르심을 받아"라고 했고, 고린도전서 1장 1절에서는 "하나님의 뜻을 따라 그리스도 예수의 사도로 부르심을 받은 바울과 형제 소스데네는"라고 했으며, 고린도후서 1장 1절에서도 "하나님의 뜻으로 말미암아 그리스도 예수의 사도 된 바울과 형제 디모데는 고린도에 있는 하나님의 교회와 ..."라고 했습니다.

갈라디아서 1장 1절에 "사람들에게서 난 것도 아니요 사람으로 말미암은 것도 아니요 오직 예수 그리스도와 그를 죽은 자 가운데서 살리신 하나님 아버지로 말미암아 사도 된 바울은"라고 했고, 에베소서 1장 1절에서는 "하나님의 뜻으로 말미암아 그리스도 예수의 사도 된 바울은 에베소에 있는 성도들과 그리스도 예수 안에 있는 신실한 자들에게 편지하노니"라고 사도권을 주장했습니다.

그런데 빌립보 성경에서는 자신을 '예수의 종' 이라고 밝히고 있습니다. 이것은 빌립보 교회는 다른 교회와 다른 점이 있었다는 뜻입니다. 다른 교회들은 바울의 사도권을 의심했지만 빌립보 교회는 바울의 사도권을 그대로 인정했음을 나타내는 말입니다.

'종' 이란 자신을 그리스도의 소유가 된 사람, 절대복종의 사람임을 의미하는 말입니다. 주님이 값을 주고 산 사람, 노예입니다. 소유권이 주님에게 있는 사람입니다. 자녀를 낳아도 주님의 것입니다. 이것이 종의 관념입니다.

1-2절에서 세 번이나 반복되는 '그리스도 예수' 는 예수의 메시야 되심을 강조합니다. 그리스도는 '기름 부음을 받은 자' 로 히브리어의 '메시야' 입니다. 예수는 '여호와는 구원이시다', 구약의 여호수아의 헬라어 음역입니다. 바울은 인간의 몸으로 오신 예수께서 구약 성경에 예언한 메시야임을 보여주기 위해 서두에서 '그리스도 예수' 를 중복하여 사용했습니다.

바울이 종에 대하여 말하는 이유는 빌립보 교회 안에는 종보다 주인 역할을 하는 사람들이 많았다는 의미입니다. 성도나 집사 아니면 장로들이 그랬습니다. 그래서 종에 대하여 말하고 있는 것입니다.

종은 자신에게는 의사 결정권이 없고 주인의 뜻에 완전히 복종하여야 하는 노예입니다. 하나님의 일을 했던 모세, 여호수아, 다윗, 선지자들 등 하나님께 속한 사람, 즉 하나님이 주신 권위를 가진 사람을 말합니다.

신약에서는 구약의 전통을 이어받아 '그리스도에 의하여 구속된 사람', 그리스도에 의해 소유된 자, 그리스도의 대리자, 그리스도의 뜻에 순종하고 봉사하는 자를 가리킵니다. 그리스도부터 특별한 사명을 받은 사람으로 바울과 베드로, 야고보와 유다를 그리스도의 종으로 표현했습니다.

3) 빌립보 교회와 바울은 깊은 사랑으로 연결된 상태에 있었기 때문에 사도권을 의심하지 않았습니다. 디모데는 바울의 제자입니다. 그리고 빌립보 교회와 연관된 인물이었습니다. 바울이 복음을 전할 때 잘 돕던 사람이 디모데입니다. 빌립보 교회에도 몇 번이나 방문했습니다. 빌립보 교인들은 디모데를 사랑했습니다(행19:22; 20:3-6). 빌립보서 2장 19절에 바울이 디모데를 빌립보 교회로 파송할 계획도 있었기 때문이었습니다. 이런 관계로 디모데를 발신자 혹은 송신자 속에 포함시키게 된 것으로 이해합니다.

이러한 이유들로 인하여 바울은 자신을 소개할 때 '예수의 종'이라고 소개하고 있는 것입니다. 목회를 하면서 고백할 수 있는 것이 있습니다. 교인들이 할 일을 잘하면 목회자는 인상 쓸 것이 없다는 사실입니다. 교인들이 범죄하거나 나태하고 자기 할 일을 하지 않을 때 목사는 당회장으로 나타납니다. 행정적인 처리를 하게 된다는 말입니다. 바울이 종으로 나타나듯 여러분들이 겸손하게 주님을 잘 믿어서 항상 은혜로운 축복만 있기를 바랍니다.

예수의 종이란 바울이 예수님에게 초점이 맞추어진 상태, 삶의 초점이 주님이심을 나타내는 말입니다. 주님만 사랑하고 의지하는 바울입니다. 이것은 교인들이 그렇게 살아갈 때 바울을 돕는 모습이기도 했습니다.

바울 자신과 디모데에게 초점이 맞춰지거나 영광을 돌리는 것이 아니라 주님께 모든 영광을 돌려야 하는 것을 말합니다. 중요한 것은 자신이 아니라 주님이시기 때문입니다. 이 서신은 바울의 것이 아니라 교회를 가장 사랑하시는 주님의 음성입니다.

또 지상의 주인이 로마 황제처럼 보이지만 영원한 주님이 주인이시기에 주님에게 집중되어야 합니다. 로마 황제에게 예속된 것처럼 살아가는 세상 사람들에게 주님이 영원한 왕이심을 증거하고 있는 것입니다. 그리스도 안에 있는 성도들을 보는 교역자로서의 눈이 필요합니다. 자기 의가 아닌 그리스도의 의가 필요합니다. 그래서 그리스도 안에 있으면 새로운 피조물이라고 선언했습니다.

2. 수신자

수신자를 밝힐 때 '그리스도 예수 안에서 빌립보에 사는 모든 성도'라고 말합니다. '그리스도 예수 안에서'란 성령 세례를 받아 그리스도와 연합한 사람을 가리키는 말입니다. 성경은 성령 받은 사람들에게는 축복이요 은혜가 되는 줄로 믿습니다.

또 성도란 바친 자, 구별된 자를 의미합니다. 하나님의 택함을 받아 하나님께 속한 자를 가리키는 말입니다. '그리스도 예수 안에서'란 말을 48회 정도 사용했습니다. '그리스도 안에서'라고 34회를 사용했습니다. '주 안에서'란 말을 50회 정도 썼습니다.

또 "모든 성도와 감독들과 집사들에게 편지하노니"라고 말합니다. 당시 빌립보 교회는 직분자들이 잘 갖추어진 상태에 있었음을 나타냅니다. 초대교회의 직분의 명칭도 엿볼 수 있는 내용들입니다. 감독과 집사가 초대교회의 주요 직분이었습니다.

감독이란 '살펴보는 자'란 뜻입니다. 구약적인 개념은 '타인이 행한 일이 올바로 수행되었는지 살피는 업무를 맡은 자, 관리자, 감독'이라는 뜻입니다. 신약에서는 영혼을 돌보는 자입니다. 칼빈은 장로와 감독을 동일한 직으로 보았습니다.

사도행전 20장 28절에서 바울은 에베소 교회의 장로들에게 성령께서 교인 가운데서 감독자로 삼았다고 선언했습니다. 교회를 지도하고 감독하는 직분을 가리킵니다(딛1:5, 수24:31).

집사란 '섬기는 자' 입니다. 종의 의미로, 봉사하는 자입니다. 헬라인들은 공동체의 복지에 관련된 임무에 책임이 있는 자나 신전과 관련된 일에 종사하는 사람을 가리켰습니다. 왕의 충고자, 왕의 경호원을 의미하기도 했습니다.

장로가 영적인 책임을 진다면 집사는 교회 생활과 관계된 직무에 책임이 있었습니다. 집사는 구제하는 일에 힘을 썼습니다. 집사는 교회를 위한 봉사자를 말합니다(행7:1-7). 초대교회의 일곱 집사들은 교회의 문제를 해결하였고, 복음을 전하기도 하였습니다. 집사들을 중심으로 바울에게 선교 헌금이나 옥중에 갇혔을 때 헌금을 해서 생활비를 보낸 것으로 이해하고 있습니다. 이것이 집사들이 할 일입니다.

빌립보 성경의 중심적인 주제들은 학자들의 이론에 따라 약간의 차이점은 있으나 대부분의 경우 다섯 가지로 지적합니다.

1) '주 안에서 항상 기뻐하는 성도의 기쁨' 에 대하여 말합니다. 빌립보 성경에는 기쁨이란 말이 16번이나 나옵니다. 바울 자신이 옥중에 갇혀 있었지만 그리스도 안에서 기뻐했습니다. 그리스도 안에서의 기쁨입니다. '주 안에서 기뻐하라 내가 다시 말하노니 기뻐하라' 고 했습니다. 몸은 옥에 갇혀 있지만 교인들과 지속적인 사랑의 교제가 있었기 때문에 얻는 기쁨도 있었습니다.

그리고 갇힌 것이 오히려 복음의 전파에 도움이 되었습니다. 잠시 후에 다시 만날 성도들을 그리워했으며, 사나 죽으나 주님의 것이기 때문에 어떠한 형편이나 처지에서도 기뻐했습니다. 여기서 말하는 기쁨이란 영적인 의미가 많습니다. 세속적인 기쁨보다는 그리스도 중심적인 신앙과 삶의 기쁨을 가리킵니다.

2) 예수 그리스도를 믿어 하나님 앞에 의인으로서의 삶, 천국 시민으로서의 삶을 살기 때문에 기뻐했습니다. 하나님 나라와 의를 추구하는 삶을 살기 때문에 기쁨이 넘칩니다. 현재 당하는 고난은 장차 우리

들에게 나타날 영광과 족히 비교할 수 없기 때문입니다.

봉사할 수 있는 유일한 무기가 무엇일까? 어떤 신학자는 확신하는 믿음이라고 대답했습니다. 확신하는 믿음이 있는 사람은 하나님을 위하여 봉사하고 교회를 위하여 봉사를 한다는 말입니다.

요한복음 16장 33절에 "세상에서는 너희가 환난을 당하나 담대하라 내가 세상을 이기었노라"라고 주님이 말씀하셨습니다. 요한복음 14장 1절에 "너희는 마음에 근심하지 말라 하나님을 믿으니 또 나를 믿으라"라고 말씀하셨습니다. 확신의 사람이 기쁨이 있고 봉사도 하는 법입니다.

3) 바울은 옥에 갇힌 것이 근심과 걱정거리가 되었다기보다는 복음전파에 도움이 되었기에 감사하고 기뻐했습니다. 이런 것을 생각해 보면 기독교인의 가장 큰 사역이 복음전파임을 강조하고 있습니다. 그러므로 기독교인은 때를 얻든지 못 얻든지 하나님의 말씀을 항상 전해야 합니다. 천하만민에게 복음을 전파하라. 모든 족속으로 제자를 삼으라.

복음을 전하기 위하여 기도하고 교회를 위하여 기도할 때 기쁨이 있습니다. "첫날부터 이제까지 복음을 위한 일에 참여하고 있기 때문이라"라고 말합니다. 빌립보서 1장 5절입니다. 그렇습니다. 복음을 전하는 자는 복음으로 말미암아 사는 축복이 있습니다.

4) 그리스도인들은 성령의 인도하심을 따라 그리스도의 장성한 분량이 충만한 데까지 이르러야 합니다. 영적 성숙의 비결은 그리스도의 마음을 품는 데 있는 것입니다. 그리스도께서 비하의 신분으로 십자가에 죽기까지 복종하셨습니다. 그리스도를 닮는 생활이야말로 영적으로 성숙한 그리스도인의 삶인 것입니다. 주님을 닮아서 거룩하고 의롭고 신실해야 합니다.

5) 교역자와 교인들 간에 아름다운 사랑의 교제를 느끼게 합니다. 자신들이 어려움에도 불구하고 교역자 혹은 선교사를 위하여 헌신하였던 것을 보게 됩니다. 물질로써 봉사하고 헌신했습니다. 그리고 빌립보서 2장 17절에 "내가 나를 전제로 드릴지라도 나는 기뻐"한다고 했습니

다. 상대를 사랑할 때 기쁨이 있습니다. 미워하고 있는 한 본인만 불행합니다.

요한복음 13장 34-35절을 기억해야 합니다. "새 계명을 너희에게 주노니 서로 사랑하라 내가 너희를 사랑한 것같이 너희도 서로 사랑하라 너희가 서로 사랑하면 이로써 모든 사람이 너희가 내 제자인 줄 알리라"라고 했습니다. 하나님을 사랑하고 교역자와 이웃을 사랑하는 것이 얼마나 큰 행복입니까?

3. 독특한 축도

"하나님 우리 아버지와 주 예수 그리스도로부터 은혜와 평강이 너희에게 있을지어다." 은혜와 평강은 아주 중요한 축복입니다. 인간에게 꼭 필요한 것은 물질적인 것보다 하나님으로부터 오는 은혜와 평강의 축복입니다.

'은혜' 가 무엇입니까? 호의입니다. 자격이 없는 자에게 거져주시는 축복입니다. 죄인을 향한 하나님의 값없는 사랑이 은혜입니다. 대가없이 값없이 주는 것이 은혜입니다. 은혜는 주님으로부터 옵니다. 하나님으로부터 옵니다. 바울은 은혜를 받은 사도였습니다. 구원받은 것도 하나님의 은혜, 지금까지 남다른 수고를 할 수 있었던 것도 하나님의 은혜, 올해 봉사할 수 있는 것도 은혜라고 고백한 사도입니다.

그러면서 서신서를 쓸 때마다 서론적으로 하나님의 은혜, 그리스도의 은혜를 받으라고 말하고 서신서를 끝마칠 때도 하나님의 은혜가 있기를 기도했습니다. 정말 인간에게 필요한 것은 하나님의 은혜입니다.

'평강' 이란 하나님께서 믿는 자들의 마음에 쏟아 부어주시는 영적인 확신과 만족을 가리키는 말입니다. 평화나 평안이나 같은 의미입니다. 은혜의 열매가 평강입니다. 은혜의 결과가 평강입니다. 하나님의 은혜를 받으면 편안해질 줄로 믿습니다.

제2강
빌립보서 1장 3-5절

감사와 기도

빌립보 성경을 옥중서신이라고 말합니다. 바울이 옥에 갇혀서 기록한 성경이기 때문입니다. 옥중서신 중에는 에베소서, 빌립보서, 골로새서 그리고 빌레몬서가 있습니다.

바울서신을 연구해 보면 독특한 특징이 있는데 문안인사로 시작합니다. 그리고 감사와 기도를 기록하는 것이 특징입니다. 로마 교회에 보낸 로마서(롬1:8-10), 고린도 교회에 보낸 고린도전서(고전1:4-9), 에베소 교회에 보낸 에베소서(엡1:15-19), 골로새 교회에 보낸 골로새서(골1:3-14)에도 그런 형식으로 성경을 기록했습니다.

1. 바울의 기억

빌립보 성경은 어떻게 하면 기쁨의 사람, 행복한 사람이 될 수 있는가를 말해 줍니다. 기도 중에 기뻐하는 바울을 생각해 봅니다. 기도하는 중에 기뻐하고 환희가 있게 하시는 하나님이십니다. 기도하면 기쁨이 넘칠 줄로 믿습니다.

바울은 이미 빌립보 교회가 세워지기 이전에 빌립보 감옥에서 하나님을 찬미하고 기도하는 가운데 기뻐했고, 지진이 나서 옥문이 열리는 영광을 체험했습니다. 체험을 했던 바울은 빌립보 교인들에게 하나님으로부터 오는 기쁨과 감사가 충만하기를 원하였습니다.

"내가 너희를 생각(기억)할 때마다"라고 기록하고 있습니다. 이 말은 교인들이 목회자를 기억할 때마다로 말할 수도 있겠지만 여기서는 목회자가 교인들을 생각할 때마다로 보아야 합니다. 바울이 빌립보 교인들을 기억할 때마다 생각하는 것이 있다는 것입니다. 바울이 빌립보 교인들과 몸은 떨어져 있지만 그들에게 복음을 전하던 때를 회상하고 연보해 준 것에 대해 감사하고 있습니다.

바울은 빌립보 교회의 일부분만 생각하고 있는 것이 아니었습니다. 전 교인, 전 상황을 생각하고 있습니다. 만약 빌립보 지방에서 있었던 귀신들린 여종과 그 여종의 주인이나 생각하고 있거나 죄도 없이 매를 맞고 옥에 갇혔던 것들만 생각했다면 다시는 떠올리고 싶지 않은 기억들이었을 것입니다.

어떤 상황 속에서도 어려움과 고통을 참으며 기쁨으로 복음 전파의 사역을 감당할 수 있도록 인도하신 하나님의 은혜와 빌립보 교인들의 친절을 생각하는 것입니다.

그런데 바울이 빌립보 교회 안에서의 두 여자간의 불화 소식을 들었습니다. 좋지 않은 소식을 들었을 때 바울은 빌립보 4장 2절에서 "내가 유오디아를 권하고 순두게를 권하노니 주 안에서 같은 마음을 품으라"라고 말합니다.

또 빌립보 교인들의 욕심에 대하여 듣습니다. 빌립보 3장 17절에서 "형제들아 너희는 함께 나를 본받으라 그리고 너희가 우리를 본받은 것처럼 그와 같이 행하는 자들을 눈여겨 보라"라고 권합니다. 바울은 일평생 하나님을 위해서 헌신했습니다. 선교사로서 그리고 목사로서 신학자와 교사로서 하나님의 영광을 위하여 봉사했습니다. 그래서 나를 본받으라고 권하고 있습니다.

그러면서 18절에서 빌립보 교인들에게 권했습니다. "내가 여러 번 너희에게 말하였거니와 이제도 눈물을 흘리며 말하노니 여러 사람들이 그리스도의 십자가의 원수로 행하느니라"라고 했습니다.

여러분들은 어떠한 삶을 살아왔습니까? 빌립보 교회 안의 유오디아와 순두게처럼 서로 질투하고 미워하면서 살지는 않았습니까? 목회자 바울을 본받아 살지 않고 자기의 욕심을 부리다가 십자가의 원수가 된 것은 아닙니까?

2. 바울의 감사

바울은 무슨 이유로 감사했을까요? 바울과 교회, 목회자와 교인들과의 관계를 감사했습니다. 목회자 바울을 섬겼던 빌립보 교회가 그리스도 안에서 교제하고, 믿음 안에서의 교제가 잘 이루어졌기 때문에 감사했습니다. 감사는 과거에 있었던 것들을 생각할 때 생겨나기도 하고 자기에게 베푼 친절을 생각할 때 생겨나는 법입니다.

바울은 갈라디아 교회 이외에 다른 교회들에게도 서신서를 쓰면서 살아계신 하나님께 늘 감사했습니다. 바울은 감사의 사람이었습니다. 감사하는 목사, 감사가 있는 선교사, 감사할 줄 아는 신학자였습니다.

바스커빌은 말하기를 '오늘날 세상에서 가장 위대한 사람들은 기도의 사람들이다. 오늘날 가장 강력한 힘은 기도이다'라고 말했습니다. 기도할 때 감사하는 사람이 됩니다. 바울은 항상 기뻐하라 쉬지 말고 기도하라 범사에 감사하라고 했습니다. 기쁨과 기도와 감사는 밀접한 관련을 맺고 있습니다.

진정한 교제가 무엇인지 생각하게 만듭니다. 사랑하는 성도 여러분! 교제가 무엇입니까? 바울이 복음을 전할 때 빌립보 교인들은 복음전파에 참여했습니다. 선교할 때 선교에 동참했고 전도할 때 전도사업에 동참했습니다. 이 교제가 지상에서 가장 아름다운 교제라고 말해도 과언은 아닐 것입니다. 이것이 바울이 말하는 교제입니다. 이것 때문에 감사했습니다.

빌립보 교회는 사도행전 16장에 나타난 대로 바울이 제2차 세계 전도여행 때에 세운 교회였습니다(행16:11-40). 바울이 빌립보 교회를 세울 때부터 옥중에 갇혀 있는 이 순간까지 서로 사랑하고 존경했습니다. 기도해 주고 심지어 물질적으로도 후원하며 선교하는 교회였습니다. 끝까지 목회자와 더불어 복음 사역을 위하여 수고하는 교회였습니다.

빌립보 교회가 넉넉했기 때문에 헌금을 드린 것이 아닙니다. 환난과 극한 가난 속에서도 바울을 위하여 물질적인 지원을 아끼지 않았습니다. 기쁨으로 말씀을 받고 기쁨으로 헌금을 했습니다. 성도들이 어떠한 상황에서든지 복음을 위하는 일이라면 수고를 아끼지 않을 때 더욱 가치가 있는 줄로 믿습니다.

빌립보 교인들의 헌신으로 기뻐하는 바울! 빌립보 교인들을 사랑했던 바울이 자신의 사랑을 나타내기 위하여 글을 썼습니다. 지난 날의 아름다운 헌신을 칭찬해 주고 싶고 또 격려해 주고 싶은 바울! 복음에 참여한 사실이 신령한 일이기에 기쁨으로 서신서를 기록했습니다.

바울이 고린도 교회와 갈라디아 교회를 향하여 서신서를 쓸 때는 근심 가운데서 기록했습니다. 그러나 빌립보 교회를 향하여는 기쁨으로 글을 썼습니다. "너희 안에서 착한 일을 시작하신 이가 그리스도 예수의 날까지 이루실 줄을 우리가 확신하노라"라고 말했습니다.

목회자 바울의 마음에 빌립보 교인들이 넓게 자리잡고 있었습니다. 진정으로 사랑했다는 말입니다. 바울이 복음을 위해 고난을 받고 갇혔습니다. 빌립보 교인들이 그 고난에 동참한 것은 복음에 동참한 것입니다. 예수 그리스도의 심정으로 사모한 표시였습니다. 바울이 빌립보 교회를 사랑한 것은 인간적인 것이 아니라 신적인 사랑이었음을 말하고 있습니다. 가장 중요한 곳에서 사랑했습니다. 바울은 외칩니다. "하나님이 내 증인이시라." 사랑의 증거자로 하나님을 세웠습니다. 그만큼 빌립보 교회를 사랑했습니다.

또 빌립보 교인들이 잘한 점이 있습니다. 그것은 사람을 보낸 일이었습니다. 바울을 위하여 협력자로 에바브로디도를 로마로 파송하여 바울 곁에 있으면서 목회자의 손발이 되어 수종들도록 한 일이었습니다(빌2:25-30). 얼마나 귀하고 가치있는 일입니까? 목회자를 위한 일은 복음을 위한 일로 이어집니다. 주님도 너희를 영접하는 것은 곧 나를 영접함이니라고 하셨습니다.

빌립보 교인들이 바울을 얼마나 사랑했는지, 기도로 섬기고, 물질로 후원하는 것을 생각하면서 살아계신 하나님께 감사하고 기도를 드리고 있습니다. 바울은 빌립보 교인들이 복음에 동참하게 된 것, 복음 사역에 동참하게 하신 하나님의 은혜에 감사드리고 있습니다.

여러분들은 목회자에게 어떤 면에서 동참하고 있습니까? 목사의 생활비를 말하는 것만이 아닙니다. 복음을 위하여 수고할 때 어떤 면에 동참자가 되었는가? 교사, 성가대, 안내, 전도하는 일, 기도에 힘쓰는 일 등등이 모두 다 목회자와 협력하는 일입니다. 순수한 마음으로 복음을 위하여 수고하는 성도들을 볼 때 정말 하나님께 감사하는 사람이 목회자입니다. 눈물을 흘리면서 감사하게 됩니다.

사랑하는 우리 교회가 주님 오시는 날까지 구원사역에 최선을 다하여 수많은 영혼을 구원하는 축복이 있기를 바라며, 복음에 동참하는 성도들이 되어서 선교에 관심을 가지고 기도하고, 헌금도 드리고, 직접 몸으로 선교해서 하나님 나라를 크게 확장시키는 영광이 있기를 바랍니다.

3. 바울의 기도

바울은 빌립보 교회를 위하여 무슨 기도를 드렸습니까? 이렇게 훌륭한 교회를 위하여 바울이 기도한 내용은 세 가지였습니다.

빌립보 교인들이 지금까지 보여준 열정적인 사랑에 감사를 드렸습니다. 특히 지식과 총명이 겸비된 성숙한 신앙인이 되기를 간구했습니다. 9-10절에 "내가 기도하노라 너희 사랑을 지식과 모든 총명으로 점점 더 풍성하게 하사 너희로 지극히 선한 것을 분별하며 또 진실하여 허물 없이 그리스도의 날까지 이르고"라고 간구했습니다.

첫 번째로 무슨 기도를 드렸을까요? 열정적인 사랑에 지식과 총명이 겸비된 풍성한 사랑을 간구하고 있습니다. 풍성한 사랑을 위하여 기도했습니다. 그냥 사랑이 아니라 지식과 총명을 겸비한 사랑을 간구했습니다.

'지식' 이란 하나님의 계시와 믿음으로 말미암아 얻게 된 완전한 지식을 말합니다. '총명' 이란 도덕적인 지각, 도덕적 결단을 내릴 수 있게 하는 분별력을 말합니다. 너희 사랑이 지식과 분별력을 가진 사랑으로 충성하기를 기도한다는 뜻입니다.

사람은 치우치기 쉽습니다. 사랑을 하기는 하는데 맹목적인 사랑을 할 수가 있습니다. 하나님의 말씀에 토대를 둔 분별력이 있는 사랑이 아름답습니다. 윤리 도덕적으로 고귀하고 순결한 사랑이 가치가 있습니다. 바울은 숭고한 사랑을 위하여 기도했습니다.

사랑하는 성도 여러분! 여러분들에게 하나님의 사랑이 충만하기를 바랍니다. 목회자와 더불어 하나님의 교회를 섬기는 사랑이 충만해서 자신도 행복하고 하나님의 교회가 왕성하게 일어나기를 진심으로 바랍니다.

두 번째 기도는 '지극히 선한 것을 분별하며' 라고 기도했습니다. 분별력을 위해 기도했습니다. 참된 지식에 기반을 둔 '분별력' 있는 성도들이 되어 선한 일이 풍성하기를 기도했습니다. '분별하다' 란 '시험하다, 증명하다' 라는 말로 중요한 것을 증명하는 것입니다.

결국 바울은 하나님 앞에서 빌립보 교인들이 분별력이 있어서 선과 악을 구별하여 선한 것을 추구하는 삶을 살기를 기도드렸습니다. 빌립보 교인들이 거룩한 삶, 흠이 없는 삶을 살도록 기도드리고 있습니다.

성도들의 삶이 거룩해야 합니다. 흠과 티가 없으신 주님의 모습을 점점 닮아가야 합니다. 여러분들이 아무렇게나 말과 행동을 해보십시오. 사람들이 뭐라고 비웃습니까? 저 사람이 집사야? 저런 사람이 장로야? 저 사람이 목사야? 저 사람이 대통령이야? 여러분들은 하나님 앞과 사람 앞에 한점 부끄러움도 없는 거룩한 백성들로 드러나기를 진심으로 바랍니다.

세 번째는 빌립보 교인들이 '예수 그리스도로 말미암아 의의 열매가 가득하여 하나님께 영광 돌리는 자들'이 되기를 간구했습니다. 성도들의 외면적인 생활과 관련된 기도입니다. 의의 열매는 신앙의 결과입니다. 그리스도 앞에서 의의 열매가 가득하기를 기도드리고 있습니다.

믿음의 사람들은 의의 열매를 맺어야 합니다. 의로움이 없는 삶은 그리스도인의 삶이 아닙니다. 의로움이 있는 사람이 믿음의 사람, 하나님의 사람의 삶일 것입니다.

아브라함을 생각해 봅시다. 아브라함은 의의 사람, 의가 있던 사람이었습니다. 하나님을 믿는 의뿐만 아니라 공과 의를 행하는 사람이었습니다. 롯이 사로잡혀 갔을 때 의로운 아브라함이 따라가 적군을 물리칩니다. 다윗도 왕국을 섬길 때 공의로 나라를 다스렸습니다. 기독교인들의 특징은 하나님을 닮은 의의 사람이요 의의 열매를 맺는 사람들입니다.

바울은 현재 처해 있는 상황이 옥중에 있습니다. 갇힌 자입니다. 그런데 빌립보 교인들의 필요를 알고 기도드리고 있습니다. 빌립보 교인들을 사랑했기 때문에 기도드리고 있습니다. 자신을 생각하기보다 교인을 위해 기도드렸습니다. 참목자상입니다. 다른 사람의 영혼을 책임지고 있는 자들은 이런 자세를 잃지 않도록 주의해야 합니다.

바울은 자신의 안일을 먼저 생각하는 목회자가 아니었습니다. 교인들의 영적인 성숙을 위하여 기도드리는 일을 먼저했습니다. 에베소서 4장 11-12절에 "목사와 교사로 삼으셨으니 이는 성도를 온전하게 하여 봉사의 일을 하게 하며 그리스도의 몸을 세우려 하심이라"라고 했습니다.

목사, 교사가 무엇을 하는 사람인지 말하고 있습니다. 성도를 온전하게 하는 사역을 합니다. 봉사를 하게 합니다. 결국 그리스도의 몸된 교회를 세우는 일을 합니다. 이런 일을 감당하려면 기도하지 않고는 되지 않습니다. 우리 교회는 목회자나 교인들이 기도의 사람으로 거듭나기를 바랍니다.

목회자 바울은 빌립보 교회를 위해 기도했습니다. 영적성장을 위해 기도드렸습니다. 빌립보 교회는 바울의 생활, 선교사역을 위하여 물질로 봉사했습니다. 복음 사역에 동참했습니다. 이런 관계가 목회자와 성도의 아름다운 교제입니다.

우리 교회는 개척 당시부터 지금까지 하나님 나라의 확장을 위하여 최선을 다하고 있는 교회입니다. 목회자와 교인들이 늘 함께하며 대화하고, 목회비전에 협력하는 아름다운 전통이 있는 교회입니다. 주님 오시는 날까지 목회자와 교인들이 하나 되는 아름다운 전통을 지켜 나가기를 바랍니다.

제3강
빌립보서 1장 6-8절

바울의 확신

바울은 확신의 사람이었습니다. 하나님을 믿는 믿음의 사람이었습니다. 금보다 더 귀한 믿음이 있는 사도였습니다. 교회 안에는 믿음이 큰 사람과 믿음이 작은 사람이 있습니다. 믿음이 큰 사람은 자신이 행복하고 다른 사람도 행복하게 만드는 법입니다. 사랑하는 성도님들의 믿음이 점점 성장되는 축복이 있기를 바랍니다.

사도 베드로의 말처럼 예수 그리스도의 은혜와 저를 아는 지식에서 자라가라고 했습니다. 바울은 예수 그리스도를 믿는 것과 아는 일에 하나 되어 그리스도의 장성한 분량이 충만한 데까지 이르라고 말했습니다. 성장하는 것을 기대하고 기도해야 합니다. 영적인 성장이든 숫자적인 성장이든 성장해야 능력이 있게 됩니다.

바울은 사도로서 그리고 목회자로서, 선교사로서 믿음의 사람이었습니다. 어떤 믿음의 사람이었을까요?

1. 바울의 확신

빌립보서 1장 6절에 "너희 안에서 착한 일을 시작하신 이가 그리스도 예수의 날까지 이루실 줄을 우리는 확신하노라"라고 했습니다. 바울은 우리 안에서 착한 일을 시작하신 하나님을 믿는 확신의 사람이었습니다. 그리스도 예수의 날까지 이루실 줄을 믿는 믿음이 있는 사도였습니다.

지위와 신분이 높거나 귀하다고 다 믿음이 좋은 것은 아닙니다. 여러분들은 반드시, 꼭 믿음이 큰 사람, 믿음이 있는 사람이 되기를 기도하기 바랍니다. 확신의 사람은 거듭난 사람입니다. 성령의 은혜로 성장해 가는 사람입니다.

'소자야 안심하라 네 믿음대로 될지어다.' 믿음은 기적을 낳습니다. 믿음은 모든 문제를 해결할 수 있는 능력이 됩니다. 때로는 사탄이 공격해 오는 불화살을 막을 수 있는 방패가 믿음입니다.

바울의 확신은 하나님에 대한 체험적인 신앙에서 비롯되었습니다. 빌립보 옥중에서 바울은 하나님의 은혜와 능력을 체험했습니다. 찬송하고 기도하는 가운데 옥문이 열리는 것을 체험했습니다. 바울은 지진이 일어나는 기적을 체험했습니다. 복음을 전했을 때 옥사장이 회개하는 체험도 했습니다. 체험은 종종 우리들에게 확신 있는 믿음을 심어줍니다.

바울은 항상 하나님을 먼저 다룹니다. 하나님에 대하여 언급하고 나서 인간적인 면을 말하거나 교회에 대하여 말하는 것은, 바울이 하나님 중심적이고 하나님 절대주권적인 사상을 가지고 있는 목회자이기 때문입니다. 우리 안에서 선한 일을 시작하신 이는 하나님이십니다.

하나님께서 계획하시고 실행하시는 일들은 실패하지 않습니다. 특별히 성도에 대한 구원 사역은 결코 실패하지 않고 완전하게 이루어질 것입니다. 이 교리는 성도의 견인(Perseverance)을 말합니다. 성도가 오래 참는 것보다 하나님께서 오래 참으시는 것입니다.

하나님께서 행하시는 모든 것이 착한 일, 선한 일이지만 여기서는 성도 안에서 행하시는 하나님의 은혜로운 역사, 구원에 관계된 표현이 될 것입니다. 시작하신 이가 하나님이시고, 이루실 분이 하나님이십니다.

재림의 날 그리스도는 성도를 구원의 완성과 세상을 심판하실 것입니다. 착한 일을 시작하신 그리스도께서 모든 것을 완성하실 것입니다. 바울은 확신했습니다. 하나님의 전능하심과 신실하심을 믿기 때문입니다.

로마 교인들에게는 '하나님이 우리를 위하시면 누가 우리를 대적하리요' 라고 말합니다. 하나님이 일을 시작하시고 하나님이 일을 끝마치실 것이기 때문입니다. 예수 그리스도의 날까지 선한 일에서 손을 떼지 않으실 것입니다. 하나님께서 일을 성취하실 때까지 손을 놓지 않고 붙잡고 사용하실 것입니다.

그리스도의 재림의 날이 언제인지는 모르지만 반드시 이루실 줄을 확신하였습니다. 죽기 전에 오신다는 말이 아닙니다. 언제 오실지는 모르지만 하나님께서 반드시 시작하신 일을 이루신다는 확신이 있었습니다. 믿음의 사람의 눈은 사람을 바라보지 않습니다. 하나님을 바라봅니다. 확신 속에서 하나님을 바라봅니다. 주께서 원하시면 이루어질 줄로 확신합니다.

현대인들의 비극은 그리스도의 재림을 대망하지 않는다는 데 있습니다. 주님의 재림을 믿는다면, 주님의 재림을 확신한다면 지금과 같은 신앙생활을 할 수 있을까? 지금과 같이 불충성할 수 있을까? 다른 사람들을 미워하면서 살 수 있을까? 주님의 재림을 확신한다면 지금과 다른 사람으로 거듭나게 될 줄로 믿습니다.

또 바울의 확신은 빌립보 교인들에 대한 이해에서 생겨났습니다. 목회자의 확신은 교인들의 태도에서 비롯되기 때문입니다. 빌립보 교인들이 사람을 보내주었습니다. 헌금을 해서 보내주었습니다. 그런 사랑을 받은 바울은 빌립보 교인들을 잊을 수가 없었습니다. 사랑했습니다. 마음에 담아 두었습니다.

목회자는 여러 사람들을 상대하면서 살아갑니다. 별의별 사람을 다

만나고 헤어집니다. 변덕쟁이도 만나고 견고한 사람도 만납니다. 충성스러운 사람도 만나고 불충성하는 사람도 만납니다. 사랑을 하는 사람도 만나고 미워하고 말만 많은 사람도 만납니다. 그런데 목회자의 사랑을 받고 못 받는 것은 교인들 자신의 문제입니다. 자신이 열심히 주님을 믿고 사랑하면 사랑을 받을 것입니다.

2. 목회자 마음에 있는 교인

여러분들은 목회자의 마음에 어떤 사람으로 각인되어 있을까요? 빌립보서 1장 7절 상반절에 "내가 너희 무리를 위하여 이와 같이 생각하는 것이 마땅하니 이는 너희가 내 마음에 있음이며 나의 매임과 복음을 변명함과 확정함에 너희가 다 나와 함께 은혜에 참여한 자가 됨이라"라고 말했습니다.

빌립보 교인들이 바울의 마음에 자리잡게 된 이유가 무엇입니까? 어떻게 목회자의 마음을 사로잡았을까요? 바울의 마음에 빌립보 교인들이 자리잡게 되었습니다. 어떻게 해서 그럴 수 있었을까요?

첫 번째로, 바울이 로마 옥에 갇힌 것에 대하여 부끄러워하지 않았습니다. 에바브로디도를 파송하여 고난에 동참했습니다. 사람을 파송해서 돕고 협력하고 돌보도록 조치를 취한 교회가 빌립보 교회였습니다.

일반적으로 목회자가 다른 나라의 감옥에 가서 갇혀 있다면 모든 교인들이 부끄럽게 생각할 것입니다. 무슨 일을 하다가 들어갔대? 목회자가 왜 갇힌 것이야? 흔히 말하는 교회의 시험거리가 될 것입니다. 그래서 쉬쉬하면서 다른 사람들이 알까봐 숨기려고 힘쓸 것입니다.

그러나 빌립보 교회는 그렇게 하지 않았습니다. 바울을 사랑하여 에바브로디도를 파송했습니다. 바울을 섬기고 돕도록 했습니다. 이것이 일반인들의 생각과 다른 점입니다. 정말 존경스러운 교회의 교인들의 모습입니다.

두 번째로, 복음을 전파하는 일에 선교헌금을 해서 협력했습니다. 자기들도 어려운 상황인데 선교헌금을 해서 보내다니, 이것도 보통 사람들이 할 수 있는 일은 아닐 것입니다. 그러나 빌립보 교인들은 자기들이 귀한 것처럼 하나님의 사람도 귀한 줄 알았고 다른 나라 사람들도 귀한 줄 알았기 때문에 선교헌금을 해서 보낸 것입니다. 바울은 복음을 전하는 일이 은혜라고 말했습니다.

세 번째로, 확정하는 일에 동참했습니다. 일을 시작하여 끝까지 완성하는 교인들이었습니다. 그림을 그리다가 중도에 그만두는 그림도 있습니다. 음악도 미완성이 있습니다. 건축물도 짓다가 무슨 사정이 있는지 골조만 올려 놓고 중도에 포기한 건물도 보게 됩니다. 얼마나 보기 싫습니까? 그야말로 흉물입니다. 우리 모습이 그렇지는 않겠지요?

빌립보 교인들은 그런 사람들이 아닙니다. 끝까지 같이 협력했습니다. 중도에 포기하거나 무관심한 사람들이 아니었습니다. 처음부터 끝까지 협력하고 헌신하고 봉사하는 교인들이었습니다. 복음의 가치를 알고 있는 교인들이었기 때문입니다. 그러니까 바울의 마음에 살아 있는 교인들이 된 것입니다.

빌립보 교인들의 이런 자세는 하나님을 닮은 자세입니다. 하나님은 무슨 일을 하시다가 중도에 포기하시지 않습니다. 그리스도 예수의 날까지 이루시는 하나님이십니다. 여러분들도 하나님을 닮은 종들이 되기를 바랍니다.

이런 아름다운 모습 때문에 바울은 빌립보 교인들을 자랑스럽게 생각했습니다. 목회자가 자랑스럽게 말하거나 생각할 수 있는 성도가 되는 것이 복입니다. 정말 행복이 거기에 있습니다. 이 자리에 참석하신 모든 분들이 목회자의 마음에 살아 있는 성도들이 되기를 바랍니다.

3. 예수 그리스도의 심장

빌립보서 1장 8절에 "내가 예수 그리스도의 심장으로 너희 무리를 얼마나 사모하는지 하나님이 내 증인이시니라"라고 했습니다. 바울은 빌립보 교인들을 사모했습니다. 그리워했습니다. 열렬히 사랑했기 때문입니다. 빌립보 1장 8절에서 사용된 용어는 감정과 동경의 말 중에 가장 강력한 말입니다. 사랑한다는 것으로, 뜨겁게 사랑한다는 말입니다.

사람이 사랑을 할 수 있다는 자체가 행복입니다. 사람이 사랑할 수 없다면 세상은 정말 삭막할 것입니다. 사랑할 수 있다는 자체가 큰 은혜요 축복입니다. 사랑할 수 있는 대상이 있다는 것도 복입니다. 사람이 사랑을 한다는 것은 아름답고 신비로운 일입니다.

바울이 빌립보 교인들을 뜨겁게 사랑하는 것을 증거해 줄 분은 하나님이셨습니다. 바울은 증인으로 하나님을 선택했습니다. 진정으로 증거해 주실 분이기 때문이었습니다. 하나님이 증인입니다.

왜 하나님을 증인으로 선택을 했을까? 뜨거운 사랑의 감정을 표현할 때 반드시 서약이 따랐기 때문입니다. 경솔한 서약이나 맹세가 아닙니다. 입술로만 사랑하고 사모하며 그리워하는 정도가 아니었습니다. 그래서 하나님을 증인으로 말하는 것입니다.

로마서 1장 9-10절에서도 "내가 그의 아들의 복음 안에서 내 심령으로 섬기는 하나님이 나의 증인이 되시거니와 항상 내 기도에 쉬지 않고 너희를 말하며 어떻게 하든지 이제 하나님의 뜻 안에서 너희에게로 나아갈 좋은 길 얻기를 구하노라"라고 말했습니다. 하나님이 증인이라고 고백합니다.

바울이 빌립보 교인들을 얼마나 사모하고 그리워하고 사랑했는지 예수 그리스도의 부드러운 자비, 예수의 심장으로 열망한다고 말했습니다. 주님의 마음을 가진 바울은 빌립보 교인들을 그리워하고 사랑했습니다. 여러분들이 교인들을 사랑할 수 있다면 행복한 사람입니다. 하나님이 사랑하는 자들을 사랑하는 것이니까요.

고대 헬라인들은 사랑, 긍휼, 기쁨의 감정을 심장이라는 말로 표현했습니다. 그리스도의 긍휼로 사랑했습니다. 그리스도의 마음으로 사랑했습니다. 이 말이 빌레몬서에는 '내 심복', '내 참된 마음'이라고 번역되어 있습니다.

바울은 빌립보 교인들을 사랑하고 사모하는 마음이 자신의 마음이 아니라 그리스도와 신비롭게 연합된 마음, 예수님의 심장으로 사랑한다고 말했습니다. 자신의 심장을 그리스도의 심장과 동일시했습니다. 바울은 지적인 사람이었지만 때로는 인정이 넘치는 정적인 사람이었습니다. 그리스도의 사랑으로 충만했던 사도였습니다. 빌립보 교회를 주님의 마음으로 사랑했던 목회자였습니다.

제4강
빌립보서 1장 9-11절

바울의 기도

바울에게 있어서 기도는 삶 그 자체였고 일이었으며, 힘써서 해야 할 중요하고 급한 일이었습니다. 고린도 교회나 갈라디아 교회는 바울의 사도권과 복음에 대하여 부정적인 입장을 표명했지만 빌립보 교회는 바울에게 사람도 보내주고 생활비도 보내주었습니다. 바울은 고마운 빌립보 교회를 위하여 무엇을 간구했을까? 첫 번째로, 풍성한 사랑입니다.

1. 풍성한 사랑

빌립보서 1장 9절에 "내가 기도하노라 너희 사랑을 지식과 모든 총명으로 점점 더 풍성하게 하사"라고 기도했습니다. 교인들간에 풍성한 사랑이 넘치기를 기도드렸습니다. 지식과 총명을 가진 풍성한 사랑을 기도했습니다.

사랑이 넘쳐 흐르지만 지식과 총명을 겸비한 사랑을 말합니다. 무식한 것은 사랑이 아닙니다. 사랑에는 지식이 겸비되어야 합니다. 지식이 없는 사랑은 다른 사람들을 부끄럽게 할 수 있습니다. 모욕감을 안겨줄 수도 있습니다. 오해를 불러일으키기도 합니다.

저는 과거에 교회를 사랑한다고 말하면서 다투는 교회를 방문해서 문제를 수습해 준 적이 있습니다. 싸우고 있으면서 양편 다 교회를 사랑한다고 주장합니다. 그것도 방언으로 말합니다. 그런데 정말 교회를 사랑하는 사람은 다투지 않습니다. 기도합니다. 그리고 지식이 충만해서 사랑하면 다른 사람의 유익과 하나님께 기쁨이 되려고 하기 때문에 진정한 사랑을 실천할 수 있습니다.

바울은 고린도전서 13장에서 사랑을 정의할 때 무례히 행하지 않는다고 말했습니다. 진정한 사랑이란 예의가 있습니다. 진리를 좋아합니다. 충동적인 사랑을 말하지는 않습니다. 감정적인 사랑은 쉽게 식어버리기 때문입니다. 지식을 겸비한 사랑이 오래갑니다.

사도 요한은 온전한 사랑은 두려움을 내쫓는다(요일4:18,19)고 했습니다. "사랑 안에 두려움이 없고 온전한 사랑이 두려움을 내쫓나니 두려움에는 형벌이 있음이라 두려워하는 자는 사랑 안에서 온전히 이루지 못하였느니라 우리가 사랑함은 그가 먼저 우리를 사랑하셨음이라"라고 했습니다.

또 사랑에는 총명이 있어야 합니다. 총명이란 영적인 통찰력과 민감한 실천성입니다. 영적으로 예리한 민첩성이라고 말할 수도 있습니다. 의학자 히포크라테스는 지각 동사를 시각, 청각, 후각, 미각, 지식과 관련해서 사용했습니다.

총명이란 사람의 신체에 있어서 신경 조직과 사람의 오감과 같습니다. 전자파를 탐지하는 전기 기구보다 더 민감합니다. 그래서 히브리서 5장 14절에서 성숙한 그리스도인에 대하여 말할 때 "그들은 지각을 사용하므로 연단을 받아"라고 말했습니다. 선악을 분별하는 능력입니다. 지극히 중요한 것을 의식할 수 있는 능력을 말합니다.

교회생활에서 아주 중요한 것은 윤리적으로 선악을 분별하는 능력입니다. 참과 거짓을 구별할 수 있는 은혜입니다. 윤리의식이 결여되면

편가르기를 합니다. 자기 당을 만듭니다. 편견이 있다는 것은 그만큼 성숙하지 못하다는 뜻입니다.

그래서 바울은 빌립보 교인들을 위하여 기도합니다. 하나님 아버지! 빌립보 교인들에게 지식과 총명이 있는 풍성한 사랑을 쏟아부으시옵소서. 진정한 사랑이 충만한 교회가 되게 하옵소서.

2. 분별하라

빌립보서 1장 10절 상반절에 "너희로 지극히 선한 것을 분별하며"라고 기도했습니다. '분별하다' 란 '시험하다, 증명하다' 라는 말로 중요한 것을 증명하는 것입니다. 지극히 선한 것을 가려내야 합니다. 그렇지 않으면 값이 없는 것을 가지고 인생을 보낼 수 있습니다.

오늘은 제4계명에 대하여 이야기해 봅시다. 창세기 2장에 보면 하나님께서 6일 동안 천지만물을 창조하시고 제7일에 안식하셨습니다. 안식일은 창조와 관련을 맺는 계명입니다.

또 하나님께서 모세를 통해서 제4계명으로 거룩한 안식일에 대해서 주셨습니다. 왜 구원받은 백성들에게 제4계명을 거룩한 계명으로 주셨습니까? 하나님께서 거룩하게 구별시켜 놓으신 날이기 때문입니다.

왜 안식일을 주일로 지키는가? 창조를 생각할 때 안식일을 지키는 것이 마땅하지만, 그리스도 안에서 구원받은 것, 재창조를 생각하면 주일을 지키는 것이 당연하기 때문입니다. 우리들은 하나님의 안식으로 초대되었습니다.

바울 서신을 읽노라면 안식일을 부정하는 것같이 느껴집니다. 로마서 14장 5-6절에 "어떤 사람은 이 날을 저 날보다 낫게 여기고 어떤 사람은 모든 날을 같게 여기나니 각각 자기 마음으로 확정할지니라. 날을 중히 여기는 자도 주를 위하여 중히 여기고 ... 먹지 않는 자도 주를 위하여 먹지 아니하며 ..."라고 말했습니다. 바울은 구약의 규범에 얽매이는 것이 좋은 것이 아님을 말하고 있습니다.

갈라디아서 4장 9-11절에 "이제는 너희가 하나님을 알 뿐 아니라 더욱이 하나님이 아신 바 되었거늘 어찌하여 다시 약하고 천박한 초등학문으로 돌아가서 다시 그들에게 종노릇하려 하느냐 너희가 날과 달과 절기와 해를 삼가 지키니 내가 너희를 위하여 수고한 것이 헛될까 두려워하노라"라고 했습니다. 부정적인 바울의 음성을 듣게 됩니다.

골로새서 2장 16-17절에서는 "그러므로 먹고 마시는 것과 절기나 초하루나 안식일을 이유로 누구든지 너희를 비판하지 못하게 하라 이것들은 장래 일의 그림자이나 몸은 그리스도의 것이니라"라고 했습니다. 겉으로 보면 이런 말씀들은 안식일을 부정하듯 느껴집니다. 로마서 14장은 한 날을 거룩하게 생각하는 것이 개인적인 문제라는 말씀입니다. 갈라디아서 4장은 더욱 엄격합니다. 그러면 구약의 안식일을 부정하는 성구들일까?

주님은 안식일은 사람을 위하여 있는 것이요, 안식일의 주인은 주님이라고 가르치셨습니다(막2:27-28). 히브리서에는 안식일이 우리 시대에도 남아 있다고 가르쳤습니다(히4:9). 말씀이 서로 반대되는 것처럼 느껴지는 이유가 무엇입니까?

로마서 14장, 갈라디아서 4장, 골로새서 2장은 같은 날로 유대인들이 예배하는 날을 말하고 있습니다. 유대인들이 지키는 날을 따르지 않는다고 비판하지 말라는 교훈입니다. 그리스도인들이 유대인들이 지키는 날만 지킬 필요가 없잖습니까? 갈라디아 교회에서는 그리스도인들도 할례를 받고 모세의 율법을 지켜야 된다고 가르쳤습니다. 그러나 바울은 그리스도인들은 누구든지 노예상태로 돌아갈 필요가 없다고 가르치고 있습니다.

바울은 골로새서를 통하여 날에 관하여 의식법적인 성질을 강조하고 있습니다. 구약의 것들이 그리스도의 오심을 기다리면서 기록되었다면 그리스도가 실제로 오시므로 더 이상 옛 것을 지킬 필요가 없다는 의미도 있습니다. 십계명은 시민법이나 의식법이 아니라 도덕법입니다.

도덕법은 중단되지 않았습니다. 로마서, 갈라디아서, 골로새서에서 언급한 날이 제4계명의 안식일을 가르치는 것이 아닙니다. 안식일은 가정제도 같은, 창조 때 제정된 제도입니다(창2:1-3, 막2:27-28, 히4:3-4). 모세나 예수님 그리고 히브리 성경에 언급되어 있습니다. 제7일은 의식법이 아닙니다. 도덕법입니다. 하나님의 안식에 들어가는 날입니다. 창조때 하나님께서 들어가셨습니다. 구속사역을 이루신 주님이 안식으로 나아가셨습니다. 우리들을 안식으로 초대하고 있습니다. 거절할 이유가 하나도 없습니다. 순종해야 합니다.

그러면 로마서 14장, 갈라디아서 4장, 골로새서 2장의 날은 무슨 날인가? 다른 안식일로, 레위기 성경에서 발견됩니다. 유월절, 초실절, 칠칠절, 나팔절, 속죄일, 초막절 등이 그렇습니다. 이러한 날들은 시민법적입니다. 그리스도를 상징해 주던 날들이었습니다.

갈라디아서 4장의 '날과 달과 절기와 해', 골로새서 2장의 '절기와 월삭'의 안식인데 성경이 말하는 안식일과 충돌되는 것처럼 느껴집니다. 안식일을 지킴으로써 구원받는다고 가르치는 안식일 주의자들의 주장을 우리들은 배격합니다. 다만 하나님과 주님의 안식에 동참하여 참다운 교제를 나눕니다.

어떻게 하면 안식일을 지키는 것인가? 어떻게 지키는 것이 아름답게 지키는 것일까요? 감기약을 사서 먹어도 됩니까? '된다', '안 된다'의 말로 모든 것을 답할 수는 없습니다. 자율성이 있습니다. 규칙에 얽매이게 하는 것은 자유를 구속할 수가 있습니다. 사람의 종이 되게도 만듭니다. 모든 문제에 대하여 답을 해 주는 것은 쉽게 답을 얻어서 좋지만 질문자를 어린아이로 기르는 것과 같습니다.

바울이 빌립보 교인들을 위해 무슨 기도를 드립니까? 양떼들에게 지혜와 총명을 달라고 기도했습니다. 최선의 것이 어떤 것인지 알기를 원했습니다. 어떤 상황에 처했을 때 자신의 믿음과 지혜로 지혜롭게 처신하기를 기도하고 있습니다. 하나님의 계시를 통하여 지혜롭게 판단하는 것이 매우 값이 있는 일입니다.

3. 진실하라

빌립보서 1장 10절 하반절에 "또 진실하여 허물 없이 그리스도의 날까지 이르고"라고 했습니다. 진실하라, 그리스도의 날까지 진실하라. 정직하라, 그리스도의 날까지. 믿을 만한 사람이 되라 재림의 날까지. 이런 은혜와 축복이 우리 성도님들에게 충만하기를 기도합니다.

바울의 사역은 세상으로 끝나는 사역이 아니었습니다. 예수님께서 심판하러 오시는 최후의 날까지였습니다. 우리들은 세상에서 모든 것이 끝나는 것으로 말하지만 사실은 그렇지 않습니다. 하나님에 의해 완전히 공개되는 날까지 진실하고 허물이 없는 그리스도인들이 되라는 의미입니다.

'허물이 없다'는 것은 사도행전 24장 16절에 나타난 대로 '넘어지지 않기를', '거리낌이 없기를' 기도합니다. 고린도전서 10장 32절에 '다른 사람들로 넘어지게 하지 말고'입니다. 다른 사람에 대한 것을 마지막 날에 심판하시는 주님이십니다.

마태복음 25장 31-46절에 보면 양과 염소의 비유가 나옵니다. 옥에 갇혔을 때나 나그네 되었을 때 그리고 굶주리고 배고플 때 돌아본 것을 심판하시기 때문입니다. 작은 자 하나에게 한 것이 주님에게 한 것이라고 선언했습니다.

더군다나 적극적인 선을 강조하는데, 의의 열매로 평가하십니다. 빌립보서 1장 11절에 "예수 그리스도로 말미암아 의의 열매가 가득하여 하나님의 영광과 찬송이 되기를 원하노라"라고 했습니다. 의의 열매, 의의 수확물이 있어야 합니다. 과목에서 사과나 배를 열매로 맺듯이 하나님을 섬기는 사람들은 열매를 맺어야 합니다.

예수님의 비유 중에 포도나무 비유를 잘 알고 있습니다. 포도나무를 심는 목적, 농부의 마음은 많은 포도를 거두기 위함입니다. 열매를 맺는 목적은 빌립보 교인들을 위한 목적도 아니고 바울을 위한 목적도 아닙니다. 하나님을 위한 일입니다. 그래서 하나님께 영광과 찬송이 있기를 원한다고 선언했습니다.

제5강
빌립보서 1장 12-14절

역경의 유익

우리들은 하나님의 섭리를 믿습니다. 하나님은 세상 만물을 창조하시고 피조물이 목적대로 쓰임 받거나 목적대로 전진하도록 하기 위해서 섭리적으로 통치하시지만, 사람들에게 발생되는 모든 문제에 대하여 하나님의 섭리로 이해하기에는 어려운 일들이 종종 있습니다. 특히 고난, 역경, 실패에 대한 이야기를 들을 때 '모두 하나님의 뜻이다. 하나님의 섭리다. 합력하여 선을 이룰 것이다' 등으로 해석하기에는 힘들 때가 있습니다.

바울이 옥에 갇혔습니다. 여러분들 같으면 어떻게 이해하겠습니까?

욥이 고난을 당할 때 네 명의 친구들이 나타나서 나름대로 해석을 해주고 답변도 해보지만 하나님의 섭리를 다 이해하거나 설명하기에는 어려움이 있었습니다. 더군다나 과학문명이 발달된 현시대에서는 성경을 설명하거나 신앙의 영역을 설명하기가 매우 어려운 것이 사실입니다.

그러나 바울은 쓰라린 역경 속에서도 기쁨의 사람으로 나타났습니다. 환난과 역경 후에 나타나는 기쁨과 감사의 유익이 있었습니다. 하나님께서 백성을 돌보시고 인도하실 경우에 고난은 얼마든지 사람에게 유익할 수 있습니다. 현재의 역경이 복일 수 있습니다. 현재의 실패가 유익할 수 있습니다.

1. 복음의 진전

빌립보서 1장 12절에 "형제들아 내가 당한 일이 도리어 복음 전파에 진전이 된 줄을 너희가 알기를 원하노라"라고 했습니다. 바울은 로마 옥중에 갇혀 있습니다. 하지만 복음을 전파하는 일은 중단되지 않았습니다. 이것이 유익이었다는 것입니다. 자기 자신은 갇혀서 고생을 많이 했지만 복음 전파에는 유익이었습니다. 어떻게 된 일일까요?

빌립보 교인들은 사도 바울이 로마 옥에 갇힌 것을 궁금해 하였습니다. 빌립보 교인들의 소식을 가지고 에바브로디도가 갇혀 있는 바울을 방문했습니다. 선교헌금을 가지고 찾아갔습니다. 바울은 미결수 신분으로 갇히게 되었습니다.

바울의 삶은 갇히는 삶이었습니다. 예루살렘에서도 갇히고, 가이사랴에서 두 번이나 갇혔으며, 로마에서까지 죄수처럼 갇혔기 때문입니다. 로마에서 갇히는 것은 지금까지 갇힌 일 중에 가장 어렵고 힘든 일이었습니다. 로마나라에서 로마의 시민권을 가진 사람이라 할지라도 죄수를 대접하지는 않았을 것이기 때문입니다. 바울은 갇혔지만 내면적인 세계와 투옥의 의의를 밝히고 있습니다. 자신의 영적인 유익과 그리스도의 영광을 위한 사생관 그리고 빌립보 교인들의 영적인 유익을 위한 삶을 지적했습니다.

'도리어' 라는 말이 로마에서 굉장히 어렵고 비참하게 고통당한 것을 암시해 주는 말입니다. 최악의 힘든 상태일 것입니다. 그러나 그것이 후에는 나쁜 소식이 아니라 희소식이 됩니다. 고난에 대한 긍정적인 생각입니다. 바울은 범죄 때문에 갇힌 것이 아니라 복음 때문이었고 감옥에서 많은 사람이 감동을 받고 있기 때문입니다.

'진전, 진보' 란 말은 '앞서가 길을 내거나 뒤에 따라올 군대를 위해

길잡이 표적을 새겨두는 것' 을 의미합니다. 바울은 로마나라를 위하여 길잡이, 안내자의 역할을 감당하더니 주후 313년 콘스탄틴 대제에 의해 기독교인을 공인하는 쾌거를 이루게 됩니다.

스토아 철학에서는 지혜를 위한 진보로 사용했습니다. 바울은 디모데에게 너의 진보(진정)를 보이라고 말합니다. 교회와 능력에 있어서 진보를 보이라는 뜻입니다. 교회의 진보, 능력의 진보를 말합니다. 디모데전서 4장 15절에 "이 모든 일에 전심 전력하여 너의 성숙함을 모든 사람에게 나타나게 하라"라고 말함으로써 성숙을 의미하기도 합니다.

로마에서 바울은 반대 세력이 많았습니다. 하지만 반대 세력이 도리어 복음의 진보를 이루게 되었습니다. 예루살렘에서도 아시아에서 온 유대인들이 성전에서 격렬하게 고함을 쳤지만 복음의 진보를 막지는 못했습니다. 때로는 폭도들이 산헤드린 공회 앞에 있을 때에도 하나님의 손길을 막지는 못했습니다. 벨릭스 총독이나 베스도 총독 그리고 아그립바 왕도 하나님의 사업을 막지 못했습니다. 네로 왕이 기독교인들을 박해했지만 복음은 전진했습니다. 바울을 꽁꽁 동여맨 쇠사슬이 하나님의 복음을 전파하는 데 방해가 되지는 않았습니다. 여러분들이 당하고 겪는 어려움을 통해서 복음이 전파되는 축복이 있기를 바랍니다. 이것이 역경의 유익입니다.

2. 바울의 매임

바울이 로마 옥중에 갇힌 것이 시위대 안과 그 밖의 모든 사람에게 알려지게 되었습니다. 빌립보서 1장 13절에 "이러므로 나의 매임이 그리스도 안에서 모든 시위대 안과 그 밖의 모든 사람에게 나타났으니"라고 했습니다.

역경을, 고난을 당하는 시간에는 어둠과 같고 앞이 보이지 않는 것과 같습니다. 하지만 결과는 좋은 것이었습니다. 로마에서 쇠사슬에 매여 있었습니다. 사도행전 28장 20절을 봅시다. "이스라엘의 소망으로 말미암아 내가 이 쇠사슬에 매인 바 되었노라"라고 했습니다.

바울이 갇힌 것은 자기 자신의 죄 때문이 아니었습니다. 이스라엘의 소망, 예수 그리스도 때문이었습니다. 에베소서 3장 1절에서 왜 갇혔는지를 가르쳐 줍니다. "그리스도 예수의 일로 너희 이방인을 위하여 갇힌 자 된 나 바울이"라고 말합니다. 예수님의 일 때문에 갇혔습니다.

그리스도 때문에 갇혔다는 말은 그리스도에 대하여 다시 한번 말할 수 있는 기회가 주어지게 되었다는 것입니다. 주변 사람들로 하여금 예수님에 관하여 관심을 가지게 만드는 좋은 기회가 되었습니다. 설교할 수 있고 전도할 수 있는 기회가 주어진 것입니다.

바울은 그리스도를 부끄러워하지 않았습니다. 복음도 부끄러워하지 않았습니다. 주님 때문에 갇힌 것도 부끄러워하지 않았습니다. 자기 몸을 휘감고 있는 쇠사슬이 영광의 면류관, 영광스러운 배지가 되었습니다. 자기 몸을 감고 있는 쇠사슬을 보는 모든 사람들에게 말없는 설교를 하고 있는 것이었습니다.

가장 가까이서 지켜보고 있는 간수에게 말할 수 있었습니다. 지키는 군인들이 바울을 위로했습니다. 그러나 바울은 자기를 지키는 군사들에게 하나님의 전신갑주를 입으라, 하나님의 전신갑주를 취하라고 가르쳐 줍니다. 그리고 예수 그리스도를 변함없이 사랑하는 모든 자에게 은혜가 있다는 것을 가르쳐 줍니다.

그 결과 시위대 안에 복음이 전파되었습니다. 시위대에 대하여 여러 가지 해석이 가능합니다. 위병과 같이 정예 군인들을 말하거나 로마에 주둔하던 병영일 수도 있고 총독의 관저를 뜻하거나 궁전 안의 관저를 뜻하기도 합니다. 빌립보서 4장 22절에 "가이사의 집 사람들 중 몇이니라"라고 하여 로마 황제 가이사, 시저의 궁전 안에 회심한 사람들이 있었음을 알 수 있습니다. 궁전에서 수고하는 종들이나 아내 혹은 하속들이 회개하고 주님을 영접했습니다.

사도행전 27장 3절에 보면 로마 군인 백부장 율리오도 바울을 친절히 대해 주었습니다. 바울은 누구나에게 전할 분명한 메시지를 가지고 있었던 하나님의 사람이었습니다. 사람의 가치가 여기 있습니다. 내가 다른 사람에게 전할 메시지가 있느냐? 이것이 굉장히 중요한 부분입니다. 로마 군인들에게 전할 메시지를 가지고 있는 바울입니다.

내일이면 어떤 전쟁을 하다가 어떻게 죽을지 모르는 군인들에게 바울이 뭐라고 복음을 전했을까? '죽으러 가는 사람에게 죽어가는 사람'으로서 할 말을 했습니다. 주님 때문에 묶이고 갇혀 있지만 기쁨이 넘치는 바울은 공포와 겁에 질린 로마 병사들에게 복음을 전했습니다. 단두대의 이슬로 사라질 죄수들에게 복음을 전합니다. 기쁨이 충만한 바울은 복음을 자랑했습니다. 바울에게 있어서 기쁨의 비밀은 예수 그리스도이십니다.

이것이 역경의 유익입니다. 어려움을 당할 때 주님을 보여줄 수 있어야 합니다. 하나님은 같은 어려움을 당하는 모든 사람들에게 하나님이 살아계시고 함께하심을 보여주기를 원하셔서 우리들에게 고난을 허락하십니다. 바울이 복음을 전하다가 옥에 갇혔습니다. 다른 사람들이 생각할 때는 손해였으나 오히려 유익이었다고 말합니다. 복음중심으로 생각할 때 유익입니다. 13절에 "모든 시위대 안과 그밖의 모든 사람" 일반인들이 들어갈 수 없는 곳에 바울이 갔습니다. 매임으로 나타난 결과입니다.

다윗은 "고난 당한 것이 내게 유익이라 이로 말미암아 내가 주의 율례들을 배우게 되었나이다"라고 말했습니다. 고난은 연단을, 연단은 인내를 가져오기도 합니다. 현재의 고난은 장차 우리에게 나타날 영광과 족히 비교할 수 없습니다. 죽어가면서도 다른 사람에게 전할 메시지가 있으면 역경의 유익을 가진 사람입니다.

3. 담대한 결과

항상 결과가 중요합니다. 세상 일은 원인이 좋더라도 결과가 나쁘게 나오기도 합니다. 그러나 하나님의 일은 원인만 좋으면 결과는 항상 좋게 되어 있습니다. 빌립보서 1장 14절에 "형제 중 다수가 나의 매임으로 말미암아 주 안에서 신뢰함으로 겁 없이 하나님의 말씀을 더욱 담대히 전하게 되었느니라"라고 했습니다. 14절은 주 안에서 매임으로 담대히 말하게 되었다는 것입니다. "예수께서 가라사대" 뒤의 것을 강조하고 있습니다. 여기서도 마찬가지입니다. 뒤의 것을 강조하는 것입니다. 음성이나 소리를 내서 전하게 되었다는 말입니다.

바울 서신을 연구해 보면 군사에 대하여 말을 하는 이유가 무엇일까? 옥에 갇혀 있거나 로마 군인들의 생활 모습을 보면서 감동을 받았기 때문에 군사에 대하여 많이 기록하고 있습니다. 우리들은 그리스도의 좋은 군사입니다. 모집한 자를 기쁘시게 하기 위하여 사생활에 얽매이는 일이 없어야 합니다.

바울은 선한 싸움을 잘 싸우는 사람이었습니다. 이것도 로마 군인들을 보면서 기록한 말씀입니다. 하나님의 전신갑주에 대하여 말하는 것도 마찬가지입니다. 위에서부터 아래까지 전체를 무장해야 합니다. 그렇지 않으면 마귀의 공격에 노출되어 죽게 됩니다.

로마가 기독교를 공격했습니다. 기독교를 포기하도록 강요했습니다. 위험한 일이 발생되면 언제나 도망치는 인간들이 있습니다. 영적인 겁쟁이들입니다. 그러나 반대의 사람들이 있습니다. 어려운 일이 발생되면 더욱 담대해지는 사람들이 있습니다. 소수의 사람들이지만 전심전력을 다하는 그리스도인들이 있습니다.

바울 때에는 다수의 사람들이 하나님의 말씀을 담대하게 말할 수 있게 되었습니다. 할렐루야! 하나님의 복음을 강하고 담대하게 전했습니다. 바울은 갇혀 있지만 그리스도를 위하여 죽어갈 때 자기 군대를 잘 다스리는 장군과 같았습니다. 수많은 그리스도인들로 하여금 복음을 잘 전할 수 있는 기회가 되었습니다. 최고의 전도는 주님을 위하여 살다가 주님을 위하여 죽는 것입니다.

교회를 들여다 보면 졸고 있는 교회가 많습니다. 자고 있는 교회도 있습니다. 그러나 바울이 주님을 위해 갇히고 고난 당하는 것이 교회를 깨우는 결과를 가져오게 되었습니다. 결국 바울의 용기가 교회를 일깨우는 결과를 가져오게 되었습니다. 한 알의 밀이 땅에 떨어져 죽지 않으면 한 알 그대로 있고 죽으면 많은 열매를 맺는 법입니다. 회장이나 부장이 죽도록 헌신하지 않는데 그 부서가 살아 움직이겠습니까? 부모가 기도를 하지 않는데 그 가정이 복을 받겠습니까? 지도자가 잠자는데 그 교회가 생기가 있겠습니까?

시편 40편 3절에 "새 노래 곧 우리 하나님께 올릴 찬송을 내 입에 두셨으니 많은 사람이 보고 두려워하여 여호와를 의지하리로다"라고 했습니다. 하나님께서 우리들의 입에 찬송을 주셨습니다. 찬송을 할 때 사람들이 두려워하여 하나님을 의지하게 된다는 고백입니다.

제6강
빌립보서 1장 15-17절

다양한 전도법

바울은 빌립보서 성경을 기록할 때 편지형식으로 기록했습니다. 먼저 그리스도 안에 있는 성도들에게 인사를 합니다. 그리고 에바브로디도를 보내 준 것이나 선교헌금을 보낸 빌립보 교회를 생각하면서 감사했습니다. 그리고 바울은 빌립보 교회가 더 높은 수준의 교회가 되도록 하나님께 기도를 드렸습니다.

바울은 주님을 위하여 복음을 전하다가 로마 감옥에 투옥되었습니다. 죄 없는 죄수가 되었습니다. 감옥에 갇힌 것에는 뜻이 있었습니다. 감옥에 갇히는 투옥이 무슨 뜻이 있으며, 어떤 가치가 있습니까? 세상적으로 보면 투옥을 당하는 것이 가치 있다고 말할 사람은 아무도 없을 것입니다. 빌립보 교인들도 바울이 갇혔을 때 근심하고 걱정했습니다. 투옥 당한 것을 자랑스럽게 여기는 사람은 바울뿐이었습니다.

옥에 갇히는 것은 성도의 패배처럼 보였습니다. 하나님의 영광을 가리는 것처럼 느껴지기도 했습니다. 그러나 바울은 투옥의 의의를 설명하기 시작했습니다. 왜 감옥에 갇힌 것이 가치가 있다는 말입니까? 믿음이 연약한 성도들이나 겉으로만 생각하는 사람들에게는 그렇게 보일지 모르겠습니다. 그러나 하나님께서 바울을 갇히게 하신 이유가 무엇일까요? 하나님께서 섭리적으로 갇히게 하신 이유 때문에 가치가 있다고 선언하였습니다.

바울이 옥에 갇히게 되면서 복음전도의 새로운 국면을 맞이하게 되었습니다. 갇힌 것이 오히려 복음전파에 좋은 기회가 되었습니다. 복음의 진보가 되었습니다. 갇혀 있는 동안 시위대 안과 모든 사람에게 복음을 증거할 수 있는 기회가 주어졌습니다. 갇혔기 때문에 감옥에서 빌레몬의 집에서 도적질을 했던 오네시모를 회개시켰고, 빌립보 지방에서 감옥에 갇혔다가 찬송하고 기도할 때 지진이 나서 옥문이 흔들렸고, 빌립보 간수가 자결하려고 할 때 간수를 회개시켜 온 집안이 구원받게 하였으며, 로마나라에 갇혔다가 순교했을 때 200여년 뒤인 주후 313년에 기독교를 공인하는 결과를 가져왔습니다.

세상 사건들이라는 것이 그렇습니다. 세상적인 안목으로 보면 손해 보는 것 같지만 영적인 안목으로 보면 유익된 일이 상당히 많습니다. 그래서 '위기' 란 말이 '위험이냐 기회냐' 의 준말로 이해합니다. 성도에게 위기는 위험이 아니라 기회가 될 줄로 믿습니다.

바울이 옥에 갇혔을 때 어떤 현상이 일어났을까요? 바울을 사랑해서 순수한 마음으로 복음을 전하는 사람들이 일어났습니다. 반면에 시기하고 질투하여 복음을 전하는 사람들도 생겨났습니다. 동기는 좋지 못하지만 결국 전파되는 것이 그리스도이기 때문에 바울은 기뻐하고 기뻐했습니다.

1. 투기와 분쟁

15절 상반절에 "어떤 이들은 투기와 분쟁으로"라고 기록하고 있습니다. 투기와 분쟁의 마음으로 복음을 전하는 사람들이 있습니다. 이런 사람들은 17절에 "그들은 나의 매임에 괴로움을 더하게 할 줄로 생각하여 순수하지 못하게 다툼으로 그리스도를 전파하느니라"라고 했습니다.

갇혀 있는 바울을 더 괴롭히기 위하여 전도하는 사람들이 나타났습니다. 세상에 별의별 방법이 다 있습니다. 투기하고 분쟁하는 마음으로 복음을 전하는 것입니다. 바울을 비웃었던 것이지요. 바울이 옥에 갇혀 있을 때 나쁜 마음을 가진 자들이 있었습니다. 마음이 나쁜 사람들은 바울에게 쏠렸던 관심을 자기들에게 쏠리도록 기회를 만들었습니다.

옆구리를 찌르는 가시와 같은 역할을 하는 사람들도 있었습니다. 괴롭히는 사람들입니다. 교회마다 돌아다니면서 목회자와 교회를 비방하는 즐거움에 사는 사람들입니다. 사실 주님의 일을 해 보면 이런 사람들이 꽤 있습니다. 정신을 차려야 합니다.

여러분들은 지금 주님의 일을 열심히 하는 사람들을 볼 때 어떤 마음을 가집니까? 투기하고 분쟁하는 마음은 없습니까? 자기도 안 하고 다른 사람도 못하게 하는 자세 말입니다. 주님은 늘 감사와 찬송 가운데서 일하셨는데, 다른 사람들이 하나님의 사람과 일하고 교회를 사랑하여 봉사하고 헌신할 때 정말 사랑해 주어야 하지 않겠습니까?

하나님의 섭리에 대하여 바울은 18절에서 "그러면 무엇이냐 겉치레로 하나 참으로 하나 무슨 방도로 하든지 전파되는 것은 그리스도니 이로서 나는 기뻐하고 또한 기뻐하리라"라고 했습니다. 이것이 목회자에게 있어서 중요한 태도입니다. 목회를 하는 사람은 그리스도가 전파되는 자체에 감사하는 사람입니다. 교회 일을 하는 성도들의 자세도 그리스도를 전파하는 데 목적을 두어야 합니다.

여러분들은 하나님을 사랑하기 바랍니다. 피 흘려 사신 교회를 사랑하기 바랍니다. 부름받아 일평생을 헌신하는 목회자를 사랑해서 그리스도를 전할 때 협력하고 헌신하여 돕기를 바랍니다. 미워하고 시기하면서 봉사하는 사람들이 있더라도 목회자는 끝까지 하나님의 일을 할 사람입니다. 교회가 세워지는 것은 하나님이 붙잡고 계시기 때문입니다.

미워하고 싫어하며 투기와 다툼 속에서 그리스도를 전파하든지, 기뻐하면서 복음을 전하든지 그리스도가 전파되는 것 자체에 행복을 가지는 사람이 목회자 바울이었습니다. 우리들은 자신의 명예와 권세를 주장하지 말고 하나님의 뜻을 나타내며 하나님의 거룩한 교회를 멋지게 세워가는 성도들이 다 되기를 바랍니다.

우리는 내가 손해를 보지 않으려고 합니다. 자기가 손해 보려고 생각하지 않습니다. 그러나 주님이 손해를 보거나 교회가 손해를 보는 것에 대해서는 관심이 적습니다. 바울은 그리스도 중심이요 복음 중심의 사람입니다. 자기 중심이 아닙니다.

그리스도가 전파될 때 기뻐하는 사람들이 성도입니다. 우리들은 복음을 전할 마음이 없어도 전해야 합니다. 전파되는 분은 우리의 생각과 마음과 관계없이 그리스도이기 때문입니다.

2. 착한 뜻

15절 하반절에 "어떤 이들은 착한 뜻으로 그리스도를 전파하나니" 라고 했습니다. 16절에 "이들은 내가 복음을 변증하기 위하여 세우심을 받은 줄 알고 사랑으로 하나"라고 했습니다. 바울과 같은 사람입니다. 착한 뜻으로 복음을 전하는 사람들이 있습니다.

'착한 뜻' 이란 예수님에 대한 성부 아버지의 기쁨입니다. 마태복음 3장 17절에 예수님께서 세례 요한에게 세례를 받으시고 물에서 올라오실 때에 하늘이 열렸습니다. 하나님의 성령이 비둘기같이 임했습니다. 그리고 하늘로부터 소리가 들렸습니다. "이는 내 사랑하는 아들이요 내 기뻐하는 자라"라고 했습니다. 예수님을 하나님 아버지께서 기뻐하시듯 기쁨으로 그리스도를 전하는 사람이 있습니다.

로마서 10장 1절의 열망입니다. "형제들아 내 마음에 원하는 바와 하나님께 구하는 바는 이스라엘을 위함이니 곧 그들로 구원을 받게 함이라"라고 바울이 말했습니다. 바울의 마음에 원하는 것이 있었습니다. 하나님께 늘 기도드리는 것이 있었습니다. 그것이 이스라엘을 구원하기 위함이었습니다. 이것이 착한 뜻과 같은 의미입니다.

데살로니가후서 1장 11절에는 모든 선을 기뻐하는 '만족'입니다. "이러므로 우리도 항상 너희를 위하여 기도함은 우리 하나님이 너희를 그 부르심에 합당한 자로 여기시고 모든 선을 기뻐함과 믿음의 역사를 능력으로 이루게 하시고"라고 했습니다.

목회자 바울을 사랑해서 복음을 같이 전하는 사람입니다. 예수님의 복음을 사랑해서 다른 사람들에게 사랑을 전하는 사람입니다. 교회를 진심으로 귀하게 여겨서 하나님의 사랑을 나타내는 사람입니다. 이런 사람들의 마음이 착한 뜻으로 봉사하고 헌신하는 사람들의 마음일 것입니다.

마태복음 25장에 지극히 작은 자 하나에게 한 것이 내게 한 것입니다. 복음을 사랑하여 전하는 목회자와 함께 해서 하나님의 교회를 세우시고 하나님 나라를 발전시켜 나가시며 칭찬받는 사람들이 다 되기를 바랍니다.

3. 다양한 방법

1) 식사 대접법입니다. 일반적으로 할 수 있는 방법입니다. 라면이나 국수를 끓이고 먹어보라고 초대하는 방법입니다. 아무 말도 할 것이 없습니다. 그냥 먹으라고 하면 압니다. 시간이 가면 그 사람이 왜 먹으라고 하는지를 압니다. 너무 짜게 살면 안 됩니다. 투자를 해야 합니다.

만약에 여러분들이 대접했을 때 사람이 구원받았다면 얼마나 비싼 음식이 될까요? 정말 세상에서 가장 적은 양의 음식이고 값싼 음식이지만, 가장 비싸고 가치 있는 음식이 될 것입니다. 대접하는 일에 힘쓰기 바랍니다.

2) 초대법, '와 보라' 라고 말하면 됩니다. 안드레는 시몬 베드로에게 우리가 메시야를 만났다고 말했습니다. 빌립은 나다나엘에게 모세

의 율법에 기록되었고 선지자들이 예언한 메시야를 우리가 만났는데 요셉의 아들 나사렛 예수라고 설명했습니다. 나다나엘이 나사렛에서 무슨 선한 것이 나겠느냐 할 때 "와 보라"라고 말했습니다. 간단한 전도법입니다. 와 보라. 정말 간단합니다.

'교회에서 무슨 일을 하는지 한번 출석해 봅시다.' 하나님께서 은혜와 복을 주시면 사람이 변하게 될 줄로 믿습니다. 많이 바꾸어질 줄로 믿습니다. 초대장을 많이 돌리고 또 말해야 합니다.

3) 강권하여 데려다가 채우는 방법이 있습니다. 말로 권하고 행동으로 쏟아 붓는 방법입니다. 마리아가 사용한 방법입니다. 마가복음 14장 3-9절에 나타난 사건입니다. 매우 값진 향유 한 옥합을 깨뜨려 예수님의 머리에 쏟아 부었습니다. 무명의 여인의 헌신입니다. 일년 동안 번 것으로 살 수 있는 향유라고 말합니다.

어떤 사람들은 화를 냈습니다. 왜 낭비하고 허비하느냐는 질책도 뒤따랐습니다. 향유를 팔아 가난한 자들에게 줄 수 있었겠다고 책망을 했습니다. 그런데 예수님의 평가는 달랐습니다. 가만 두라. 어찌하여 괴롭게 하느냐? 그가 내게 좋은 일을 행하였느니라. "온 천하에 어디서든지 이 복음이 전파되는 곳에서는 이 여자가 행한 일도 말하여 그를 기억하리라." 이것이 복음전도에 큰 유익을 줍니다. 헌신의 방법이 복음을 널리 전하게 만듭니다.

우리교회는 표어를 '한 영혼을 하나님께로' 라고 정하기도 했습니다. 간단한 내용이지만 가장 가치 있는 일입니다. 하나님의 명령에 순종하는 일입니다. 성령을 받은 사람으로서 해야 할 일을 하는 사람입니다.

사랑하는 부모형제를 하나님께로 인도합시다. 내 평생 함께 먹고 잠자는 사랑하는 아내와 남편을 그리스도께로 인도합시다. 내 몸에서 태어나서 생사고락을 같이 하는 자녀들을 주님 앞으로 인도해서 하나님께 영광이요 모든 사람들이 구원받는 축복이 있기를 바랍니다.

제7강
빌립보서 1장 18-21절

넘치는 기쁨

나는 그리스도 중심적인 사람인가 아니면 나 중심적인 사람인가? 사람이 누구 중심적으로 사느냐가 굉장히 중요합니다. 바울은 주님 중심적이었습니다. 비록 몸은 로마 감옥에 갇혔지만 갇힌 입장에서도 그리스도 중심적인 생각과 그리스도 중심적인 삶을 살았습니다. 그리스도 중심적으로 살고 있었기에 "나는 기뻐하고 또한 기뻐하리라"라고 말할 수 있었습니다.

감옥에 갇힌 사람이 자기 입장만 생각한다면 슬프고 괴로울 것입니다. 그러나 바울은 갇힌 입장에서도 주님 중심적이기 때문에 오네시모를 회개시켰습니다. 빌립보 간수와 가족을 회개시켰습니다. 200여 년 뒤에는 로마 나라가 기독교 국가가 되도록 복음의 진보를 보였습니다. 그리고 에베소서, 빌립보서, 골로새서, 빌레몬서와 같은 옥중서신을 기록하였습니다. 정말 잃은 것보다 얻은 것이 많았던 바울이었습니다.

사랑하는 성도님들도 주님 중심적으로 생각하고 주님 중심적인 삶을 살아서 하나님께는 영광이요 다른 사람들에게 많은 유익을 줄 수 있는 종들이 되기를 바랍니다.

1. 바울의 기쁨

빌립보서 1장 18절에 "그러면 무엇이냐 겉치레로 하나 참으로 하나 무슨 방도로 하든지 전파되는 것은 그리스도니 이로써 나는 기뻐하고 또한 기뻐하리라"라고 했습니다. 전도를 하는 방법은 다양했습니다. 어떤 사람들은 투기와 분쟁으로 합니다. 겉치레로 일합니다. 다른 사람들은 착한 뜻으로 합니다. 하나님을 사랑하여 참으로 하는 사람들입니다. 이렇게 하든 저렇게 하든 전파되는 분은 그리스도시기 때문에 바울은 기뻐했습니다.

하나님 나라의 일을 할 때 투기와 분쟁으로 복음을 전하거나 교회 일을 하는 사람들이 종종 있습니다. 일반적으로는 착한 뜻으로 복음을 전하고 교회 일을 수행하지만, 투기와 분쟁으로 일하는 사람들도 종종 있습니다. 그런데 하나님이 기뻐하는 방법, 사람을 사랑하는 열정으로 일을 해야 될 것입니다.

하나님 나라는 모든 사역자들이 다 함께 기뻐하는 나라입니다. 씨를 뿌리는 자나 거두는 자나 기쁨이 있어야 합니다. 그게 좋은 방법입니다. 요즘 사람들은 자기 마음에 들면 좋은 것이라고 생각합니다. 그러나 그렇지 않습니다. 자기 마음에 들지 않더라도 그것이 주님의 방법일 수 있습니다.

예수님은 요한복음 4장 36-38절에서 "거두는 자가 이미 삯도 받고 영생에 이르는 열매를 모으나니 이는 뿌리는 자와 거두는 자가 함께 즐거워하게 하려 함이라 그런즉 한 사람이 심고 다른 사람이 거둔다 하는 말이 옳도다 내가 너희로 노력하지 아니한 것을 거두러 보내었노니 다른 사람들은 노력하였고 너희는 그들이 노력한 것에 참여하였느니라" 라고 말씀하셨습니다.

예수님 당대의 사람들을 생각해 봅시다. 다양한 반응이 있습니다. 누가복음 7장 31-35절에 보면 "이 세대의 사람을 무엇으로 비유할까 무엇과 같은가 비유하건대 아이들이 장터에 앉아 서로 불러 이르되 우리가 너희를 향하여 피리를 불어도 너희가 춤추지 않고 우리가 곡하여도 너희가 울지 아니하였다 함과 같도다 세례 요한이 와서 떡도 먹지 아니하며 포도주도 마시지 아니하매 너희 말이 귀신이 들렸다 하더니 인자는 와서 먹고 마시매 너희 말이 보라 먹기를 탐하고 포도주를 즐기는 사람이요 세리와 죄인의 친구로다"라고 했습니다.

정말 타락한 사람들이 모여서 사는 세상입니다. 피리를 불어도 춤출지를 모르는 세상이고 곡을 하여도 울지 않는 세상입니다. 자기 멋대로 믿고 자기 마음대로 살려는 세상입니다. 이것이 사사시대와 같이 타락한 세대입니다. 하나님의 엄중한 심판이 기다리고 있습니다.

떡도 먹지 않고 포도주도 마시지 않던 세례 요한에 대하여 뭐라고 말했습니까? 귀신들린 사람이라고 했습니다. 그런데 같은 청중이 떡도 먹고 포도주도 마시는 예수님에 대해서는 뭐라고 말했습니까? 먹기를 탐하고 포도주를 즐기는 사람이요 세리와 죄인의 친구라고 말했습니다.

그렇습니다. 설교자는 모든 청중을 기쁘게 할 수 없습니다. 어떤 사람에게는 사망에 이르는 냄새입니다. 다른 사람에게는 생명에 이르는 냄새입니다. 같은 설교를 들으면서 한 사람은 축복과 은혜를 받습니다. 그래서 아멘 아멘합니다. 반대로 다른 사람은 시험에 빠지고 입이 나오고 교회를 자기 마음대로 들락날락합니다. 그것을 누가 말리겠어? 아무도 못 말려. 하나님도 안 말린다는 말이 있습니다.

바울은 주 안에서 기뻐하는 사람이었습니다. 그리스도가 전파되는 것 때문에 감사했던 인물이었습니다. 무슨 방도로 하든지 그리스도가 전파되는 것 때문에 기뻐하는 사도였습니다. "나는 기뻐하고 또한 기뻐하리라"라고 했습니다. 그릇된 설교자나 잘못된 전도자를 기뻐하는 것이 아니라 방법은 그릇되었지만 그리스도를 발견하는 사람들을 보고 기뻐하였습니다. 여러분들은 하나님이 기뻐하는 사람, 하나님의 사람이 기뻐하는 성도가 되기를 바랍니다.

2. 기대와 소망

19-20절에 "이것이 너희의 간구와 예수 그리스도의 성령의 도우심으로 나를 구원에 이르게 할 줄 아는 고로 나의 간절한 기대와 소망을 따라 아무 일에든지 부끄러워하지 아니하고"라고 했습니다.

바울의 기대는 감옥에서 나오는 일입니다. 교회 성도들의 눈물어린 기도가 있었기에 응답이 된다면 성령 하나님의 역사로 감옥에서 나올 줄 믿습니다. 그래서 기도가 중요합니다. 기도는 정말 희안한 능력이 있습니다. 상대가 듣지 못해도 응답됩니다. 거리가 아무리 멀어도 상관없습니다. 사람들이 아무리 방해를 하여도 방해할 수 없는 것이 기도입니다. 누가 하나님과 우리들을 방해하거나 지장을 줄 수 있겠습니까?

하나님은 고넬료의 구제를 보시고, 간구하는 기도를 들으셨습니다. 기도의 응답으로 사도 베드로를 보내셨습니다. 미국에서 이런 실험을 했답니다. 비슷한 상황의 환자들을 놓고 한쪽 사람들은 교회가 기도해주고 다른쪽 사람들을 위해서는 기도하지 않았을 때, 기도해 준 환자들이 빨리 완쾌되어서 퇴원을 하더랍니다.

바울의 소망은 자기 몸에서 그리스도가 찬양을 받으시는 것, 그리스도가 크게 되는 것, 위대하게 되는 것을 원하였습니다. 이것이 진지한 기도였습니다. 자기 몸에서 존귀하게 된다는 의미는 머리를 숙이거나 고개를 앞쪽으로 뻗고 집중하여 주시하는 것입니다. 로마서 8장 19절에 "피조물이 고대하는 바는 하나님의 아들들이 나타나는 것이니"라고 했습니다.

그리스도가 크게 되는 것이 바울의 소망이었습니다. 바울은 어떤 역경이나 고난보다도 그리스도가 크게만 된다면 어려운 일이 아니었습니다. 그리스도를 위하여 수고하는 자체가 행복이었습니다. 그래서 어떠한 일을 당해도 부끄러워하지 않았습니다. 현재의 고난은 장차 우리에게 나타날 영광과 족히 비교할 수 없는 일이었습니다. 죽어도 상관없고 살아도 상관없는 삶이었습니다. 빌립보 교인들의 기도와 예수의 승리를 확신했습니다. 개인적으로 갇히든지 적대감정을 가지든지 상관하지 않는 바울이었습니다.

3. 죽음의 유익

20절 하반절부터 21절에 보면 “지금도 전과 같이 온전히 담대하여 살든지 죽든지 내 몸에서 그리스도가 존귀하게 되게 하려 하나니 이는 내게 사는 것이 그리스도니 죽는 것도 유익함이라”라고 했습니다.

내 몸에서 그리스도가 존귀하게 된다는 것은 수동적입니다. 내가 해서 그렇게 된 것이 아니라 하나님께서 나를 사용해서 존귀하게 되게 하는 것입니다. 이것이 진정한 삶입니다. 그리스도 중심적으로 사는 일이 중심이 되면 여러 가지가 신비한 삶입니다.

삶이란 무엇인가? 그리고 죽음이란 무엇인가? 사람이라면 누구나 이런 면에 봉착하게 됩니다. 누구도 예외없이 살다가 죽습니다. 참된 삶이란 어떻게 사는 것일까? 가치 있는 삶이란 어떤 삶일까?

바울은 ‘내 견해로는’, ‘내 경우로는’, ‘내 삶에 대하여 말하자면’ 죽음도 유익하다는 말입니다. 많은 사람들은 삶에 대하여 쾌락이나 관능적인 방종, 돈이나 권세, 자기 마음대로 행하는 것이나 아첨을 말합니다. 그러나 바울은 삶이 그리스도 중심적이었습니다.

예수는 자신의 부활이요 길이요 진리인 동시에 생명이었습니다. 요한복음 11장 25절에 “예수께서 이르시되 나는 부활이요 생명이니”라고 하셨고, 14장 6절에서는 “예수께서 이르시되 내가 곧 길이요 진리요 생명이니 나로 말미암지 않고는 아버지께로 올 자가 없느니라”라고 하셨습니다. 바울은 골로새서 3장 4절에서 “우리 생명이신 그리스도”라고 말합니다. “이는 내게 사는 것이 그리스도니 죽는 것도 유익함이라”라고 했습니다. 갈라디아서 2장 20절에서는 “내가 그리스도와 함께 십자가에 못 박혔나니 그런즉 이제는 내가 사는 것이 아니요 오직 내 안에 그리스도께서 사시는 것이라 이제 내가 육체 가운데 사는 것은 나를 사랑하사 나를 위하여 자기 자신을 버리신 하나님의 아들을 믿는 믿음 안에서 사는 것이라"라고 했습니다.

그리스도께서 바울을 온전히 통치하고 있었습니다. 주님이 바울을 완전히 다스리고 있었습니다. 그리스도께서 삶을 점유하고 계셨습니다. 바울은 정말 그리스도에 대하여 즐거운 노예, 콧노래를 부르는 사람이었습니다. 바울은 자기 자신을 그리스도와 함께 십자가에 못박았습니다. 죽는 것이 유익이라면 사는 것은 더할 나위 없이 유익된 삶이었습니다. 죽음과 삶 전체를 그리스도가 채우고 계셨습니다.

죽음 자체도 주님을 위한 것이었습니다. '죽는 것도 유익함이니라'라고 고백했습니다. 죽는 것도 유익이라는 것은 이익, 수익, 소득의 뜻입니다. 왜 죽음도 유익일까? 빌립보서 3장 8절이 대답입니다. "모든 것을 해로 여김은 내 주 그리스도 예수를 아는 지식이 가장 고상하기 때문이라 내가 그를 위하여 모든 것을 잃어버리고 배설물로 여김은 그리스도를 얻고"라고 했습니다. 그리스도를 얻었기 때문입니다.

바울은 죽을 준비가 되어 있는 사람이었습니다. 여러분들은 죽을 준비가 되어 있습니까? 그리스도를 얻은 사람은 죽을 준비가 끝난 사람입니다. 돈도 죽음을 막지 못합니다. 공부도 죽음을 해결하지는 못합니다. 그러나 그리스도는 죽음의 문제를 해결합니다. 그리스도만이 생명이요 부활이기 때문입니다. 바울은 현재의 삶으로만 만족하지 못했던 사도였습니다. 죽음 후까지 생각하는 바울입니다. 여러분들은 현실에서 신실하게 살아야 합니다. 그러면서 미래적으로도 살아야 합니다.

제8강
빌립보서 1장 21-24절

삶의 긍지

바울은 삶과 죽음의 문제를 해결한 사도였습니다. 어떤 가수는 유행가에서 '학창시절에 빵집을 누비며 상하이 트위스트를 추었다'는데 우리들의 학창시절에 유행하던 말은 '살기 위해서 먹느냐 먹기 위해서 사느냐 이것이 문제로다'였습니다.

여러분들은 무엇 때문에 삽니까? 사도 바울은 사생관이 형성되어 있는 사도였습니다. "살든지 죽든지 내 몸에서 그리스도가 존귀하게 되게 하려 하나니 이는 내게 사는 것이 그리스도니 죽는 것도 유익함이라"라고 했습니다. 오직 그리스도만 존귀하게 하려는 고백입니다.

여러분은 왜 삽니까? 삶의 긍지가 있습니까? 삶의 자부심이 있느냐는 말입니다. 21-22절에 "내게 사는 것이 그리스도니 죽는 것도 유익함이라 그러나 만일 육신으로 사는 이것이 내 일의 열매일진대 무엇을 택해야 할는지 나는 알지 못하노라"라고 했습니다. 어떤 것을 선택해야 좋을지 구별할 수가 없다는 의미입니다. 정말 몰라서 모른다는 말이라기 보다는 이렇게 해도 좋고 저렇게 되어도 좋다는 의미입니다.

삶의 긍지를 가지려면 바울처럼 그리스도께서 살게 하는 방법입니다. 바울은 그리스도가 나를 통해서 위대해지고 크게 되는 것이 소원이었습니다. 내 몸에서 그리스도께서 살게 하는 것입니다. 믿음으로 사는 것이고 믿음 안에서 사는 것입니다.

23절에 "내가 그 둘 사이에 끼었으니 차라리 세상을 떠나서 그리스도와 함께 있는 것이 훨씬 더 좋은 일이라 그렇게 하고 싶으나"라고 말했습니다. 둘 사이에 끼었다고 했습니다. 끼어 있다는 말은 붙들려 있다는 뜻입니다. 세상을 떠나 주님과 함께 있는 것도 좋고, 살아서 교회와 함께 있는 것도 좋다는 의미입니다. 살아 있으면 교회를 세울 수 있어서 좋고 죽으면 주님 앞에 가니 좋다는 말입니다. 이것이 바울의 삶의 긍지였습니다. 교회를 세우는 즐거움에 살기를 바랍니다. 아니면 죽어서 주님 앞에 가도 좋다는 확신 속에서 살기를 바랍니다.

24절에 "내가 육신으로 있는 것이 너희를 위하여 더 유익하리라"라고 했습니다. 교회 중심적으로 생각하고 사는 사도 바울의 모습을 말해줍니다. 개혁자들은 하나님 중심, 교회 중심, 말씀 중심이라는 슬로건을 내세웠습니다. 정말 좋은 표어입니다. 유익하다는 말은 더 좋다는 뜻입니다.

살아서 교회 중심적인 삶을 살아도 좋습니다. 교회의 유익을 위해서 사는 것이 얼마나 중요한 일입니까? 마태복음 16장 16절과 18절에 "시몬 베드로가 대답하여 이르되 주는 그리스도시요 살아계신 하나님의 아들이시니이다"라고 했고, "또 내가 네게 이르노니 너는 베드로라 내가 이 반석 위에 내 교회를 세우리니 음부의 권세가 이기지 못하리라"라고 했습니다. 주님이 내가 세우는 단체가 교회라고 말씀하셨습니다. '세울 것이다'라는 말은 미래형입니다. 왜 주님은 교회를 미래형으로 말씀하셨을까요? 주님이 지실 십자가와 부활의 영광을 생각해서 그렇게 말씀하신 것입니다.

하나님이 모든 것을 투자해서 세운 단체가 교회입니다. 우리 눈에는 보잘것없어 보이는 단체이지만 그렇지 않습니다. 사람들이 볼 때 교인들이 아무것도 아닌 존재같이 보이지만 그렇지 않습니다. 우리들은 교회 때문에 존귀한 자가 되었습니다. 복음을 위하고, 그리스도를 위하고, 교회를 위하는 일꾼이 되었습니다.

바울과 같은 사생관이 있어야 합니다. 여러분은 왜 삽니까? 무엇 때문에 하나님께서 세상에 보내셨다고 생각합니까? 바울은 살든지 죽든지 그리스도가 존귀하게 되는 것이라고 결론지어 말했습니다. 그 결과 복음을 위해서 달려갔습니다. 생애를 바쳐서 헌신했습니다.

우리들은 같은 하나님 나라를 위하여 부름받았습니다. 약간의 차이가 있다고 등을 돌리는 배반자, 배교자, 배신자가 되지 마십시오. 사람마다 생각이 다르고 성격이 다릅니다. 주님은 다양성은 인정하시지만 분열을 인정하신 적은 없으십니다. 배신행위를 일삼으라고 가르치시지도 않으셨습니다. 다만 통일성을 인정하실 뿐입니다.

우리들은 진리를 위하여 한마음과 한뜻이 되어 겸손하게 교회를 섬기고, 목회자와 함께 하며, 주님을 잘 섬기기를 바랍니다. 분쟁하는 나라는 망합니다. 스스로 분쟁하는 집은 서지 못합니다(마12:25). 주님의 가르침이 아닙니까?

소요리문답 제37문의 질문은, 신자는 죽을 때 그리스도에게서 무슨 유익을 받습니까? 그 대답으로, 신자는 죽을 때 그의 영혼은 완전히 거룩하게 되어 즉시 영광에 들어가고 그의 몸은 여전히 그리스도에게 연합되어 부활할 때까지 무덤에서 쉽니다.

제36문에서는 의롭다 하심과 양자로 삼으심과 거룩하게 하심에 금생에 따라오거나 거기서 나오는 유익은 무엇입니까? 금생의 유익으로 하나님의 사랑을 확신함과 양심의 평안과 성령 안에서 얻는 기쁨과 은혜의 많아짐과 끝까지 견디는 것이라고 했습니다.

유익이란 복이란 개념입니다. 크게 나누어 두 가지로 대답했습니다. 신자는 죽을 때 그의 영혼은 완전히 거룩하게 되어 즉시 영광에 들어가고, 몸은 여전히 그리스도에게 연합되어 부활할 때까지 무덤에서 쉽니다. 결국 효력 있는 부르심을 받은 자에게 금생, 죽을 때, 부활할 때 어떤 복을 받는가를 설명해 주고 있습니다.

그런데 성경에는 하나하나를 떼어서 설명하지 않는 경우가 있습니다. 물론 세분해서 가르치는 경우도 있습니다. '회개하고 복음을 믿으라'. '주 예수를 믿으라 그리하면 너와 네 집이 구원을 받으리라' 고 합니다. 구원이란 믿으면 구원을 얻는다는 종합적인 말로 표현합니다. 구원받는다는 말이 상당히 포괄적입니다. 처음 믿을 때 받기도 하고, 살아가면서 계속하여 받기도 하고, 임종시에도 구원을 받는 것이며, 세상 끝에도 구원을 받는 것이어서 각각 그 받는 내용을 다 종합해 보면 굉장히 폭넓은 것이 구원의 개념입니다.

'네가 만일 네 입으로 예수를 주로 시인하며 또 하나님께서 그를 죽은 자 가운데서 살리신 것을 네 마음에 믿으면 구원을 받으리라' 고 했을 때 입으로 시인하면 구원을 받으리라는 것도 종합적입니다. 또 '예수는 우리가 범죄한 것 때문에 내줌이 되고 또한 우리를 의롭다 하시기 위하여 살아나셨느니라', 예수께서 우리의 죄 때문에 죽으시고 살아나신 것이 포함되어 있는 말씀입니다. 죄인이 믿을 때 의롭다 하심을 받는 것이 그 순간만 유익한 것이 아니라 평생 유익을 가져오는 것입니다. 아주 폭넓은 유익입니다.

요한복음 3장 16절도 그렇습니다. '믿는 사람은 영생을 얻는다' 라고 할 때 '영원한 생명' 을 가리킵니다. 믿을 때 받는 은혜의 내용을 구원이라든지 영생이라든지 혹은 의롭다 하심이라든지 하는 말로써 표시합니다. 종합해서 생각하면 회개하고 예수를 믿으면 사죄와 의롭다 하심을 받고 영생을 얻는 것입니다.

사죄, 의롭다 하심, 영생의 복들은 지금, 믿을 때 받는 것이지요. 지금 땅 위에서 받는 것이고 세상 끝날 때 부활할 때까지 계속되는 복입니다. 한번 의롭다 하심을 받으면 부활할 때까지 계속되는 복입니다. 의롭다 하심을 받은 사람은 효력이 있어서 하나님이 부활시키는 것입니다. 그래서 영원까지 이르는 복입니다. 믿는 사람은 회개하고 영생을 얻을 때 영원한 생명을 받는 것입니다.

깊이 생각해 보면 우리 몸을 가지고 영생을 받는 것이니까 죄로 말미암아 죽을 몸을 가지고도 영원한 생명을 받는 것입니다. 세상 끝날 때에는 몸이 또한 부활해서 영생에 들어가는 것입니다. 죽을 몸을 가지고 있다고 해서 영생이 없는 것이 아닙니다. 믿지 않는 사람과 이것이 다른 점입니다. 믿는 사람이나 안 믿는 사람이나 죄를 지었기 때문에 죄로 말미암아 죽을 몸으로 삽니다. 이점은 같습니다. 하지만 믿는 사람은 죽을 몸을 가지고 있다고 해서 영생이 없는 것이 아닙니다. 영생이 있습니다. 죽을 몸에 영원한 생명을 가지고 삽니다. 부활할 때 죽을 몸을 벗고 영원히 사는 복이 임하는 것입니다.

대부분의 사람은 처음 믿을 때 구원을 얻어 복된 상태에서 살다가 마지막 영광스러운 상태로 나아갑니다. 중간기 상태, 중간기간, 과도기를 거칩니다. interim period 혹은 intermediate state라고 합니다. 사람의 현재 상태와 최종적인 상태 사이에 놓여진 상태를 중간기 상태라고 말합니다.

제37문은 중간상태에 대하여 가르치는 것입니다. 신자가 죽을 때 그리스도에게서 무슨 유익을 받습니까? 성경을 자세히 보면 이땅에서 어떻게 믿고 어떻게 살 것인가를 가장 많이 말해 줍니다. 그것이 가장 중요하기 때문입니다.

그러나 신자가 사는 목적이 이땅 위에 있는 것이 아니고 영원한 나라에 있기 때문에 성경은 소망을 주고 그 소망이 변치 않도록 하기 위해서 최후의 상태에 관해서 가르칩니다. 부활과 영원한 나라에 대해서 가르칩니다. 그래서 요한계시록을 보면 하나님 나라가 얼마나 찬란한 나라인지, 그리고 모든 괴로움을 다 잊도록 하나님께서 신자들의 눈물을 닦아 주실 것을 가르쳐 줍니다.

사람이 죽었다가 다시 부활할 때까지 중간상태에 대해서 많이 가르치지는 않습니다. 죽은 뒤에 어떻게 되는가? 부활할 때까지 어떻게 되는가? '그의 영혼이 완전히 거룩하게 된다' 고 가르쳐 주고 있습니다. '믿는 사람이 죽을 때는 그의 영혼이 거룩하게 된다' 고 말합니다. 그것은 '누구든지 세상에서 자기의 죄를 다 회개하고 하나님의 용서하심을 받고 거룩하게 하여 주심을 받아라' 는 것입니다.

구교에서 말하는 연옥설은 거짓이고, 누가복음 23장 43절을 볼 때 예수께서 십자가에서 죽으실 때 한 강도가 처음에는 다른 죄인과 함께 예수님께 욕을 하다가 갑자기 생각이 나서인지 회개하고 '예수여 당신의 나라에 임하실 때에 나를 기억하소서' 라고 말했습니다. 예수님은 '오늘 네가 나와 함께 낙원에 있으리라' 고 하셨습니다. 낙원이란 즐거운 곳이란 뜻으로, 죄로 인한 여러 가지 세상에서 비참한 일은 없고 즐거움만 있는 곳으로 갔습니다.

요한복음 5장 28-29절에 "무덤 속에 있는 자, 부활로 나오리라". 데살로니가전서 4장 14절에는 "예수 안에서 자는 자들도"라고 표현했습니다.

또 거지 나사로의 비유에서는 '아브라함의 품에 들어갔다' 고 했습니다. 그곳은 천사들의 환영속에 가는 곳입니다. 아브라함은 하나님이 사랑한 신자, 보호하신 자, 평안과 복이 임한 가정입니다. 그러므로 아브라함의 품이란 세상보다 훨씬 좋은 곳을 가리킵니다.

빌립보 1장 23절에 "내가 그 둘 사이에 끼었으니 차라리 세상을 떠나서 그리스도와 함께 있는 것이 훨씬 더 좋은 일이라 그렇게 하고 싶으나 내가 육신으로 있는 것이 너희를 위하여 더 유익하리라"라고 하였습니다. 내가 둘 사이에 끼었다고 했습니다. 땅에서 교회에 봉사하고 살 것인가? 아니면 세상을 떠나서 그리스도와 함께 살 것인가? 그리스도와 함께 있는 것이 더 좋다고 했습니다. 죽으면 그리스도와 함께 있다는 말은 지금보다 더 좋은 관계에 놓이게 된다는 뜻입니다.

결국 그리스도인들이 죽으면 더 좋은 상태, 잠자는 상태보다 더 평안한 상태에 놓이게 된다고 가르칩니다. 수면 상태, 무의식 상태보다 훨씬 더 좋다는 말입니다.

성경에는 종종 '그리스도 안에서 잠잔다'는 말로 표현합니다. 스데반이 죽을 때 그랬습니다. '주 예수여 내 영혼을 받으시옵소서', 그 다음에 '무릎을 꿇고 크게 불러 이르되 주여 이 죄를 그들에게 돌리지 마옵소서'라는 말을 했습니다. 그리고 '잤다'고 했습니다. 죽은 상태를 잠들었다로 표현했습니다. 돌에 맞아 피투성이가 된 상태입니다. 잔다는 말은 무의식 상태가 아니라 깨어나서 훨씬 복된 상태, 복을 누리고 기쁨을 누리고 사는 상태를 말합니다.

데살로니가전서 4장 14절에 "우리가 예수께서 죽으셨다가 다시 살아나심을 믿을진대 이와 같이 예수 안에서 자는 자들도 하나님이 그와 함께 데리고 오시리라"라고 했습니다. 예수 안에서 자는 자라고 표현했습니다. 나사로도 '잔다'라고 표현했습니다. 믿는 사람의 죽음과 안 믿는 사람의 죽음이 다르기 때문에 '잔다'고 표현했습니다.

조사를 할 때도 '영원히 고이 잠드소서!' 안 믿는 사람은 고이 잠들 수가 없습니다. 형벌, 저주의 죽음, 아주 두려운 것이 있는데 어떻게 고이 잠이 들겠습니까? 또 망인, 미망인이란 말은 틀린 용어입니다. 더 복된 상태에 들어간 사람을 망인이라고 할 수 있습니까? 믿지 않던 사람이야 그렇게 말할 수 있겠지요?

그리고 부활 때를 잠깐 설명합니다. 훨씬 영광스러운 몸으로 다시 살 것입니다. 그리스도 안에서 통일된 모습으로 각자의 일을 잘 하게 될 것입니다. 각 나라와 족속과 방언 등에서 수없는 사람들이 나아와 한 하나님의 백성으로 통일이 되어서 영원토록 하나님을 섬기며 하나님께서 주신 일을 할 것입니다. 의의 거하는 바 새 하늘과 새 땅입니다. 그것이 영원한 소망이고 우리가 살아가는 목표일 것입니다.

시편 73편 24-25절에 "주의 교훈으로 나를 인도하시고 후에는 영광으로 나를 영접하시리니 하늘에서는 주 외에 누가 내게 있으리요 땅에서는 주밖에 나를 사모할 이 없나이다"라고 하였습니다. 역사선상에서 주의 교훈이 있다는 것이 행복입니다. 그렇지 않으면 깜깜해서 어디로 가야 좋을지 아무도 모를 것입니다.

다음으로 '후에는 영광으로 나를 영접' 하실 것입니다. 역사의 종국, 역사가 어떤 목표를 향해 가느냐? 역사의 목적을 가르치는 말입니다. 역사의 진행과 목적과 방향을 우리에게 다 정해 주고 가르쳐 주고 인도하십니다. 그래서 하늘에서는 주 외에 누가 내게 있으리요? 땅에서는 주밖에 나의 사모할 자 없나이다. 땅에서도 하나님을 사모하며 살아갑니다.

교훈으로 인도하심이 좋고 영광으로 영접하는 것이 복입니다. 모든 성도들이 부활할 때를 '후에' 라는 말로 표현한 것입니다. 부활 때 영광스럽게 만들어 영접해 주실 것입니다.

디도서 2장 11-13절에 "모든 사람에게 구원을 주시는 하나님의 은혜가 나타나 우리를 양육하시되 경건하지 않은 것과 이 세상 정욕을 다 버리고 신중함과", 조심한다는 말입니다. 하나님의 뜻을 살피는 조심스러운 마음으로 경건하게 세상을 삽니다. 의로움과 경건함으로 이 세상을 삽니다.

그리고 "복스러운 소망과 우리의 크신 하나님 구주 예수 그리스도의 영광이 나타나심을 기다리게 하셨으니"라고 했습니다. 이것이 하나님께서 우리를 양육하시는 이유입니다. 첫째로 이 세상에서 어떻게 살 것인가를 가르치는 양육입니다. 세상에서 근신하며 의로움과 경건함으로 살아야 할 것입니다.

경건하게 살아야 하겠구나! 거룩하고 의롭게 살아야 하겠구나! 되는 대로 살면 안 되겠구나! 하나님의 뜻이 무엇인지 알고 살아야 하겠구나! 그런 가르침을 받는 것이 은혜입니다. 그런 마음이 벌써 은혜를 받은 마음입니다. 이 은혜는 일반 은혜이면서도 하나님 나라까지 가게 하는 특별한 은혜입니다. 일시적인 은혜가 아닙니다. 영원한 나라를 가게 하는 은혜입니다.

둘째로는 모든 복스러운 소망과 우리의 크신 하나님 예수 그리스도의 영광이 나타남을 기다리게 하셨습니다. 소망을 가지고 살게 하셨습니다. 무슨 소망이냐? 우리의 크신 하나님 구주 예수 그리스도의 영광이 나타남을 기다리게 하셨습니다. 주님이 오실 날을 기다리게 하셨습니다. 주님을 기다리게 하는 것이 하나님의 은혜입니다. 하나님이 우리를 양육하시는 목적이 중요합니다. 예수께서 오실 때 새 하늘과 새 땅이 펼쳐질 것입니다. 성도들은 부활하고 세상은 끝날 것입니다.

소망을 가진 사람들은 이 세상에서 어떻게 살 것인가를 생각하면서 삽니다. "그가 우리를 대신하여 자신을 주심은 모든 불법에서 우리를 속량하시고 우리를 깨끗하게 하사 선한 일을 열심히 하는 자기 백성이 되게 하려 하심이라"(딛2:4). 어떻게 살 것인가? 에베소서 2장 10절에도 선한 일을 위하여 지으심을 받은 자라고 말했습니다. 선을 열심히 행하는 것입니다. 성경은 항상 현실에서 부지런히 일할 것을 강조합니다. 죽어서 무엇을 하는가에 대해서는 말씀하시지 않고 현실에서 어떻게 해야 된다고 가르쳐 주고 있습니다.

욥기 1장 21절에 "내가 모태에서 알몸으로 나왔사온즉 또한 알몸이 그리로 돌아가올지라 주신 이도 여호와시요 거두신 이도 여호와시오니 여호와의 이름이 찬송을 받으실지니이다"라고 했습니다. 욥이 어려움을 당했을 때 한 말이지만 돌아갈 때 아무것도 가지고 가지 않는다는 말입니다. 그것이 하나님의 은혜입니다.

디모데전서 6장 7절에 "우리가 세상에 아무것도 가지고 온 것이 없으매 또한 아무것도 가지고 가지 못하리니 우리가 먹을 것과 입을 것이 있은즉 족한 줄로 알 것이니라"고 했습니다. 이땅에서 주님의 은혜와 권세를 인정하고 찬송하라고 하는 목적으로 하신 말씀입니다.

부자와 거지 나사로의 비유에서도 죽어서 어떤 상태에 있다는 것을 가르쳐 주지만 그것보다도 더 중요한 것은 모세와 선지자의 글, 성경말씀에 순종하면서 사는 것에 초점이 맞추어진 말씀입니다. 성경말씀대로 사는 것이 영광이란 의미입니다. 계시의 말씀에 순종할 때 더 영광스럽게 되는 것입니다.

자칫 잘못하면 기독교의 교리를 개인주의나 도피주의로 만들어 버릴 수 있습니다. 예수 믿고 천당가시오! 중요하지만, 폭넓은 구원을 말해야 합니다. 다섯 달란트나 두 달란트의 비유를 살펴보아도 먼저 일할 것을 주셨습니다. 그 다음에 주의 즐거움에 참예할지어다라고 하여 환영과 위로의 말씀을 주셨습니다. 그러므로 우리의 관심은 세상에서 어떻게 주님의 교훈대로 살 것인가? 하나님의 뜻대로 살 것인가? 그래서 항상 배우고 기도하고 성경을 읽고 또 읽는 것입니다. 중간상태에 대해서 가르치시므로 그것을 믿고 순종하면서 나아가는 것입니다.

고린도후서 5장 "만일 땅에 있는 우리의 장막 집이 무너지면", 사람은 늙고 병들고 죽습니다. 사도 바울은 그것을 생각하고 있습니다. 그러면서 "하나님께서 지으신 집 곧 손으로 지은 것이 아니요 하늘에 있는 영원한 집이 우리에게 있는 줄 아나니"라고 했습니다. 하늘에 영원한 집이 있습니다.

몸이 죽고 썩어지면 오고 갈 데가 없는 것이 아니고 하늘에 있는 영원한 집이 우리에게 있는 줄 압니다. 이것은 몸의 부활을 말합니다. 바울은 오늘 말씀에서 세 가지를 말하는데 지금 이 몸으로 사는 것, 현재의 상태를 말합니다. 이 몸으로 신앙생활을 잘 하는 것입니다. 기도하고 예배하고 성령의 충만함을 받는 것입니다.

다음으로 영원한 처소로 덧입는 것, 세 번째 단계로 소요리문답과 성경전체에서 보면 참평안과 위로가 있는 복된 상태로, 우리가 바라는 그리스도의 재림으로 이루어질 것입니다.

또 하나는 이것도 저것도 아니고 몸도 없어져 버린 것 곧 벗은 것, 이런 상태를 말했습니다. 이런 몸으로 살다가 죽으면 아직 예수님이 오시지 않은 상태이고 부활도 하지 못한 상태니까 벗은 것이라고 말합니다. 쉬는 상태입니다.

"죽을 때 그의 영혼이 완전히 거룩하게 되어 즉시 영광에 들어가고 그의 몸이 여전히 그리스도에게 연합되어 부활할 때까지 무덤에서 쉽니다". 이 상태를 벗은 몸이라, 벗은 것, 그 상태도 복입니다. 가장 좋은 것으로 입힐 시간이 있기 때문입니다. 죽어서 벗은 상태에 있는 것을 중간상태라고 합니다.

제9강
빌립보서 1장 25-30절

고난의 의미

성도가 당하는 고난에는 하나님의 깊은 뜻이 있습니다. 고난에 무슨 뜻이 있겠어? 고생은 그냥 고생이지. 과연 그럴까요? 바울이 활동하던 당시 로마가 세상을 통치하고 있었습니다. 많은 황제들이 폭군이었지만 특히 네로 황제는 폭군 중의 폭군이었습니다. 또 황제 숭배 사상도 있었습니다. 주는 그리스도시요 살아계신 하나님의 아들이라고 고백하다가 죽임을 당하던 시대였습니다.

목회자 바울이 죄가 있어 로마 감옥에 갇힌 것이 아니었습니다. 빌립보 교인들도 어려움을 겪고 있었습니다. 특히 빌립보 교회는 율법주의자들인 유대인들과 이방인들의 박해도 있었습니다.

그래서 고린도후서 8장 2절에 보면 "환난의 많은 시련 가운데서 그들의 넘치는 기쁨과 극심한 가난이"라고 말합니다. 마게도냐 지방의 교회가 환난과 핍박 속에서, 극한 가난 속에서 연보한 것을 바울이 칭찬해 주고 있는 것입니다.

바울은 성도가 당하는 고난의 의의를 말하고 있습니다. 성도들에게 고난을 안겨주는 대적자들에게는 멸망의 증거요, 성도들에게 힘을 실어주며 용기를 주는 믿는 사람들에게는 구원의 증거입니다. 로마서 8

장 17절에서 그리스도와 함께 영광을 얻기 위하여 고난도 함께 받아야 한다고 가르쳐 줍니다. "현재의 고난은 장차 우리에게 나타날 영광과 비교할 수 없도다."

베드로 사도는 "부당하게 고난을 받아도 하나님을 생각함으로 슬픔을 참으면 이는 아름다움이라"(벧전2:19)라고 했습니다. 기독교는 고행주의는 아닙니다. 그러나 고난을 당할 줄 알아야 합니다. 조금만 힘들면 버리고 돌아서는 것은 하나님 나라의 백성다운 면모가 없는 사람입니다. 비록 어려움과 고난이 있더라도 미래의 영광을 바라볼 줄 알아야 합니다.

1. 왜 더 있기를 원했는가?

바울은 개인적으로는 그리스도와 함께 있는 것을 좋아했지만 왜 현세에 더 있기를 원했을까? 일반적으로 좋은 것을 선택하는 것이 사람입니다. 그런데 왜 무엇 때문에 세상에 머물기를 원했을까? 바울이 확신하고 있는 것이 무엇입니까? 비록 몸은 로마 감옥에 갇혀 있지만 빌립보 교인들에게 유익하다는 것을 확신하고 있습니다.

25절에서 "내가 살 것과 너희 믿음의 진보와 기쁨을 위하여 너희 무리와 함께 거할 이것을 확실히 아노니"라고 했습니다. 2장 24절에서도 바울의 계획을 찾아볼 수 있는데 "나도 속히 가게 될 것을 주 안에서 확신하노라"라고 했습니다.

바울은 로마의 여러 가지 환난과 핍박 속에서 살아남아 주 안에서 빌립보 교인들을 다시 만날 것을 확신하고 있었습니다. 빌립보 교인들의 믿음의 성장과 성도들의 기쁨을 위하여 함께 살기를 원했습니다. 바울은 자기의 유익보다는 빌립보 교인들의 믿음의 성숙과 기쁨 때문에 살기를 원했습니다.

바울은 로마 옥에 갇혀 있지만 복음의 진보와 성도들의 믿음의 진보를 기대하고 있습니다. 바울이 갇히게 되면서 오히려 복음이 널리 전파되었습니다. 빌립보 교인들의 믿음도 더욱 성장하게 되었습니다. 교역자가 고난을 당하는 것으로 인해 믿음이 떨어지고 교회 성장이 멈춘다면 성령의 역사가 아닙니다. 성령의 역사는 교역자가 고난을 당하고 어려움을 당할수록 더욱 확장되고 성장되는 은혜와 복이 임하게 되어 있습니다.

복음이 널리 선전되고 믿음이 성장할 때 기쁨이 충만해지는 법입니다. 고난을 통해서 교역자의 믿음이 성장합니다. 복음이 널리 전파됩니다. 교인들의 믿음도 성숙하게 됩니다. 그럴 때 진정한 기쁨이 있습니다.

어떤 신학자는 기독교인의 기쁨은 넘쳐나는 기쁨인데 '첫째가 그리스도 때문이요, 둘째는 그리스도의 지배를 받기 때문이고, 셋째는 그리스도의 영역 안에 있기 때문이다' 라고 했습니다.

바울은 25절 하반절에서 "너희 무리와 함께 거할 이것을 확실히 아노니"라고 했고, 26절 상반절에서 "내가 다시 너희와 같이 있음으로 ... 자랑이 ... 풍성하게 하려 함이라"라고 했습니다.

하나님의 백성, 하나님의 교회, 성도들과 함께 살 것을 확실히 믿기 때문에 산다는 것입니다. 이것이 현실계를 선택한 이유입니다. 여러분도 교회와 함께하는 즐거움이 충만하기를 바랍니다. 다른 사람들에게 기쁨을 주기 위해서 세상을 살 수 있기를 바랍니다. 예수님이 다른 사람들을 섬기고 대속물로 자신을 주기 위해서 사신 것처럼 바울은 교인들에게 기쁨을 주기 위해서 살았습니다.

2. 복음에 합당하게 생활하라

우리는 하나님 나라 백성으로서 어떻게 살아야 하겠는가? 구원받은 하나님의 사람들이라면 교회생활을 어떻게 해야 하겠는가?

바울이 빌립보 교인들과 함께 있으나 떨어져 있으나 빌립보 교인들이 살아야 할 삶의 방향은 정해져 있습니다. 복음에 합당하게 생활하는 것입니다. '생활하라' 라는 동사는 기독교인의 행실을 바로 하라는 의미입니다. 하나님 나라의 시민으로서 책임을 다하라는 뜻입니다. 그러면 어떻게 사는 것이 복음에 합당하게 사는 것일까?

하나님의 기대는 첫 번째로 '한마음으로 서서' 입니다. 하나님 나라의 백성답게 살아라. 그것은 한마음으로 굳세게 서 있는 것이다. 하나님의 부르심을 받은 군사답게 행동하라. 굳센 군사처럼 서 있는 것이다. 당시 로마 군사를 생각해 보십시오. 굳세게 서 있는 병사를 감히 누가 건드릴 수 있겠습니까?

교회의 회원다운 말과 행동을 일삼으라는 뜻입니다. 같이 있다고 합당하게 생활하는 것도 아니고 떨어져 있다고 합당하지 않게 사는 것도 아닙니다. 목회자가 함께 있든 떨어져 있든 성도들은 항상 복음에 합당한 삶을 살아야 하는 것입니다.

기독교인들은 더 이상 외인도 아니고 손도 아니며 성도들과 동일한 시민이고 하나님의 권속이며 하나님의 백성이기 때문에 하나님의 복음에 합당하게 생활해야 합니다. 마치 로마인들이 로마의 법을 따라 사는 것과 같은 것입니다. 다만 로마나라의 시민법을 가장 귀하게만 생각하지 말라, 하나님의 백성이라면 하나님 나라의 법을 더욱 소중하게 여겨야 한다는 가르침입니다.

바울은 로마의 여러 경기장에서 벌이지는 일들과 군인들이 얼마나 굳세게 서 있는지를 잘 보았습니다. 그래서 기독교인들이 어떻게 해야 할까에 대하여 경기하는 선수에 비유하기도 하고, 군인에 비유해서 설명하기도 했습니다.

우리들은 하나님 나라에 합당한 백성들일까? 하나님 앞에 서 있는 사람이어야 하는데 나는 서 있을 자리에 서 있는 사람일까? 예배에 대해 성실성을 잃어버린 사람, 주님을 닮은 곳이라고는 한 군데도 없는 연약한 백성인데, 그리고 다른 사람들에게 예수를 믿으라고 전하지도 못하는 데도 과연 합당한 백성일까? 이제는 하나님 앞에 서는 일에 힘써야 합니다.

두 번째로는 바울은 빌립보 교인들의 일치와 협력을 말하고 있습니다. 한마음과 한뜻이 되어 복음을 위하여 협력하라. 대적하는 무리들을 두려워하지 말라. 이것이 멸망의 증거요 너희에게는 하나님께로서 난 구원의 증거니라.

한마음과 한뜻이 되어 복음에 협력하는 것이 하나님으로부터 난 구원받은 사람들이요, 협력하지 않고 한마음과 한뜻이 되지 않는 것은 멸망받을 사람들이나 그렇게 하는 것이라는 말입니다.

성령이 충만했던 초대 예루살렘 교회는 한마음 한뜻이 되어 기도했습니다. 성전에 모이기를 힘썼습니다. 사도들이 가르치는 대로 순종했습니다. 그리고 서로 사랑하여 복음을 전하니까 주께서 구원받는 사람을 더해 주셨습니다.

세 번째로는 담대하게 대적하라는 것입니다. 기독교 안에나 밖에는 종종 개 같은 사람들이 있습니다. 물어뜯는 기질을 가진 사람 말입니다. 십자가의 원수들도 있습니다. 자기 배만 채우는 현실주의자들도 있습니다. 그런 사람들이 있더라도 용기를 잃지 말고 강하고 담대하라고 가르칩니다. 우리들은 악한 무리를 대적하기 위해서 굳센 군인이나 튼튼한 선수와 같아야 합니다.

하나님의 교회를 대적하는 무리들은 대부분 멸망받을 사람들입니다. 하나님의 거룩한 교회와 하나 되고 협력하는 것이 구원받을 사람들의 증거입니다. 이것이 하나님의 사람, 하나님의 백성입니다. 하나님 나라 백성이라면 복음에 합당한 삶을 살아가기를 바랍니다.

3. 고난의 선물

29절에 "그리스도를 위하여 너희에게 은혜를 주신 것은 다만 그를 믿을 뿐 아니라 또한 그를 위하여 고난도 받게 하려 하심이라"라고 했습니다. 하나님께서 그리스도를 통해서 한없는 은혜를 쏟아부어 주셨습니다. 은혜를 주신 것은 믿음을 위해서 주셨습니다. 그래서 은혜받은 사람이 주님을 믿습니다. 그리고 은혜를 받은 사람이 고난도 받습니다. 은혜를 못 받은 사람은 고난이 있을 때 배반하는 사람입니다.

하나님을 사랑하고 하나님을 정말 믿는 사람들에게는 고난도 있습니다. 고난이 현재는 아픔이고 괴로움이고 슬픔이지만 하나님의 선물입니다. 빌립보 교인들은 하나님을 믿는 믿음을 선물로 받았지만 주님을 위하여 받는 고난도 선물로 받았습니다.

그리스도를 생각해 봅시다. 이사야 48장 10절에 "보라 내가 너를 연단하였으나 은처럼 하지 아니하고 너를 고난의 풀무 불에서 택하였노라"라고 했고, 53장 3절에서는 고난받은 종으로 "그는 멸시를 받아 사람들에게 버림 받았으며 간고를 많이 겪었으며 질고를 아는 자라 마치 사람들이 그에게서 얼굴을 가리는 것같이 멸시를 당하였고 우리도 그를 귀히 여기지 아니하였도다"라고 했습니다. 히브리서 2장 10절에서는 "고난을 통하여 온전하게 하심이 합당하도다"라고 했고, 4장 15절에서는 "모든 일에 우리와 똑같이 시험을 받으신 이로되 죄는 없으시니라"라고 했습니다.

바울은 데살로니가후서 1장 5절에서 데살로니가 교인들에게 "그 나라를 위하여 너희가 또한 고난을 받느니라"라고 했고, 디모데에게는 디모데후서 2장 12절에서 "참으면 또한 함께 왕 노릇 할 것이요 우리가 주를 부인하면 주도 우리를 부인하실 것이라"라고 했습니다.

골로새서 1장 24절에서 바울은 자신이 채우는 고난을 말합니다. "나는 이제 너희를 위하여 받는 괴로움을 기뻐하고 그리스도의 남은 고난을 그의 몸된 교회를 위하여 내 육체에 채우노라"라고 했습니다. 바울은 교회를 사랑해서 몸이 고통스럽다 할지라도 고난을 견뎌냈습니다. 고난도 하나님의 뜻이기 때문입니다.

제10강
빌립보서 2장 1-4절

바울의 네 가지 호소

바울이 로마 감옥에 갇혀 있으면서 에베소서, 빌립보서, 골로새서, 빌레몬서를 기록하였습니다. 그 성경말씀은 편지 형식으로 기록되어서 옥중서신이라는 별명이 있습니다. 옥중서신이라는 말은 바울이 로마 감옥에서 사랑하는 교회와 개인에게 보낸 편지이기 때문에 그렇게 부릅니다.

바울이 로마 감옥에 갇혀 있을 때 빌립보 교회는 바울을 돕기 위하여 에바브로디도를 보내주고 또 선교 헌금까지 해서 주었습니다. 사람도 물질도 보내준 일에 대하여 정말 감사하면서 빌립보 교인들에게 몇 가지 호소를 하였습니다. 바울이 그렇게 간절히 호소한 내용이 무엇입니까?

1. 첫 번째 호소

바울은 1절에서 빌립보 교인들에게 "그러므로 그리스도 안에 무슨 권면이나 사랑의 무슨 위로나 성령의 무슨 교제나 긍휼이나 자비가 있거든"이라고 했습니다. 호소를 할 때 '그리스도 안에서'를 말하고 있습니다. 그리스도 안에서.

첫 번째 호소가 '그리스도 안에 무슨 권면'입니다. 성도가 서로 권면할 때에 어떤 권면이든지 그리스도 안에서 행해야 한다는 것을 가르칩니다. 일반적으로 우리가 권면을 하기는 하는데 사람의 말로 권면할 때가 많습니다. 우리는 그리스도 안에서 권면할 줄을 잘 모릅니다.

권면이라는 말을 사용하는 것으로 볼 때 빌립보 교회 안에 분쟁과 다툼이 있었음을 느끼게 합니다. 부정적인 측면에서는 분쟁이지만 긍정적인 입장으로 말하자면 바울은 교회 안에서 하나될 수 있는 길을 제시하고 있는 것입니다. 전화위복이라는 말이 있듯이 약간의 어려움이 더 강하고 굳어지게 만들 수 있는 기회입니다.

그러면 그리스도 안에서 권면하는 것은 어떻게 하는 것일까요? 예수 안에서, 하나님 안에서, 성령님 안에서 상대를 권면하는 것입니다. 하나님 안에서 권면하는 것은 사랑의 권면일 것입니다. 다정다감하고 따뜻하고 정겹게 하는 권면일 것입니다.

권면이란 '곁으로 부른다'는 의미입니다. 바울은 멀리 떨어져 있는 빌립보 교인들에게 곁으로 불러서 권면할 것을 권하고 있습니다. 바울은 사람을 곁으로 부르는 사람입니다. 사람을 앞으로 부르는 일은 일반적으로 책망하기 위함입니다. 또 뒤로 부르는 일은 무시하는 행동일 것입니다. 그러나 바울은 빌립보 교인들을 사랑했기 때문에 서로 권면할 때 곁으로 불러서 권면하라고 호소하고 있습니다.

그리스도와의 연합은 생명의 연합입니다. 예수 그리스도의 도움입니다. 예수님의 격려와 성령의 위로는 믿음이 약한 자에게 위로와 격려가 될 것이지만 비방과 비난은 간격이 점점 넓어지게 만들어 버립니다.

하나님의 교회를 섬겨 보면 어린아이처럼 돌보아야 할 사람들이 많이 있습니다. 여러분이 가정에서 어린아이들을 돌보고 섬기고 사랑해주듯 교회에서도 누군가를 섬기고 봉사하고 사랑하는 사람이 있을 때 행복한 법입니다.

10년을 믿어도 어린아이 같은 사람이 있고, 20년을 믿어도 어린아이같이 믿고 행동하는 사람들도 있습니다. 그럴 때도 책망보다는 권면하고 위로하는 방법이 더욱 아름답습니다. 위로하고 권면할 때 사람들의 마음이 움직여지는 축복을 받습니다.

바울은 빌립보 교인들에게 그리스도 안에서 서로 권면하라고 호소합니다. 사람이 알고있는 지식이나 자기의 말로 말해봤자 별 유익이 없기 때문입니다. 그리스도 안에서 하나님의 말씀으로 권면할 때 성령이 역사하고 주님이 은혜를 베푸실 줄로 믿습니다. 하나님의 말씀이 가장 사랑스러운 말씀이기 때문입니다. 사람의 말은 자기에게는 맞을지 모르나 다른 사람에게는 시험거리가 많이 있습니다.

우리 성도들은 가정에서나 교회에서 그리스도 안에서 권면할 줄 아는 성도가 됩시다.

2. 두 번째 호소

두 번째 호소가 무엇인가? '사랑의 위로' 입니다. 그리스도의 사랑으로 위로해야 상대가 위로를 받습니다. 상처받은 마음이나 굳어져 가는 마음의 변화가 일어나는 것은 사랑의 위로가 있을 때 임하는 것입니다.

사람들은 저 사람이 왜 저렇게 행동을 하는지 다 알고 있습니다. 다른 사람들은 여러분에게 관심이 많습니다. 행동하는 동기도 안다는 말입니다. 많은 사람들이 이상한 말과 행동을 하는 근본적인 이유는 사랑을 받기 위한 수단과 방법입니다.

그러므로 말로 위하기보다는 그리스도의 사랑으로 위로해야 위로를 받습니다. 마음의 상처도 치료가 됩니다. 생각의 변화도 일어납니다. 그러므로 사랑의 위로를 해야 합니다. 위로라는 말은 '곁에서 하는 말', '부드러운 말' 을 가리킵니다. 사람을 곁으로 부른 다음에 부드러운 주님의 사랑과 따뜻한 주님의 음성처럼 말해야 합니다. 그래야 마음의 상처가 치료되고 생각의 변화와 믿음의 성장이 일어나게 됩니다.

부드러운 말이 따뜻한 감정을 만들어 냅니다. 할 수 있다는 용기를 북돋아 주기도 합니다. 불가능한 일을 가능하게도 합니다. 큰 소리를 치는 것은 무식의 소치입니다. 설교자는 설교하느라 큰 소리를 치는 것 뿐입니다. 부드러운 말이 사람의 마음을 움직인다는 사실을 기억하고 기도하는 가운데 따뜻한 말을 많이 할 수 있기를 바랍니다.

찬송가를 생각해 봅시다. 528장입니다. "예수가 우리를 부르는 소리 그 음성 부드러워 문 앞에 나와서 사면을 보며 우리를 기다리네 ... 간절히 오라고 부르실 때에 우리는 지체하랴 주님의 은혜를 왜 아니 받고 못들은 체하려나"라고 했습니다.

529장도 봅시다. "온유한 주님의 음성 네 귀에 속삭이네 네 마음문을 두드리니 곧 주님을 영접하라 피하지 말라 피하지 말라 우리가 곁길로 피해도 맘 속에 오시리 심판날 당할 때 주님을 너 맞을 준비해 맘 속에 주님을 영접하라 주 영접하라

사랑의 주 예수 친히 이 땅에 내려오사 문밖에 서서 기다리니 참 놀라운 사랑이라 피하지 말라 피하지 말라 우리가 곁길로 피해도 맘 속에 오시리 심판날 당할 때 주님을 너 맞을 준비해 맘 속에 주님을 영접하라 주 영접하라"라고 했습니다.

예수님의 음성은 부드러운 음성입니다. 우리의 귀에 속삭이듯 말씀하십니다. 사랑의 음성이고 위로의 음성입니다. 따뜻한 주님의 음성을 듣고 영혼이 위로를 받으며 다른 사람들에게도 그렇게 부드러운 음성을 들려줄 수 있기를 바랍니다.

3. 세 번째 호소

세 번째 호소가 '영적 교제', '성령의 교제'입니다. 성도간의 교제의 핵심은 성령으로 교제하는 것입니다. 영적으로 교제하라. 많은 사람

들은 세속적이고 육체적인 교제를 교제로 생각합니다. 물론 만나서 때로는 밥도 먹고 차도 마셔야 합니다.

그러나 교회의 중요한 교제, 성도에게 있어서 중요한 교제는 성령이 왕래하는 교제입니다. 성령께서 임하는 통로가 무엇일까요? 말씀과 함께 성령이 오십니다. 성만찬 예식과 세례를 통해서 성령이 임하십니다. 보이는 말씀과 보이지 않는 말씀을 통하여 성령이 임하는 것입니다.

성도의 교제에 있어서 인간적인 말과 행동은 성령의 근심과 걱정거리입니다. 성도의 교제에 있어서 중요한 것은 성령께서 왕래하는 것을 느끼게 하는 교제일 것입니다. 성령의 교제에는 성도의 교제도 포함됩니다. 성령의 교제는 교회의 생명입니다.

사람들이 오고 가는 것에 대한 관심이 커야 하지만 정말 중요한 관심은 성령의 왕래입니다. 성령께서 교회에 왕래하시며 사역자들을 붙잡고 계시고 성도들을 불러 모으시는 줄로 믿습니다. 교회가 사람 중심일 때는 분쟁과 분열 심지어 그룹이 형성되기도 합니다.

그러나 성령께서 교회 위에 역사하고 사람들을 불러 세우실 때 교회가 힘이 있고 사람들이 두려워하기도 하며 문제를 해결받기도 하는 것입니다. 성령의 교제는 성도와 성령의 교제뿐만 아니라 성도와 성도의 교제에도 많은 영향을 끼치게 되는 것입니다.

여러분 모두 성령 안에서 교제할 수 있기를 바랍니다. 성령이 임하는 교제를 배워나가기를 바랍니다. 성령으로 교제할 수 있기를 바랍니다. 그러려면 말씀으로 돌아가야 합니다. 그리고 기도하면서 사람을 만나고, 기도하면서 성령의 인도를 받아야 합니다.

베드로파, 바울파, 아볼로파. 이렇게 고린도 교회는 복잡했습니다. 사람을 중심으로 하여 뭉쳤습니다. 그럴 때 바울이 말한 내용이 무엇입니까? 고린도전서 12장 12-13절입니다. "몸은 하나인데 많은 지체가 있고 몸의 지체가 많으나 한 몸임과 같이 그리스도도 그러하니라 우리가 유대인이나 헬라인이나 종이나 자유인이나 다 한 성령으로 세례를 받아

한 몸이 되었고 또 다 한 성령을 마시게 하셨느니라"라고 했습니다.

4. 네 번째 호소

바울의 네 번째 호소는 '긍휼이나 자비'라고 했습니다. 긍휼은 '사랑, 애정, 온유함, 친절' 등이고, 자비는 '동정, 자비'입니다. 바울이 빌립보 교인들에게 긍휼과 자비를 호소하고 있습니다. 서로서로 불쌍히 여기는 마음이 있는 것이 긍휼과 자비입니다.

사람은 누구나 깊이 생각해 보면 다 불쌍한 존재입니다. 아담과 하와의 후손인 사람은 다 죄인입니다. 죄 때문에 고생하면서 세상을 어렵게 살아가고 있습니다. 허덕이면서 살고 있습니다. 넉넉한 사람을 수용 못하는 경향도 있습니다. 그래서 바울이 서로 긍휼과 자비를 베풀라고 가르쳐 주었습니다.

긍휼은 이웃의 사정이나 형편을 보고 나의 형편처럼 여기는 마음을 말합니다. 자비는 긍휼에서 비롯된 외적인 표현입니다. 주님의 마음이 있을 때 그런 긍휼과 자비가 나타납니다. 사람이 서로 불쌍히 여길 때 사람의 가치는 빛납니다. 서로 이해하고 서로 사랑하는 자리에 이르게 됩니다.

베드로 사도는 "마지막으로 말하노니 너희가 다 마음을 같이하여 동정하며 형제를 사랑하며 불쌍히 여기며 겸손하며 악을 악으로, 욕을 욕으로 갚지 말고 도리어 복을 빌라 이를 위하여 너희가 부르심을 받았으니 이는 복을 이어받게 하려 하심이라"(벧전3:8-9)라고 했습니다.

바울은 에베소 교회를 향해서도 "너희는 모든 악독과 노함과 분냄과 떠드는 것과 비방하는 것을 모든 악의와 함께 버리고 서로 친절하게 하며 불쌍히 여기며 서로 용서하기를 하나님의 그리스도 안에서 너희를 용서하심과 같이 하라"(엡4:31-32)라고 했습니다.

제11강
빌립보서 2장 1-4절

바울의 세 가지 권면

목회자 바울은 빌립보 교인들에게 네 가지 호소를 한 다음에 세 가지를 권면하고 있습니다. 어떤 내용의 권면입니까? 그 권면의 내용이 교회의 유익과 덕을 위한 것들입니다.

1. 첫 번째 권면의 내용이 무엇인가?

첫 번째 권면이 2절에 "마음을 같이하여 같은 사랑을 가지고 뜻을 합하며 한마음을 품어"라고 했습니다. 빌립보 교인들 전체, 어린아이로부터 어른까지 전체가 마음을 같이하기를 권면했습니다. 빌립보 교인들의 마음을 하나로 뭉치라는 권면입니다. 같은 마음을 가지라. 다투고 분쟁하는 자세를 버리고 마음을 같이하여 화합하고 연합하는 자세를 가지라.

빌립보 교인들의 마음의 태도를 지적하는 권면입니다. "마음을 같이하여 같은 사랑을 가지고 뜻을 합하며 한마음을 품어"서 나의 기쁨을 충만하게 하라고 말했습니다. 마음을 같이 하라. 같은 사랑을 가지라. 사랑으로 뜻을 합하라. 한마음을 품으라. 이것이 목회자 바울에게 큰 기쁨이요 자랑거리일 것입니다.

'마음을 같이 한다'는 말은 '영혼을 같이 한다'는 의미입니다. 성도가 교회와 하나 되고 다른 사람과 하나 되는 일에 힘쓰라는 말입니다. 이것은 교회의 일치와 연합입니다. 성도는 교회와 하나 될 때 존귀한 자가 됩니다.

빌립보서 1장 27-28절에 "오직 너희는 그리스도의 복음에 합당하게 생활하라 이는 내가 너희에게 가 보나 떠나 있으나 너희가 한마음으로 서서 한뜻으로 복음의 신앙을 위하여 협력하는 것과 무슨 일에든지 대적하는 자들 때문에 두려워하지 아니하는 이 일을 듣고자 함이라 이것이 그들에게는 멸망의 증거요 너희에게는 구원의 증거니 이는 하나님께로부터 난 것이라"라고 했습니다.

한마음과 한뜻으로 협력하고 돕는 것은 구원받은 증표요 대적하고 불순종하는 것은 멸망받는 증명서와 같은 것입니다. 바울의 가르침을 깊이 있게 생각해야 할 것입니다. 마음을 같이 한다는 것은 같은 것을 생각한다는 말입니다. 바울 서신에 종종 등장하는 표현입니다.

빌립보서 4장 2절에 "내가 유오디아를 권하고 순두게를 권하노니 주 안에서 같은 마음을 품으라"라고 했습니다. 로마서 15장 5-6절에 "이제 인내와 위로의 하나님이 너희로 그리스도 예수를 본받아 서로 뜻이 같게 하여 주사 한마음과 한 입으로 하나님 곧 우리 주 예수 그리스도의 아버지께 영광을 돌리게 하려 하노라"라고 했습니다.

성도가 섬기는 교회와 일치하고 연합하는 것은 교회생활에 있어서 첫 번째로 중요하다고 말해도 과언이 아닐 것입니다. 교회는 성도에게 있어서 어머니와 같다고 말합니다. 갓난아이가 어머니의 젖을 먹을 수 없다면 죽음은 시간 문제일 뿐입니다.

예수님이 대제사장으로 기도하실 때 무슨 기도를 드리셨을까요? 요한복음 17장 11절에 "나는 세상에 더 있지 아니하오나 그들은 세상에 있사옵고 나는 아버지께로 가옵나니 거룩하신 아버지여 내게 주신 아버지의 이름으로 그들을 보전하사 우리와 같이 그들도 하나가 되게 하옵소서"라고 했고, 21절에서 "아버지여 아버지께서 내 안에 내가 아버지 안에 있는 것같이 그들도 다 하나가 되어 우리 안에 있게 하사 세상으로 아버지께서 나를 보내신 것을 믿게 하옵소서"라고 했으며, 23절에서는 "곧 내가 그들 안에 있고 아버지께서 내 안에 계시어 그들로 온전함을 이루어 하나가 되게 하려 함은 아버지께서 나를 보내신 것과 또 나를 사랑하심 같이 그들도 사랑하신 것을 세상으로 알게 하려 함이로소이다"라고 했습니다. 이것이 주님의 기도입니다.

특별히 같은 사랑을 가질 때 분열과 분쟁은 그치고 서로 존중히 여기며 사랑하게 될 것입니다. 여기서 사랑은 아가페입니다. 하나님의 사랑입니다. 하나님의 사랑만이 인간의 모든 문제를 치료하고 해결하는 능력이 나타날 줄로 믿습니다.

2. 두 번째 권면이 무엇인가?

두 번째 권면으로 3절에서 "아무 일에든지 다툼이나 허영으로 하지 말고 오직 겸손한 마음으로 각각 자기보다 남을 낫게 여기고"라고 했습니다. 이 권면의 핵심은 말씀을 통해 겸손한 마음으로 서로 돌아보라는 말입니다. 오직 겸손한 마음으로 다른 사람들을 섬기고 봉사하라. 겸손하지 않으면 일을 해도 아무것도 아닙니다. 자기를 낮추고 상대방을 높이는 사람이 되라.

"아무 일에든지 다툼이나 허영으로 하지 말고"라고 했습니다. 이 말의 의미는 경쟁하는 자세로 일하지 말라는 뜻입니다. 겉치레로만 일하지 말라. 큰소리치면서 일하지 말라. 조용히 일하라. 착한 뜻으로 일하라. 선한 마음으로 봉사하라. 하나님의 일은 착하고 선한 마음으로 봉사하고 섬겨야 하는 것입니다.

2절의 말씀이 그리스도인의 내적인 화합을 권면한 것이라면 3절은 외적인 태도와 행동의 화합을 가르친 말씀입니다. 어떤 일을 할 때 이기적이거나 허영을 가지고 일하지 말고 겸손한 마음으로 자기보다 남을 높여주라는 권면입니다.

다툼의 본질은 자기를 내세우려는 욕구나 이기주의적인 주장 혹은 당파심 때문에 생겨나는 현상일 것입니다. 성령의 교제와 반대적인 개념입니다. 허영은 공허한 견해나 잘못된 생각을 말합니다. 허영은 알맹이 없는 영광입니다. 자기가 자신을 높이고 자랑하는 영광이 아닙니다. 자기보다 다른 사람을 높이거나 하나님의 영광을 구하는 것입니다. 하나님의 영광을 구하지 않고 공허한 생각 속에 빠져 있는 사람들은 이기주의자가 될 수밖에 없는 것입니다.

사도행전 20장 19절에 바울은 "곧 모든 겸손과 눈물이며 유대인의 간계로 말미암아 당한 시험을 참고 주를 섬긴 것"이라고 말했습니다. 에베소 교회를 섬길 때 겸손한 마음으로 봉사했습니다. 눈물로 섬겼습니다. 사람들이 시험하고 간계한 말을 했지만 주님을 생각하면서 봉사했습니다. 모든 일을 그렇게 했습니다.

에베소서 4장 2절에 "모든 겸손과 온유로 하고 오래 참음으로 사랑 가운데서 서로 용납하고"라고 말했습니다. 에베소 교인들에게 교리를 가르치던 바울이 생활을 말할 때 맨 먼저 지적한 것이 모든 겸손입니다. 구원받은 하나님의 사람은 자기를 낮추는 겸손의 사람입니다.

골로새서 3장 12절에서 "그러므로 너희는 하나님이 택하사 거룩하고 사랑받는 자처럼 긍휼과 자비와 겸손과 온유와 오래 참음을 옷 입고"라고 했습니다. 자기를 낮추었습니다. 생각이나 성품에서 낮추었습니다. 말과 행동에서 겸손했습니다. 겸손하지 않은 데가 한 군데도 없습니다.

고린도전서 15장 9절에서 "나는 사도 중에 가장 작은 자라 나는 하나님의 교회를 박해하였으므로 사도라 칭함 받기를 감당하지 못할 자니라"라고 했습니다. 사도들 가운데 자기가 가장 작은 자라는 생각을 했습니다.

에베소서 3장 8절에서 "모든 성도 중에 지극히 작은 자보다 더 작은 나에게 이 은혜를 주신 것은 측량할 수 없는 그리스도의 풍성함을 이방인에게 전하게 하시고"라고 했습니다. 억천만 성도들 가운데 자기가 가장 작은 자라는 인식을 가지고 있었습니다.

디모데전서 1장 15절에 "미쁘다 모든 사람이 받을 만한 이 말이여 그리스도 예수께서 죄인을 구원하시려고 세상에 임하셨다 하였도다 죄인 중에 내가 괴수니라"라고 했습니다. 자기는 죄인 중의 죄인이라는 생각을 가지고 살았습니다.

3. 세 번째 권면이 무엇인가?

세 번째 권면은 4절에서 "각각 자기 일을 돌볼 뿐더러 또한 각각 다른 사람들의 일을 돌보아 나의 기쁨을 충만하게 하라"라고 했습니다. 자기 일을 잘할 뿐만 아니라 다른 사람들의 일을 돌아보라는 권면입니다.

자기 일을 돌본다는 것은 목표나 목적을 바라보라는 의미입니다. 하나님께서 성도에게 맡겨주신 사명이 무엇인가? 직분의 책임성이 무엇인가? 심판대 앞에서 어떤 영광이 있을 것인가? 지상 삶 가운데서는 어떤 일이 있을 것인가? 그런 것에 관심을 가져야 합니다.

성숙한 사람은 자기가 해야 할 일을 잘 감당합니다. 그리고 다른 사람들의 일도 감당해 주는 사람입니다. 미성숙한 사람은 자기의 실속만 차리는 사람입니다. 그러나 그리스도인은 남의 유익을 추구하고 이웃을 내 몸과 같이 여기는 사랑도 있어야 하는 것입니다.

갈라디아서 6장 2-5절에 "너희가 짐을 서로 지라 그리하여 그리스도의 법을 성취하라 만일 누가 아무것도 되지 못하고 된 줄로 생각하면 스스로 속임이라 각각 자기의 일을 살피라 그리하면 자랑할 것이 자기에게는 있어도 남에게는 있지 아니하리니 각각 자기의 짐을 질 것이라"

라고 했습니다.

로마서 12장 15절에 "즐거워하는 자들과 함께 즐거워하고 우는 자들과 함께 울라"라고 했습니다. 이것이 자기 일을 하는 사람이요 다른 사람의 일을 자기 일처럼 하는 사람입니다. 교회 일을 잘하는 사람은 우는 자와 더불어 우는 사람입니다. 웃는 사람과 함께 웃는 사람입니다.

마태복음 19장 19절에 "네 부모를 공경하라 네 이웃을 네 자신과 같이 사랑하라 하신 것이니라"라는 말씀으로 이웃을 사랑할 것을 가르쳐 주셨습니다. 이웃 중에 가장 가까운 이웃은 부모입니다. 자기 부모를 귀하게 여기지 않는 사람은 이웃을 사랑하는 사람이 아닙니다. 무관심은 사랑이 아닙니다.

예수님은 요한복음 13장 34-35절에서 "새 계명을 너희에게 주노니 서로 사랑하라 내가 너희를 사랑한 것같이 너희도 서로 사랑하라 너희가 서로 사랑하면 이로써 모든 사람이 너희가 내 제자인 줄 알리라"라고 했습니다.

바울은 갈라디아 교인들에게 갈라디아서 6장 10절에서 "그러므로 우리는 기회 있는 대로 모든 이에게 착한 일을 하되 더욱 믿음의 가정들에게 할지니라"라고 했습니다. 이것이 그리스도의 사랑입니다. 그리스도의 사랑은 먼 데부터 하는 것이 아닙니다. 가까운 데부터 시작하는 것입니다.

그렇게 하는 것이 목회자 바울을 기쁘게 하는 것이었습니다. 로마 감옥에 갇혀 있는 바울에게 기쁨을 안겨주는 일이었습니다. 빌립보 교회가 바울의 호소나 권면을 듣고 그렇게 순종해 주기를 원했습니다. 그렇게 순종할 때 바울에게 충만한 기쁨, 가득한 기쁨, 흘러넘치는 기쁨이 될 것을 말했습니다.

제12강
빌립보서 2장 5-8절

그리스도의 모범 (1)

바울은 빌립보 교인들에게 세 가지를 권면했습니다. 첫째는 그리스도 안에서 하나가 되라. 연합과 일치를 말했습니다. 둘째는 그리스도를 본보기로 하여 자기 자신을 낮추라. 겸손을 가리켰습니다. 셋째는 서로 돌아보라. 자기 일을 잘하고 다른 사람들의 일을 도와주라는 의미입니다.

그런데 겸손의 모델로 그리스도를 제시했습니다. 사도 바울은 빌립보 교인들에게 그리스도를 모범으로 제시했습니다. 5절에서 "너희 안에 이 마음을 품으라 곧 그리스도 예수의 마음이니"라고 말했습니다.

바울은 낮아지는 겸손의 모본으로 예수님을 제시했습니다. 그리스도 안에 있는 것이 무엇입니까? 그리스도를 따르고 추구하며 얻으려고 노력하는 것이 무엇입니까? 예수 그리스도가 어떤 면에서 우리의 본보기가 되는 것일까요? 그래서 예수님은 마태복음 23장 12절에서 "누구든지 자기를 높이는 자는 낮아지고 누구든지 자기를 낮추는 자는 높아지리라"라고 말씀하셨습니다.

그러면 그리스도께서 어떤 자리까지 낮아지셨습니까? 소요리문답 제27문 그리스도의 낮아지심은 어디에 있습니까? 대답은 '그리스도의 낮아지심은 그가 강생하시되 더구나 비천한 지위에 나시고 율법 아래 나시며 금생의 여러 가지 비참함과 하나님의 진노와 십자가의 저주의 죽음을 받으시고 묻히셔서 얼마 동안 죽음의 권세 아래 거하신 것입니다'라고 했습니다.

1. 낮은 자리로 내려오셨습니다

그리스도의 낮아지심은 첫 번째로 그가 강생하시되 땅위에 나셨는데, 더구나 비참한 지위로 태어나셨습니다. 예수께서 어디에 태어나셨습니까? 말 구유 위에 나셨고, 태어나신 지방 이름은 베들레헴입니다. 따뜻한 방이나 병원이 아니라 짐승이 먹이를 먹는 그릇 위에 태어나셨습니다. 하나님이 사람으로 태어나셨습니다.

의사 누가는 예수님의 탄생 장소에 대하여 기록해 주었습니다. 누가복음 2장 7절에 "첫아들을 낳아 강보로 싸서 구유에 뉘었으니 이는 여관에 있을 곳이 없음이러라"라고 했습니다. 여관이 없어서 구유에 나셨습니다. 낮고 낮은 자리에서 출생하셨습니다. 하나님이신 주님이 인간이 되실 때 낮고 천한 마굿간에서 태어났습니다. 짐승의 울음소리가 들리는 냄새나는 곳에 태어나셨습니다.

고린도후서 8장 9절에 "우리 주 예수 그리스도의 은혜를 너희가 알거니와 부요하신 이로서 너희를 위하여 가난하게 되심은 그의 가난함으로 말미암아 너희를 부요하게 하려 하심이라"라고 하였습니다. 태어나기 전에는 부요한 분이었는데 세상에 오심으로써 가난하게 되었다는 뜻입니다. 이 말은 하늘에 계시다가 세상에 오셨다, 또 사람들 가운데 가장 가난한 목수의 아들로 태어나셨다는 뜻입니다.

그래서 낮아지심은 하나님이 사람이 되신 것, 종의 형체를 가지신 것, 강생하신 것 즉 하늘에서 이 땅으로 내려오신 것입니다. 위에 계시다가 밑으로 내려오신 것입니다. 더군다나 비천한 지위로 오신 것이 낮아지신 것입니다. 이것이 낮아지는 것이 무엇인지를 가르쳐 줍니다. 겸손의 모범입니다. 우리는 누구를 위하여 낮은 자리를 선택해 본 적 있습니까?

2. 율법 아래 나셨습니다

두 번째로 '율법 아래 나시고' 입니다. 예수님은 율법 아래 태어나셨습니다. 갈라디아서 4장 4-5절에 "때가 차매 하나님이 그 아들을 보내사 여자에게서 나게 하시고 율법 아래에 나게 하신 것은 율법 아래에 있는 자들을 속량하시고 우리로 아들의 명분을 얻게 하려 하심이라"라고 했습니다. 율법 아래 나신 것이 낮아지신 것입니다.

본래 예수님은 영광의 주님이십니다. 만물을 창조하시고 다스리는 분이십니다. 법을 만드신 입법자도 되십니다. 법이 그에게서 나왔습니다. 그래서 산상보훈에서 "나는 너희에게 이르노니"라고 말씀하셨습니다. 본래 예수님은 법에 매이는 분이 아니라 법을 집행하고 법 위에 계신 분이십니다.

그런데 율법 아래 나셨으니까 율법도 지켜야 되고, 로마의 속국이었으니까 로마의 법도 지켜야 하는 입장으로 태어났습니다. 그래서 '율법 아래 나시고' 라고 말했습니다. 법을 집행하고 초월하신 분이 법 아래 태어나신 것이 낮아지심이 무엇인지를 가르쳐 주는 행동입니다.

세상 사람들은 조금만 권세를 잡아도 법을 초월하려는 습성을 가지고 있습니다. 청와대를 사칭하거나 대법원을 사칭하여 사기를 치기도 합니다. 조그마한 권세, 조금 아는 지식, 남보다 조금 더 가졌다는 어떤 것 때문에 사람들은 교만해지고 다른 사람을 무시하는 성향이 있습니다. 하지만 주님은 율법 아래 태어나셨습니다. 겸손이 무엇인지를 가르쳐 주고 있습니다.

3. 비참하게 사셨습니다

세 번째는 '금생의 여러 가지 비참함을 받으셨다'라고 했습니다. 세상에서 비참하게 사셨습니다. 이사야 53장 3절에 "그는 멸시를 받아 사람들에게 버림 받았으며 간고를 많이 겪었으며 질고를 아는 자라 마치 사람들이 그에게서 얼굴을 가리는 것같이 멸시를 당하였고 우리도 그를 귀히 여기지 아니하였도다"라고 했습니다.

예수님은 멸시를 받아 사람들에게 버림 당했습니다. 사람들이 환영한 것이 아닙니다. 싫어해서 멀리했습니다. 다른 사람을 부요하게 만들기 위해서 하늘에서 땅으로 내려오셨는데 사람들이 귀하게 여기는 것이 아니라 오히려 싫어했습니다. 버려 버렸습니다.

"간고를 많이 겪었으며 질고를 아는 자"란 '고생을 많이 했다'는 뜻입니다. "마치 사람들이 그에게서 얼굴을 가리는 것같이 멸시를 당하였고 우리도 그를 귀히 여기지 아니하였도다." 이것은 싫다고 얼굴을 가리는 것을 말해 줍니다. 예수님을 환영하고 영접한 사람은 소수이고 나머지는 다 싫어했습니다. 금생에서 여러 가지 고생을 했습니다. 사람이 사람에게 멸시당하는 것이 얼마나 참기 어려운 시험입니까? "금생의 여러 가지 비참함"이란 땅에 있기 때문에 당하는 여러 가지 어려운 문제를 말합니다. 죄의 현실, 질병, 가난, 로마의 속국으로서의 서러움, 참기 어려운 것들을 다 당했습니다.

동족의 매로 바리새인과 서기관들, 대제사장들과 장로들, 율법사와 사두개인들의 질문, 로마군인들의 조롱, 빌라도의 불법재판, 하여튼 금생의 여러 가지 고통을 감당하셨습니다. 그래도 우리들의 구원을 위해 참으셨습니다. 견뎌내셨습니다. 그분은 겸손하셨기 때문에 낮아지셨습니다.

4. 하나님의 진노를 받으셨습니다

네 번째는 '하나님의 진노'를 당했습니다. 하늘에 계셨다면 진노를 당할 이유가 없습니다. 땅에 오셨기 때문에, 죄인을 구원하기 위한 목적 때문에 하나님의 진노를 당했습니다.

마태복음 27장 46절에 "엘리 엘리 라마 사박다니 하시니 이는 곧 나의 하나님 나의 하나님 어찌하여 나를 버리셨나이까 하는 뜻이라"라고 부르짖으셨습니다. 하나님과의 긴밀한 관계에서 멀어지고 떨어지고 벌어질 때 지르는 음성입니다.

아버지께서 아들을 사랑하시고 아들도 아버지를 사랑하셔서 순종에 있어서 아무 틈이 없었습니다. 서로 화목하고 틈이 없었습니다. 그런데 왜 나를 버리시나이까? 평상시에 좋은 관계인데 왜 버리시나이까? 하나님의 진노입니다. 책망 정도가 아닙니다. 진노입니다. 형벌입니다.

매 몇 대 맞는 정도가 아닙니다. 버림 당하는 것입니다. 끊어버리는 징벌입니다. 이것이 낮아짐의 절정입니다. 사람에게 버림을 당해서 자살을 하는 경우가 있는데, 사람에게 버림 당해도 하나님의 사랑을 받으면 살 수 있습니다. 그런데 사람에게 버림 당하고 하나님의 진노까지 받는다면 어떻게 살 수 있겠습니까?

그러나 예수님은 사람들에게 버림 당했습니다. 멸시와 무시를 당했습니다. 그리고 하나님의 진노를 받으셨습니다. 고난의 잔을 받으셨습니다. 고난의 세례를 받으셨습니다. 이것이 낮아지는 것이 무엇인지를 가르쳐 주는 일입니다.

5. 저주의 죽음을 죽었습니다

다섯 번째로 낮아지심은 십자가에서의 죽으심입니다. '십자가의 저주의 죽음을 받으시고', 이것은 저주의 죽음을 죽으셨다는 뜻입니다.

하나님의 진노의 결과, 저주의 결과로 십자가에서 죽게 했습니다.

갈라디아서 3장 13절에 "그리스도께서 우리를 위하여 저주를 받은 바 되사 율법의 저주에서 우리를 속량하셨으니 기록된 바 나무에 달린 자마다 저주 아래에 있는 자라 하였음이라"라고 했습니다. 빌립보서 2장 8절에 "사람의 모양으로 나타나사 자기를 낮추시고 죽기까지 복종하셨으니 곧 십자가에 죽으심이라"라고 했습니다.

우리가 율법을 지키지 못한 관계로 저주가 온 것인데 그 저주의 자리에서 우리들을 해방시키고 자유를 주셨습니다. 예수 그리스도는 하나님의 진노로 저주의 죽음을 죽으셨습니다. 이것이 예수님의 낮아지심입니다.

우리들이 저주와 심판을 받아 죽어야 하는데 예수님이 대속의 죽음을 죽으셨습니다. 대신 십자가를 지시고 하나님의 심판과 형벌을 받아 죽으신 것입니다.

6. 땅 속에 묻히셨습니다

여섯 번째로 '묻히셔서 얼마 동안 죽음의 권세 아래 거하신 것' 입니다. 죽어서 무덤에 묻히시는 데 상당 기간이 걸렸습니다. 삼일이지만 시간상으로 계산해 보면 만 이틀 정도 됩니다. 이것이 가장 낮아지심입니다.

만물 위에 계시고 높이 계신 분인데 낮아지셔서 땅 위에 오셨습니다. 땅 속에 묻히셨습니다. 땅 아래, 밑에 내려가셨습니다. 죽음의 자리, 하나님과 함께하던 자리에서 죽음의 자리로 내려가셨습니다. 하나님이 계신 곳에는 죽음이 찾아올 수 없었습니다. 에덴 동산에도 죽음이 찾아올 수 없었습니다. 그런데 범죄한 다음에는 죽음이 왕노릇했습니다. 죽음 아래까지 내려가신 것이 낮아지심입니다.

본래 무덤은 죄인이 묻히는 곳입니다. 의인이 가는 곳이 아닙니다.

그러나 주님은 우리들의 죄악을 걸머메시고 십자가에서 죽으시고 죄인처럼 무덤에 내려가셨습니다. 이것이 낮아지심의 절정입니다.

낮아지심으로 하나님 아버지께 복종하고, 자기 백성을 사랑하신 증표가 됩니다. 마태복음 11장 29절에 "나는 마음이 온유하고 겸손하니"라고 말씀하신 것이 사실입니다. 낮아지심을 볼 때 그 증거가 됩니다. 그리스도는 겸손의 대명사요, 겸손의 극치였습니다. 자기 비하를 잘하셨던 분이십니다.

사실 주님은 우주만물의 창조자이시요, 섭리주이시며, 심판주가 되십니다. 권능과 영광과 존귀와 위엄이 영원하신 분이십니다. 그러나 그리스도께서는 육신을 입으시고 이땅에 오셨습니다. 낮고 천한 땅에 종의 형체로 가난하게 태어나셨습니다. 그리고 하나님의 진노와 형벌을 받아 죽으셨고 땅 속에 매장되셨습니다. 이것이 예수님의 낮아지심입니다.

제13강
빌립보서 2장 6-11절

그리스도의 모범 (2)

우리들은 빌립보서 성경을 통하여 새로운 사실을 알게 되었습니다. 예수님의 낮아지심입니다. 예수님은 하나님이시지만 사람이 되셨고, 사람 중에 가장 낮은 종처럼 되셨습니다. 여자에게 태어나시고 율법 아래 나셨으며, 가난하게 살다가 십자가에 못박혀 죽으셨습니다. 그리고 하나님의 진노를 받아 죽고 땅 속에 매장되었습니다. 예수님이 행하신 일을 보면 낮아지는 방법으로 하나님의 일을 감당하셨습니다.

예수께서 낮아지셔서 행하신 또 다른 일이 무엇입니까? 소요리문답 제23문을 통해서 알아보려고 합니다. 제23문에서 '우리의 구속자로서 행하신 직분이 무엇인가?' 라고 묻습니다. 거기에 대한 대답으로 "그리스도께서 우리의 구속자로서 선지자와 제사장과 왕의 직분을 행하시되 낮아지고 높아지신 두 지위에서 하십니다"라고 되어 있습니다.

우리의 구속자로서 선지자와 제사장과 왕의 직분을 행하시는데, 낮아지고 높아지신 두 지위에서 행하셨습니다. 선지자와 제사장과 왕은 그리스도라는 칭호와 관련을 맺고 있습니다. 예수께서 낮아지심으로써 그리스도로서의 활동을 수행하셨습니다. '그리스도' 란 '기름 부음 받은 자' 입니다. '예수' 란 히브리말 '예슈아' 를 우리말로 '예수' 라고 했고, '그가 구원하신다' 라는 동사에서 나온 '구원' 이란 명사입니다. 마태복음 1장 21절에 보면 "아들을 낳으리니 이름을 예수라 하라 이는 그가 자기 백성을 그들의 죄에서 구원할 자이심이라"라고 천사, 주의 사자가 가르쳐 주었습니다. 하나님이 지어 주신 이름이 예수입니다.

알렉산더 대왕이 세계를 정복할 때 헬라 말이 여러 나라에 퍼지게 되었고, 희랍(Greek) 말이 통용되던 시대가 있었습니다. 기름 부음을 받은 자란 사람을 세워서 하나님의 일을 맡길 때 행하던 일로 기름을 부어서 세우는 것에서 유래되었습니다. '마쉬아흐' 라고 하는 말에서 '메시야' 란 말이 나오게 됩니다. 그리스도나 메시야는 같은 뜻으로 메시야란 히브리말로 기름 부음을 받은 자이고, 그리스도는 헬라말로 기름 부음을 받은 자입니다.

구약성경을 연구해 보면 선지자와 제사장과 왕, 세 직분을 줄 때에 기름을 부었습니다. 그래서 주님은 기름 부음을 받은 그리스도로 우리들의 선지자가 되십니다. 대제사장이 되시며, 우리의 왕이 되십니다.

1) 이스라엘 나라의 독특한 점은 기름을 부어 선지자가 되게 한 일입니다. 하나님의 뜻을 왕과 백성에게 알리는 사람이 있었습니다. 기름 부음을 받고 하나님의 뜻을 우리에게 알리신 예수님은 선지자이셨습니다. 예수님이 낮아지셨기 때문에 선지자의 역할을 감당하셨습니다.

시편 105편 8-10절에 "그는 그의 언약 곧 천 대에 걸쳐 명령하신 말씀을 영원히 기억하셨으니 이것은 아브라함과 맺은 언약이고 이삭에게 하신 맹세이며 야곱에게 세우신 율례 곧 이스라엘에게 하신 영원한 언약이라"라고 했습니다.

아브라함은 기름 부음 받은 자로, 선지자였습니다. 선지자는 기름을 부어서 일반인들과 구별하였습니다. 그리고 미래적인 사건들을 알도록 하셨습니다. 기름을 붓는 것은 선지자를 세우는 데 있어서 아주 중요한 예식이었습니다.

아브라함을 알면 기름 부은 자가 어떤 사람인지를 알게 되는 것입니다. 아브라함은 하나님께 기름 부음을 받은 자 같이 미래를 아는 선지자와 같았습니다. 그래서 미래적으로 가나안 땅을 바라보면서 하나님이 경영하시는 하늘나라를 믿음으로 바라보았습니다. 그리고 메시야가 와서 통치하실 것을 믿음으로 바라보았습니다.

열왕기상 19장 16절 하반절에 "아벨므홀라 사밧의 아들 엘리사에게 기름을 부어 너를 대신하여 선지자가 되게 하라"라고 엘리야에게 하나님이 말씀하셨습니다. 예후에게 기름을 부어 왕을, 엘리사에게 기름을 부어 선지자가 되게 하라고 했습니다. 모든 선지자를 그렇게 했는지는 잘 모르지만 엘리야는 엘리사에게 겉옷을 벗어 주어 옷을 입고 다니게 했습니다.

예수께서 '너희에게 알게 하려 하노라'라고 하신 말씀은 선지자의 직분을 수행함입니다. 그리고 그리스도께서 죄 사하는 권세도 있다는 새로운 지식, 계시를 주신 것은 선지자의 사명을 감당하신 것입니다. 우리들은 예수님이 하나님이 보내신 선지자이심을 믿습니다.

2) 이스라엘 나라에서 왕을 세울 때 기름을 부어서 세웠습니다. 사무엘하 1장 14절에 "다윗이 그에게 이르되 네가 어찌하여 손을 들어 여호와의 기름 부음 받은 자 죽이기를 두려워하지 아니하였느냐?"라고 했습니다. 사울 왕을 죽인 블레셋 사람이 자기 공로를 내세우려고 할 때 다윗이 한 말입니다. 사울 왕을 가리켜 여호와의 기름 부음 받은 자라고 했습니다.

사무엘상 9장 16절에서는 "내일 이맘 때에 내가 베냐민 땅에서 한 사람을 네게로 보내리니 너는 그에게 기름을 부어 내 백성 이스라엘의 지도자로 삼으라 그가 내 백성을 블레셋 사람들의 손에서 구원하리라 내 백성의 부르짖음이 내게 상달되었으므로 내가 그들을 돌보았노라"라고 했습니다. 여호와께서 사무엘에게 사울에게 기름을 부으라고 지시하셨습니다.

사무엘상 16장 13절에 "사무엘이 기름 뿔병을 가져다가 그의 형제

중에서 그에게 부었더니 이 날 이후로 다윗이 여호와의 영에게 크게 감동되니라"라고 했는데, 중요한 것은 기름을 부으면 하나님의 영이 임했다는 사실입니다. 다윗이 이스라엘의 왕이 되었습니다. 기름을 붓는 것은 왕과 밀접한 관계를 맺고 있습니다.

열왕기상 19장 16절에 "너는 또 님시의 아들 예후에게 기름을 부어 이스라엘의 왕이 되게 하고"라고 말씀하시는 것을 보면, 이스라엘의 왕이 될 때 기름을 부어서 세웠던 것이 확실합니다.

예수님은 기름 부음을 받은 만왕의 왕이셨습니다. 만왕의 왕이시기 때문에 바람과 바다를 잔잔하게 하셨습니다. 귀신들린 자들에게서 귀신을 쫓아내셨습니다. 말씀만 하시면 불가능한 일이 없으셨습니다. 마태복음 9장 1-8절을 볼 때 가버나움에 오신 것은 낮아지심이고 죄 사하는 권세는 높아지신 권세입니다. '네 죄사함을 받았느니라.' 이 말은 왕으로서의 선언입니다. 그분은 하늘과 땅의 권세를 가지신 만왕의 왕이시기 때문입니다.

3) 이스라엘 나라에 있어서 대제사장을 세울 때도 기름을 부어서 세웠습니다. 출애굽기 28장 41절에 "너는 그것들로 네 형 아론과 그와 함께 한 그의 아들들에게 입히고 그들에게 기름을 부어 위임하고 거룩하게 하여 그들이 제사장 직분을 내게 행하게 할지며"라고 했습니다.

하나님이 정한 속옷, 띠, 관을 입고 영화롭고 아름답게 하고 기름을 부어서 거룩한 제사장으로 위임했습니다. 예수님은 우리의 대제사장이 되십니다. 죄악을 걸머메시고 하나님 앞에 나아가신 제사장이십니다. 그래서 지상 생애 가운데서 우리들을 위하여 기도하셨습니다. 요한복음 17장이 대표적인 예입니다. 주님은 우리들을 위하여 기도하셨습니다. 믿음이 떨어지지 않도록 기도해 주셨습니다. 교회가 하나 되기를 위하여 간구하셨습니다. 십자가에 죽으시면서까지 기도하셨습니다. 저희의 죄를 용서하여 주옵소서.

지금도 하나님의 우편 보좌에서 기도하시는 줄로 믿습니다. 로마서

8장 34절에 "누가 정죄하리요 죽으실 뿐 아니라 다시 살아나신 이는 그리스도 예수시니 그는 하나님 우편에 계신 자요 우리를 위하여 간구하시는 자시니라"라고 했습니다.

히브리서 4장 14-16절에 "그러므로 우리에게 큰 대제사장이 계시니 승천하신 이 곧 하나님의 아들 예수시라 ... 그러므로 우리는 긍휼하심을 받고 때를 따라 돕는 은혜를 얻기 위하여 은혜의 보좌 앞에 담대히 나아갈 것이니라"라고 했습니다.

이스라엘 나라에는 세 가지 직분 곧 왕, 제사장, 선지자의 직분을 주셔서 나라를 바로잡고 하나님의 영광을 위하며 세상의 빛이 되게 하셨습니다. 이러한 직분자들을 보면서 하나님이 보내실 메시야를 바라보게 하셨습니다.

시편 2편에 1-12절에 "어찌하여 이방 나라들이 분노하며 민족들이 헛된 일을 꾸미는가 세상의 군왕들이 나서며 관원들이 서로 꾀하여 여호와와 그의 기름 부음 받은 자를 대적하며 우리가 그들의 맨 것을 끊고 그의 결박을 벗어 버리자 하는도다 하늘에 계신 이가 웃으심이여 주께서 그들을 비웃으시리로다 ... 여호와께 피하는 모든 사람은 다 복이 있도다"라고 했습니다.

여호와와 기름 부음 받은 자, 영을 내려 '너는 내 아들이라, 내게 구하라, 내가 열방을 유업으로 주리라' 라고 말씀하셨습니다. 메시야의 독특성이 나타납니다. 메시야의 통치는 땅 끝까지입니다. 세 가지 직분을 한 몸에 담당하셨습니다.

시편 105편 15절은 아브라함에게 세운 언약으로 2천 명 이상의 식구들과 세운 언약이었습니다. 모세나 사무엘도 여러 가지 직분을 수행하였습니다. 때로 제사장이나 선지자의 역할을 하였습니다. 주님은 세 가지 직분이 어우러졌으며 통치가 땅 끝까지였습니다.

예수님께서 하나님의 일을 수행하실 때 사용하신 방법은 낮아지고 높아지는 방법이었습니다. 하나님이 사람이 되신 일은 낮아지지 않고는 할 수 없는 일입니다. 여자에게 태어나시고 율법 아래 나신 것은 낮아지신 방법이었습니다. 십자가에 고통당하시는 것이나 땅 속에 매장되는 일도 낮아지지 않으면 있을 수 없는 일입니다. 우리들이 하나님의 일을 감당할 때의 마음 자세는 낮아지는 방법으로 감당해야 할 것입니다.

'낮아지고 높아지는' 두 지위에서 여러 가지 직분의 업무를 수행하셨습니다. 예수님이 나사렛 마을에서 약 30세까지 성장하십니다. 30세가 되어서 하나님 나라를 선포하시고 여러 가지 교훈을 하셨습니다. 하나님의 사랑이 무엇인지를 가르쳐 주셨습니다. 이스라엘 백성들은 하나님께서 메시야를 보내주실 것을 믿음으로 바라보았습니다. 구약 교회가 우여곡절 끝에 메시야를 희미하게나마 바라보았습니다.

에베소서 1장 20절을 볼 때 "죽은 자들 가운데서 다시 살리시고 하늘에서 자기의 오른편에 앉히사"라고 해서 낮아지시고 높아지심을 말해 주셨습니다. 바울은 빌립보 교인들에게 빌립보서 2장 6-11절에서 예수 그리스도께서 어떻게 낮아지셨는가와 어떻게 높아지셨는가를 말씀해 주셨습니다. 하나님이시지만 사람이 되셨습니다. 종이 되셨습니다.

누가복음 24장 25-27절에 십자가에 죽으시고 삼일 만에 살아나신 것을 말씀하셨습니다. 이런 사건을 볼 때 그리스도는 구속자로서 선지자와 제사장과 왕의 직분을 행하셨습니다. 낮아지고 높아지신 두 지위에서 일하셨습니다.

고린도전서 1장 18절에 십자가의 도가 구원받는 우리에게는 하나님의 능력이고 지혜입니다. 십자가에 달리신 예수님은 백성의 왕이시며, 십자가의 도의 교훈을 보여주셨는데 인생이 마땅히 행한 것을 가르치는 큰 계시로 선지자의 사명을 감당하셨습니다. 또 자신을 십자가에서 희생하신 제사장의 사명을 우리들에게 보여 주셨습니다. 그래서 주님은 왕과 선지자 그리고 제사장의 직분을 잘 감당하신 분이십니다.

제14강
빌립보서 2장 9-11절

그리스도의 모범 (3)

예수께서 하나님의 일을 감당하신 방법을 보면 낮아져서 감당하신 일이 있고 높아져서 감당하신 일이 있습니다. 소요리문답 제28문에 '그리스도의 높아지심은 어디에 있습니까?' 라는 질문에 대하여 '그리스도의 높아지심은 그가 사흘 만에 죽은 자 가운데서 다시 살아나신 것과 하늘로 올라가신 것과 하나님 우편에 앉으신 것과 마지막 날에 세상을 심판하러 오시는 데 있습니다' 라고 했습니다.

그리스도의 낮아지심(비하의 신분)은 강생하시되 비천한 지위에 나심, 율법 아래 나심, 금생의 여러 가지 비참함과 하나님의 진노와 십자가의 저주의 죽으심, 묻히셔서 죽음의 권세 아래 거하신 것입니다. 반대로 그리스도의 높아지심(승귀의 신분)은 첫 번째가 사흘 만에 죽은 자 가운데서 다시 살아나신 것, 두 번째가 하늘로 올라가신 것, 세 번째가 하나님 우편에 앉으신 것, 네 번째가 마지막 날에 세상을 심판하러 오시는 것입니다.

빌립보서 2장 6-8절은 그리스도의 비하의 신분을 말하고, 9-11절은 승귀의 신분을 말해 주고 있습니다. '꿇게 하신다' 는 것은 세계와 많은 사람뿐만 아니라 온 우주가 다 그렇게 하신다는 말입니다. '모든 입으로 예수 그리스도를 주라 시인하여 하나님 아버지께 영광을 돌리게 하셨느니라' 라고 하였는데 지금도 그런 상태에 있지만 앞으로 더욱 그런 상태로 발전되어 가고 있습니다. 과정 속에 있다는 말입니다. 빌립보서에서는 위의 네 가지를 다 포함해서 하나님이 높이셨다는 의미로 사용하고 있습니다.

1. 부활

그리스도가 높아지신 것의 첫 번째가 사흘 만에 부활하신 것입니다. 예수님은 부활하여 영원히 사셨습니다. 나사로도 다시 살아났지만 죽는 것이 전제된 삶입니다. 그리고 나사로는 개인적인 삶이지만 그리스도가 사신 것은 그의 백성과 관련이 있는 삶이었습니다. 백성들에게 영향을 끼치는 삶이라는 말입니다.

'부활' 은 먼저 주님께 영광이고 축하할 일입니다. 다음으로 성도들의 부활, 백성들의 부활을 생각하면서 축하할 일입니다. 그래서 부활절에 서로 축하해야 합니다. 성탄절이 큰 절기이지만 사실은 부활절이 더 큰 절기여야 합니다.

그리스도의 부활은 그의 백성, 지체들에게 영향을 끼치는 부활이었습니다. 부활하신 주님이 마태복음 28장 18-20절에서 "하늘과 땅의 모든 권세를 내게 주셨으니 그러므로 너희는 가서 모든 민족을 제자로 삼아 아버지와 아들과 성령의 이름으로 세례를 베풀고 내가 너희에게 분부한 모든 것을 가르쳐 지키게 하라 볼지어다 내가 세상 끝날까지 너희와 항상 함께 있으리라"라고 하셨습니다.

그리스도께서 무슨 권세가 있는가? 교회를 세우는 권세입니다. 복음을 전하는 권세입니다. 하나님 나라를 발전시키는 권세입니다. 이것은 주님의 부활로 얻어지는 영광이었습니다.

요한계시록 1장 17-19절에 보면 "내가 볼 때에 그의 발 앞에 엎드러져 죽은 자 같이 되매 그가 오른손을 내게 얹고 이르시되 두려워하지 말라 나는 처음이요 마지막이니 곧 살아 있는 자라 내가 전에 죽었었노라 볼지어다 이제 세세토록 살아 있어 사망과 음부의 열쇠를 가졌노니 그러므로 네가 본 것과 지금 있는 일과 장차 될 일을 기록하라"라고 하셨습니다.

'내가 전에 죽었었노라' 라고 말할 수 있는 사람이 누가 있습니까? 앞으로 죽을 것이다, 이미 죽었다로만 말할 수밖에 없는 사람들입니다. 과거에 죽었었다는 말은 지금은 살아있다는 말입니다. 이렇게 선언하는 사람이 있습니까?

또 '이제 세세토록 살아 있어 사망과 음부의 열쇠를 가졌다' 라고 선언하실 분이 누구입니까? 열쇠를 가졌기 때문에 열고 닫을 수 있습니다. 특별히 사망과 음부의 열쇠를 가졌습니다. 집어 넣고 나오게 하는 것을 마음대로 하실 수 있습니다. 그리스도의 부활은 백성들에게 한없는 기쁨과 소망이 됩니다.

2. 승천-하늘

두 번째로 하늘로 올라가신 것입니다. 땅으로 가는 것은 낮아지심인데 하늘로 가셨습니다. 이것이 높아지심입니다. 승귀의 신분입니다.

사람이 죽으면 영혼이 낙원에 갑니다. 아브라함의 품에 가는 것으로 말했습니다. 천당입니다. 부자와 거지 나사로의 비유에서 아브라함의 품에 안긴 것을 말했습니다. 예수님은 영혼과 몸이 합하여 부활해서 사람들이 보는 데서 하늘로 가셨습니다. 이것이 바로 하나님이 높이신 것입니다.

인류 역사상 처음 있는 일이고 사람의 몸을 가지고 하늘나라, 하나님께 간 것은 처음 있는 일입니다. 에녹은 하나님이 데리고 갔습니다. 엘리야도 데리고 갔습니다. 그런데 의미는 약간 다릅니다. 이들은 죽지 않고 변화된 몸으로 갔고 예수님은 죽은 자 가운데서 부활하여 영혼과 육체가 함께 갔습니다.

3. 하나님 우편 보좌

세 번째로 하나님 우편에 앉으셨습니다. 시편 110편 1절에 "여호와께서 내 주에게 말씀하시기를 내가 네 원수들로 네 발판이 되게 하기까지 너는 내 오른쪽에 앉아 있으라 하셨도다"라고 했습니다.

다윗의 주에게 여호와께서 우편에 앉으라고 하셨습니다. '네 원수들이 마침내 네 발판이 되게 하겠다'라는 말씀은 원수들을 이기는 것을 말하는데 발 밑으로 들어간다는 뜻입니다. 모든 원수를 굴복시킨다는 말입니다. 승리케 하고 높이신다는 뜻입니다.

예수님이 이 땅에 계실 때 바리새인들이 '그리스도가 누구의 자손이냐?'(마22:41-46)라고 물을 때 다윗의 자손이라고 대답했습니다. 그러면 왜 다윗이 주라고 말했느냐고 물을 때 대답하지 못했습니다.

오순절에 베드로 사도가 이스라엘 온 집은 확실히 알지니 너희가 십자가에 못 박은 예수를 하나님이 높이셨다. 주와 그리스도가 되게 하셨다고 설교했을 때 회개했습니다. 예수님이 하나님 우편 보좌에 앉으신 것을 설교한 것입니다. 그때 '형제들아, 우리가 어찌할꼬?' 회개했습니다.

우편 보좌는 만유를 통치하는 자리, 자기 백성을 위해서 일하는 자리, 원수를 이기고 자기 백성들을 위하여 권세를 행사하는 자리를 일컫는 말입니다. 바울은 로마서 8장 34절에서 "누가 정죄하리요 죽으실 뿐 아니라 다시 살아나신 이는 그리스도 예수시니 그는 하나님 우편에 계신 자요 우리를 위하여 간구하시는 자시니라"라고 했습니다. 하나님 우편에서 지극히 높은 자리이고 그의 백성을 사랑하셔서 기도하는 자리입니다. 하나님이 그런 자리를 허락하셨습니다.

4. 심판주

네 번째로 마지막 날에 세상을 심판하러 오실 것입니다. 요한복음 5장 26-29절을 보면 "아버지께서 자기 속에 생명이 있음같이 아들에게도 생명을 주어 그 속에 있게 하셨고 또 인자됨으로 말미암아 심판하는 권한을 주셨느니라 이를 놀랍게 여기지 말라 무덤 속에 있는 자가 다 그의 음성을 들을 때가 오나니 선한 일을 행한 자는 생명의 부활로, 악한 일을 행한 자는 심판의 부활로 나오리라"라고 했습니다.

인자란 심판하는 권세를 가진 분이란 뜻입니다. 왜 인자가 심판하는 권세가 있는 것인가? 인자란 사람의 아들이라는 말입니다. 하나님의 아들이라면 이해가 쉽게 되겠는데 왜 인자가 심판하는 권세가 있는 것일까?

다니엘서 7장 13-14절을 보면 "내가 또 밤 환상 중에 보니 인자 같은 이가 하늘 구름을 타고 와서 옛적부터 항상 계신 이에게 나아가 그 앞으로 인도되매 그에게 권세와 영광과 나라를 주고 모든 백성과 나라들과 다른 언어를 말하는 모든 자들이 그를 섬기게 하였으니 그의 권세는 소멸되지 아니하는 영원한 권세요 그의 나라는 멸망하지 아니할 것이니라"라고 했습니다.

예수님은 네가 하나님의 아들이냐고 물으면 '그렇다, 네가 말하였느니라' 라고 인정했습니다. 하나님의 아들이라고 하면 알아듣기 쉽겠는데 왜 인자라는 말을 쓰셨을까? 다윗의 자손이란 말도 사용하셨고, 인자란 말을 자주 사용하셨습니다.

만약 하나님의 아들이란 말을 계속하여 사용하셨다면 당시 유대인들에게 미움을 받았을 것입니다. 그렇지 않아도 돌을 들어 치려고 했고, 십자가에 못 박은 이유 중의 하나가 하나님의 아들이라는 말 때문이 아니었습니까? 그런데 주님은 왜 인자란 말을 만들어서 사용하신 것일까?

인자가 사람의 아들이란 말로 이해되어 퍽 낮은 의미인 것 같지만 여기에서는 만민을 심판하는 권세를 받는 분으로 이해해야 합니다. 인자란 낮은 지위보다는 아주 높은 위치를 표시하는 용어입니다.

마태복음 25장 31-32절에 "인자가 자기 영광으로 모든 천사와 함께 올 때에 자기 영광의 보좌에 앉으리니 모든 민족을 그 앞에 모으고 각각 구분하기를 목자가 양과 염소를 구분하는 것같이 하여"라고 말씀하셨습니다. 여기 인자가 낮은 위치입니까 아니면 높은 위치입니까? 큰 권세자를 나타내는 표시로서의 인자입니다. 주님이 독창적으로 만들어 사용하신 용어로 이해합니다. 만민을 심판하는 권세자를 의미합니다.

다니엘서 7장은 세상 나라와 하나님 나라가 대조적으로 나옵니다. 다니엘이 큰 짐승 넷을 보는데 1) 사자 같은데 독수리의 날개가 있고, 2) 곰 같은데 많은 고기를 먹습니다. 3) 표범 같은데 등에 새의 날개가 넷이 있습니다. 4) 무섭고 놀라운 짐승, 강한 짐승, 이빨은 철인데 흉악한 짐승이라고 했습니다.

왕좌가 놓이고 옛부터 항상 계신 이가 심판을 합니다. 그 결과 짐승이 권세를 빼앗기고 생명은 보존되지만 기다리게 되었습니다. 13절에서 "내가 또 밤 환상 중에 보니 인자 같은 이가 하늘 구름을 타고 와서 옛적부터 항상 계신 이에게 나아가 그 앞으로 인도되매"라고 했습니다. 여기 인자 같은 이가 누구일까?

16-17절에 "내가 그 곁에 모셔 선 자들 중 하나에게 나아가서 이 모든 일의 진상을 물으매 그가 내게 말하여 그 일의 해석을 알려 주며 이르되 그 네 큰 짐승은 세상에 일어날 네 왕이라"라고 했습니다. 네 짐승은 네 왕입니다. 세상에 일어날 왕입니다.

그리고 18절에 "지극히 높으신 이의 성도들이 나라를 얻으리니 그 누림이 영원하고 영원하고 영원하리라"라고 했습니다. 인자 같은 이가 와서 권세와 영광과 나라를 주어 모든 백성과 나라들과 각 방언하는 자로 그를 섬기게 하였습니다. 지극히 높으신 자의 성도란 하나님 나라 백성들을 의미합니다. 인자란 예수님이라기보다 하나님 나라를 의미한다고 보는 것이 자연스럽습니다.

다니엘서 2장에 신상이 나타나는데 느부갓네살 왕이 받은 것입니다. 하나님의 나라, 예루살렘을 포위해서 백성들을 포로로 잡아간 무서운 왕입니다. 큰 신상을 보았는데 머리가 순금, 가슴과 팔들은 은, 배와 넓적다리는 놋, 종아리는 철, 종아리와 발의 얼마는 철, 얼마는 진흙이었습니다.

나중에 사람의 손으로 하지 않은 뜨인 돌이 나타나서 신상의 발을 치고, 다음으로 전체를 쳐서 가루가 되게 하고 겨같이 되어 바람에 날아갔고 우상을 친 돌은 태산을 이루어서 온 세계에 가득하였다고 했습니다.

36-43절에서 해석해 주었습니다. "그 꿈이 이러한즉 내가 이제 그 해석을 왕 앞에 아뢰리이다 왕이여 왕은 여러 왕들 중의 왕이시라 하늘의 하나님이 나라와 권세와 능력과 영광을 왕에게 주셨고 사람들과 들짐승과 공중의 새들, 어느 곳에 있는 것을 막론하고 그것들을 왕의 손에 넘기사 다 다스리게 하셨으니 왕은 곧 그 금 머리니이다 ..."라고 했습니다.

여기서 다니엘이 본 이상이나 느부갓네살이 꾼 꿈이나 둘 다 네 나라에 대한 것입니다. 느부갓네살이 본 뜨인 돌과 같은 나라는 성도들의 나라와 일치합니다. 세상 나라와 하나님 나라의 대조입니다. 시시한 돌 같은 나라, 성도들이 모인 나라와 같습니다. 그러나 지극히 높으신 자의 성도들이 나라를 받았고 누림이 영원하고 영원하고 영원하리라고 하셨습니다.

다니엘 성경에서 사용된 인자는 하나님 나라 개념으로 이해하지만, 주님은 독창적으로 인자 개념을 사용하셨습니다. 마태복음 26장 63-64절에 "예수께서 침묵하시거늘 대제사장이 이르되 내가 너로 살아계신 하나님께 맹세하게 하노니 네가 하나님의 아들 그리스도인지 우리에게 말하라 예수께서 이르시되 네가 말하였느니라"라고 했습니다. 하나님의 아들 그리스도인 것을 인정했습니다.

"그러나 내가 너희에게 이르노니 이 후에 인자가 권능의 우편에 앉아 있는 것과 하늘 구름을 타고 오는 것을 너희가 보리라"라고 했습니다. '이 후에 인자가' 라고 말했습니다. 인자가 권능의 우편에 앉은 것과 하늘 구름을 타고 오는 것을 너희가 보리라.

마태복음 9장 6절에 "그러나 인자가 세상에서 죄를 사하는 권능이 있는 줄을 너희로 알게 하려 하노라 하시고 중풍병자에게 말씀하시되 일어나 네 침상을 가지고 집으로 가라"라고 했습니다. 인자가 세상에서 죄를 사하는 권세가 있다고 했습니다. 죄를 사하는 권세가 있다는 것은 대단한 선언입니다. 하나님 외에 누가 죄를 용서할 수 있겠습니까? 인자가 중풍병자를 걸어가게 했다는 것과 죄를 사하는 권세가 있다는 선언이었습니다.

마태복음 10장 23절에 "이 동네에서 너희를 박해하거든 저 동네로 피하라 내가 진실로 너희에게 이르노니 이스라엘의 모든 동네를 다 다니지 못하여서 인자가 오리라"라고 했습니다. 이 말씀은 적당한 때에 인자가 올 것이니 사명을 다하고 있으라는 뜻입니다. 사명감에 불타서 일하고 있을 때 하나님의 백성을 돕기 위하여 인자가 오시겠다는 뜻입니다. 여기서 인자는 백성을 돕는 분으로 나타났습니다.

마태복음 12장 40절에 "요나가 밤낮 사흘 동안 큰 물고기 뱃속에 있었던 것같이 인자도 밤낮 사흘 동안 땅 속에 있으리라"라고 하셨습니다. 지극히 낮아진 사건이지만 큰 물고기 뱃속에서 회개하고 살아난 다음에 행한 일이 니느웨 성으로 가서 외쳤습니다. 불순종을 회개했을 것입니다. 민족적인 감정도 회개했습니다. 앗수르가 무서운 나라가 아닙니까? 이스라엘을 잔인하게 멸망시킨 나라입니다. 그런데 살아난 요나가 가서 외쳤습니다. 40일만 있으면 이 성이 멸망받으리라. 이 성이 무너진다!

그래서 예수님은 마태복음 12장 38-41절에서 악하고 음란한 세대가 표적을 구하나 선지자 요나의 표적밖에는 보여줄 표적이 없다고 말했습니다. 요나가 물고기 뱃속에서 나오듯 예수님도 땅속에서 나오신다, 부활하신다는 뜻입니다. 이것이 높아지심입니다.

마태복음 11장 19절에 "인자는 와서 먹고 마시매 말하기를 보라 먹기를 탐하고 포도주를 즐기는 사람이요 세리와 죄인의 친구로다 하니 지혜는 그 행한 일로 인하여 옳다 함을 얻느니라"라고 하여 인자에 대해 길 잃은 자를 찾아주며 백성다운 위치에 올려 놓는 분으로 설명하고 있습니다.

마태복음 13장 37-43절에서 "좋은 씨를 뿌리는 이는 인자요 밭은 세상이요 좋은 씨는 천국의 아들들이요 가라지는 악한 자의 아들들이요 가라지를 뿌린 원수는 마귀요 추수 때는 세상 끝이요 추수꾼은 천사들이니 그런즉 가라지를 거두어 불에 사르는 것같이 세상 끝에도 그러하리라 인자가 그 천사들을 보내리니 그들이 그 나라에서 모든 넘어지게 하는 것과 또 불법을 행하는 자들을 거두어 내어 풀무 불에 던져 넣으리니 거기서 울며 이를 갈게 되리라 그 때에 의인들은 자기 아버지 나라에서 해와 같이 빛나리라 귀 있는 자는 들으라"라고 하셨습니다. 여기서 인자는 좋은 씨를 뿌리는 자라고 설명했습니다. 추수 때에 아버지의 나라에서 해와 같이 빛나게 하시는 분입니다.

인자란 말을 스데반이 한 번 사용했습니다. '인자가 하나님 우편에 서신 것을 내가 보노라' 라고 했습니다. 다른 사람들은 사용하지 않았습니다. 시대적인 배경이 있기 때문입니다. 그러나 인자는 백성들을 사랑하고, 일하는 분, 큰 권세를 가지신 분, 천사도 명하고 재판권을 가지신 분을 말할 때 사용되었습니다.

제15강
빌립보서 2장 12-14절

항상 복종하라

예수 그리스도의 전적인 순종, 고난의 삶, 십자가의 죽으심과 삼 일 만에 부활하신 사건을 통하여 우리들을 죄의 형벌과 죄책으로부터 구원하셨습니다. 그리스도의 구원 사역과 성령의 사역을 우리들 각자가 마음과 삶에 적용할 때 구원의 효력이 발생됩니다.

우리가 추구하는 개혁주의에서는 구원의 축복이 어떻게 하나님의 백성에게 임하는지, 또 어떻게 하나님과의 교제가 회복되는가를 연구하는 내용이 많습니다.

1. 개혁주의 구원론

개혁주의 구원론에는 몇 가지 특징이 있습니다.

첫 번째 특징은 죄로부터 구원받는 것을 결정할 때 사람이 아니라 하나님의 주권적인 은혜임을 말합니다. 하나님의 전적인 은혜성, 전적인 하나님의 은총입니다. 인간의 공로나 행위로 구원받는 것이 아니라 하나님의 은혜로 구원받습니다.

에베소서 2장 8-10절에서 "너희는 그 은혜에 의하여 믿음으로 말미암아 구원을 받았으니 이것은 너희에게서 난 것이 아니요 하나님의 선물이라"라고 했습니다. 기독교는 은혜로 구원받는 종교입니다. 사람의 공로가 아니라 하나님의 은혜로 구원받습니다.

두 번째 특징은 백성들의 구원의 뿌리를 하나님의 영원한 계획에 두고 있습니다. 사람 편에 뿌리를 두지 않고 영생을 주기로 작정(선택)된 자는 다 믿게 하십니다. 신학적인 용어로는 무조건적 선택입니다.

사도행전 13장 48절에 "이방인들이 듣고 기뻐하여 하나님의 말씀을 찬송하며 영생을 주시기로 작정된 자는 다 믿더라"라고 했습니다. 선택받는 것도 하나님의 무조건적인 선택이지 인간이 선택해 달라고 말해서 선택되는 것은 아닙니다.

세 번째 특징은 복음의 메시지를 듣는다 할지라도 예수를 영접하고 구원받는 영광의 자리에 앉는 것은 일반적이거나 보편적인 것이 아니라 특별한 것입니다. 이것이 제한 속죄교리입니다. 부르심을 받은 자는 많지만 하나님의 선택된 자는 제한적입니다. 천에 하나, 만에 하나를 선택하신 것입니다.

이사야 43장 1절에 "야곱아 너를 창조하신 여호와께서 지금 말씀하시느니라 이스라엘아 너를 지으신 이가 말씀하시느니라 너는 두려워하지 말라 내가 너를 구속하였고 내가 너를 지명하여 불렀나니 너는 내 것이라"라고 말했습니다.

네 번째 특징은 하나님의 은혜로 구원받는 것은 유효하며 유기될 수 없습니다. 사람은 하나님을 떠날 수 있어도 하나님은 택한 자의 구원을 상실하도록 허락하지 않으십니다. 창세기 28장 15절에서 야곱에게 "내가 너와 함께 있어 네가 어디로 가든지 너를 지키며 너를 이끌어 이 땅으로 돌아오게 할지라 내가 네게 허락한 것을 다 이루기까지 너를 떠나지 아니하리라"라고 했습니다. 한번 선택한 자는 버리지 않으시는 하나님이십니다.

다섯 번째 특징은 구원이 하나님의 백성에게 적용되기 위해서 인간의 의지와 노력이 포함되지만 기본적으로 성령의 사역입니다. 성령께서 사람을 거듭나게 하십니다.

요한복음 3장 3절과 5절입니다. "예수께서 대답하여 이르시되 진실로 진실로 네게 이르노니 사람이 거듭나지 아니하면 하나님의 나라를 볼 수 없느니라"라고 했고, "예수께서 대답하시되 진실로 진실로 네게 이르노니 사람이 물과 성령으로 나지 아니하면 하나님의 나라에 들어갈 수 없느니라"라고 했습니다.

여기서 하나님의 주권적인 은혜를 강조한다고 해서 인간의 책임을 부인하는 것은 아닙니다. 그래서 '하나님이 일하시고 우리도 일한다'는 말을 하게 됩니다. 성화의 과정은 100% 하나님의 일이요, 동시에 100% 우리의 일이라고 말합니다.

빌립보서 2장 12-13절을 읽어봅시다. "그러므로 나의 사랑하는 자들아 너희가 나 있을 때뿐 아니라 더욱 지금 나 없을 때에도 항상 복종하여 두렵고 떨림으로 너희 구원을 이루라 너희 안에서 행하시는 이는 하나님이시니 자기의 기쁘신 뜻을 위하여 너희에게 소원을 두고 행하게 하시나니"라고 했습니다.

하나님의 절대주권과 인간의 책임을 생각할 때 역설적이지만 모순이 아닌 일치하는 하나의 사건입니다. 하나님의 주권을 강조하는 구절을 봅시다. 잠언 21장 1절에 "왕의 마음이 여호와의 손에 있음이 마치 봇물과 같아서 그가 임의로 인도하시느니라"라고 했고, 에베소서 1장 11절에 "모든 일을 그의 뜻의 결정대로 일하시는 이의 계획을 따라 우리가 예정을 입어 그 안에서 기업이 되었으니"라고 했으며, 로마서 9장 21절에서 "토기장이가 진흙 한 덩이로 하나는 귀히 쓸 그릇을, 하나는 천히 쓸 그릇을 만들 권한이 없느냐"라고 했습니다.

인간의 책임성에서 요한복음 3장 36절에 "아들을 믿는 자에게는 영생이 있고, 아들에게 순종하지 아니하는 자는 영생을 보지 못하고 도리어 하나님의 진노가 그 위에 머물러 있느니라"라고 했습니다.

마태복음 16장 27절에 "인자가 아버지의 영광으로 그 천사들과 함께 오리니 그때에 각 사람이 행한 대로 갚으리라"라고 했고, 요한계시록 22장 12절에 "보라 내가 속히 오리니 내가 줄 상이 내게 있어 각 사람에게 그가 행한 대로 갚아 주리라"라고 했습니다.

두 측면이 모두 나타나는 성경구절도 있습니다. 누가복음 22장 22절에 "인자는 이미 작정된 대로 가거니와 그를 파는 그 사람에게는 화가 있으리로다"라고 했고, 사도행전 2장 23절에 "그가 하나님께서 정하신 뜻과 미리 아신 대로 내준 바 되었거늘 너희가 법 없는 자들의 손을 빌려 못 박아 죽였으나"라고 했습니다. 하나님의 작정이 있었지만 인간의 책임도 부여되는 것입니다.

칼빈이나 패커 같은 학자들도 하나님의 주권과 인간의 책임성에 대하여 인정하였습니다. 패커는 한 부분만 강조하는 것은 위험한 일이라고 강조합니다. 천국에서 모든 것을 이해하게 될 것입니다. 세상에서 풀 수 없다는 사실을 인정하는 것이 우리의 지혜라고 하였습니다.

구원론은 하나님이 행하시는 일을 말하기에 신론과 가깝고, 동시에 기독교적 인간론과 가깝습니다. 인간을 구원하는 일이기 때문입니다. 펠라기우스주의자들은 인간은 도덕적으로나 영적으로 중립상태이며 바른 교육과 좋은 환경이 필요할 뿐이라는 구원론이고, 반펠라기우스는 인간은 부분적인 부패와 타락으로 죽은 것이 아니라 병든 상태로 보는 것입니다. 구원은 또다시 잃어버릴 수도 있다는 주장입니다.

개혁주의자들은 인간본성은 타락했고 전적으로 부패했으며, 하나님의 전적인 은혜로만 중생되며, 새 영을 힘입어야 함을 강조합니다. 그리고 그것은 그리스도의 인격과 사역에 기초를 두기 때문에 밀접한 관계에 놓여져 있는 것입니다. 아리우스는 그리스도의 신성을 부인했습니다. 아타나시우스는 그리스도의 신성을 인정하였습니다. 그리고 참된 인성을 믿습니다. 인간이시기에 십자가를 지셨고, 부활하셨습니다.

구원론은 성령론과도 연결됩니다. 성령께서 성경을 주셨고, 성령이 거룩하게 하시고, 믿음의 길로 안내하기 때문입니다. 물론 종말론과도 연결되어 있습니다. 종말적인 완성이니까요.

2. 항상 복종하라

바울은 빌립보서 2장을 통해 그리스도의 낮아지심과 높아지심으로 일하신 모습을 보여주면서 교훈했습니다. 그리스도의 마음을 본받으라. 그리스도가 자기를 낮추사 죽기까지 복종하셨습니다. 우리도 항상 복종해야 합니다.

첫 번째로 두 종류의 복종이 있습니다. 하나님의 사람이 있을 때 하는 복종이 있고, 있을 때나 없을 때나 하는 복종이 있습니다. 그리스도의 복종은 십자가에 죽기까지 자기를 낮추는 복종이었습니다. 우리가 받은 구원은 하나님의 사람이 있을 때나 없을 때나 한결같이 하나님께 복종하는 것입니다.

12절에 "나의 사랑하는 자들아 너희가 나 있을 때뿐 아니라 더욱 지금 나 없을 때에도 항상 복종하여 두렵고 떨림으로 너희 구원을 이루라"라고 했습니다. 눈가림으로만 하지 말라. 우리들이 청소를 할 때 눈에 띄는 곳만 하는 것은 미봉책입니다. 눈가림은 미흡한 순종입니다. 천박하고 피상적인 순종입니다.

내가 없을 때에도 항상 복종하라. 이것이 마음으로부터 나오는 순종입니다. 하나님만 바라보는 사람의 삶입니다. 우리가 교회를 섬기거나 노동을 할 때 주인이 있든지 없든지 한결같이 봉사하고 헌신하는 자세가 필요하듯 복종도 마찬가지입니다.

두 번째로 범사에 복종하라고 가르칩니다. 13절에 "너희 안에서 행하시는 이는 하나님이시니 자기의 기쁘신 뜻을 위하여 너희에게 소원을 두고 행하게 하시나니"라고 했습니다. 바울이 있든지 없든지 상관없이 빌립보 교인들이 결승점, 골인지점까지 달려 나아가기를 원하고 있습니다.

우리는 다른 사람들에게 관심을 가지고 살아가지만 구원에 관한 한 자기 자신에 대하여 자기가 책임을 져야 합니다. 다른 사람이 책임을 질 수 없는 일입니다. 키플링은 '이 경주는 한 사람씩 달리며 결코 둘씩 짝지어 달리지 않는다'라고 했습니다.

베드로 사도는 베드로후서 1장 10절에서 "그러므로 형제들아 더욱 힘써 너희 부르심과 택하심을 굳게 하라 너희가 이것을 행한즉 언제든지 실족하지 아니하리라"라고 했습니다. 부르심과 택하심을 굳게 하라고 합니다.

요즈음 사람들은 하나님을 경외하지 않거나 두려워하지 않습니다. 그러나 바울은 두렵고 떨림으로 구원을 이루라고 말합니다. 바울은 고린도전서 9장 27절에서 "내가 내 몸을 쳐 복종하게 함은 내가 남에게 전파한 후에 자신이 도리어 버림을 당할까 두려워함이로다"라고 했습니다.

14절에 "모든 일을 원망과 시비가 없이 하라"라고 했습니다. 명령에 복종하되 즐겁고 행복해서 복종하라. 유쾌하게 콧노래를 부르면서 순종하라. 이스라엘 백성들이 애굽에서 나와서 광야생활을 할 때 얼마나 원망하고 불평했습니까? 모세에게 대항했습니다. 하나님을 향하여 원망했습니다. 결과는 무서웠습니다.

시비는 지적인 반항입니다. 정신적인 불순종입니다. 불평과 반역입니다. 하나님의 뜻에 대항하게 만드는 요소가 시비입니다. 망설이게 만듭니다. 속히 받아들이지 못하고 머리로 판단하고 있습니다. 주여 내가 믿습니다. 고백하지 않습니다. 죽을 때까지 머리로만 판단하고 있습니다.

그리스도인은 예수의 좋은 군사입니다. 군인이 상관의 명령에 복종하듯 주님의 명령에 순종하고 복종하는 사람이 그리스도인입니다. 아브라함이 이삭을 제물로 드리기 위하여 순종할 때 하나님이 준비하신 양이 있었습니다. 하나님께 인정받는 결과를 가져왔습니다.

제16강
빌립보서 2장 15-18절

성도의 성화

바울은 하나님의 교회를 출입하는 빌립보 성도들에게 '나의 사랑하는 자들아' 라고 부르면서 하지 말아야 할 것, 없어야 할 것을 지적하여 말했습니다. 그것이 무엇입니까?

하나님께로부터 받은 구원에 대한 순종을 할 때 구원의 효력이 발생하는 것을 지적했습니다. 하나님의 부르심과 선택에 대한 인간의 책임입니다. 하나님이 베풀어 주신 사랑에 대하여 인간의 수고가 있어야 합니다. 구원받기 위하여 무엇을 보태라는 의미가 아니라 하나님께서 우리에게 주신 사랑과 베풀어 주신 은혜를 잘 감당하라는 뜻입니다.

그래서 바울은 "너희 안에서 행하시는 이는 하나님이시니"라고 가르쳐 주었습니다. 이 말씀은 인간의 공로처럼 느껴지는 것도 하나님의 은혜라는 뜻입니다. 하나님은 우리들에게 하나님을 사랑하는 마음과 사람들을 사랑할 수 있는 마음을 주시며, 선을 행할 수 있는 능력도 주시는 분이십니다.

그런데 일반적으로 사람들은 하나님이 주신 은혜에 감사하기는 커녕 심지어 다른 사람들의 약점에 대하여 불평과 불만을 토로하며 살아갑니다. 그렇게 되면 성장할 수 없습니다. 심지어 원망하는 사람, 불평하는 사람이 되기도 합니다. 시기심도 가질 수 있습니다. 그렇게 되면 하나님의 교회에서 하나 되는 삶을 누릴 수 없게 됩니다.

그래서 바울은 "모든 일에 원망과 시비가 없게 하라"라고 말했습니다. 구원받은 하나님의 사람이라면 원망과 시비만은 없어야 한다. 교인들의 마음이나 입에서 원망과 시비가 없어야 한다. 원망과 불평은 하나님의 은혜에 감사하지 않는 데서 출발합니다.

'원망' 이 무엇입니까? 투덜거리는 것입니다. 수군거리는 것입니다. 협력하지 않는 것입니다. 자기 할 일도 하지 않고 다른 사람이 일하려고 하면 방해하는 것입니다. 사람이 원망하거나 투덜거리는 일만 하지 않아도 상당히 성화된 사람입니다.

또 '시비하지 말라.' 시비는 원망의 결과로 나타나는 말다툼입니다. 논쟁입니다. 단체 생활을 할 때 잘못하면 이런 현상이 빚어질 수 있습니다. 말다툼만 하지 않아도 상당한 성화가 이루어진 사람입니다.

1. 순전한 사람

그러면 우리들은 어떠한 사람이 되어야 하겠습니까? 순전하지 못한 자들 가운데서 순전한 자가 되어야 합니다. 이것이 자신에게 있어서 가장 중요한 것은 성장 혹은 진보입니다. 성화입니다. 칭의는 단회적으로 이루어지지만 성화는 점진적입니다.

빌립보 교인들은 '흠이 없고 순전' 하게 되었습니다. 하나님의 눈으로 볼 때 흠 없는 자는 아무도 없습니다. 그리스도인들이라고 해서 흠이 없는 것은 아닙니다. 다 허물이 있고 흠이 있습니다. 흠이 없다는 뜻은 마태복음 10장 16절에서는 "비둘기같이 순결하라"라고 했습니다. 우유나 포도주에 불순물이 섞인 것이 없는 것을 말합니다. 진짜라는 의미입니다. 로마서 16장 19절에 "너희가 선한 데 지혜롭고 악한 데 미련하기를 원하노라"라고 했습니다. 사람이 선을 알기 위해서 악을 경험적으로 알아야 한다는 생각은 크게 잘못된 생각입니다.

'흠이 없다' 란 '다른 사람에게 비난받고 욕먹는 일이 없는 것' 을 말합니다. '순전하다' 란 '섞인 것이 없는 것' 입니다. 순수하다는 뜻입니다. 순결하여 죄가 없는 상태를 가리킵니다.

하나님의 자녀들은 순전한 사람들입니다. 상품으로 말한다면 우수상품입니다. 순전한 자는 친환경적인 음식물과 같습니다. 신명기 32장 5절을 인용하여 빌립보 교인들에게 적용시키고 있습니다. "그들이 여호와를 향하여 악을 행하니 하나님의 자녀가 아니요 흠이 있고 삐뚤어진 세대로다."

레위기 22장 21절 구약시대에 하나님께 드리는 제물은 모두 흠이 없어야 했습니다. 빌립보 교인들은 흠이 없는 제물과 같아야 했습니다. 그러나 역사적으로 이스라엘 백성들은 '어그러지고 거스르는 세대' 와 같았습니다. 만약 빌립보 교인들도 원망과 불평을 일삼는다면 이스라엘 백성과 같은 상태로 전락할 것입니다. 이스라엘 백성들은 고집이 세고 어그러진 세대와 같았습니다. 그래서 오순절에 사도 베드로는 사도행전 2장 40절에서 "너희가 이 패역한 세대에서 구원을 받으라"라고 했습니다.

누가복음 3장 5절에서는 굽은 길이라고 표현되어 있습니다. 비뚤어진 걸음, 꾸불꾸불한 길을 말합니다. '거스르는' 이란 '뒤틀린, 비틀어진' 이란 말로 내적인 특성입니다. 이런 세상에서 빛들로 나타나는 것이 중요합니다. 예수님은 세상의 빛이었습니다. 마태복음 5장 14절에 "너희는 세상의 빛이라 산 위에 있는 동네가 숨겨지지 못할 것이요"라고 했습니다.

빌립보 교인들은 어두움을 비추는 생명의 빛이었습니다. 어두움을 환하게 밝히는 발광체였습니다. 칠흑과 같은 바다에 배를 안내하는 등대와 같은 사람들이었습니다. 그러니까 없어야 할 것은 원망과 시비이지만 있어야 할 것은 세상을 환하게 비추는 빛입니다.

바울은 빌립보 교인들에게 15절에서 "너희가 흠이 없고 순전하여 어그러지고 거스르는 세대 가운데서 하나님의 흠 없는 자녀로 세상에서 그들 가운데 빛들로 나타내며"라고 말합니다.

지금 세상은 어그러지고 거스르는 세대입니다. 비뚤어진 세상입니다. 잘못된 세상입니다. 기준이 없는 세상입니다. 표준은 물론 없습니다. 절대적인 것을 용납하지 않습니다. 모든 것을 상대화시켜 버리는 세상입니다.

인류 역사를 살펴 보면 진리를 떠난 세상이 얼마나 사악합니까? 하나님을 대항합니다. 이것이 패역한 세대입니다. 악하고 음란한 세상입니다. 이런 세상에서 성도는 빛으로 부름 받았습니다.

예수님은 마태복음 5장 14-16절에서 "너희는 세상의 빛이라 산 위에 있는 동네가 숨겨지지 못할 것이요 사람이 등불을 켜서 말 아래에 두지 아니하고 등경 위에 두나니 이러므로 집 안 모든 사람들에게 비치느니라 이같이 너희 빛이 사람 앞에 비치게 하여 그들로 너희 착한 행실을 보고 하늘에 계신 너희 아버지께 영광을 돌리게 하라"라고 말했습니다.

바울은 데살로니가 성도들에게 데살로니가전서 5장 5절에서 "너희는 다 빛의 아들이요 낮의 아들이라 우리가 밤이나 어둠에 속하지 아니하나니"라고 했습니다. 예수님이나 바울은 성도들에게 세상을 환하게 밝히는 빛으로 살라고 하셨습니다.

어떻게 하면 빛으로 살 수 있을까요? '생명의 말씀을 밝혀' 라고 말했습니다. 생명의 말씀을 밝히는 것이 세상을 환하게 밝히는 일입니다. 세상에서 하나님의 말씀을 따라 사는 길밖에 없습니다. 생명의 말씀을 굳세게 붙잡고 사는 길이 있습니다. 결국 복음을 전파하고 복음대로 사는 길이 빛된 길입니다. 어두움을 밝히는 길입니다.

2. 바울의 자랑

16절 하반절에 "그리스도의 날에 내가 자랑할 것이 있게 하려 함이라"라고 했습니다. 바울이 목회사역을 위하여, 빌립보 교회를 위하여 수고를 많이 했는데 분쟁이나 하고 세상의 빛으로 서지 못한다면 어떻게 되겠습니까? 빌립보 교회가 세상의 빛으로 나타나고, 그리스도의 날에 자랑할 수 있기를 원했습니다. 또한 재림의 날에 부끄러움없이 그리스도 앞에 설 수 있기를 원했습니다. 바울의 이 마음은 모든 목회자의 마음일 것입니다.

바울은 생애의 마지막 순간이 다가오고 있을 때 양떼를 더욱 생각했습니다. 그리스도의 날에 자랑할 것이 있기를 원했습니다. 히브리서 13장 17절과 같은 목자의 마음을 가졌던 바울입니다. "너희를 인도하는 자들에게 순종하고 복종하라 그들은 너희 영혼을 위하여 경성하기를 자신들이 청산할 자인 것같이 하느니라 그들로 하여금 즐거움으로 이것을 하게 하고 근심으로 하게 하지 말라 그렇지 않으면 너희에게 유익이 없느니라."

고린도전서 3장 15절과 같은 불 가운데서 얻는 구원을 원하지 않는 바울입니다. 갈라디아서 2장 2절에서도 같은 마음을 가지고 있었습니다. 경주가 무위로 끝나기를 원하지 않았습니다. 수고란 일을 많이 한 결과의 피로를 말합니다. 부모가 자기 자녀들을 자랑하듯 빌립보 교인들은 그리스도의 면전에서 바울의 자랑이 될 것입니다.

바울은 빌립보 교인들을 위하여 수고하고 애쓰는 것은 물론이고 죽는 것까지도 두려워하지 않았습니다. 그렇게 충성하던 바울에게도 죽음은 예외가 아니었습니다. 언젠가는 죽는 순간이 다가오고 있었습니다.

바울은 사도직을 바치는 것이 아니었습니다. 생명이었습니다. 생애를 바쳤습니다. 자신을 제단 위에 바치는 것이었습니다. 제단 위에 술을 붓듯 유대인들이 붓는 것을 생각하면서 자신을 쏟아바치기를 원했습니다. 그래서 17절 상반절에 "만일 너희 믿음의 제물과 섬김 위에 내가 나를 전제로 드릴지라도"라고 했습니다.

여러분도 목회자의 자랑거리가 됩시다. 지상에서 뿐만 아니라 천상의 그리스도의 심판대 앞에서도 자랑거리가 됩시다.

3. 상호간의 기쁨

기쁨은 상호간의 기쁨입니다. 한편만 기쁜 것은 진정한 기쁨이 아닐 것입니다. 부모도 기쁘고 자녀도 기쁘며, 아내도 기쁘고 남편도 기뻐야 합니다. 바울은 빌립보 교인들에게 17절 하반절부터 18절까지 "나는 기뻐하고 너희 무리와 함께 기뻐하리니 이와 같이 너희도 기뻐하고 나와 함께 기뻐하라"라고 했습니다.

성도가 목회자와 함께 기쁨을 나눌 수 있다면 행복한 성도입니다. 그런데 많은 사람들이 자기 혼자 기뻐합니다. 슬플 때도 자기 혼자 슬퍼합니다. 그것은 성도의 삶이 아닙니다. 함께 기뻐하고 함께 즐거워하는 삶이 성도의 삶이기 때문입니다.

갈라디아서 6장 6절에 "가르침을 받는 자는 말씀을 가르치는 자와 모든 좋은 것을 함께 하라"라고 했습니다. 디모데전서 5장 17절에 "잘 다스리는 장로들은 배나 존경할 자로 알되 말씀과 가르침에 수고하는 이들에게는 더욱 그리할 것이니라"라고 했습니다.

관제가 무엇입니까? 제물에 포도주를 붓는 예식입니다. 민수기 15장 1-10절에 보면 관제에 대하여 나옵니다. 민수기 15장 5절에 "번제나 다른 제사로 드리는 제물이 어린 양이면 전제로 포도주 사분의 일 힌을 준비할 것이요"라고 했고, 7절에서도 "전제로 포도주 삼분의 일 힌을 드려 여호와 앞에 향기롭게 할 것이요"라고 했습니다.

바울이 관제와 같이 되었다는 말은 자신이 피흘려 죽는 죽음을 말합니다. 빌립보 교인들을 위하여 순교의 죽음을 죽어도 좋다는 뜻입니다.

온전한 제사를 드릴 수 있듯이 바울은 빌립보 교회를 위하여 모든 수고를 아끼지 않았습니다. "이와 같이 너희도 기뻐하고 나와 함께 기뻐하라." 바울은 빌립보 교인들의 신앙성숙을 위하여 관제와 같이 드릴지라도 기뻐하고 기뻐한다고 했습니다.

데살로니가전서 2장 8절에 "우리가 이같이 너희를 사모하여 하나님의 복음뿐 아니라 우리의 목숨까지도 너희에게 주기를 기뻐함은 너희가 우리의 사랑하는 자 됨이라"라고 했습니다.

바울은 빌립보 교인들에게 복음을 전하고 생애를 바치는 기쁨이 있었습니다. 이것이 진정한 교제일 것입니다. 누가복음 15장에서 잃어버린 드라크마를 찾은 여인처럼, 잃어버린 양을 되찾은 목자처럼 그리고 잃어버린 아들을 얻은 아버지처럼 기뻐하자고 말합니다.

바울은 빌립보 교인들에게 자신과 같이 똑같은 이유, 똑같은 모양, 똑같은 방법으로 기뻐하자는 것입니다. 목회자는 교인들이 주님의 은혜와 축복을 받아 기뻐하는 삶을 함께 살기를 원합니다. 세상에서만 아니라 오는 세상에서도 말입니다.

제17강
빌립보 2장 19-24절

바울의 계획

흔히 목회자를 말할 때 두 종류의 목회자가 있는데 사람 중심적인 목회자가 있고, 하나님 중심적인 목회자가 있습니다. 저는 배운 신학이나 삶이 하나님 중심, 성경 중심, 교회 중심적인 목회자인데 하나님 중심적인 목회활동을 하는 사람의 특징은 계획을 가지고 있다는 점입니다. 바울은 하나님 중심적인 목회자로서 어떤 계획을 가지고 있었을까요?

1. 디모데의 관심

바울은 목회자로서 빌립보 교회를 생각하면서 디모데를 추천하고 있습니다. 19절에 "내가 디모데를 속히 너희에게 보내기를 주 안에서 바람은"이라고 했고, 23-24절에서 "이 사람을 보내기를 바라고 나도 속히 가게 될 것을 주 안에서 확신하노라"라고 했습니다. 왜 바울이 그렇게 디모데를 빌립보 교회에 보내기를 원했습니까? 19-20절에 "너희의 사정을 앎으로 안위를 받으려 함이니 이는 뜻을 같이하여 너희 사정을 진실히 생각할 자가 이밖에 내게 없음이라"라고 했습니다. 디모데를 빌립보 교회에 파송하려는 의도가 분명히 담겨져 있습니다. 디모데는 빌립보 교회를 진심으로 생각할 줄 아는 사람이었습니다.

로마 감옥에 있는 바울은 빌립보 교회가 궁금했습니다. 빌립보 교회의 사정을 듣기를 원했습니다. 들려오는 소식이 빌립보 교회 안의 시기와 분쟁이고, 다툼과 말싸움이 있다는 소식을 들으면서 잠이 오지 않았을 것입니다. 그렇게 문제가 많은 빌립보 교회를 위하여 그리고 목회자 자신을 위하여 하나님의 교회를 잘 알고 섬길 수 있는 사람이 디모데밖에 없었습니다. 그래서 바울은 디모데를 빌립보 교회에 파송하여 교회 소식을 듣고자 했습니다.

하나님의 교회를 진심으로 생각하는 디모데가 아름다운 사람입니다. 다른 사람들이 자기의 일을 구할 때 디모데는 예수의 일을 구하던 사람입니다. 디모데의 관심은 자기의 일이 아니라 예수님의 일에 있었습니다. 여러분은 누구 일에 관심이 많은 성도입니까?

21절에 "그들이 다 자기 일을 구하고 그리스도 예수의 일을 구하지 아니하되"라고 했습니다. 디모데는 예수의 일을 구한 목사였습니다. 예수 그리스도의 일이란 그리스도의 것이라는 말입니다. 그리스도의 일이나 그리스도의 것이 무슨 뜻입니까? 양떼들의 행복을 말합니다. 양떼의 행복을 구하는 사람이었습니다. 지극히 작은 자 하나에게 한 것이 주님에게 한 것입니다. 지극히 작은 자 하나에게 하지 않은 것이 주님에게 하지 않은 것입니다.

성도들의 행복을 위하여 주님은 어떻게 하셨습니까? 하늘의 영광을 버리셨습니다. 낮고 천한 땅에 오셨습니다. 하나님께서 사람이 되셨습니다. 종의 형체를 입으셨습니다. 제자들은 누가 크냐고 다투었지만 예수님은 마태복음 20장 28절에서 "인자가 온 것은 섬김을 받으려 함이 아니라 도리어 섬기려 하고 자기 목숨을 많은 사람의 대속물로 주려 함이니라"라고 말씀하셨습니다.

주님은 시종일관 양떼들의 행복을 위하여 가르치시고 전파하시고 약한 자들과 병든 자들을 고치셨습니다. 삯꾼들은 돈을 위하여 일하는 자들이고, 강도나 절도들은 양떼를 해치기 위하여 일하는 자들입니다.

참목자 되시는 주님만이 양떼들의 행복과 평안을 위하여 일하신 분이십니다. 양떼를 위하여 자신을 주셨고, 생명을 주셨으며, 물 한 방울과 피 한 방울 남김없이 쏟아 바치셨습니다.

그래서 사도 베드로는 하나님의 양무리를 칠 때 주장하는 자세를 하지 말라, 양무리에게 본을 보이며 섬기는 자들이 되라, 그리하면 영광의 면류관이 있음을 말했습니다. 목자는 '양떼와 소떼에 마음을 두는 사람' 입니다. 세상 사람들은 자기 마음대로 주장하고 권세를 부립니다. 주님은 "너희 중에는 그렇지 않아야 하나니 너희 중에 누구든지 크고자 하는 자는 너희를 섬기는 자가 되고 너희 중에 누구든지 으뜸이 되고자 하는 자는 너희의 종이 되어야 하리라"(마20:26-27)라고 했습니다.

디모데는 문제 많은 빌립보 교회, 하나님의 교회에 관심을 갖는 사람, 자기 일보다 예수의 일에 관심을 갖는 사람, 문제가 많은 양떼들에게 관심을 갖는 목회자로서, 바울의 동역자였습니다. 여러분도 좋은 동역자가 되기를 바랍니다.

2. 나와 복음을 위하여

디모데는 사도 바울을 위한 헌신자였습니다. 또 복음을 위한 헌신자였습니다. 하나님을 위한 헌신자, 목회자를 위한 헌신자입니다. 우리들은 하나님을 위해서는 헌신을 하려고 하지만 사람을 위해서는 헌신하려고 생각하지 않는 성향이 있습니다. 반대로 사람에게는 충성을 하면서 하나님께는 불충성하는 사람도 있습니다. 디모데는 복음을 위한 헌신자이지만 또 사도 바울을 위한 헌신자였습니다. 하나님의 영광스러운 복음과 목회자를 위한 헌신자였습니다.

22절에 "디모데의 연단을 너희가 아나니 자식이 아버지에게 함같이 나와 함께 복음을 위하여 수고하였느니라"라고 칭찬했습니다. '나와 함께 복음을 위하여 수고한 자' 라고 말합니다. 이 말은 '나와 더불어 복음 안에서 교회를 섬긴 자'라는 의미입니다. 목회자에게 잘하는 것이 곧 교회에 잘하는 것이고, 주님에게 잘하는 것과 같습니다.

바울은 디모데를 칭찬하고 있습니다. 다른 사람은 몰라도 디모데는 복음을 위할 줄 알고 선배 목회자를 위할 줄 아는 사람이었다는 말입니다. 요즘 교회 사역자들이 주님의 양떼를 생각하는 것보다는 자기의 입장을 말하려고 합니다. 바쁘다는 것이죠. 피곤하다는 것입니다. 그리고 없다는 것입니다. 디모데는 그렇지 않았습니다. 자기 일보다는 예수의 일을 구하는 사람이었습니다. 자기보다는 양떼를 사랑하는 사람이었습니다.

양들을 위하여 기도하는 목자가 참목자입니다. 양들에게 무엇을 주겠습니까? 생명의 꼴을 먹여야 하지 않겠습니까? 새벽기도 때마다 이름을 부르면서 기도해 주고 성실하게 말씀을 연구해서 전파해야 양떼가 자라나는 법입니다.

하나님의 교회 일은 식탁봉사라는 개념을 가지고 있습니다. 여러분들은 식탁에 앉아 있는 사람입니까, 봉사하기 위해서 옆에 서 있는 사람들입니까? 디모데는 바울과 복음을 위하는 사람이었습니다. 선배를 위해 헌신할 줄 아는 사람이었습니다. 복음을 위하여 수고하는 바울을 위해 봉사하고 헌신할 줄 아는 사람이었습니다.

바울이 옥에 갇혔을 때나 자유자가 되었을 때 항상 생각했던 사람이 디모데입니다. 디모데를 생각할 때마다 바울은 기쁨이 충만해졌습니다. 디모데를 왜 그렇게 좋아했습니까? 바울과 함께 복음을 위할 줄 아는 사람이었기 때문입니다.

목회자는 함께하는 사람이 좋습니다. 데마는 세상을 사랑하여 바울을 버리고 떠났습니다. 디모데는 바울 곁에 있으면서 아들이 아버지를 섬기는 것처럼, 사랑 많은 딸이 어머니를 섬기는 것같이 바울을 섬겼습니다. 복음을 위하여 수고했던 디모데, 바울을 위하여 고생했던 디모데입니다.

바울은 의복이나 금은보화를 탐하지 않았습니다. 돈을 사랑하지도 않았습니다. 바울이 구한 것은 "너희의 재물이 아니요 오직 너희니라"(고후12:14)라고 했습니다. 디모데도 성도를 구했습니다. 교인을 사랑했습니다. 세상 것들을 뒤로 하고 오직 주님의 영광스러운 복음을 위하여 달려갔습니다.

목회자는 복음을 위하는 사람입니다. 하나님의 말씀이 전파되는 길이라면 어떤 방법이나 어떤 길을 걷더라도 걷는 사람입니다. 좁은 길이 되었든지 넓은 길이 되었든지 사람을 위하는 길이요 하나님의 영광을 위하는 길이라면 달려가는 사람이 목회자입니다.

바울과 디모데는 역사적으로 약 1900년 전 사람입니다. 그러나 지금까지도 좋은 목회자로 기억되고 있습니다. 이유는 하나입니다. 복음을 위하여 수고한 일꾼들이기 때문입니다. 복음을 위하는 일이라면 목숨을 내놓고 달려갔습니다. 강의 위험이나 이방인의 위험을 무릅쓰고 달려갔습니다.

다른 성경에서는 "주 안에서 내 사랑하고 신실한 아들"(고전4:17)이라고 했고, "나와 같이 주의 일을 힘쓰는 자"(고전16:10)라고 했습니다. 바울은 늘 디모데를 필요로 했습니다. 신실하고 주님의 일에 힘쓰는 사람이었기 때문입니다. 디모데는 목회자가 꼭 필요로 하는 사람이었습니다. 여러분들도 목회자가 필요로 하는 사람이 되기를 바랍니다.

3. 바울의 확신

24절에 "나도 속히 가게 될 것을 주 안에서 확신하노라"라고 했습니다. 디모데를 보내고 자신도 갈 것을 확신했습니다. 주께서 허락하시면 가겠다고 말했습니다(고전4:19). 바울은 로마서 15장 28절에 서바나로 가고 싶어 했습니다. 아시아도 가고 싶어 했습니다(몬1:22). 가이사랴와 로마에 투옥되어 있는 중 아시아에서 문제들이 발생했는데 정리할 필요가 있었기 때문입니다.

어떤 문제가 교회에 발생했을까요? 당시 영지주의자들이 이미 출현하여 사람들을 미혹하고 있었기 때문입니다. 영지주의자들은 영적으로 보면 하나님의 양떼들을 잡아가는 '이리들'이었습니다. 양떼들을 늑탈하는 사람들입니다.

영지주의자들은 어떤 자들입니까? 몇 가지 특징이 있습니다. 첫 번째 특징은 구약의 하나님과 신약의 하나님이 다른 하나님이라고 주장했습니다. 구약의 하나님은 열등한 하나님, 신약의 하나님은 월등한 하나님으로 주장했습니다. 신관의 차이점입니다. 우리들은 구약의 하나님이나 신약의 하나님이 동일하신 분으로 믿습니다.

두 번째 특징은 하나님도 세상에 관계를 하는 하나님이 있고 관계하지 않는 하나님이 있어서 하나님도 서열이 있다고 주장했습니다. 우리들은 성삼위일체 하나님은 영광과 존귀와 능력이 동등하다고 믿습니다.

세 번째 특징은 육체와 영혼을 구분하여 육체가 물질적 존재로 세상의 일부라고 주장하면서 영혼은 육체에 갇혀 있다고 생각했습니다. 구원은 육체로부터 위에 있는 하늘의 세계로 영혼이 탈출하는 것이라고 생각했습니다. 우리들은 영혼과 육체를 설명하기 위해서 구분하여 말하지 않고 한 인격체로 말합니다.

바울이 믿고 의지했던 대로 바울이 감옥에서 석방되었을 때 아시아나 밀레노(딤후4:20), 에베소(딤전1:3), 마게도냐와 빌립보(딤전1:3) 그리고 드로아(딤후4:13)와 니고볼리(딛3:12) 등으로 방문했습니다. 빌립보 교회 성도들은 디모데와 바울을 다시 볼 수 있었습니다.

믿음은 중요한 결과를 가져옵니다. 우선 하나님을 기쁘시게 할 수 있습니다. 그리고 믿는 대로 이루어지는 영광이 있어 자신이 가장 행복합니다. 여러분은 믿음이 있습니까? 또한 교회에 덕이 있습니다. 다른 사람들을 붙잡아 주고 돕는 사람이 됩니다. 그러므로 믿음 좋은 그리스도인들이 다 됩시다.

제18강
빌립보 2장 25-30절

에바브로디도

바울은 빌립보 교회를 위하여 디모데를 파송하려는 계획을 세웠습니다. 또 빌립보 교회가 파송한 에바브로디도를 돌려보내려는 계획도 세웠습니다. 왜 바울은 디모데를 빌립보 교회로, 에바브로디도를 되돌려 보내려고 합니까?

바울과 디모데는 빌립보 교회를 같이 섬긴 일이 있었습니다. 디모데는 바울과 복음을 위한 충성스러운 일꾼입니다. 목회자 바울과 영광스러운 복음의 일꾼으로서 신실했습니다. 디모데를 빌립보 교회에 파송하는 데는 두 가지 이유가 있었습니다.

첫 번째는 바울 자신의 근황을 빌립보 교회에 전함으로써 자신의 투옥으로 근심과 걱정을 하고 있는 빌립보 교인들을 위로하기 위함입니다. 이게 목회자의 마음입니다. 믿음이 연약한 성도들은 목회자가 옥에 갇혔다고 하면 얼마나 큰 시험에 빠지겠습니까? 별말이나 별의심을 다 할 수 있을 것입니다. 결국 자기 자신의 안일보다는 빌립보 교회를 굳센 믿음 위에 세우기 위하여 디모데를 파송하려는 바울의 의지를 보게 됩니다.

두 번째는 빌립보 교회에 대한 소식을 듣고 싶어서입니다. 교회에 대한 소식을 들음으로써 안위를 받기 위함입니다. 바울의 소식을 들려주면 빌립보 교인들이 안위를 받게 됩니다. 빌립보 교회에 대한 소식을 바울이 들으면 바울이 위로를 받습니다. 이것이 얼마나 아름다운 관계입니까? 목회자에 대한 소식을 듣고 교회가 안위를 받고, 교회에 대한 소식을 듣고 목회자가 위로를 받는 모습이 참 아름답습니다.

바울은 디모데를 신뢰했습니다. "뜻을 같이하여 너희 사정을 진실히 생각할 자가 이밖에 내게 없음이라." 디모데는 목회자 바울과 뜻이 같았습니다. 같은 마음을 품었습니다. 바울과 디모데는 진심으로 빌립보 교인들을 사랑했습니다. 다른 사람들은 자기 일을 구하는 사람들이었으나 디모데는 예수의 일을 구하는 사람이었습니다.

교회의 일꾼은 디모데와 같은 마음과 믿음의 소유자를 세우는 것이 마땅한 일입니다. 지금은 사람은 많으나 교회 일꾼이 적은 때입니다. 정말 교회를 사랑하는 사람을 세워야 후회가 없고 덕이 있습니다. 대부분의 사람들은 자기 자신의 유익을 생각하지만 참다운 일꾼은 생각도 깊고 교회를 위하여 헌신을 하므로 교회의 덕을 생각합니다.

디모데는 바울을 어떻게 도왔습니까? "자식이 아버지에게 함같이 나와 함께 복음을 위하여 수고하였느니라." 디모데는 충성스러우면서도 겸손한 종이었습니다. 부모에게 자녀들이 순종하듯 바울에게 순종하였습니다. 그래서 바울은 디모데를 파송했습니다.

이런 계획이 바울의 개인적인 생각이며 계획이었는가? 그렇지 않습니다. '주 안에서' 라는 말이 하나님의 인도하심 속에서 계획을 세우고 있는 것입니다. 그리스도인들은 그리스도로 출발해서 그리스도로 마쳐야 하는 사람입니다.

바울은 로마 감옥에 갇혀 있습니다. 디모데가 자신을 보살펴 주어야 합니다. 옥중에 있는 바울에게 없어서는 안 될 사람입니다. 그러나 자신보다도 교회를 생각하는 바울이 우리들에게 큰 교훈을 주고 있습니다. 빌립보 교회를 더욱 사랑하는 바울의 마음을 우리들은 귀하게 보아야 합니다.

에바브로디도는 어떤 인물입니까? 바울의 동역자였습니다. 동역자란 '멍에를 같이 메는 사람' 입니다. 에바브로디도는 세심한 배려를 해 주고 바울을 돕기 위해서 빌립보 교회가 파송한 하나님의 사람입니다. 문제가 많은 빌립보 교회를 위하여 수고한 사람입니다.

에바브로디도는 빌립보 교회의 선교헌금을 가지고 로마까지 가서 바울에게 전달해 주고 바울이 처한 환경을 빌립보 교인들에게 말해 주던 사람, 또 바울이 써 준 서신서를 가지고 빌립보 교회에 가서 문제를 수습하던 사람입니다. 그러니까 빌립보 교회의 대표적인 성도였습니다.

여러분도 하나님의 일에 동참하기를 바랍니다. 교회의 일꾼이라고 말하면서 하나님의 일에 동참하지 않거나 아니면 하나님의 일로 생각하지 않는다든지, 하나님의 일을 하다가 중도에 그만두면 주님이 어떻게 평가하시며 후시대 사람들이 뭐라고 평가하겠습니까?

첫 번째로 바울은 에바브로디도를 '나의 형제' 라고 불렀습니다. 에바브로디도는 바울의 형제였습니다. 신앙의 형제, 믿음의 형제입니다. 은혜 받은 사람끼리는 만나기만 하여도 기쁨이 넘칩니다. 피를 나눈 형제보다 결코 멀지 않습니다. 가까운 형제보다 더 가깝게 지낼 수 있습니다. 우리가 하나님의 뜻대로 살면 형제요 자매입니다.

어느날 예수님께서 식사하실 겨를도 없이 하나님의 일을 수행하고 있었습니다. 마리아와 형제들이 찾아와서 예수님을 만나고 싶어했습니다. 한 제자가 '예수님, 밖에 어머니와 형제들이 기다리고 있습니다' 라고 말했습니다. 그때 예수님의 대답이 무엇입니까? '누가 내 형제이고 자매이며 내 모친이냐? 하늘에 계신 내 아버지의 뜻대로 행하는 자가 내 형제요 자매며 모친이라' 라고 하셨습니다.

하나님 나라의 형제자매에 대한 인식은 세속적이지 않습니다. 혈통적인 것도 아닙니다. 영적인 관계로 하나님의 뜻을 행하는 자입니다.

하나님의 뜻대로 행하지 않으면 문제가 심각하게 되는데 이단자가 되거나 삶에 실패하기도 합니다.

두 번째로 '함께 수고하는 자', '함께 군사 된 자', 동료 군인, 전우라고 말했습니다. 함께 수고하고 함께 전쟁을 치루며 목숨을 내놓은 군사였습니다. 복음을 위하여 함께 수고하는 동역자였습니다. 영적인 전쟁을 하는 군사였습니다. 전쟁은 혼자 수행할 수 있는 것이 아닙니다. 전체가 하나로 뭉쳐서 싸우는 것입니다. 군대는 상관의 명령에 무조건 복종합니다.

자기 마음대로 신앙생활을 하고 싶어 하거나 자기 편한 대로 믿으려는 성향이 눈에 띄게 늘어가고 있는 세대입니다. 그러나 분명한 사실은 하나는 영적인 전쟁에서 죽임을 당한다는 사실입니다. 함께 수고하고 함께 전쟁하는 것이 교회입니다. 전쟁에서 함께 싸우는 전우와 같이 바울과 에바브로디도는 그런 관계의 사람이었습니다.

세 번째로 빌립보 교회의 '보냄을 받은 자', 사자요, 전달자이지요. '바울의 쓸 것을 돕는 자' 라고 소개하고 있습니다. 교회의 보내심을 받은 사람 그리고 목회자의 쓸 것을 돕는 사람이었습니다. 목회자를 섬기는 사람은 흔히 있는 일입니다. 어느 교회나 소수의 무리입니다. 많은 사람이 목회자를 돕지 못하고 도움을 받으려고만 생각합니다. 여러분은 목회자에게 어떤 면에서 도움이 되는 사람입니까?

빌립보 교회는 바울을 돌보기 위하여 에바브로디도를 파송했습니다. 특별히 선교헌금을 해서 에바브로디도를 통해 전달했습니다. 그런데 사도 바울은 에바브로디도를 되돌려 보내려고 합니다. 불가피하게 보내니 빌립보 교회가 따뜻하게 영접해 주기를 소원했습니다.

왜 바울은 에바브로디도를 되돌려 보내게 되었습니까? 불행하게도 에바브로디도는 로마에 와서 병이 들었습니다. 에바브로디도가 병들었을 때 자신뿐만 아니라 바울에게 그리고 빌립보 교회에게 근심, 걱정이 되고 짐이 되었습니다.

바울은 에바브로디도를 위하여 살아계신 하나님께 기도했습니다. 물론 자신도 기도하고, 소식을 들은 빌립보 교회도 기도했습니다. 하나님께서 기도에 응답해 주셨습니다. 병이 나았습니다. 바울은 정말 기뻤습니다. 빌립보 교회도 기쁘게 하기 위하여 에바브로디도를 되돌려 보내려고 하고 있습니다. 이것이 목회자의 마음입니다. 함께 기뻐하는 삶 말입니다.

26절에서 "그가 너희 무리를 간절히 사모하고"라고 말했습니다. 에바브로디도는 빌립보 교회를 사모했습니다. 여기 '사모했다' 는 용어의 의미가 심오합니다. '어린아이가 젖을 사모한다' 는 뜻입니다. '성령께서 성도들의 헌신을 기다린다' 는 의미와 같습니다. 이것이 되돌려 보내려는 첫 번째 이유입니다. 사랑하고 사모하는 사람은 만나는 자체가 기쁨이 있습니다. 교회는 그런 단체입니다.

또 다른 이유는 26절 하반절에 "자기가 병든 것을 너희가 들은 줄을 알고 심히 근심한지라"라고 했습니다. 우리는 자신의 몸이 불편하면 누가 찾아오지는 않나, 또는 어떤 사람은 왜 오지 않는 것일까? 그런 생각을 할 수 있습니다. 그러나 에바브로디도는 자신의 몸이 불편할 때 오히려 교회에 소문이 난 것을 근심했습니다.

에바브로디도는 선교헌금도 잘 전달했습니다. 바울을 잘 도왔습니다. 그런데 로마에 와서 갑자기 병이 들었습니다. 바울을 도와야 할 사람이 바울에게 짐이 되었습니다. 빌립보 교회가 큰 근심에 빠지게 되었습니다.

에바브로디도는 자기보다 빌립보 교회를 더 생각했습니다. 서둘러서 빌립보 교회에 되돌아가고 싶은 마음이 있었습니다. 여기 '근심' 이란 용어는 겟세마네 동산에서 예수님이 고민하고 슬퍼하셨다고 할 때 사용된 그 용어입니다. 성도들을 사랑했던 에바브로디도입니다. 하나님께서 에바브로디도를 사랑해서 고쳐주셨습니다. 근심, 걱정을 덜어 주셨습니다.

디모데를 파송하기 전에 에바브로디도편에 빌립보서를 보냄으로써 빌립보 교회로 하여금 같이 기뻐하고 준비하게 만들기 위하여 에바브로디도를 되돌려 보내려는 바울의 계획을 볼 수 있습니다.

자칫 잘못하면 에바브로디도를 기쁨으로 영접하지 않을 수도 있습니다. 병들었고, 예정보다 일찍 되돌아와서 주의 일을 제대로 감당 못했다는 비난도 할 수 있습니다. 게으름을 피운 자라고 비방할 수도 있습니다. 사람들은 자기 입장에서 해석하려는 성향이 있기 때문입니다. 그래서 바울은 "이와 같은 자들을 존귀히 여기라"라고 했습니다.

에바브로디도가 자신을 돌보지 않고 헌신하여 병이 든 것이므로 빌립보 교회가 따뜻하게 영접해 주기를 원했습니다. 바울의 인간미가 물씬 풍기는 모습입니다. 목회자는 때로는 냉철해야 합니다. 진리를 위해서는 냉정해야 합니다. 동시에 동역자와 성도들을 사랑할 때는 물씬 풍겨나오는 무엇이 있어야 합니다. 형제의 유익을 생각할 줄 아는 사람이 이 시대의 교회에 필요한 사람 아니겠습니까?

사랑하는 성도 여러분! 여러분이 이 시대의 에바브로디도가 됩시다. 이 두 사람이 바울의 동역자이듯 여러분도 목회자의 동역자가 되고, 빌립보 교회를 사랑한 것같이 교회를 사랑할 수 있는 성도들이 됩시다.

물질이 없어서 문제라면 하나님께서 물질적인 축복을, 건강이 약해서 문제가 된다면 주께서 강건한 육체를, 믿음이 없어서 문제가 된다면 주님을 뜨겁게 사랑하는 간절한 마음이 일어나기를 소원합니다.

마지막 때가 될수록 믿는 자들이 적어질 것입니다. 기도는 하지 않고 입술로만 믿게 될 것입니다. 또한 마지막 때가 될수록 주님에 대한 사랑도 식어지겠지만 우리교회는 주님을 사랑하는 성도들로 가득차기를 바랍니다.

제19강
빌립보서 3장 1-3절

진정한 할례파

예수님은 사랑하는 제자들에게 '사람의 미혹을 받지 않도록 주의하라' 라고 말씀하셨습니다. 사람들이 그리스도의 이름으로 와서 그리스도가 광야에 있다, 골방에 있다 하여도 믿지 말라. 성도가 일평생 이단 사상에 빠지지 않고 개혁주의 신앙 하나님 중심, 성경 중심, 교회 중심적인 믿음과 삶을 산다는 것은 행복하고 감사한 일입니다.

사도 바울도 즐거운 교회생활에 대하여 말할 때는 부드러운 목소리로 말했지만 이단에 대하여 말할 때는 목소리를 높여 크게 말했습니다. 당시 빌립보 교회를 어지럽히던 거짓 선생들은 유대주의적 율법주의자들과 반도덕주의자들이었습니다.

율법주의자들은 어떤 것을 주장한 사람들이었으며, 우리는 무엇을 주장해야 하는가?

1. 주 안에서 기뻐하라

바울은 빌립보 교회를 설립한 설립자이고 빌립보 교회를 위하여 수고한 목회자입니다. 마지막으로 부탁한 것이 무엇입니까? 1절에 "끝으로 나의 형제들아 주 안에서 기뻐하라 너희에게 같은 말을 쓰는 것이 내게는 수고로움이 없고 너희에게는 안전하니라"라고 했습니다.

사람들은 하나님을 믿고 따르지 않고 사람을 따라다닙니다. 그런데 문제는 우리들이 수많은 사람들과 만나고 헤어지지만 나에게 진정으로 유익을 주는 사람은 그리 많지 않다는 사실입니다. 여러분에게 큰 유익을 주는 사람은 세상에 몇 사람이나 있을까요?

특히 교회생활을 할 때 아주 조심해야 할 사람이 있습니다. 시험에 든 사람입니다. 시험에 든 사람은 기도하지 않는 사람, 피할 길로 피하지 않은 사람, 악령의 인도를 받고 있으면서 성령의 인도를 받는다고 생각하는 사람입니다.

사도 바울은 빌립보 교인들에게 '종말로', '끝으로' 강조하고 있는 것이 "주 안에서 기뻐하라"라고 말했습니다. 성도는 주 안에서 기뻐하는 사람입니다. 주님을 멀리해서는 기쁠 것이 없는 사람입니다. 이것을 아는 것이 지혜입니다.

우리가 구원받는 것은 전적인 하나님의 은혜입니다. 예수 그리스도를 믿음으로써 구원을 받습니다. 그런데 빌립보 교회 안에 율법주의자들이 나타나서 행위로 구원받는다는 주장을 펴게 되었습니다. 그래서 바울이 큰 소리로 외치는 것입니다.

'종말로'란 '남은 것, 나머지'를 의미합니다(살전4:1, 살후3:1). 물론 '이제부터'를 의미하기도 합니다(막14:41, 고전7:29, 딤후4:8). '그러므로'란 의미도 있습니다(행27:20). 기쁨이 빌립보 성경의 특징이며 바울이 기쁨을 강조하기 위해서 '종말로, 끝으로'라는 말을 사용한 것으로 이해합니다.

사랑하는 성도 여러분! 우리는 주 안에서 기뻐하는 성도들이 됩시다. 주 안에서 기뻐하는 것만이 가장 안전한 삶의 길입니다. 사람을 따라다니면서 얻는 기쁨은 일시적입니다. 주 안에서 얻는 기쁨이 영원한 즐거움과 기쁨입니다.

2. 율법주의

율법주의를 경계하라. 율법주의가 무엇입니까? 빌립보 교회를 위협하던 율법주의자들을 세 가지로 표현했습니다. 세 가지의 특성을 생각해 보면 율법주의가 어떤 결과를 가져올 것인가를 알 수 있습니다.

첫 번째로 '개들을 삼가라' 라고 표현했습니다. 율법주의자들을 '개' 라고 표현했습니다. 유대사회에서 가장 멸시받는 짐승이 있다면 아마도 개일 것입니다. 성경에서는 비양심적인 사람, 탐욕과 더러운 것을 상징적으로 표현할 때 개라고 합니다. 자기의 유익을 위해서라면 수단과 방법을 가리지 않는 사람을 가리키는 말입니다.

신명기 23장 18절에 "창기가 번 돈과 개 같은 자의 소득은 어떤 서원하는 일로든지 네 하나님 여호와의 전에 가져오지 말라 이 둘은 다 네 하나님 여호와께 가증한 것임이니라"라고 했습니다. 서원을 지킬 때 개 같은 자의 소득을 가져오지 말라는 뜻입니다.

마태복음 15장에 수로보니게 여인을 향하여 자녀의 떡을 취하여 작은 개들, 개들에게 던짐이 마땅하지 않다고 말했습니다. 그 여인도 주인의 상에서 떨어지는 부스러기를 먹고 사는 개라고 말했습니다. 개는 썩은 고기나 주워먹고 사는 부정한 동물로 여겨왔습니다.

요한계시록에서는 '개' 를 '불순한 동물' 의 의미로 사용했습니다(계22:15). 하나님 나라에서 제외되는 사람들을 가리켰습니다. 개는 파렴치하고 오만하며 교활하고 탐욕스러운 짐승으로, 짖어대고 물어뜯는 버릇이 있는 동물입니다. 바울이 순수한 교리를 가르치고 신실한 교회를 설립했을 때 유대교화한 무리들이 교인들을 괴롭히고 교회를 어지럽게 했었습니다. 그래서 개들이라는 말로 표현했던 것입니다. 은혜로 구원받는 것이지 행함으로 구원받을 사람이 없음에도 불구하고 행위를 강조하는 것은 개 같다는 말입니다.

두 번째로 '행악하는 자들을 삼가고' 라고 했습니다. 율법주의자들을 행악자라고 표현했습니다. '행악한 자' 란 '악한 일꾼' 이란 뜻입니다. 복음을 위해 일하는 것이 아니라 자기의 사리사욕을 위해서 일하는 사람을 가리킵니다. 사도로 가장하지만 실제적으로는 광명한 천사로 둔갑한 사단입니다(고후11:13). 이런 사람들의 결과는 분열과 분리입니다.

그들은 다른 사람들에게 믿음을 심어주는 사람들이 아니었습니다. 배나 더 지옥 자식이 되게 하는 사람들이었습니다. 마태복음 23장 15절에 "화 있을진저 외식하는 서기관들과 바리새인들이여 너희는 교인 한 사람을 얻기 위하여 바다와 육지를 두루 다니다가 생기면 너희보다 배나 더 지옥 자식이 되게 하는도다"라고 했습니다.

세 번째로는 '손할례당' 입니다. 율법주의자들을 '몸을 상해하는 일을 삼가라, 손할례당을 삼가라' 라고 표현했습니다. 손할례당이란 할례의 참뜻을 잊어버리고 살을 절단하는 할례를 그리스도인의 의식으로 주장하는 자들입니다. 하나님의 은혜를 저버리고 인간의 공로를 내세우는 사람입니다. 이런 사람들을 삼가라고 가르쳤습니다.

바울은 로마서 2장 25-29절에서 할례와 무할례를 설명하는 가운데 "오직 이면적 유대인이 유대인이며 할례는 마음에 할지니 영에 있고 율법 조문에 있지 아니한 것이라 그 칭찬이 사람에게서가 아니요 다만 하나님에게서니라"라고 했습니다.

에베소서 2장 11절에 "그러므로 생각하라 너희는 그때에 육체로는 이방인이요 손으로 육체에 행한 할례를 받은 무리라 칭하는 자들로부터 할례를 받지 않은 무리라 칭함을 받는 자들이라"라고 했습니다.

그리고 골로새서 2장 11절에서는 "또 그 안에서 너희가 손으로 하지 아니한 할례를 받았으니 곧 육의 몸을 벗는 것이요 그리스도의 할례니라"라고 말했습니다. 율법주의는 마음의 문제보다 육신을, 영의 문제보다 몸의 문제를 소중하게 여기기 때문에 문제입니다. 몸보다는 영이 중요하고, 육보다는 마음이 더욱 중요합니다.

3. 진정한 할례당

그러면 진정한 할례당은 누구입니까? 진정한 할례당은 3절에서 "하나님의 성령으로 봉사하며 그리스도 예수로 자랑하고 육체를 신뢰하지 아니하는 우리가 곧 할례파라"라고 했습니다.

진정한 할례당, 진정한 할례파는 첫 번째로 하나님의 성령으로 봉사하는 사람입니다. '봉사' 란 예배를 가리킨 내용입니다. 참할례당의 특성은 하나님의 성령으로 예배하는 사람을 가리킵니다.

하나님의 성령으로 섬기는 자들입니다. 봉사는 섬기는 것입니다. 의식적인 예배를 말하는 것이 아닙니다. 하나님의 성령의 인도를 받는 예배자가 되어야 합니다. 성령의 도우심으로 드리는 예배를 말합니다.

요한복음 4장 23-24절에 "아버지께 참되게 예배하는 자들은 영과 진리로 예배할 때가 오나니 곧 이 때라 아버지께서는 자기에게 이렇게 예배하는 자들을 찾으시느니라 하나님은 영이시니 예배하는 자가 영과 진리로 예배할지니라"라고 했습니다. 이것이 참된 예배입니다.

두 번째로 참할례당은 그리스도 예수를 자랑하는 사람입니다. 그리스도의 의와 공로만 높입니다. 우리들은 자신을 높이고 자랑합니다. 그런데 성령으로 예배하는 사람, 참 하나님의 사람은 그리스도를 자랑합니다.

자랑하는 것은 몹시 기뻐하는 것을 말합니다. 그리스도인의 생생한 삶을 가리키는 말입니다. 승리감에 넘치는 마음을 가진 사람의 모습을 연상할 수 있습니다. 구원받지 못한 사람은 이런 기쁨이 있을 수 없습니다. 바울은 예수와 십자가를 자랑했습니다.

세 번째로 육체를 자랑하지 않는 사람입니다. 자기 육체를 신뢰하지 않습니다. 혈통적인 것을 자랑하는 사람이 아니라 참 하나님의 백성, 언약 백성답게 육체를 신뢰하지 않는 사람입니다. 이런 말이 율법을 지킴으로써 구원받는다는 유대주의적인 교리를 완전히 배격하는 주장입니다. 역사적으로 이스라엘 사람들이 받은 육체적인 할례는 영적 이스라엘인 신약시대의 성도들이 받을 영적 할례를 예표하는 것이었습니다. 또 할례 자체가 구원을 가져다주는 것은 아니었습니다.

이것이 율법의 한계였습니다. 구원에 있어서 한계가 있음을 인정해야 합니다. 그럼에도 유대주의적 율법주의자들은 율법을 여전히 의지하며 할례를 받아야만 구원받을 수 있다고 주장했습니다. 이런 주장에 성도들이 미혹을 받았습니다. 이런 주장에 대하여 바울은 표면적 유대인이 유대인이 아니요 그리스도를 믿음으로써 마음에 할례를 받은 성도들이 진정한 할례당임을 인정했습니다. 마음에 할례를 받은 성도들만이 구원받을 수 있다고 강조했습니다.

로마서 2장 28-29절에 "무릇 표면적 유대인이 유대인이 아니요 표면적 육신의 할례가 할례가 아니니라 오직 이면적 유대인이 유대인이며 할례는 마음에 할지니 영에 있고 율법 조문에 있지 아니한 것이라 그 칭찬이 사람에게서가 아니요 다만 하나님에게서니라"라고 했습니다.

갈라디아서 5장 6절에 "그리스도 예수 안에서는 할례나 무할례나 효력이 없으되 사랑으로써 역사하는 믿음뿐이니라"라고 했고, 6장 15절에서는 "할례나 무할례가 아무 것도 아니로되 오직 새로 지으심을 받는 것만이 중요하니라"라고 했습니다.

바울은 빌립보 교인들에게 '주 안에서 기뻐하라' 고 가르쳐 주었습니다. 하나님의 성령으로 예배하고, 육체를 자랑하는 것이 아니라 예수를 자랑으로 삼는 사람이 됩시다.

제20강
빌립보서 3장 4-6절

종교적인 자랑

사도 바울은 이방인이 아니라 유대인이었습니다. 그런데 바울은 유대인이면서 왜 유대인들에게 미움을 받았을까요? 바울이 반민족주의자이기 때문이 아닙니다. 바울은 영적인 경험을 통해서 말해 주고 있습니다. 사람이 구원받는 것이 하나님의 은혜로 구원받는 것이지 인간의 행위로 구원받는 것이 아니며, 유대인들이 믿고 따르는 율법주의를 경계하라고 가르치니까 유대인들이 싫어하게 된 것입니다.

세례 요한은 바리새인과 사두개인들이 요단강가로 몰려 나왔을 때 "속으로 아브라함이 우리 조상이라고 생각하지 말라 내가 너희에게 이르노니 하나님이 능히 이 돌들로도 아브라함의 자손이 되게 하시리라"(마3:9)라고 책망했습니다. 혈통적인 것을 자랑했던 유대인들을 책망했습니다.

예수님은 마태복음 12장 34절이나 요한복음 8장 44절에서 유대인들을 향하여 '독사의 자식들이요 마귀의 자식들이라' 라고 책망했습니다. "독사의 자식들아 너희는 악하니 어떻게 선한 말을 할 수 있느냐 이는 마음에 가득한 것을 입으로 말함이라"라고 했고, "너희는 너희 아비 마귀에게서 났으니 너희 아비의 욕심대로 너희도 행하고자 하느니라 그는 처음부터 살인한 자요 진리가 그 속에 없으므로 진리에 서지 못하고 거짓을 말할 때마다 제 것으로 말하나니 이는 그가 거짓말쟁이요 거짓의 아비가 되었음이라"라고 했습니다.

겉보기에는 종교인이었고, 예배 행위를 했습니다. 기독교인 같았습니다. 그런데 예수님의 눈으로 보실 때에는 독사의 자식들이었고 살인한 자였습니다. 거짓의 아들이었고 마귀의 자식들이었습니다. 우리는 부족한 사람이지만 겉과 속이 똑같아야 하지 않겠습니까?

1. 누구 아래 있는가?

나는 그리스도 아래 있는 사람인가 아니면 율법 아래 있는 사람인가? 사람이 어디에 있느냐에 따라 신분이 다르고 직분도 다르고 권위와 위치도 달라지게 됩니다. 여러분은 율법 아래 있습니까 아니면 그리스도 아래 있습니까?

사도 바울도 율법주의 아래 있을 때는 육체를 신뢰했고, 율법주의자였을 때는 육신적인 것을 자랑했습니다. 그래서 4절 상반절에서 "나도 육체를 신뢰할 만하며"라고 했습니다. 율법 아래 있는 사람들은 육체적인 것들을 신뢰합니다. 그것을 자랑합니다. 사도 바울도 율법 아래 있을 때에는 육체적인 것들을 자랑했습니다.

로마서 3장 1절에서는 "유대인의 나음이 무엇이며 할례의 유익이 무엇이냐"라고 질문했습니다. 4절 하반절에서는 "만일 누구든지 다른 이가 육체를 신뢰할 것이 있는 줄로 생각하면 나는 더욱 그러하리니"라고 말했습니다.

고린도후서 11장 17-18절에서는 "내가 말하는 것은 주를 따라 하는 말이 아니요 오직 어리석은 자와 같이 기탄 없이 자랑하노라 여러 사람이 육신을 따라 자랑하니 나도 자랑하겠노라"라고 했습니다.

육신적인 것을 자랑하는 것은 주를 따라 하는 말이 아니었습니다. 율법 아래 있는 사람들이 육신적인 것들을 자랑하는 것입니다. 바울이 예수를 믿어 예수 그리스도 앞에 서게 되면서 율법주의를 버렸습니다. 행함으로 구원받는 사상을 포기했습니다. 하나님의 은혜로 구원받기 때문입니다. 사람이 자기 행위로 구원받을 수 있는 사람이 어디 있습니까?

여러분은 누구 아래 있습니까? 그리스도 아래 있어서 그리스도만 자랑합니까 아니면 아직도 율법 아래 있어서 자기 행위를 자랑하는 사람입니까? 여러분은 아직도 자기의 지위를 내세웁니까? 그리스도 안에 머물러 보십시오. 그런 것들은 아무것도 아닙니다. 그리스도 안에서는 하나님의 은혜만 간구하게 되고, 하나님의 은혜만 자랑하게 됩니다. 자기 실력이나 자기 인물을 자랑하는 것은 외적인 것이고, 일시적인 것들입니다. 그것은 아무것도 아닙니다. 그리스도를 자랑하고 하나님의 은혜를 찬양하는 것만이 가치가 있습니다.

2. 쓸데없는 우월감

일반적으로 이 시대는 자긍심이 대단한 시대라고 보여집니다. 유대인은 유대인이 세계적인 민족이라고 생각했습니다. 독일 국민은 세계적으로 우수한 민족이라고 자칭합니다. 대한민국 국민은 대한민국 국민이야말로 세계에서 가장 탁월한 민족으로 생각하는 민족에 대한 우월성을 가지고 있습니다. 그런데 우수하고 우월한 것이 얼마나 가치 있는 일인가 아니면 가치 없는 일인가를 생각해 보아야 합니다.

바울도 민족적인 우월감이 있었습니다. 육체적으로 말한다면 바울만큼 자랑할 것이 많은 사람이 없습니다. 팔 일 만에 할례를 받았습니다. 할례는 유대인의 관습이었습니다. 창세기 17장 12절에 "너희의 대대로 모든 남자는 집에서 난 자나 또는 너희 자손이 아니라 이방 사람에게서 돈으로 산 자를 막론하고 난 지 팔 일 만에 할례를 받을 것이라"라고 했습니다. 선민의 표시요 언약 백성의 표시로서의 할례입니다.

레위기 12장 3절에서 “여덟째 날에는 그 아이의 포피를 벨 것이요” 라고 했고, 할례는 애굽에서 시행되었으며 창세기 17장 25절을 볼 때 이스라엘 사람들은 13세까지 연장한 것으로 보입니다. “그의 아들 이스마엘이 그의 포피를 벤 때는 십삼 세였더라.” 할례를 자랑하는 것은 육신적인 생각입니다. 율법주의 아래에서나 자랑할 만하지 그리스도의 은혜로 구원받는 축복이 임한 다음에는 할례는 마음에 행할 것이라고 했습니다.

바울은 이스라엘 족속입니다. 바울은 이방인이었다가 유대교로 귀화한 자가 아니었습니다. 본래 언약의 이름이 이스라엘(창32:28)이었던 야곱의 혈통에 속한 사람이었습니다. 바울은 은혜 언약적으로도 진정으로 이스라엘 사람이었습니다. 로마서 9장 4절에 “그들은 이스라엘 사람이라 그들에게는 양자 됨과 영광과 언약들과 율법을 세우신 것과 예배와 약속들이 있고”라고 했습니다. 이스라엘 민족은 하나님의 독특한 축복을 받은 민족으로 하나님의 양자가 되는 영광입니다. 하나님의 언약 백성의 축복입니다. 고린도후서 11장 22-23절에서는 “그들이 히브리인이냐 나도 그러하며 그들이 이스라엘인이냐 나도 그러하며 그들이 아브라함의 후손이냐 나도 그러하며 그들이 그리스도의 일꾼이냐 정신 없는 말을 하거니와 나는 더욱 그러하도다”라고 했습니다. 바울은 육신적으로 이스라엘 백성이었습니다. 그러나 그런 것만 자랑하면 율법 아래 있는 사람과 같습니다.

그리고 바울은 베냐민 지파입니다. 베냐민은 야곱의 사랑하는 아내 라헬의 아들입니다(창35:17). 베냐민은 블레셋에서 태어났습니다. 베냐민 지파에서 이스라엘의 첫 번째 왕 사울이 태어났고(삼상9:1), 모르드개도 베냐민 사람이었으며(에2:5), 작은 지파였지만 바울은 자랑스럽게 여겼습니다.

물론 베냐민은 때로는 나쁜 의미로도 사용되었습니다. 창세기 49장 27절에 “베냐민은 물어뜯는 이리라 아침에는 빼앗은 것을 먹고 저녁에는 옮긴 것을 나누리로다"라고 예언했습니다.

또 히브리인 중의 히브리인입니다. 히브리인이란 '건너갔다' 라는 의미로 다른 민족들과 구별된다는 아브라함과 관련하여 사용된 말입니다. 유대인은 바벨론 포로로부터 돌아온 후에 헬라인과 대조를 이루는 말이 되었습니다. 자신은 헬라파 유대인이 아니라 아람어를 사용하는 히브리인 혈통에서 태어난 사람이었습니다.

율법적으로 바리새인입니다. 열렬한 바라새인이었습니다. 가말리엘 문하에서 공부하였고, 종교적으로 가장 엄한 파에서 자라났습니다. 아마 지금도 그런 상태에 있는 사람이 있다면 상당히 자긍심이 강한 사람이었을 것입니다.

바울이 그리스도를 믿은 후 육신의 자랑거리들을 분토같이 여겼습니다. 가치관의 변화 때문입니다. 바울은 히브리인 중의 히브리인으로 당대 기득권이 있는 사람입니다. 바리새파에 속했던 인물이었습니다. 바울은 그리스도를 안 다음에 모든 기득권을 내던졌습니다. 그리스도의 종이 되었습니다. 복음을 위한 종이 되었습니다.

복음을 전하다가 여러번 죽을뻔 했지만 끝까지 인내했습니다. 고린도후서 11장 23절 하반절부터 27절까지에서 "내가 수고를 넘치도록 하고 옥에 갇히기도 더 많이 하고 매도 수없이 맞고 여러 번 죽을 뻔하였으니 유대인들에게 사십에서 하나 감한 매를 다섯 번 맞았으며 세 번 태장으로 맞고 한 번 돌로 맞고 세 번 파선하고 일 주야를 깊은 바다에서 지냈으며 여러 번 여행하면서 강의 위험과 강도의 위험과 동족의 위험과 이방인의 위험과 시내의 위험과 광야의 위험과 바다의 위험과 거짓 형제 중의 위험을 당하고 또 수고하며 애쓰고 여러 번 자지 못하고 주리며 목마르고 여러 번 굶고 춥고 헐벗었노라"라고 했습니다.

왜 이렇게 죽을 고비를 넘기면서도 바울은 수고를 아끼지 않았습니까? 지금과 같이 무슨 벼슬이나 재물을 바라보고 그렇게 한 것입니까? 아닙니다. 그 까닭은 그리스도와 함께 죽은 후 그리스도와 함께 살 소망을 가지고 있었기 때문입니다.

3. 교회와의 관계

세상에서 가장 멋진 일이 하나님의 교회를 세우는 일입니다. 거룩한 하나님의 교회를 세우는 일이야말로 가장 행복하고 영원히 기념될 만한 일입니다. 어떻게 하면 하나님의 거룩한 교회를 세울 수 있을까요?

바울은 육신적인 것들을 가지고서는 하나님의 교회를 세우지 못했습니다. 자기를 자랑하는데 어떤 사람이 은혜를 받겠습니까? 하나님의 은혜를 자랑할 때 교회가 세워집니다. 성령이 충만하고 예수 그리스도를 자랑할 때 교회는 세워집니다.

바울은 하나님의 교회를 박해하고 교인들을 잡아다가 옥에 가두는 사람이었습니다. 물론 율법의 의로는 흠이 없는 자였습니다. 바울이 세상적인 것들로 꽉 차 있었을 때는 교회를 핍박했습니다. 율법을 주장하여 이방인들을 괴롭히고 그리스도에게 해를 끼쳤던 인물입니다.

그러나 주님을 알고 난 후에는 복음을 위해 살았습니다. 주님의 교회를 세우는 사람이 되었습니다. 하나님의 은혜가 임하는 사람이 하나님의 교회를 사랑하고 존중히 여기게 되어 있습니다.

바울이 왜 그렇게 다 버렸을까요? 그 이유는 그리스도의 재림 때에 그리스도 안에서 발견되기 위해서였습니다. 그리스도를 얻는 것이 세상의 모든 것보다 가치가 있기 때문입니다. 바울은 자신의 공로로 구원받은 것이 아니라 철저히 하나님의 은혜로 구원받았다는 것을 강조하였습니다. 우리도 하나님의 은혜만을 강조합니다. 하나님의 은혜가 구원을 가능하게 만들고 하나님의 교회를 세울 수 있게 합니다.

부활의 권능에 동참하는 것이 가장 큰 영광이기에 세상 것들을 포기했습니다. 짤막한 인생을 살면서 영원한 것을 바라보고 생명과 영광 가운데로 나아가는 성도가 다 됩시다.

제21강
빌립보서 3장 7-14

가치관의 변화

사람이 세상을 살아갈 때 모든 사람을 다 믿을 수 있다면 얼마나 좋겠습니까? 그런데 사람이 사람을 넘어뜨리기도 하고, 불순종의 사람이 순종하는 사람을 괴롭히기도 하며, 믿음이 없는 사람이 믿음 있는 사람을 비난하기도 하고, 육적인 사람이 영적인 사람을 마치 이스마엘이 아브라함의 상속자 이삭을 조롱하는 것과 같은 세상입니다.

바울에게 있었던 특권이 무엇이었습니까? 팔 일 만에 할례를 받았고 이스라엘 족속이었으며 베냐민 지파였습니다. 히브리인 중의 히브리인이었고 율법에 열심이 있는 바리새인이었습니다. 육체적으로 자랑할 만한 것들이 많은 사람이었습니다.

바울의 육체적인 자랑거리가 하나님의 교회를 세우지 못하고 오히려 핍박하는 결과를 가져왔습니다. 자기 육체를 자랑하고 잘못된 교리를 주장한 결과, 하나님의 교회에 손해를 끼치고 거룩한 교회를 흔들어 놓는 결과를 가져왔습니다. 그리고 많은 사람을 죽이는 결과를 낳았습니다. 바울은 끝까지 그렇게 세상을 살았을까요? 그렇지 않았습니다.

1. 가치관이 변했습니다

7-9절에 "그러나 무엇이든지 내게 유익하던 것을 내가 그리스도를 위하여 다 해로 여길뿐더러 또한 모든 것을 해로 여김은 내 주 그리스도 예수를 아는 지식이 가장 고상하기 때문이라 내가 그를 위하여 모든 것을 잃어버리고 배설물로 여김은 그리스도를 얻고 그 안에서 발견되려 함이니"라고 했습니다.

바울의 인생관의 변화, 가치관의 변화입니다. 새로운 사람으로 말하고 있습니다. 그리스도께서 바울 인생 전체를 바꾸어 놓았습니다. 이익으로 생각했던 것들이 알고 보니 손해를 끼치는 것들이었습니다. 그 내용이 무엇인가? "내 주 그리스도 예수를 아는 지식이 가장 고상하기 때문"이었습니다.

예수 그리스도를 믿어서 생명을 얻고 영생을 얻었다면 주님의 말씀이 맞습니다. "사람이 만일 온 천하를 얻고도 제 목숨을 잃으면 무엇이 유익하리요 사람이 무엇을 주고 제 목숨을 바꾸겠느냐"(마16:26). 자기가 소유한 지식 중에 가장 우수한 지식은 그리스도를 아는 지식이었습니다.

바울은 이런 고백을 했습니다. "내가 어렸을 때에는 말하는 것이 어린 아이와 같고 깨닫는 것이 어린 아이와 같고 생각하는 것이 어린 아이와 같다가 장성한 사람이 되어서는 어린 아이의 일을 버렸노라"(고전 13:11).

자기가 믿고 자부심을 가지고 자랑했던 것들이 알고 보니 손해를 끼치는 주범이었습니다. 예수 그리스도를 믿고 난 후에 더욱 그렇게 생각하게 되었습니다. 그리스도를 얻기 위해 지금까지 보물로 여기던 것과 바꿔버렸습니다. 위대한 거래를 성사한 사람이 바울입니다. 만유의 주재자 그리스도를 얻기 위해서 그렇게 했습니다.

그리스도인은 가치관이 변한 사람들입니다. 예수를 얻었기 때문에 다른 것들을 다 포기한 사람입니다. 마치 감추인 보화의 비유를 연상하게 만듭니다. 농부가 밭을 갈다가 아주 값진 보화를 발견했습니다. 다른 밭을 정리해서 보화가 감추어진 밭을 사는 사람과 같은 것입니다. 우리는 값진 보화를 발견한 하나님의 사람들입니다. 천국 백성들은 바로 그런 사람들입니다.

2. 예수 그리스도를 얻었습니다

예수 그리스도를 얻는다는 것이 무엇을 말하는 것입니까? 그리스도를 얻었기 때문에 육신적인 것들을 배설물로 생각한 것입니다. 자기가 평생 자랑해 오던 것들을 다 던져버리고 그리스도를 자랑하는 것입니다. 사도 바울은 세상을 사는 것이 그리스도 중심적이어서 죽는 것도 유익했는데 그 이유가 그리스도를 얻었기 때문이었습니다.

9-11절에 "그 안에서 발견되려 함이니 내가 가진 의는 율법에서 난 것이 아니요 오직 그리스도를 믿음으로 말미암은 것이니 곧 믿음으로 하나님께로부터 난 의라 내가 그리스도와 그 부활의 권능과 그 고난에 참여함을 알고자 하여 그의 죽으심을 본받아 어떻게 해서든지 죽은 자 가운데서 부활에 이르려 하노니"라고 했습니다.

자기에게 유익하던 것을 포기하고 그리스도를 얻었습니다. 자기 육신적인 자랑을 포기하고 그리스도를 얻었습니다. 그리스도를 얻는다는 구체적인 의미가 무엇일까? 그것은 '그리스도를 믿음으로 말미암아 오는 것들, 믿음에 기초하여 하나님으로부터 오는 의, 하나님께로부터 난 의' 를 말합니다.

죄인이 예수 그리스도를 믿음으로써 의롭게 되는 것, 의인되는 것을 말합니다. 한자로는 이신득의, 이신득구를 주장하는 것입니다. 우리는 예수 그리스도 때문에 의인이 됩니다. 자기의 육신적인 것들 때문에 의인이 되거나 자랑거리가 되는 것이 아니었습니다.

예수 그리스도 이외에 다른 방법으로 구원을 받을 수 있다고 이야기 하는 사람들이 일어났습니다. 다른 영, 다른 복음, 다른 예수를 말하는 경우도 많이 있습니다. 그러므로 우리는 항상 이단자들을 경계해야 합니다.

하나님 앞에서 예수 그리스도 이외에 자랑할 사람이 어디 있습니까? 진정으로 자랑하거나 사랑해야 할 대상은 주님밖에 없습니다. 더군다나 우리들은 육신적인 것들은 자랑할 것이 없는 사람들입니다. 하나님이 표준으로 세워 놓으신 것은 예수 그리스도뿐입니다. 그리스도를 믿는 사람은 의인이 되고 그리스도를 믿지 않는 사람들은 죄인이라는 표준 말입니다.

부활의 권능을 생각해 봅시다. 부활은 그리스도로 말미암아 오는 영광이지 누구도 우리들에게 부활의 영광을 누리게 할 수 있는 것이 아닙니다. 부활 신앙을 소유할 때 죄에서 승리하게 되고, 인간의 영광스러운 몸을 생각하게 만들며, 윤리적이며 영적인 존재라는 것을 기억하게 만듭니다. 그래서 바울은 11절에서 "어떻게 해서든지 죽은 자 가운데서 부활에 이르려 하노니"라고 신앙을 고백했습니다.

십자가도 그렇습니다. 십자가가 사람을 구원하는 능력입니다. 하나님의 지혜입니다. 그런데 십자가는 그리스도로 말미암아 오는 영광이요 능력입니다. 그리고 그리스도의 고난에 참여하는 교제를 포함합니다. 우리들은 고난을 싫어하지만 바울은 고난 후의 영광을 알고 있었기 때문에 이렇게 고백했습니다. 골로새서 1장 24절에서 교회를 위하여 받는 괴로움을 기뻐하고 그리스도의 남은 고난을 그의 몸된 교회를 위하여 내 육체에 채운다고 했습니다.

그러므로 그리스도를 얻는다는 말은 모든 것을 다 얻었다는 말입니다. 그리스도를 얻지 못했다는 말은 모든 것을 잃은 것과 같은 것입니다.

3. 부단한 노력이 필요합니다

12-14절에 "내가 이미 얻었다 함도 아니요 온전히 이루었다 함도 아니라 오직 내가 그리스도 예수께 잡힌 바 된 그것을 잡으려고 달려가노라 형제들아 나는 아직 내가 잡은 줄로 여기지 아니하고 오직 한 일 즉 뒤에 있는 것은 잊어버리고 앞에 있는 것을 잡으려고 푯대를 향하여 그리스도 예수 안에서 하나님이 위에서 부르신 부름의 상을 위하여 달려가노라"라고 했습니다.

사람이 균형잡힌 삶을 사는 것이 쉽지 않습니다. 좌로나 우로 치우치는 존재가 사람입니다. 그런데 바울은 균형잡힌 믿음의 사람이었습니다. 당시 유행하던 반도덕주의, 도덕폐기론자들을 조심하라고 말하고 있습니다. 영지주의자들 중에는 영이 하나님과 교제하고 있는 동안에 육신이 죄로부터 해방된다는 주장을 했습니다.

바울은 빌립보 교인들에게 '율법주의를 경계하라' 고 가르쳤습니다. 이번에는 '반도덕주의 이단을 경계해야 한다' 고 말합니다. 유대주의적 율법주의자들이 율법을 지킴으로써 구원받을 수 있다고 주장했다면 반도덕주의자들은 어떤 주장을 했을까요?

믿음으로 구원받는다는 교리를 오해하여 '도덕을 무시하고 방종' 으로 흘렀습니다. 자기 마음대로 해석하고, 자기 마음대로 믿고, 자기 마음대로 살아가는 사람입니다. 이런 잘못된 신앙인들이 빌립보 교인들의 믿음을 흔들어 놓았습니다. 그래서 바울은 반도덕주의자들을 주의하라고 가르쳐 주었습니다.

바울은 "내가 이미 얻었다 함도 아니요 온전히 이루었다 함도 아니라"라고 말합니다. '얻었다' 는 말은 '달성했다' 라는 뜻입니다. 그러나 아직 달성하지 못한 상태에 있는 바울입니다. 구원의 완성을 바라보면서 부단히 노력하고 힘써야 할 것을 가르쳐 주고 있습니다. "내가 이미 얻었다 함도 아니요 온전히 이루었다 함도 아니라 ..."

바울이 회개한 후에는 어떤 삶을 살았습니까? 그리스도와 연합한 삶을 살았습니다. 내세를 사모하고 바라보는 삶을 살았습니다. 예수님의 재림으로 말미암은 부활을 바라보면서 살았습니다. 영적으로나 도덕적으로 완전한 상태를 바라보면서 살았습니다.

그래서 "오직 내가 그리스도 예수께 잡힌 바 된 그것을 잡으려고 달려가노라"라고 말했습니다. 바울은 지금 사냥개가 토끼를 좇아가는 모습을 생각하면서 말하고 있습니다. 자기가 그런 생활을 하고 있다는 것입니다.

성도는 목표를 향하여 전진하고 있는 사람입니다. 사냥개가 토끼를 쫓는 것과 같은 상태에 있는 사람입니다. 목적지에 도착한 사람이 아니라 목적지를 향하여 한 걸음씩 한 걸음씩 전진하고 있는 것과 같습니다. 그래서 성경은 달리기 선수에 비유했습니다. 목표를 향하여 경주하고 있는 선수 같은 인생을 사는 사람이 성도입니다.

성도들은 세상의 모든 것을 버리고 온전함을 향해 그리스도와 연합하는 신앙의 삶을 성실히 실천해야 합니다. 그리스도의 영화로운 모습을 닮기 위해서 달려가는 사람입니다.

바울은 "형제들아 나는 아직 내가 잡은 줄로 여기지 아니하고 오직 한 일 즉 뒤에 있는 것은 잊어버리고 앞에 있는 것을 잡으려고 푯대를 향하여 ... 〈중략〉 ... 달려가노라"라고 했습니다. 성도는 계속적인 전진만 있는 삶, 주님 앞에 나아가는 일에 전념해야 합니다. 바울은 과거 것은 다 잊어버렸습니다. 그리스도인이 되기 이전에 훌륭한 일을 한 것까지 모두 다 잊어버렸습니다. 오직 앞에 있는 것을 잡으려고 좇아가는 삶을 살았습니다.

왜 사도 바울이 이렇게 살았을까요? "그리스도 예수 안에서 하나님이 위에서 부르신 부름의 상을 위하여"그랬습니다. 부르심의 상을 얻기 위함입니다. 바울의 목표는 "오직 내가 그리스도 예수께 잡힌 바 된 그것을 잡으려고 달려가노라"라고 했습니다.

바울이 집중하고 있는 것이 무엇입니까? 오직 한가지 일입니다. 앞에 있는 것을 잡으려고 좇아가는 삶이었습니다. 훌륭한 경주자와 같습니다. 마지막 직코스를 힘차게 달리는 것처럼 달립니다. "그리스도 예수 안에서 하나님이 위에서 부르신 부름의 상을 위하여 달려가노라." 이것뿐이었습니다. 성숙한 성도는 구원의 완성을 바라보면서 달려가는 그리스도인입니다.

제22강
빌립보서 3장 15-19절

바른 견해

사람이 사람에 대하여 바른 견해를 가지는 것이 쉽지 않습니다. 역사나 문화에 대한 견해도 그렇습니다. 그리고 자기 자신에 대한 바른 견해는 더 더욱 어렵습니다. 왜냐하면 사람은 하나님의 형상과 모양대로 지음 받았지만 타락함으로써 그 형상과 모양이 이지러지고 깨지고 뒤틀린 상태에 있기 때문입니다. 마치 산산조각이 난 거울로 자신의 얼굴을 보는 것과 같습니다.

1. 바른 견해를 가집시다

우리 성도님들은 사람이나 세상, 역사나 영적 세계를 바라보는 눈이 정확해서 올바른 판단을 내릴 수가 있기를 바랍니다. 그릇된 견해를 가지면 올바른 판단을 할 수가 없습니다. 바울은 빌립보 교인들에게 "누구든지 우리 온전히 이룬 자들은 이렇게 생각할지니"라고 말했습니다.

'온전히' 라는 의미는 에베소서 4장 13절에서는 '장성한 사람들' 을 말합니다. 히브리서 5장 13절에도 어린아이와 장성한 사람을 비교하고 있습니다. 장성한 사람은 단단한 식물을 먹습니다. 고기도 물론 먹습니다. 충분히 장성한 사람들이 어른입니다. 갈라디아서 6장 1절에서는 '신령한 자', 로마서 15장 1절에서는 '강한 자' 라고 말합니다.

사도 바울은 빌립보 교인들이 그리스도 안에서 완전한 자가 되기를 소원했습니다. 골로새 교회를 위해서도 골로새서 1장 28절에서 "우리가 그를 전파하여 각 사람을 권하고 모든 지혜로 각 사람을 가르침은 각 사람을 그리스도 안에서 완전한 자로 세우려 함이니"라고 했습니다. 여러분은 어린아이 같은 성도입니까 아니면 장성한 사람입니까?

부활의 권능에 참여해야 합니다. 그리고 12절 "내가 이미 얻었다 함도 아니요 온전히 이루었다 함도 아니라 오직 내가 그리스도 예수께 잡힌 바 된 그것을 잡으려고 달려가노라"에서 온전히 이루었다 함도 아니라고 할 때 절대적인 의미로 사용되었습니다. 또 15절 "그러므로 누구든지 우리 온전히 이룬 자들은 이렇게 생각할지니 만일 어떤 일에 너희가 달리 생각하면 하나님이 이것도 너희에게 나타내시리라"라는 말씀에서 온전히 이룬 자들은 상대적인 의미로 사용되었습니다.

빌립보 교회 안에는 온전하지 못한 사람들이 많이 있었습니다. 우리는 다른 사람이 주님을 잘 믿고 따르는 모습을 생각해 보면서 시기하고 질투할 것이 아니라 그런 사람을 사랑하고 존중히 여기며 자기 자신도 그런 사람이 되도록 노력해야 할 것입니다.

스펄젼 목사님에게 아주 특별한 날이 있었습니다. 스펄젼이 서재에서 설교준비를 마치고 설교를 은혜롭게 하기 위해 기도하고 있었습니다. 어떤 낯선 사람이 서재로 들어와서 하는 말이, '하나님께서 스펄젼을 대신하여 설교하라' 는 계시가 있었다고 말했습니다.

그 사람을 향하여 스펄젼이 이렇게 대답했습니다. 하나님이 지금 나에게 계시하셨는데 '너를 내쫓으라' 라고 말씀하셨다. 그리고 내쫓아 버렸습니다. 우리는 항상 교회의 게시판을 읽고 바른 자세를 취하는 것이 좋습니다. 자기도 모르는 사이에 독선이나 스스로 만족하는 자족에 빠지거나, 하나님의 일에 무관심해지면 안 될 것입니다. 온전해지려는 마음, 영적으로 바른 견해를 위하여 자신과의 싸움을 계속해야 합니다. 자신과의 싸움, 이것은 하나님을 믿는 자로서 아주 중요한 영적 싸움입니다. 이 싸움에서 승리하면 바른 관계를 가질 수 있기 때문입니다.

2. 계속하여 바른 길을 걸읍시다

16절에 "오직 우리가 어디까지 이르렀든지 그대로 행할 것이라"라고 했습니다. 빌립보 교인들이 바른 길을 선택했다면 계속하여 앞으로 가야 합니다. 부활의 권능과 앞에 있는 상을 위하여 달려가야 합니다. 그런데 사람들은 자기 자신이 다 성장한 줄로 생각하는 데에 문제가 있습니다. 선한 싸움을 다 싸운 줄로 생각합니다. 지금도 싸우고 있어야 합니다. 지금도 달리고 있고 걸어가고 있어야 합니다. 지금까지 잘 걸어왔다면 목적지에 도달할 때까지 계속하여 걷고 또 걸어야 하는 것입니다.

신앙생활에 있어서 아주 중요한 것은 끈기, 인내입니다. 참고 계속하는 것입니다. 계속하여 걸어가는 것은 끈기입니다. 며칠 믿다가 끈기가 없으면 그만둡니다. 몇 번 봉사하다가 끈기가 없는 사람은 중도에서 포기합니다. 회비나 헌금도 하다가 중도에 그만둡니다. 이러한 사람들에게 바울은 권면합니다. '계속하여 걸어가라'. '중단하지 말고 걸어가라.' 포기하지 말라. 중단 없는 전진의 사람이 되라. 쉬지 말고 쉬지를 말라.

중도에서 포기하면 어떤 사람이 될까요? 종교인이 됩니다. 교회를 다니는 사람이 됩니다. 다 믿어 봤다는 말을 하게 됩니다. 은혜가 메마르게 됩니다. 나중에는 믿는 사람이 아닙니다. 나는 지금도 걷고 있는 사람일까? 아니면 중도에서 포기하고 서 있는 사람일까?

교회생활에서 설교를 듣고 기도합니다. 성경 보고 전도합니다. 찬양대 연습하고 교사로서 학생들을 가르칩니다. 그런데 똑같은 일을 반복하다 보면 쉽게 지루함을 느끼게 됩니다. 답답함을 느낀 나머지 다른 방법을 선택하려고 합니다. 심지어 색깔 있는 것, 색다른 것을 추구합니다. 하지만 바울은 그런 교인들에게 권면합니다. '지금까지 행하던 일을 계속하여 행하라.'

바른 생각을 했으면 바른 곳으로 걸어가라. 바른 행위를 해 왔다면 계속해서 걸어갈 때 목표에 도달하게 됩니다. 이것이 매우 중요합니다.

3. 인도자를 바라보아야 합니다

바울은 17절에서 "형제들아 너희는 함께 나를 본받으라 그리고 너희가 우리를 본받은 것처럼 그와 같이 행하는 자들을 눈여겨 보라"라고 했습니다. 그리스도인으로서의 행위를 계속하라. 그리고 자신을 본보기로 삼으라. 바울은 걷다가 멈추어 서 있지 않았습니다. 계속하여 걷고 달렸습니다. 최후의 승자가 될 때까지 달렸습니다. 그것을 본받으라.

바울은 '형제들아 너희는 함께 나를 본받으라' 라고 하면서 빌립보 교인들이나 고린도 교인들에게 "내가 그리스도를 본받는 자가 된 것같이 너희는 나를 본받는 자가 되라"라고 했습니다. 데살로니가 교인들에게도(고전11:1) 말했습니다. 여러분들은 누구를 본받고 있습니까? 주님을 본받아야 합니다. 신앙생활을 하다보면 믿음 없는 자도 볼 것이고, 시험에 든 자는 더욱 많이 볼 것입니다. 그러나 결국 성도는 주님을 바라보아야 합니다.

'본' 이란 요한복음 20장 25절에 '못 자국' 과 같은 의미입니다. 타격에 의해서 남겨진 자국을 가리킵니다. 강타에 의한 상처를 말합니다. 전형, 형, 모범이란 의미를 담고 있습니다. 교훈의 본(롬6:17)도 있지만 여기서는 삶의 본을 말합니다. 우리의 인도자는 예수 그리스도이십니다. 주님만 믿고 따라 갑시다. 선한 목자는 주님뿐이십니다.

4. 바른 길에서 벗어난 사람이 있습니다

많은 사람들이 세상을 선하게 살지 못하고 사악하게 살아갑니다. 유대사회에는 개 같은 자들이 있었고, 부도덕한 자들도 있었으며, 영지주의자들도 있었습니다. 하나님의 은혜로 구원받는 것이 아니라 율법을 행함으로써 구원받는다는 거짓된 주장을 했습니다.

이런 사람들을 볼 때 바울은 눈물을 흘리며 말했습니다. 에베소 교인들을 위해서도 눈물로 목회했던 바울입니다(행20:31). 인간의 공로나 행위로 구원받는다는 사상을 버리고, 예수 그리스도를 믿음으로써 구원을 받고, 영생을 얻는다는 것, 영원히 사는 것을 배우라고 말하고 있습니다. 왜냐하면 그들은 십자가의 원수로 행하는 길에 들어섰기 때문입니다.

왜 이런 사상을 가지게 되었을까요? 멸망의 사람들입니다. 그들의 신은 배입니다. 먹고 마시는 것이 최고의 신처럼 여겼습니다. 부끄러움을 부끄럽게 여기지 않았습니다. 그리고 땅의 일을 생각하는 사람들이었습니다.

빌립보 교회 안에 잘못된 교리를 주장하는 사람들이 생겨났습니다. 믿음으로 구원받았으니 윤리나 도덕적 노력도 필요없다고 주장하는 사람들이었습니다. 일시적인 쾌락을 위하여 영원한 복음을 버리는 사람들이 생겨났습니다. 도덕을 버리는 사람들이 생겨났습니다. 이런 사람들이 십자가의 원수로 행하는 사람들이었습니다. 바울은 여러 번 눈물을 흘리면서 말하기 시작했습니다.

성도들은 예수를 믿으면 즉시 구원을 받습니다. 지금 구원받았다고 해서 구원이 완성된 것을 의미하지는 않습니다. 부활한 것이 아닙니다. 성화의 완성된 단계에 나아간 것도 아닙니다. 다만 자신의 구원을 위하여 두렵고 떨림으로 지내야 할 사람들입니다.

그런데 반도덕주의자들이 되어서 아무렇게나 세상을 살아도 되는 것처럼, 생각하고 아무렇게나 믿어도 되는 것처럼 생각하는 사람들의 결과는 멸망입니다. 땅의 일을 생각하는 사람들입니다. 천국에 관심이 없고 세상의 육체적인 것들, 멸망할 것들에 목표를 두고 살아가는 사람들입니다.

여러분의 눈은 어디를 보고 있습니까? 신령한 눈을 열어 하늘을 바라봅시다. 오직 우리들의 시민권은 하늘에 있습니다. 우리는 땅의 것을 사모할 사람이 아니라 하늘의 것을 사모해야 할 사람들입니다.

빌립보 교회는 믿음으로 구원받는다는 교리를 오해했습니다. 그리스도인은 완전하기 때문에 아무런 도덕적 제약을 받지 않는다고 생각했습니다. 이것이 착각입니다. 결과는 육체의 정욕대로 행하여도 죄가 되지 않는다고 생각한 것이었습니다. 주님은 "누구든지 나를 따라 오려거든 자기를 부인하고, 자기 십자가를 지고 나를 따를 것이니라"라고 했습니다. 그렇지 아니하면 내게 합당치 아니하니라.

성도의 구원은 그리스도의 재림으로 완성됩니다. 바울은 반도덕주의자들을 조심하라고 가르쳤습니다. 하늘의 시민권을 가진 자답게, 합당하게 생활하여 구원의 완성을 기다리라고 했습니다.

그리스도께서 십자가에서 죽으신 것은 예수를 믿어 의에 이르게 하심이었습니다. 심지어 이런 자들까지 나타났습니다. 예수님께서 십자가에서 죽어 주셨으니 죄를 마음대로 지어도 괜찮은 것이 아닌가? 그렇지 않습니다. 이런 사람들은 하나님의 은혜를 멸시하는 자들입니다. 어리석은 자들입니다.

죄 가운데서 구원받은 하나님의 사람들은 남은 생애를 죄에게 불의의 병기로 드리면 안됩니다. 하나님께 의의 병기로 헌신해야 합니다. 바울처럼 선한 싸움을 다 싸워야 합니다. 달려갈 길을 마치기 위해 달려야 합니다. 끝까지 믿음을 지켜야 합니다. 그렇게 할 때 의의 면류관이 예비되는 법입니다.

세상을 살아가는 성도들은 나그네들입니다. 히브리서 11장 10-13절에 믿음의 조상 아브라함도 나그네로 세상을 살았습니다(약1:1, 벧전1:1; 2:11). 세상에 흩어져 있는 모든 성도들은 모두 다 나그네와 같습니다. 여러분들은 하늘의 시민권을 가진 사람입니다. 하늘의 시민이면 시민답게 자기에게 맡겨진 책임을 감당하기 바랍니다.

제23강
빌립보서 3장 20-21절

하늘의 시민권

바울은 육신적인 것들을 자랑했습니다. 팔 일 만에 할례받은 것, 이스라엘 민족인 것, 베냐민 지파인 것, 히브리인 중의 히브리인 그리고 율법적으로 바리새인으로서 율법주의를 자랑했습니다. 그런데 지금까지 자랑하던 것이 의인이 되게 하지는 못했습니다. 부활의 권능에 동참하도록 하지도 못했습니다. 하나님의 교회를 박해하는 결과만 가져왔습니다. 이 얼마나 비극적인 일입니까?

잘못된 율법주의자들이 빌립보 교회에 침투하였습니다. 믿음으로 구원받는다, 하나님의 은혜로 구원받는다는 것을 파괴하려고 할례를 받음으로써 구원을 받으며 율법을 지킴으로써 구원받는다고 가르쳤습니다. 심지어 하나님의 은혜로 구원받는다고 가르치니까 그렇다면 아무렇게나 말하고 행동해도 된다는 생각을 가지게 되었습니다. 이것이 반도덕주의, 도덕폐기론자들입니다. 하나님의 은혜로 구원받은 사람은 점점 더 윤리적이고 도덕적인 사람이 됩니다.

그리고 하나님을 섬기는 것이 아니라 자기 배만 섬겨서 멸망받을 사람들이 교회에 들어왔습니다. 십자가의 원수로 행하였습니다. 땅의 일을 말하며 주장하는 사람들이었습니다.

1. 하늘의 시민권

땅에 속한 자들과 대조를 이루는 사람이 우리입니다. "우리의 시민권은 하늘에 있는지라." 우리의 시민권이 하늘에 있음을 선언하는 바울입니다. 땅과 하늘은 대조를 이룹니다. 땅에 속한 자들은 십자가의 원수들입니다. 멸망받을 사람들입니다. 자기 배나 채우기 위해서 교회 일을 보는 사람입니다.

그러나 바울은 이미 빌립보서 1장 27절에서 "오직 너희는 그리스도의 복음에 합당하게 생활하라"라고 말했습니다. 천국 시민들로서 합당한 생활을 합니다. 천국 백성답게 살라.

예수님은 빌라도에게 말하기를 "내 나라는 이 세상에 속한 것이 아니니라 만일 내 나라가 이 세상에 속한 것이었더라면 내 종들이 싸워 나로 유대인들에게 넘겨지지 않게 하였으리라 이제 내 나라는 여기에 속한 것이 아니니라"(요18:36)라고 말씀하셨습니다.

갈라디아서 4장 26절에서 바울은 "오직 위에 있는 예루살렘은 자유자니 곧 우리 어머니라"라는 말씀에서 위에 있는 예루살렘이란 말을 사용하였습니다. 히브리서 12장 20절에 나오는 시온산과 대조를 이룹니다.

새 예루살렘은 요한계시록 21장 1-4절에 "내가 새 하늘과 새 땅을 보니 처음 하늘과 처음 땅이 없어졌고 바다도 다시 있지 않더라 또 내가 보매 거룩한 성 새 예루살렘이 하나님께로부터 하늘에서 내려오니 그 준비한 것이 신부가 남편을 위하여 단장한 것 같더라 내가 들으니 보좌에서 큰 음성이 나서 이르되 보라 하나님의 장막이 사람들과 함께 있으매 하나님이 그들과 함께 계시리니 그들은 하나님의 백성이 되고 하나님은 친히 그들과 함께 계셔서 모든 눈물을 그 눈에서 닦아 주시니 다시는 사망이 없고 애통하는 것이나 곡하는 것이나 아픈 것이 다시 있지 아니하리니 처음 것들이 다 지나갔음이러라"라고 했습니다.

우리가 지금 세상에 있지만 천국 백성입니다. 성도들과 동일한 시민이고, 하나님의 권속입니다. 바울은 에베소서 2장 19절에서 "그러므로 이제부터 너희는 외인도 아니요 나그네도 아니요 오직 성도들과 동일한 시민이요 하나님의 권속이라"라고 에베소 교인들에게 가르쳐 주었습니다.

우리들은 이땅에서는 하늘 가는 나그네로 살고 있습니다. 외국인과 나그네 같은 삶을 살아가고 있습니다. 히브리서 11장 13절에 "이 사람들은 다 믿음을 따라 죽었으며 약속을 받지 못하였으되 그것들을 멀리서 보고 환영하며 또 땅에서는 외국인과 나그네임을 증언하였으니"라고 했습니다. 땅에서 외국인과 나그네의 삶을 사는 사람들은 정말 더 나은 본향을 그리워하면서 살아가고 있습니다.

바울도 처음에는 로마의 시민권을 자랑스럽게 생각했습니다. 사도행전 16장이나 21-22장에서 로마의 시민권을 자랑했습니다. 그러나 예수님을 만나고 은혜를 체험한 다음에는 하늘의 시민권을 자랑했습니다. 바울의 주장은 우리들이 죽어서 하늘 나라의 시민이 되는 것이 아니라 현세적으로 이 세상에서 하나님의 백성, 하나님 나라의 시민으로 살아야 하는 것을 가르칩니다. 그리스도인들은 세상에 살고 있지만 세상의 원리대로만 살지 않고 하늘의 원리, 하나님의 법칙대로 살려고 합니다. 하늘 나라가 우리들의 본국이기 때문입니다. "돌아갈 내 고향 하늘 나라."

2. 구원하는 자

예수는 구원자이십니다. 우리는 예수 그리스도만을 기다립니다. 그래서 바울은 "거기로부터 구원하는 자 곧 주 예수 그리스도를 기다리노니"라고 했습니다. 하늘의 시민권을 가진 우리들은 지금 살고 있는 이 세상이 하늘이 아니라는 것을 알고 있습니다.

세상에는 슬픔과 고난으로 가득 차 있습니다. 하지만 하나님의 아들과 딸들이 있기 때문에 기쁨이 있고 소망이 있습니다. 우리의 구주, 예수 그리스도를 기다리며 살아가고 있습니다. 땅으로부터의 그리스도를 기다리는 것이 아니라 하늘로부터 오실 그리스도를 기다리면서 살고 있습니다.

그래서 누가가 사도행전을 기록할 때 사도행전 1장 9-11절에 "이 말씀을 마치시고 그들이 보는데 올려져 가시니 구름이 그를 가리어 보이지 않게 하더라 올라가실 때에 제자들이 자세히 하늘을 쳐다보고 있는데 흰 옷 입은 두 사람이 그들 곁에 서서 이르되 갈릴리 사람들아 어찌하여 서서 하늘을 쳐다보느냐 너희 가운데서 하늘로 올려지신 이 예수는 하늘로 가심을 본 그대로 오시리라"라고 했습니다.

그리스도는 하늘의 왕, 천국의 왕이십니다. 그리스도께서 일을 완성하기 위해서 이 땅에 재림하실 것입니다. 악인과 의인을 구별하기 위해서 오실 것입니다. 택하신 자들을 다 불러 모으실 것입니다.

그리스도는 우리들의 구세주이십니다. 구주로서 임하실 것이고 곧 오실 것입니다. 고난으로부터 자유를 베풀며 육신의 연약함으로부터 구원하실 것입니다. 로마서 8장 19절에 "피조물이 고대하는 바는 하나님의 아들들이 나타나는 것이니"라고 했고, 고린도후서 5장 4절에서는 "참으로 이 장막에 있는 우리가 짐진 것같이 탄식하는 것은 벗고자 함이 아니요 오히려 덧입고자 함이니 죽을 것이 생명에 삼킨 바 되게 하려 함이라"라고 했습니다.

어떤 마음으로 기다린다는 말일까? 마치 아내가 저녁 늦게 퇴근하는 남편을 골목길에서 기다리는 것과 같은 간절함을 말해 주고 있습니다. 간절한 기대를 특징으로 하는 마음입니다. 하나님 나라는 이미 왔고 또 다가오고 있습니다. 그리스도인이란 그리스도의 약속을 믿고 기다리는 사람들을 의미합니다. 그리스도인들은 하늘 가는 나그네로서 그리스도를 기다릴 권리를 가지고 있습니다. 이 소망이 산 소망이요 역경을 기쁨으로 이기게 하시고 감당하게 하시는 은혜입니다.

초대 교인들은 이 복된 소망 때문에 거룩한 삶을 살 수 있었습니다. 이 소망 때문에 그리스도인들답게 강력한 영향력을 세상에 끼쳤습니다. 물론 그리스도의 재림이 자기 시대에 임할 줄로 오해한 성도들도 있었습니다. 그러나 베드로 사도가 말한 것과 같이 베드로후서 3장 8절에 "사랑하는 자들아 주께는 하루가 천 년 같고 천 년이 하루 같다는 이 한 가지를 잊지 말라"라고 했습니다.

메시야의 초림에 대한 약속이 더디 실현될 것처럼 보였습니다. 그 당대 사람들이 기대하지 않을 때 성경대로 이 땅에 임하셨습니다. 그리스도의 초림이 실현되었다면 재림에 대한 약속도 실현될 것입니다.

재림의 약속을 믿는다면 우리들은 준비하고 있어야 합니다. 마태복음 25장 13절처럼 깨어 있어야 합니다. 바울도 깨어 있으라고 가르치고 있습니다. 깨어 있는 것은 기도하고 있는 것을 말하기도 했고, 자기 일에 충성하고 있는 것을 말하기도 했습니다.

사랑하는 성도 여러분! 심령이 깨어 나서 주님을 기다리는 마음이 불같이 일어나기를 바랍니다. 그리고 자기가 맡은 일을 성실하게 행해서 면류관을 받을 수 있기를 바랍니다.

3. 영광의 몸

주님은 만물을 자기에게 복종하게 하신 분이십니다. 능력이 많으신 주님이 우리들에게 부활의 영광을 주실 것입니다. 우리들의 낮은 몸을 영광의 몸으로 변하게 하실 것입니다. "우리의 낮은 몸을 자기 영광의 몸의 형체와 같이 변하게 하시리라"라고 했습니다.

주님이 행하실 일 중에 가장 위대한 일이 무엇일까? 우리의 낮은 몸을 자기 영광의 몸의 형체와 같이 변하게 하시는 것입니다. 우리의 타락한 몸을 썩지 않을 몸으로 변화시키는 일입니다. 연약한 몸을 강한 몸으로 바꾸어 놓는 일입니다. 육의 몸을 신령한 몸으로 변화하는 일입니다.

로마서 12장 2절에 "너희는 이 세대를 본받지 말고 오직 마음을 새롭게 함으로 변화를 받아 하나님의 선하시고 기뻐하시고 온전하신 뜻이 무엇인지 분별하도록 하라"라고 했고, 고린도전서 15장 44절에 "육의 몸으로 심고 신령한 몸으로 다시 살아나나니 육의 몸이 있은즉 또 영의 몸도 있느니라"라고 했고, 51절에서는 "보라 내가 너희에게 비밀을 말하노니 우리가 다 잠 잘 것이 아니요 마지막 나팔에 순식간에 홀연히 다 변화되리니"라고 했습니다. 지금은 병들고 아프고 상처받고 찢어지고 부러지는 몸이지만 그 때는 신령한 몸, 강한 몸, 영광스러운 몸으로 변화할 것입니다.

바울의 육체관은 영지주의자들이 주장하듯 천한 것으로 생각하지 않습니다. 사도 바울은 우리들의 몸을 구속받은 몸으로, 하나님의 영이 거처하는 곳으로 설명했습니다(고전6:12-29). 하나님의 성령이 거하는 성전(고전3:16)으로 생각했습니다. 그러므로 고린도전서 6장 20절에서 우리들의 몸으로 하나님 아버지께 영광을 돌리도록 하였습니다.

베드로와 야고보와 요한은 변화산에서 예수께서 영광스러운 몸으로 변형되신 것을 보았습니다. 고린도후서 3장 18절에 "우리가 다 수건을 벗은 얼굴로 거울을 보는 것같이 주의 영광을 보매 그와 같은 형상으로 변화하여 영광에서 영광에 이르니 곧 주의 영으로 말미암음이니라"라고 했습니다.

'영광'이라는 말은 여호와 하나님에게 쓰여지는 말입니다. 그런데 그 영광이 우리들에게도 임한다는 의미가 아니겠습니까? 요한일서 3장 2절에서 사도 요한은 "사랑하는 자들아 우리가 지금은 하나님의 자녀라 장래에 어떻게 될지는 아직 나타나지 아니하였으나 그가 나타나시면 우리가 그와 같을 줄을 아는 것은 그의 참모습 그대로 볼 것이기 때문이니"라고 했습니다.

어떻게 그런 것이 가능하냐고 의심이 생길 때는 그리스도를 생각해야 합니다. 주님은 '만물을 자기에게 복종하게 하실 수 있는 능력'이 있는 분이십니다. 그리스도께서 통치하시면 그런 능력은 충분히 가능합니다. 이런 날은 우리가 믿든지 안 믿든지 다가오고 있습니다. 그래서 평상시에 잘 믿는 것이 아주 중요합니다.

제24강
빌립보서 4장 1-3절

주 안에 굳게 서라

어떻게 하면 교회생활이 즐거울까? 즐거운 교회생활을 하려면 어떻게 해야 하는가? 바울은 빌립보서 1장에서 '교회와 하나가 되라'. 한 마음과 한뜻이 되어 순복하라. 2장에서는 '하나님의 말씀을 겸손한 마음으로 듣고, 자기 자신의 구원을 두렵고 떨림으로 이루라' 라고 말했습니다.

그리고 3장에서는 하나님의 은혜로 의인 된 사람은 '율법주의자와 반도덕주의자들을 조심하라' 는 것입니다. 성도는 하늘의 시민권을 가진 자로서 땅의 것을 사모하는 것이 아니라 하늘의 것을 사모하는 자들이기 때문입니다.

1. 주 안에 서라

바울은 빌립보서 4장 1절에서 "그러므로 나의 사랑하고 사모하는 형제들, 나의 기쁨이요 면류관인 사랑하는 자들아 이와 같이 주 안에 서라"라고 말했습니다. 바울이 사모하는 빌립보 형제들, 기쁨이 되는 형제들이 주 안에 굳게 서기를 원했습니다. 바울의 면류관인 사랑하는 형제자매들이 다 함께 주 안에 굳세게 서 있기를 원했습니다.

너희는 하나님 나라 백성이니 세상을 살아갈 때 굳게 서 있으라. 지금까지 운동선수처럼 걷는다, 달려가고 있다고 표현하던 바울이 이곳에서는 '주 안에 굳게 서 있으라' 라고 표현했습니다. 사람이 걸어가는 것보다 서 있는 것이 힘들 때가 있습니다. 뛰는 것은 뛰겠는데 서 있는 것을 못하는 경우도 있습니다. '서 있는 것' 은 어려운 일일 뿐만 아니라 서 있다가는 적이 쏜 총에 맞아 죽을 수도 있습니다. 그런데 빌립보 교인들에게 주 안에 굳세게 서 있으라고 권면한 바울입니다.

전쟁터에서 전우들이 죽어가고 있는데 서 있다고 생각해 봅시다. 서 있는다는 게 얼마나 힘든 일입니까? 다른 사람들은 모두 다 도망가고 있을 때 굳게 서 있는 것은 정말 어려운 일입니다. 바울은 좋은 군사는 서 있는 일을 잘하는 것이라고 일깨워 줍니다. 보초를 설 때 2시간씩 꼼짝도 하지 않고 서 있는 모습을 보았을 것입니다.

빌립보 교회 안에 율법주의가 들어왔습니다. '믿음으로 구원받는 것이 아니라 할례를 행함으로써 구원받는다.' 그리고 반도덕주의자들이 들어왔습니다. '하나님의 은혜로 구원받았으니 행동은 아무렇게나 행해도 된다.' 이와 같은 그릇된 사상들이 난무한 때에 굳게 서라고 말하고 있습니다.

에베소 교인들에게 영적 전쟁을 말하던 바울은 에베소서 6장 11-14절에서 '서라' 라는 말을 반복하여 쓰고 있습니다. "마귀의 간계를 능히 대적하기 위하여 하나님의 전신 갑주를 입으라 우리의 씨름은 혈과 육을 상대하는 것이 아니요 통치자들과 권세들과 이 어둠의 세상 주관자들과 하늘에 있는 악의 영들을 상대함이라 그러므로 하나님의 전신 갑주를 취하라 이는 악한 날에 너희가 능히 대적하고 모든 일을 행한 후에 서기 위함이라 그런즉 서서 진리로 너희 허리 띠를 띠고 의의 호심경을 붙이고"라고 말했습니다.

고린도전서 16장 13-14절에서도 "깨어 믿음에 굳게 서서 남자답게 강건하라 너희 모든 일을 사랑으로 행하라"라고 권면합니다. 굳게 서 있는 믿음의 사람이 되라. 여러분은 거짓된 이론에 서는 것이 아니라 믿음 위에 자신을 건축하십시오.

세상에서 영적인 싸움을 잘 싸운 자들에게 면류관을 주실 것입니다. 주님을 위해 헌신하고 수고한 것을 갚아 주실 것입니다. 여기서 말하는 면류관은 왕관이 아닙니다. 승리의 화관을 말합니다. 바울은 데살로니가 교인들이 자기의 면류관이라고 했습니다(살전2:19).

'사랑하는 자들아', 사랑이 넘치는 호소의 말입니다. 바울이 빌립보 교인들에게 주 안에 서 있으라고 말하는 이유가 무엇입니까? 자기의 육신적인 것, 팔 일 만에 할례받은 것, 히브리인 중의 히브리인, 이스라엘 민족인 것, 혈통적인 것 등을 자랑할 때는 죄인 그대로 있었지만, 예수 안에서 의인이 되었기 때문입니다.

예수를 믿어야만 부활의 권능에 동참할 수 있습니다. 하늘의 시민권을 얻게 됩니다. 하나님의 은혜가 예수 안에서 옵니다. 그래서 그리스도 안에 굳게 서라고 말하는 것입니다. 여러분은 예수 안에 굳세게 서 있는 그리스도인들이 됩시다.

2. 같은 마음을 품으라

2절에 "내가 유오디아를 권하고 순두게를 권하노니 주 안에서 같은 마음을 품으라"라고 권면합니다. 주 안에서 같은 마음을 품으라. 빌립보 교회 안에 내부적인 갈등, 분열이 있었습니다. 빌립보 교회는 잘하는 일도 많이 있었지만 내부적인 갈등도 있었습니다.

인격적인 바울이 사람의 이름을 들어서 설명하고 있습니다. '유오디아와 순두게'. 사람의 이름을 거론하고 있습니다. 바울은 주님을 닮은 사람입니다. 비인격적인 사람이기 때문에 사람의 이름을 말하는 것이 아닙니다. 세상 역사나 교회 역사나 잘한 사람의 이름만 나오는 것이 아닙니다. 잘못한 사람의 이름도 기록합니다.

충고의 내용이 무엇입니까? 서로 한마음을 품으라. 하나가 되라. 합심하라. 이렇게 강한 말로 일처리 하는 모습을 생각해 볼 때 목회자 바울의 성격이 드러납니다. 솔직하고 정직하며 직선적인 성격을 그대로 드러낸 사건이라고 생각합니다.

유오디아는 '순조로운 여행', '창성한 여행', '향기' 라는 이름의 뜻을 가지고 있습니다. 순두게는 '행운', '행복한 기회' 라는 의미를 가지고 있습니다. 순조로운 여행이나 향기, 행운이나 행복한 기회가 얼마나 좋은 이름입니까? 좋은 이름을 가지고 있으면 좋은 열매를 맺어야 합니다. 하지만 이 두 사람이 빌립보 교회 안에 문제를 발생시켰습니다. 선한 의도이든 악한 의도이든 문제가 된 것은 사실입니다.

빌립보 교회는 루디아가 헌신적으로 봉사하여 세워지게 되었습니다. 그러다 보니까 여성의 지위가 높아졌는지도 모르겠습니다. 하여튼 두 여인의 갈등이 심화되자 바울은 같은 마음을 품으라고 말했습니다. 유오디아와 순두게의 문제는 문제가 큰 것이라기보다는 온전해지지 못한 데서 파생된 것이 문제입니다. 온전하지 못한 사람은 문제를 파생시킬 수밖에 없습니다.

좋은 이름을 가지고도 다투고 분쟁하는 존재가 사람입니다. 갈등을 겪는 것이나 분쟁하는 것은 그 사람의 됨됨이 문제입니다. 그리스도의 낮아지는 마음, 겸손한 마음을 본받는 사람은 다투거나 분쟁하지 않습니다.

바울은 그리스도 안에서 하나님의 은혜로 이미 의인이 되고 그리스도로 말미암아 얻은 부활을 믿고 있지만, 아직도 온전히 얻은 줄로 생각하지 않고 달려가는 신앙생활을 하였습니다. 성경을 주신 목적도 하나님의 사람으로 온전하게 만들기 위함입니다. 목사를 세우신 목적도 성도를 온전하게 하기 위함입니다.

즐거운 교회생활을 하려면 제일 먼저 목회자나 성도와의 관계가 좋아야 합니다. 성도와 좋은 관계를 유지하기 위해서는 헌신을 해야 합니다. 희생하고 봉사하는 마음이 반드시 필요합니다. 자기 유익만 추구해서는 좋은 관계를 유지할 수 없습니다.

성도가 성도에게 어떻게 헌신해야 할까요? 사도 바울이 가르쳐 주었습니다. 마음이 하나 되라. 한마음이 되라. 마음이 하나 되는 데 시간과 물질을 바치라. 한마음과 한뜻이 되어야 자신이 행복하고 다른 사람을 기쁘게 할 수 있습니다. 이것이 즐거운 교회생활을 하는 데 아주 중요한 역할을 하는 조건일 것입니다.

과거에는 유오디아나 순두게가 빌립보 교회의 공로자들이었습니다. 무슨 일을 했는지는 자세히 모르지만 복음을 전하는 데 큰 공로가 있는 것은 사실이었습니다. 그러나 지금은 문제의 사람으로 전락되었습니다. 사람은 그런 것입니다. 장로 되기 전과 장로 된 다음의 사람이 서로 다르다는 말이 있습니다. 권사가 된 다음에 사람이 달라졌다는 말을 듣습니다. 그러면 안 됩니다. 더 헌신적이고 충성해야 존귀해집니다.

그러면 왜 하나가 되어야 합니까? 온전한 사람이 되기 위해서 하나가 되어야 합니다. 서로 다투고 분쟁할 이유가 없습니다. 자기 주장만 하다 보면 상대방의 의견을 듣지 않거나 수렴할 마음이 없게 됩니다.

여러분은 주님 오시는 날까지 주 안에서 하나, 교회와 하나 되십시요. 하나 되는 방법은 겸손하게 말씀을 받아야 하고, 성령이 역사하는 교제가 있어야 합니다. 서로를 불쌍히 여기며 기도해 줄 때 하나가 됩니다.

초대 예루살렘 교회를 생각해 봅시다. 성령이 충만하여 사도들의 가르침을 받았습니다. 한마음과 한뜻이 되어 성전에 모이기를 힘썼습니다. 그리고 기도에 힘쓰니까 놀라운 변화가 일어났습니다. 기적과 능력이 나타났습니다. 가난한 사람까지 없게 되었습니다.

목회자와 하나 되고 교회와 하나 되며, 전교인들이 하나 되는 데 헌신하니까 자신이 행복하고 다른 사람들도 행복하게 됩니다. 이것이 성도관계에서 승리하는 길입니다.

화평하게 하는 사람이 복이 있는데 하나님의 아들이라고 일컫게 됩니다(마5:9). 야고보서 3장 17절에서는 "오직 위로부터 난 지혜는 첫째 성결하고 다음에 화평하고 관용하고 양순하며 긍휼과 선한 열매가 가득하고 편견과 거짓이 없나니"라고 했습니다.

바울은 로마 교인들에게 로마서 12장 18절에서 "할 수 있거든 너희로서는 모든 사람과 더불어 화목하라"라고 말씀하셨습니다. 하나님의 아들은 화평하게 하는 사람입니다.

3. 동역자를 도우라

3절에 "또 참으로 나와 멍에를 같이한 네게 구하노니 복음에 나와 함께 힘쓰던 저 여인들을 돕고 또한 글레멘드와 그 외에 나의 동역자들을 도우라 그 이름들이 생명책에 있느니라"라고 했습니다.

바울과 멍에를 같이한 자가 누구일까? 에바브로디도로 생각하는 신학자들이 있습니다. 빌립보 교회의 감독으로 생각하는 사람들도 있습니다. 알렉산드리아의 글레멘드라는 바울의 아내였을 것이라고도 추측합니다. 어떤 사람들은 누가, 실라, 디모데라고 추측하기도 합니다.

동역자란 '멍에를 같이 메는 사람' 입니다. 멍에를 같이한 자란 '결합자' 의 의미도 있습니다. 바울과 멍에를 같이 멘 자를 도우며 협력해 주라. 그런데 복음을 위하여 수고하는 부녀들을 도우라. 도우라는 말은 '결합시켜라' 라는 말이 그 뜻을 해석하는 데 도움이 됩니다. 대부분의 경우 목회자의 측근자들을 싫어하는 성향이 있습니다. 목회자의 측근자들을 도와주라. 복음을 위하여 수고하는 일꾼들을 돕는 사람들을 도우라.

여기에 화해시키는 방법이 나타납니다. 먼저 화평을 파괴하는 사람이 되지 말고 화평을 조성하는 사람이 되라. 서로 화해하도록 하는 것이 중요한 일입니다. 그리고 나와 함께 복음을 위하여 수고한 자들을 협력하게 하며 화목을 도모하는 것입니다.

왜 화평하게 해야 합니까? 나의 동역자들이기 때문이고, 그 이름들이 생명책에 있는 사람들이기 때문입니다. 3절에 "그 이름들이 생명책에 있느니라." 이것이 하나 되어야 하는 큰 이유입니다. 주님의 생명책에 기록된 성도라면 서로 하나 되는 것이 당연한 일입니다. 하나님께서 예정하시고 선택한 사람들의 이름이 기록된 책입니다(출32:32, 삼상25:29, 시69:28; 139:15, 눅10:20, 계3:5; 21:27).

하나님의 부르심을 받아 같이 돕고 협력하는 가운데 하나님이 하늘에서 영광을 받으시고 보는 사람들도 기뻐하게 될 것입니다. 만약에 하나님의 부르심을 받은 동역자들끼리 다투고 분쟁한다면 하나님도 기뻐하지 않으실 것이고 세상 사람들도 다 비웃을 것입니다. 상대가 하나님의 생명책에 기록된 사람이라면 우리 모두 형제자매가 아니겠습니까? 형제자매가 서로 사랑할 때 하나님이 기뻐하실 것입니다.

제25강
빌립보서 4장 4-7절

세 가지 특징

우리는 하늘의 시민권자입니다. 빌립보서도 새 하늘과 새 땅에 소망을 둔 사람들의 삶에 대한 이야기를 전해 주고 있습니다. 하늘에 소망을 두고 사는 사람은 몇 가지 특징이 있습니다. 세 가지 영역이 있습니다. 그것이 무엇일까요?

1. 기뻐하는 삶입니다

첫 번째, 자기 자신이 가져야 할 자세는 기뻐하는 생활입니다. 사생활이나 가정생활 혹은 교회생활이 똑같습니다. '기뻐하라', '주 안에서 항상 기뻐하라' 성도의 삶의 특징이 기쁨입니다. 기뻐하는 삶이 축복받은 사람의 삶이요, 공동체 생활의 첫 번째 의무요 책임입니다.

바울의 과거 삶은 교회를 핍박하는 삶이요, 주님을 반대하는 삶이었습니다. 빌립보서 3장 6절에 "열심으로는 교회를 박해하고"라고 했고, 갈라디아서 1장 13절에서는 "하나님의 교회를 심히 박해하여 멸하고"라고 했으며, 고린도전서 15장 9절에서는 "나는 하나님의 교회를 박해하였으므로"라고 고백했습니다.

하나님의 교회를 박해할 때는 자기 안에 기쁨이 없었지만 지금은 주 안에서 기쁨이 있었습니다. 자신이 옥에 갇혀 있지만 감사와 찬송 그리고 기쁨이 자기 것이었습니다. 그래서 "주 안에서 항상 기뻐하라 내가 다시 말하노니 기뻐하라"라고 말합니다.

부활하신 그리스도께서 제자들에게 나타나셔서 첫 번째 하신 말씀이 무엇입니까? "너희에게 평강이 있을지어다."

인간의 참된 행복은 그리스도와 하나 되는 데서 나옵니다. 이런 연합을 위해서 그리스도께서 이 땅에 오셔서 십자가를 지셨습니다. 그리고 3일 만에 부활하셨습니다. 주님의 은혜를 기뻐하며 살고, 주님이 재림하실 것을 믿으면서 기뻐하는 삶을 삽시다.

2. 관용하는 삶입니다

두 번째는 5절에 "관용을 모든 사람에게 알게 하라"입니다. 개인이 다른 사람들에게 가지는 자세가 관용입니다. 공동체가 다른 단체에게 보여주는 자세가 관용입니다. 기독교인의 삶의 특징은 내적으로는 기쁨이요, 다른 사람들에 대해서는 관용하는 삶입니다.

관용은 '인내요, 양보며, 친절하고 양순한 것' 입니다. '넓은 아량'을 관용이라고 말합니다. 관용해야 할 이유는 '주께서 가깝기' 때문입니다. 주님의 재림을 믿기 때문에 다른 사람들을 불쌍히 여깁니다. 하늘에 소망을 두고 살기 때문에 서로 위로하고 위안을 줍니다.

5절의 관용은 친절이나 용서, 인내와 사랑을 말합니다. 신자들이 공동체를 통해서 나타나야 합니다. '알게 하라.' 주님 안에서 누리는 기쁨의 반사입니다. 관용은 향기와 같이 나타나야 합니다. 주 안에서 나타나야 합니다.

세상의 삶은 나그네와 행인과 같은 삶입니다. 성도들은 하늘의 시민권을 가진 자들로 이웃과 더불어 화평함과 화목한 삶을 삽니다. 자신도 기뻐해야 되지만 이웃도 기쁨이 있어야 됩니다. 그래서 성경의 정신이 무엇입니까? 하나님 사랑, 이웃 사랑입니다.

이기주의는 망하고 자기 중심적인 생각도 실패합니다. 지금은 더불어 살아가는 세상입니다. 기독교는 인본주의가 아니라 신본주의입니다. 하나님 제일주의입니다. 하나님이 주인 되고, 하나님의 이름과 하나님의 뜻과 나라를 위하여 존재하는 단체가 교회입니다.

3. 염려하지 않습니다

세 번째로 개인이나 공동체가 하나님께 대한 자세는 '염려하지 말라', 염려하지 않습니다. 예수님은 제자들에게 "너희는 마음에 근심하지 말라 하나님을 믿으니 또 나를 믿으라"라고 말씀하셨습니다.

염려하지 않는 최선의 방법이 무엇이겠습니까? 하나님께 아뢰는 것입니다. 6절에서도 "모든 일에 기도와 간구로, 너희 구할 것을 감사함으로 하나님께 아뢰라"라고 말씀하셨습니다. 사람이 기도를 할 수 있다는 것이 복입니다. 하나님은 간구할 수 있는 복을 아들과 딸에게 주셨습니다. 다니엘은 바벨론 나라에서도 하루에 세 번씩은 기도드렸고, 사무엘은 기도하다가 쉬는 죄를 범하지 않겠다고 말했습니다. 주님도 겟세마네 동산에서 기도드리셨습니다. 구하라 찾으라 문을 두드리라.

성도들의 삶은 새 언약의 중보자 되시는 주님과 관련을 맺고 있습니다. 그래서 5절에서 "주께서 가까우시니라"라고 말씀하셨습니다. 마라나타(고전16:22), "주께서 가까우시니라." 재림의 주님을 믿는 사람은 세 가지 특성 있는 삶을 삽니다. '항상 기뻐하고, 관용하며, 기도하라'는 삶이 그것입니다.

'아무 것도 염려하지 말라.' 모든 일입니다. 주님을 신뢰하지 못해서 나타나는 불안이나 초조 그리고 걱정과 근심은 기도로 이겨야 합니다. 하나님께 아뢰면 하나님의 평강이 믿는 자들에게 임합니다. 마음과 생각을 바꾸어 놓습니다. 그리스도 안에서만 누릴 수 있는 행복입니다. 그리하면 모든 지각에 뛰어난 하나님의 평강을 너희에게 주셔서 너희의 온 인격을 그리고 삶 자체를 그리스도 예수 안에서 보호하시리라. 헨드릭슨은 평안이란 '믿는 자의 영혼 속에 투영된 하나님의 미소다' 라고 했습니다.

여러분은 어디서 평안함을 얻습니까? 주님에게서 얻으십시요. 새 언약의 중보자 되시는 주님께서 구원을 완성하실 것을 바라보면서 성도가 기도할 수 있음이 얼마나 다행인지 모릅니다. 태산과 같은 문제를 놓고도 기도만 하면 해결됩니다. 눈물이 날 때나 한숨이 터져나올 때에도 기도하면 하나님이 들으십니다. "네 입을 크게 열라 내가 채우리라" (시81:10). "여호와께서는 자기에게 간구하는 모든 자 곧 진실하게 간구하는 모든 자에게 가까이 하시는도다"(시145:18)라고 했습니다.

소요리문답 제98문의 질문이 '기도가 무엇입니까?' 대답은 기도는 우리의 소원을 하나님께 올림이요, 그의 뜻에 맞는 일을 구하고, 그리스도의 이름으로 구하는 것이며, 우리의 죄를 고백하고 그의 자비하심을 깨달아 감사하는 것입니다.

1) 우리의 소원을 하나님께 올리는 것입니다. 시편 10편 17절에 "여호와여 주는 겸손한 자의 소원을 들으셨사오니 그들의 마음을 준비하시며 귀를 기울여 들으시고"라고 했고, 시편 62편 8절에서는 "백성들아 시시로 그를 의지하고 그의 앞에 마음을 토하라 하나님은 우리의 피난처시로다 (셀라)"라고 했습니다.

마태복음 6장 9-13절에서 주기도문도 구하는 내용으로 일관되어 있습니다. 일용할 양식, 죄 지은 자, 시험문제, 악에서 구해달라는 애원까지 포함됩니다. 마태복음 7장 7-8절에 "구하라 그리하면 너희에게 주실 것이요 찾으라 그리하면 찾아낼 것이요 문을 두드리라 그리하면 너희에게 열릴 것이니 구하는 이마다 받을 것이요 찾는 이는 찾아낼 것이요 두드리는 이에게는 열릴 것이니라"라고 했습니다.

2) 하나님의 뜻에 맞는 일을 구하는 것입니다. 마태복음 26장 39절에 "내 아버지여 만일 할 만하시거든 이 잔을 내게서 지나가게 하옵소서 그러나 나의 원대로 마시옵고 아버지의 원대로 하옵소서 하시고", 예수님도 겟세마네 동산에서 땀을 핏방울처럼 흘리면서 기도하셨습니다. 요한일서 5장 14절에 "그를 향하여 우리가 가진 바 담대함이 이것이니 그의 뜻대로 무엇을 구하면 들으심이라"라고 했습니다.

3) 그리스도의 이름으로 구하는 것입니다. 요한복음 16장 23-24절에 "그날에는 너희가 아무 것도 내게 묻지 아니하리라 내가 진실로 진실로 너희에게 이르노니 너희가 무엇이든지 아버지께 구하는 것을 내 이름으로 주시리라"라고 했습니다.

히브리서 10장 19-20절에 "그러므로 형제들아 우리가 예수의 피를 힘입어 성소에 들어갈 담력을 얻었나니 그 길은 우리를 위하여 휘장 가운데로 열어 놓으신 새로운 살 길이요 휘장은 곧 그의 육체니라"라고 했습니다.

4) 우리의 죄를 고백하는 것입니다. 시편 32편 5-6절에 "내가 이르기를 내 허물을 여호와께 자복하리라 하고 주께 내 죄를 아뢰고 내 죄악을 숨기지 아니하였더니 곧 주께서 내 죄악을 사하셨나이다 (셀라)"라고 했습니다.

시편 66편 18-19절에 "내가 나의 마음에 죄악을 품었더라면 주께서 듣지 아니하시리라 그러나 하나님이 실로 들으셨음이여 내 기도 소리에 귀를 기울이셨도다"라고 했고, 다니엘 9장 4-7절에 "내 하나님 여호와께 기도하며 자복하여 이르기를 크시고 두려워할 주 하나님, 주를 사랑하고 주의 계명을 지키는 자를 위하여 언약을 지키시고 그에게 인자를 베푸시는 이시여 우리는 이미 범죄하여 패역하며 행악하며 반역하여 주의 법도와 규례를 떠났사오며 우리가 또 주의 종 선지자들이 주의 이름으로 우리의 왕들과 우리의 고관과 조상들과 온 국민에게 말씀한 것을 듣지 아니하였나이다 주여 공의는 주께로 돌아가고 수치는 우리 얼굴로 돌아옴이 오늘과 같아서 유다 사람들과 예루살렘 거민들과 이스라엘이 가까운 곳에 있는 자들이나 먼 곳에 있는 자들이 다 주께서 쫓아내신 각국에서 수치를 당하였사오니 이는 그들이 주께 죄를 범하였음이니이다"라고 했습니다. 요한일서 1장 9절에 "만일 우리가 우리 죄를 자백하면 그는 미쁘시고 의로우사 우리 죄를 사하시며 우리를 모든 불의에서 깨끗하게 하실 것이요"라고 했습니다.

5) 하나님의 자비에 감사하는 것입니다. 시편 103편 1-5절에 "내 영혼아 여호와를 송축하라 내 속에 있는 것들아 다 그의 거룩한 이름을 송축하라 내 영혼아 여호와를 송축하며 그의 모든 은택을 잊지 말지어다 그가 네 모든 죄악을 사하시며 네 모든 병을 고치시며 네 생명을 파멸에서 속량하시고 인자와 긍휼로 관을 씌우시며 좋은 것으로 네 소원을 만족하게 하사 네 청춘을 독수리같이 새롭게 하시는도다"라고 했습니다.

시편 136편 1절 이하에 "여호와께 감사하라 그는 선하시며 그 인자하심이 영원함이로다 신들 중에 뛰어난 하나님께 감사하라 그 인자하심이 영원함이로다"라고 했습니다. 로마서 8장 27절에 "마음을 살피시는 이가 성령의 생각을 아시나니 이는 성령이 하나님의 뜻대로 성도를 위하여 간구하심이니라"라고 했습니다. 빌립보서 4장 6절에 "아무 것도 염려하지 말고 다만 모든 일에 기도와 간구로 너희 구할 것을 감사함으로 하나님께 아뢰라"라고 바울은 빌립보 교인들에게 말했습니다.

이렇게 즐거운 교회생활을 하려면 주님과 관계가 좋아야 합니다. 주님과의 관계에서 제일 먼저 해야 할 일은 기도입니다. 하나님은 기도의 사람을 좋아하십니다. 빌립보 교인들에게 기도하는 사람들이 되라. 하나님과의 관계가 올바른 사람은 기도의 사람입니다. 기도해야 영적으로 힘이 있습니다. 하나님의 축복은 기도라는 통로를 통해서 오기 때문입니다.

하나님은 우리의 아버지십니다. 아버지 앞에 간구하는 아들, 기도하는 딸이 됩시다. '기도 외에 다른 것으로는 이런 종류가 나갈 수 없느니라.' 하나님을 만나고 세상을 사는 사람과 그냥 하루를 시작해서 사는 사람과 어떤 차이점이 있다고 생각합니까?

제26강
빌립보서 4장 8-9절

바른 생활

하나님은 우리의 구원을 위해서 아담과의 언약, 노아와의 언약, 아브라함과의 언약, 모세와 다윗과 이스라엘과의 언약, 마지막으로 그리스도와의 언약을 세우셨습니다. 이 언약들의 기록이 성경이고, 구원계획의 기록이 성경입니다.

성경은 하나님이 누구신가, 어떤 분이신가에 대하여 기록해 주었습니다. 하나님의 속성이나 하나님의 품성에 대하여 기록해 주었습니다. 또 하나님이 무엇을 하셨는가, 무엇을 이루어 놓으셨는가, 앞으로 행하실 일이 무엇인가에 대하여 대답하는 책입니다.

그런데 성경을 하나님의 말씀으로 믿는 사람들은 믿음만 있지 않고 삶이 있습니다. 사고방식이나 생활양식이 일반인들과 차이점이 많이 있습니다. 하나님의 말씀을 하나님의 말씀으로 믿는 사람들의 특징은 삶이나 생활방식이 일반인들과 여러 방면에서 차이점이 있다는 말입니다.

바울은 어떤 면에서 차이점이 있다고 가르쳐 줍니까? 숭고한 정신이 있다고 말합니다. 여러 가지 덕이 있는 사람이 된다는 말입니다.

1. 숭고한 정신

8절에 "형제들아 무엇에든지 참되며 무엇에든지 경건하며 무엇에든지 옳으며 무엇에든지 정결하며 무엇에든지 사랑 받을 만하며 무엇에든지 칭찬 받을 만하며 무슨 덕이 있든지 무슨 기림이 있든지 이것들을 생각하라"라고 했습니다. 이것이 숭고한 정신입니다.

스토아 철학자들은 '신중함, 중용, 정의, 용기'를 미덕이라고 생각했습니다. 여기서 바울은 단순히 기독교인들의 덕만을 생각하는 것은 아닙니다. '무엇에든지'라는 대명사와 '무슨 ... 있든지'라는 접속사를 통해서 여러 가지 중 몇 가지를 소개하고 있는 것입니다. 성도들이 마땅히 힘쓸 것들의 몇 가지를 소개하고 있습니다.

'무엇에든지' 혹은 '무슨'이라는 말이 그런 의미를 담고 있습니다. 어떠한 환경이나 어떤 입장에서든지 이러한 것들의 덕목이 나타나는 기독교인들이 되어야 한다는 의미입니다.

1) '참되며'

'참됨', '참되다'란 진실 이상의 것으로 이것은 하나님의 속성입니다. 요한복음 4장 24절에 "하나님은 영이시니 예배하는 자가 영과 진리로 예배할지니라"라고 했습니다. 로마서 3장 4절에 "사람은 다 거짓되되 오직 하나님은 참되시다"라고 했습니다.

참된 것은 그리스도의 가르침의 핵심적인 요소였습니다. 주님의 생애를 말합니다. 요한복음 14장 5-6절에 "도마가 이르되 주여 주께서 어디로 가시는지 우리가 알지 못하거늘 그 길을 어찌 알겠사옵나이까 예수께서 이르시되 내가 곧 길이요 진리요 생명이니 나로 말미암지 않고는 아버지께로 올 자가 없느니라"라고 하셨습니다.

주의 형상을 닮은 사람, 진실이 있는 사람, 진리의 사람을 가리키는 말입니다. 에베소서 4장 24절에 "하나님을 따라 의와 진리의 거룩함으로 지으심을 받은 새 사람을 입으라"라고 했습니다. 하나님을 믿는 성도의 큰 덕목이 진실, 진리, 참입니다.

2) '경건하며'

'명예로운', '덕망 있는' 혹은 '존경할 만한' 이란 뜻으로 '고결하고 진지함' 을 가리키는 말입니다. 경건은 하나님을 섬기거나 교회를 섬기는 지도자들의 기본적인 덕목입니다. 하나님을 사랑하고 섬기기에 세상 사람들과 다른 점이 있어야 합니다.

디도서 2장 2절에 "늙은 남자로는 절제하며 경건하며 신중하며 믿음과 사랑과 인내함에 온전하게 하고"라고 했습니다. 고넬료는 경건한 사람이었습니다. 온 가족이 하나님을 섬기며 기도하고 구제하는 일에 힘썼던 하나님의 사람이었습니다. 경건한 것이 덕이 있습니다.

3) '옳으며'

정직을 가리키는 말입니다. 옳다는 것은 하나님에게나 사람에게 다 합당하게 사용되는 용어로 하나님의 표준에서 사물을 보는 것입니다. 옳다는 것은 하나님을 인정하고 하나님의 뜻에 일치된 삶을 사는 것을 말합니다. 헨드릭슨은 하나님의 뜻에 일치하여 하나님께 인정받는 것을 의미한다고 했습니다.

참되거나 경건하거나 옳은 것들은 기독교인들의 올바른 삶의 뿌리입니다. 이 세 가지 속성은 반드시 있어야 하는 것입니다. 세 가지가 흔들리면 기독교인의 근간이 흔들리는 결과를 가져오게 되어 있습니다.

4) '정결하며'

도덕적으로 거룩하여 흠이 없는 상태를 가리킵니다. 순결한 것입니다. 동정녀같이 더럽혀지지 않은 것을 가리키는 말입니다. 깨끗한 것입니다. 사람들은 누구나 깨끗한 것을 좋아합니다.

그런데 어제 텔레비전을 시청하다가 너무나 깔끔을 떠는 어떤 아내의 결벽증에 대해 나오는 것을 보았습니다. 남편이 회사에 갔다가 집에 들어오면 대충 씻으면 되는 것이 아닙니까?

그런데 남편이 샴푸로 머리를 감고 나왔는데 머리 검사를 하다가 샴푸냄새가 덜 난다고 다시 씻고 오라고 하더라구요. 그 남편이 다시 샴푸로 머리를 감고 발도 닦고 나옵니다. 남편이 나중에 아나운서와 인터뷰를 하는데 회사가 편하지 집에 들어오기가 싫다고 하더라구요. 이게 더 큰 문제가 아니겠습니까?

양말을 신겨 재우는 아내도 있었습니다. 무좀 옮는다나요? 사회에서 시달리고 가정에서 아내에게 시달리는 사회가 되어가고 있습니다.

5) '사랑할 만하며'

이것은 사람과 하나님을 기쁘게 하는 것입니다. 사랑을 불러일으키게 하는 것이며 매력적인 것은 모두 다 가리키는 말입니다. 승리를 거두게 하고 기쁘게 하는 은혜로운 것들을 총칭하는 말입니다.

6) '칭찬할 만하며'

'깨끗하게 울려퍼지는', '고결한' 것을 가리키는 말입니다. 그리스도인의 도덕적인 표준을 말합니다. 이것은 고상한 행동을 하기에 아름다움이 있습니다. 좋은 평판을 얻습니다. 스데반 집사를 비롯하여 초대교회의 안수 집사님들은 칭찬받는 집사님들이었습니다.

7) '무슨 덕' 이나 '무슨 기림' 은 나머지 모든 덕을 포함합니다.

덕에 대하여 베드로 사도는 베드로전서 2장 9절에 "너희는 택하신 족속이요 왕 같은 제사장들이요 거룩한 나라요 그의 소유가 된 백성이니 이는 너희를 어두운 데서 불러 내어 그의 기이한 빛에 들어가게 하신 이의 아름다운 덕을 선포하게 하려 하심이라"라고 했습니다.

베드로후서 1장 3절에서 하나님께 사용하고 있습니다. "그의 신기한 능력으로 생명과 경건에 속한 모든 것을 우리에게 주셨으니 이는 자기의 영광과 덕으로써 우리를 부르신 이를 앎으로 말미암음이라"라고 했습니다.

베드로후서 1장 4절에서는 그리스도인의 미덕을 다룹니다. "이로써 그 보배롭고 지극히 큰 약속을 우리에게 주사 이 약속으로 말미암아 너희가 정욕 때문에 세상에서 썩어질 것을 피하여 신성한 성품에 참여하는 자가 되게 하려 하셨느니라"라고 했습니다.

'생각하라'는 스쳐지나가는 생각을 말하지 않습니다. 섬광적인 생각이 아니라는 말입니다. 마치 수학문제를 다룰 때 진지하고 오래 생각한 다음에 풀어나가는 것처럼 깊이 생각하는 숙고를 가리키는 말입니다. 우리들은 그리스도께서 우리의 생각을 지배하시도록 맡겨야 합니다. 고린도후서 10장 5절에 "하나님 아는 것을 대적하여 높아진 것을 다 무너뜨리고 모든 생각을 사로잡아 그리스도에게 복종하게 하니"라고 했습니다.

2. 숭고한 노력

9절에서 "너희는 내게 배우고 받고 듣고 본 바를 행하라 그리하면 평강의 하나님이 너희와 함께 계시리라"라고 했습니다. 이것이 숭고한 노력입니다.

"너희는 내게 배우고 받고 듣고 본 바를 행하라." 여기 행하라는 의미는 습관적으로 행하라는 것을 의미합니다. 계속하여 행하라는 뜻입니다. 숭고한 정신이나 교훈을 행하지 않는다면 무슨 의미가 있겠습니까?

행위가 없는 이론은 이론에 불과합니다. 실천이 없는 논리는 논리에 불과합니다. 의사는 자기가 알고 있는 의학적인 지식으로 사람을 치료해야 의사입니다. 행위의 정당성을 주장하는 바울입니다. "너희는 내게 배우고 듣고 본 바를 행하라"라고 말했습니다.

바울은 실천적인 사상가입니다. 실용주의적인 삶이었습니다. 배우고 받고 듣고 본 바를 행하라고 행위를 강요하고 있습니다. 바울로부터 이어받은 교훈, 하나님의 계시로 말미암아 행위로 열매를 맺기를 원하고 있습니다. 이론적인 신자는 잎만 무성한 나무와 같았을 것입니다.

기독교인들은 네 가지에 힘써야 합니다. 배워야 합니다. 받아야 합니다. 들어야 합니다. 보아야 합니다. 그리고 행하는 것이 중요합니다. 신명기 17장 19절에 "평생에 자기 옆에 두고 읽어 그의 하나님 여호와 경외하기를 배우며"라고 했습니다.

예레미야 12장 16절에 "그들이 내 백성의 도를 부지런히 배우며", 마태복음 9장 13절에서는 "너희는 가서 내가 긍휼을 원하고 제사를 원하지 아니하노라 하신 뜻이 무엇인지 배우라"라고 했습니다. 주님의 마음은 온유하고 겸손한 마음입니다. 주님은 내 멍에를 메고 내게 배우라고 말씀하셨습니다. 우리들은 배워야 합니다. 기도도 배우고 성경도 배우고 하나님 앞에서의 삶도 자꾸만 배워야 합니다.

그리고 은혜를 받아야 합니다. 말씀도 겸손하게 받아야 합니다. 성령의 충만도 받아야 합니다. 받지 못하면 죽습니다. 영적으로 고갈상태에 떨어지게 됩니다. 받아야 줄 것이 있지 않겠습니까?

그리고 들어야 합니다. 믿음은 듣는 데서 성장하는 법입니다. 듣지 못한 기갈이라고 아모스 선지자는 외칩니다. 듣지 않으면 성장하지 않습니다. 들어야 믿어지고 믿어야 성장하는 법입니다. 그리고 보아야 합니다. 하나님이 보여주는 것, 목회자의 삶을 보고 배워야 합니다.

우리들에게는 평강의 하나님이 계십니다. 평강의 하나님을 섬기는 사람들입니다. 배울 때 하나님이 함께 하십니다. 받을 때도 함께 하십니다. 들을 때도 평강의 하나님이 복을 주십니다. 그리고 행할 때도 평강의 복이 있습니다.

제27강
빌립보서 4장 10-13절

자족하는 사람

사람은 누구나 욕심이 있습니다. 좋게 보면 꿈이요 소망이지만 나쁘게 보면 죄와 관련되어 있습니다. 많이 배우려고 하는 것, 많이 가지려고 하는 것, 남보다 더 높아지려고 하는 마음, 다른 사람보다 많고 좋은 것을 소유하려는 마음이 다 자족하는 마음이 없는 마음일 것입니다. 사도 바울은 어떤 마음이었을까요?

바울은 예수 그리스도의 복음을 위하여 옥에 갇혔고 하나님 나라를 위하여 수고하다가 갇혔습니다. 죄가 있어서가 아니라 하나님의 영광스러운 복음, 하나님 나라의 확장을 위하여 일하다가 갇혔습니다.

하지만 감옥에서 원망하거나 불평하지 않고 오히려 주 안에서 기뻐했습니다. 예수 안에서 행복해 했습니다. 예수를 믿어서 의인 되었고, 예수님 때문에 부활의 권능에 동참하고, 예수님의 일을 할 수 있어서 행복했습니다. 주님 때문에 속마음이 기뻤지만 자기 자신이 자신에 대하여 자족하는 마음도 가졌습니다. 이 두 가지가 다 필요한 것이 사람입니다.

1. 세심한 평가

바울이 고린도 교회에서 돈을 받지 않고 장막을 치면서 일했던 이유가 무엇입니까? 오해를 받을 수 있기 때문에 그런 것입니다. 율법적으로 일하는 소에게 망을 씌우지 말라. 자연을 가지고 교훈도 합니다. 포도나무를 심고 열매를 거두는 것은 당연한 일입니다. 예수님의 교훈은 복음을 전하는 자들은 복음으로 말미암아 사는 것입니다. 성전에서 봉사하는 자들이 성전에서 나는 것을 먹고 사는 것은 합당한 일이지만 바울은 고린도 교회에서 값싼 복음의 일꾼으로 이해했기 때문에 돈을 거절하였습니다. 장막 만드는 일을 하면서 복음을 전했습니다.

바울은 항상 감사했습니다. 하나님의 은혜에 감사했고 빌립보 교회를 생각할 때마다 감사했습니다. 물질적인 도움을 준 빌립보 교인들이 감사했습니다. 감사의 편지가 빌립보 성경을 쓰게 된 동기 중의 하나입니다.

빌립보 교인들이 어려운 가운데서 선교 헌금을 드렸습니다. 그 헌금을 보내준 빌립보 교회가 얼마나 감사합니까? 선교 헌금의 액수 때문이 아니라 그 마음이 감사했습니다. "내가 주 안에서 크게 기뻐함은"이라고 표현했습니다. 바울 사도에게 큰 기쁨을 주던 빌립보 교인들입니다.

빌립보 교회가 선교 헌금을 해서 보내 주었을 때 물질만이 아니라 물질에 담긴 사랑과 믿음 때문에 더욱 감사했습니다. "너희가 나를 생각하던 것이 이제 다시 싹이 남이니"라고 말합니다. 얼마나 감사한 일입니까? 아마도 바울을 돕다가 일시적인 중단을 했던 것으로도 보입니다. 이제 다시 용기를 내서 바울을 돕게 되었을 때 더욱 감사했습니다.

여기 '다시 싹이난다'는 말은 '소생시키다, 다시 꽃이 피다'는 말입니다. 봄이 오면 죽은 줄로만 알았던 개나리와 진달래 그리고 목련이 꽃망울을 터뜨리면서 꽃이 피듯이 빌립보 교회는 여러 번 헌금을 해서 바울을 도왔습니다. 바울이 로마 감옥에 투옥되었을 때 일시적으로 중단을 했었으나 다시 선교 헌금을 해서 에바브로디도편에 헌금을 보내왔습니다. 그것에 대해서 감사했습니다.

"생각은 하였으나 기회가 없었느니라"라고 상대를 격려하고 위로하는 말도 아끼지 않았습니다. 기회가 없었다는 것은 '방법이 없었다'는 말입니다. 바울이 예루살렘에서 갇히고, 가이사랴에서 2년 이상 갇혔으며, 로마에서도 갇혔었기 때문에 빌립보 교인들을 위로할 수 있는 기회가 없어서 이제 하는 말입니다.

음악에서 추임새가 필요하듯, '얼쑤 대한민국' 이렇게 말하는 것이 필요하듯, 선한 일을 하는 사람을 볼 때 따뜻하게 격려하는 말 한마디와 등을 두드려주는 위로가 필요한 세상입니다. 이것이 상대에 대한 배려입니다. 사랑입니다. 위로와 격려입니다. 다시 싹이 나서 기도하려고 하고, 전도하려고 하고, 봉사하려고 할 때 칭찬이 필요합니다.

2. 자족하는 사람

바울이 로마 옥에 갇혀 있으면서 투옥을 당하게 된 동기가 무엇인가? 하나님의 복음을 위해서 갇혔습니다. 로마에까지 가서 하나님의 복음을 전하려는 열정 때문에 갇힌 것입니다. 이것이 바울을 향하신 하나님의 뜻이었습니다.

갇혔지만 사생관이 정립된 바울입니다. 살든지 죽든지 내 몸에서 그리스도가 존귀하게 되는 것, 살든지 죽든지 하나님의 영광을 위하는 바울이었습니다. 주님께 영광이 되면 그것으로 행복해 하던 바울입니다.

바울은 남자다운 자립심이 있는 사도였습니다. 11-12절에 "내가 궁핍하므로 말하는 것이 아니니라 어떠한 형편에든지 나는 자족하기를 배웠노니 나는 비천에 처할 줄도 알고 풍부에 처할 줄도 알아 모든 일 곧 배부름과 배고픔과 풍부와 궁핍에도 처할 줄 아는 일체의 비결을 배웠노라"라고 했습니다.

바울은 설교도 하고 장막도 쳤습니다. 좋아서만 그렇게 한 것이라고 생각하지 않습니다. 여러 사람들은 목회자가 빚을 지면 덕이 없다고 악평합니다. 가난하면 가난하다고 잔소리 하고, 부하면 부하다고 말이 많습니다. 목회자가 대접도 잘하고 옷도 깨끗하게 입고 교회를 위하여 헌금도 많이 드릴려면 어떻게 해야 하겠습니까?

바울은 어떤 상황, 어떤 처지에서든지 자족하는 믿음의 사람이었습니다. "어떤 형편에든지 나는 자족하기를 배웠노니"라고 말합니다. '자족' 이란 스스로의 만족이라기 보다는 그리스도로 말미암아 얻은 연합, 하나됨 때문에 얻는 기쁨을 말해 줍니다.

부하면 부한 대로 감사하고, 비천하면 비천한 대로 감사하면서 살 수 있는 목회자였습니다. 어떤 형편에 처하든지 그리스도로 만족하는 삶을 살았습니다. "모든 일 곧 배부름과 배고픔과 풍부와 궁핍에도 처할 줄 아는 일체의 비결을 배웠노라." 삶을 살아보면 이것이 정말 어려운 면입니다.

일반적으로 자족하는 마음을 가진 사람이 별로 없습니다. 가진 자는 더 가지려고 합니다. 없는 자는 세상을 비관하기도 합니다. 바울처럼 소망을 잃지도 말고 교만하지도 않는 마음이 필요한 때입니다. 고린도후서 3장 5절에 "우리의 만족은 오직 하나님으로부터 나느니라." 아멘. 성도님들이여! 있든지 없든지 하나님으로 만족하는 성도가 됩시다.

바울은 빌립보 교인들이 보내온 물질 때문에만 감사하는 것이 아니었습니다. 복음 사역에 동참하는 것을 보면서 즐거워하는 바울입니다. 돈보다는 마음이었습니다. 복음 사역에 동참하는 빌립보 교인들이 너무나 감사해서 더욱 굳센 믿음과 사랑 가운데 거하기를 바라는 마음이었습니다.

빌립보 교인들은 주고 받는 일에 열심을 냈던 교인들이었습니다. "이는 받으실 만한 향기로운 제물이요 하나님을 기쁘시게 한 것이라 나의 하나님이 그리스도 예수 안에서 영광 가운데 그 풍성한 대로 너희 모든 쓸 것을 채우시리라."

여러분은 목회자가 무엇 때문에, 어떤 조건 때문에 감사한다고 생각합니까? 목회자가 여러분을 생각할 때마다 감사할 수 있는 성도가 되십시요. 감사의 조건이 지금까지 없었다면 이제부터라도 한 가지씩 혹은 하나 둘씩 만들어 갑시다.

3. 능력의 원천

바울은 13절에서 "내게 능력 주시는 자 안에서 내가 모든 것을 할 수 있느니라"라고 고백한 사도입니다. 그리스도와의 연합이 사람에게 얼마나 큰 은혜와 능력을 주는지를 가르쳐 주고 있습니다. 나를 능하게 하시는 자 안에서 내가 모든 것을 할 수 있느니라. 주님과 하나 되는 일에 힘쓰십시오. 기도로 힘쓰고 말씀에 순종함으로 힘쓰십시오.

가난할 때 원망하거나 불평하지 않고 감사하는 것이 능력입니다. 남들이 다 돌아설 때 앞으로 전진하며 나아가는 것이 능력입니다. 환난 속에서 찬송하는 것이 능력입니다. 옥에 갇혔지만 하나님의 은혜에 감사 · 감격하는 것이 은혜와 능력입니다. 이런 능력을 위하여 간구하십시오.

모든 것에 대한 능력을 가지고 있다는 말이 사실일까? 모든 것에 대한 능력! 그리스도 안에서 얻은 능력이었습니다. 예수 그리스도께서 바울을 능력있게 만드셨습니다. 주님이 하늘을 붙잡아 주시고 축복해 주셨습니다.

바울은 디모데에게 디모데전서 1장 12절에서 "나를 능하게 하신 그리스도 예수 우리 주께 내가 감사함은 나를 충성되이 여겨 내게 직분을 맡기심이니"이라고 말합니다. 바울을 능하게 하신 분은 자신이 아니라 주님이셨습니다. 의인으로 만들어 주신 분도 주님, 부활의 권능을 주신 분도 주님, 하늘의 시민권을 주신 분도 주님이십니다. 범사에 감사하는 삶을 살게 하시는 분도 주님이십니다.

디모데후서 4장 17절에서는 "주께서 내 곁에 서서 나에게 힘을 주심은 나로 말미암아 선포된 말씀이 온전히 전파되어 모든 이방인이 듣게 하려 하심이니 내가 사자의 입에서 건짐을 받았느니라"라고 고백했습니다. 바울의 생명이 주님께 달려 있었습니다. 주님께서 바울을 붙잡고 계시기 때문이었습니다.

에베소서 6장 10-11절에서는 에베소 교인들에게 "끝으로 너희가 주 안에서와 그 힘의 능력으로 강건하여지고 마귀의 간계를 능히 대적하기 위하여 하나님의 전신갑주를 입으라"라고 권면했습니다.

21세기인 지금도 예수 그리스도를 믿는 사람들에게 똑같은 은혜와 능력으로 역사하십니다. 순종하며 헌신하는 모든 그리스도인들에게 능력을 쏟아부어 주시는 하나님이십니다. 어려움이 많은 세상이지만 여러분이 생활하는 가운데에 하나님께서 감사할 수 있는 은혜와 능력을 주시기를 바랍니다.

로마서 8장 35-39절에서 바울은 이런 고백을 했습니다. "누가 우리를 그리스도의 사랑에서 끊으리요 환난이나 곤고나 박해나 기근이나 적신이나 위험이나 칼이랴 기록된 바 우리가 종일 주를 위하여 죽임을 당하게 되며 도살 당할 양같이 여김을 받았나이다 함과 같으니라 그러나 이 모든 일에 우리를 사랑하시는 이로 말미암아 우리가 넉넉히 이기느니라 내가 확신하노니 사망이나 생명이나 천사들이나 권세자들이나 현재 일이나 장래 일이나 능력이나 높음이나 깊음이나 다른 어떤 피조물이라도 우리를 우리 주 그리스도 예수 안에 있는 하나님의 사랑에서 끊을 수 없으리라"라고 했습니다.

우리 주님도 요한복음 10장 28-29절에서 "그들을 내 손에서 빼앗을 자가 없느니라 그들을 주신 내 아버지는 만물보다 크시매 아무도 아버지 손에서 빼앗을 수 없느니라"라고 하셨습니다. 우리를 하나님의 손에서 빼앗을 자가 없습니다. 만물보다 크신 하나님의 손이 우리들을 보호하십니다.

제28강
빌립보서 4장 14-23절

바울의 감사

바울은 신나는 교회생활을 하는 방법에 대하여 말해 주었습니다. 첫째는 교회와 한마음과 한뜻이 되어 하나가 되라. 둘째는 겸손한 마음으로 하나님의 말씀을 받고 두렵고 떨림으로 자신의 구원을 이루라. 셋째는 율법주의와 반도덕주의자들의 이단자들을 조심하라. 사람은 하나님의 은혜로 구원받고 예수를 믿음으로 하늘의 시민권을 가질 수 있기 때문입니다.

또 바른생활은 어떻게 가능한가에 대하여 몇 가지를 가르쳐 주었습니다. 바른생활은 자기 자신에 대하여 주 안에서 항상 기뻐하는 사람이 되라는 것입니다. 그리고 다른 사람들에 대하여는 넓은 마음을 가져 관용하라고 말합니다. 하나님과의 관계에서는 염려하지 말고 모든 일을 감사함으로 하나님께 맡기고 깨어 기도하라고 가르쳐 주었습니다.

빌립보 교회를 위하여 빌립보 성경을 기록하던 바울은 결론적으로 무슨 말씀을 기록하고 있습니까?

1. 예의바른 감사를 했습니다

바울은 입으로만 감사하는 것이 아니었습니다. 14절에 "너희가 내

괴로움에 함께 참여하였으니 잘하였도다"라고 칭찬해 주고 있습니다. 주 안에서 기쁨이 넘치는 바울이 당하고 있는 괴로움이 무엇일까요?

바울은 주님과 연합한 자족하는 마음을 가지고 있습니다. 부하면 부한 대로 살고 가난하면 가난한 대로 감사하면서 복음을 전했던 사도입니다. 하지만 자족하는 삶이란 항상 어려운 일이 전제되어 있습니다. 목회자가 넉넉할 때가 있나요? 늘 쪼달리고 부족하고 찾는 사람, 구하는 사람이 많이 있으니 항상 그렇게 살게 됩니다.

유대인의 대표자격인 사도 베드로가 하나님의 보내심을 따라 이방인 고넬료의 가정에 가서 복음을 전했을 때 성령이 역사했습니다. 이방인인 고넬료의 가정이 성령의 역사를 체험하고 다 구원을 받았습니다. 나중에 예루살렘 교회는 이방인과 교제한 사도 베드로를 비난했습니다(행11:1-18).

또 할례를 주장하는 사람들은 바울과 바나바가 이방인들에게 복음을 전했을 때 하나님의 기적이 나타나고 이방인들이 회개하고 돌아왔을 때 역시 비방했습니다. 나중에 예루살렘에서 종교회의가 열리게 되었습니다. 예루살렘 교회는 유대인의 대표자 베드로, 사도 중의 사도라고 말하는 베드로에게 재정적인 지원은 하지 않았고, 이방인의 사도 바울에게도 재정적인 지원을 하지 않았습니다.

그런데 빌립보 교회는 달랐습니다. 바울이 복음을 전할 때 선교비를 제일 먼저 지원한 교회였습니다. 15-16절에 "빌립보 사람들아 너희도 알거니와 복음의 시초에 내가 마게도냐를 떠날 때에 주고 받는 내 일에 참여한 교회가 너희 외에 아무도 없었느니라 데살로니가에 있을 때에도 너희가 한 번뿐 아니라 두 번이나 나의 쓸 것을 보내었도다"라고 했습니다.

다른 교회가 세계 선교에 대하여 눈을 감고 있을 때 빌립보 교회는 세계 선교에 관심을 가졌습니다. 복음을 역수출하는 데 힘을 쓰던 교회가 빌립보 교회였습니다. 선교를 하다가 중단했던 것을 책망하지 않고 위로하고 격려해 주는 바울의 따뜻한 마음도 읽을 수 있습니다.

바울이 고린도 지방에서 복음을 전할 때도 빌립보 교회는 선교비를 보내주었습니다. 마게도냐에 있을 때나 로마에 있을 때도 보내주었습니다. 교회는 선교하는 단체의 성격이 있습니다.

바울이 감사하는 이유는 선교비의 액수가 아니었습니다. 선교에 대하여 다시 시작한 빌립보 교인들의 마음이 감사했습니다. 그래서 17-18절에 "내가 선물을 구함이 아니요 오직 너희에게 유익하도록 풍성한 열매를 구함이라 내게는 모든 것이 있고 또 풍부한지라 에바브로디도 편에 너희가 준 것을 받으므로 내가 풍족하니 이는 받으실 만한 향기로운 제물이요 하나님을 기쁘시게 한 것이라"라고 말했습니다.

선교비를 드리는 것은 하나님 앞에 향기로운 제물과 같습니다. 하나님을 기쁘시게 하는 일입니다. 우리는 선교를 해야 합니다. 선교는 교회가 존재하는 큰 목적 중의 하나입니다. 선교하지 않는 교회는 죽은 교회와 같습니다. 살아 있는 교회는 다른 사람, 다른 나라에 복음을 전하는 것입니다.

그리스도의 복음을 전하기 위하여 생명을 걸고 다른 나라에 가서 복음을 전하는 선교사들을 위하여 기도해야 합니다. 선교사들의 사역에 하나님의 능력이 나타나도록 기도해야 합니다. 자녀들을 위하여 봉사해야 합니다. 그들의 교육을 생각해야 합니다. 안식처를 제공해야 합니다. 때로는 물질적으로 후원해야 합니다. 그리고 편지로 위로하고 격려해야 합니다. 이것이 보물을 하늘에 쌓아두는 일입니다. 받은 것보다 주는 것이 복이 있습니다.

2. 풍성한 은혜를 구했습니다

19-20절에 "나의 하나님이 그리스도 예수 안에서 영광 가운데 그 풍성한 대로 너희 모든 쓸 것을 채우시리라 하나님 곧 우리 아버지께

세세 무궁하도록 영광을 돌릴지어다 아멘"라고 했습니다.

바울이 확신하고 있는 것은 "나의 하나님이 ... 모든 쓸 것을 채우시리라"입니다. 바울은 하나님을 믿었습니다. 하나님이 채워주신다는 것을 확신했습니다. 구약시대의 다윗은 '원수의 목전에서 내게 상을 베푸시고 내 머리에 기름을 바르셨으니 내 잔이 넘치나이다'라고 고백했습니다.

너희가 어려운 가운데에서도 나의 쓸 것을 채워주었으니 이번에는 하나님이 너희 쓸 것을 채워주시리라고 구했습니다. 교인이 교역자의 부족을 채우면 하나님은 교인의 주머니를 채워주실 줄로 믿습니다. 성도가 교역자를 사랑하여 헌신한다면 살아계신 하나님이, 주인 되시는 하나님이 종을 사랑하는 사람을 가만 두지 않으실 것은 자명한 일입니다.

'나의 하나님'이란 하나님이 바울의 보호자요, 아버지임을 말하는 내용입니다. 바울과 친밀한 하나님입니다. 지금까지 바울의 손목을 잡고 인도해 오신 하나님, 지금까지 아버지로서 자녀를 위하듯 사랑해 주신 하나님이 빌립보 교인들의 모든 쓸 것을 채워주실 줄로 믿었습니다.

우리 솔직히 말해서 너무 짜게 살지 맙시다. 하나님의 사람이 섭섭하도록 말하지 맙시다. 하나님의 종이 기뻐서 사역할 수 있도록 기도해 주고 물질로 도와주고 협력하는 성도가 됩시다. 그리하면 하나님의 은혜로운 역사가 나타날 줄로 믿습니다. 목회자가 돈이 필요하다면 어디다 쓰겠습니까?

그리스도 안에는 말로 다할 수 없는 풍성한 것이 존재합니다. 영광 중의 풍성한 것이 있습니다. 측량할 수 없는 것이 풍성하게 있습니다. 그래서 바울은 에베소서 3장 8절에서 "모든 성도 중에 지극히 작은 자보다 더 작은 나에게 이 은혜를 주신 것은 측량할 수 없는 그리스도의 풍성함을 이방인에게 전하게 하시고"라고 했습니다. 바울은 측량할 수 없는 은혜가 그리스도 안에 있는 것을 알고 있었습니다.

고린도후서 9장 15절에 "말할 수 없는 그의 은사로 말미암아 하나님께 감사하노라"라고 말했습니다. 야곱은 감당할 수 없는 하나님의 은혜와 축복을 받은 사람입니다(창32:10). 주님이 이렇게 약속하셨습니다. 선지자의 이름으로 선지자를 대접하면 선지자의 상을, 의인의 이름으로 의인을 대접하면 의인의 상을, 그리고 소자에게 냉수 한 그릇이라도 대접하는 자는 결단코 상을 잃지 않으리라고 하셨습니다.

그리고 영광은 하나님께 돌려야 합니다. 영광은 하나님께 속하는 용어입니다. 하나님의 모습이나 하나님의 임재를 말할 때 영광이라는 말을 사용합니다. 구약시대에 구름이 성막 위에나 성전에 임했을 때 '영광의 하나님이 임하셨다, 하나님의 영광이 임했다' 라고 설명했습니다. 베드로와 야고보 그리고 요한은 예수님께서 변화산에서 영광에 둘러싸이셨던 것을 보았습니다. 마지막 날에 우리의 영광은 승리의 왕관을 쓰신 주님을 보는 것입니다. 이것이 '영광일세 영광일세 내가 누릴 영광일세' 영원히 찬송할 것입니다. 하나님의 사람과 수고한 모든 사람들에게 사라지지 않는 큰 영광이 하나님으로부터 임할 것입니다.

3. 고별인사를 했습니다

바울은 빌립보 교인들에게 무슨 인사를 하였는가? 사랑하는 빌립보 교인들을 진심으로 축복해 주었습니다. 성도들은 축복하는 일을 즐거워해야 합니다. 다른 사람들에게 하나님의 은총과 축복이 넘치기를 기도해야 합니다. 주님이 그렇게 가르쳐 주셨습니다.

바울은 빌립보 성도들에게 동역자와 로마교회 성도들의 문안인사를 함께 전하였습니다. 디모데를 비롯하여 로마에서 바울과 함께 있는 동역자들을 가리키고 있습니다. 하나님의 일을 감당하던 모든 사역자들과 다른 나라에 있는 성도들이 빌립보 교인들에게 문안인사를 하는 것입니다.

'모든 성도들' 이란 같이 있는 형제들만이 아니라 로마에 있는 일반 성도들을 가리킵니다. 특별히 '가이사집 사람 중' 왕궁에서 일하는 사람들 중에 복음을 듣고 그리스도인이 된 성도들이 있었습니다(빌1:12). 이들까지 문안인사를 하였습니다.

빌립보 성도들에게 축도를 하였습니다. "주 예수 그리스도의 은혜가 너희 심령에 있을지어다"라고 하였습니다. 갈라디아서나 빌레몬서에 나타난 것과 동일한 형식의 축복입니다. 교회가 그리스도의 은혜를 받아 하나 되기를 빌고 있습니다. 하나님의 은혜가 넘쳐나기를 기도하였습니다.

우리의 삶도 주님의 손에 사로잡힌다면 우리의 가치가 달라지지 않겠는가? 천한 사람들이 천하보다 귀한 생명으로 거듭나는 것이 아니겠습니까? 우리들이 지금은 초라해 보이고 아무것도 없는 사람들이지만 주님이 축복해 주시면 영광스러운 사람으로 거듭날 줄로 믿습니다. 정말 가치 있는 하나님의 사람으로 달라질 줄로 믿습니다.

바울은 사도로서 자신의 이름이나 능력으로 교회를 축복하려고 하지 않았습니다. 자기를 의롭게 하고, 부활의 권능에 참여하게 하고, 하늘의 시민권을 주고, 늘 기쁨을 주어 행복하게 만든 예수, 모든 일을 잘 감당할 수 있도록 은혜와 복을 주신 예수 그리스도의 이름으로 축복하기를 원했습니다. 주 예수 그리스도의 은혜와 능력으로 축복하려고 했습니다. "주 예수 그리스도의 은혜가 너희 심령에 있을지어다."